江苏省社会科学院专家文集

大海集

朱钧侃 著

凤凰出版传媒集团 凤凰出版社

图书在版编目（CIP）数据

大海集 / 朱钧侃著. -- 南京 ：凤凰出版社，2012.1
（江苏省社会科学院专家文集）
ISBN 978-7-5506-1073-6

Ⅰ. ①大… Ⅱ. ①朱… Ⅲ. ①人才学－文集 Ⅳ. ①C96-53

中国版本图书馆CIP数据核字(2011)第278577号

书　　名　大海集
著　　者　朱钧侃
责任编辑　汪允普
出版发行　凤凰出版传媒集团
　　　　　凤凰出版社(原江苏古籍出版社)
　　　　　南京市中央路165号　邮编 210009
　　　　　发行部电话025—83223462
集团网址　凤凰出版传媒网　http://www.ppm.cn
照　　排　南京凯建图文制作有限公司
印　　刷　江苏凤凰通达印刷有限公司
　　　　　南京市六合区冶山镇　邮编:211523
开　　本　880×1230毫米　1/32
印　　张　15.25
字　　数　425千字
版　　次　2012年1月第1版　2012年1月第1次印刷
标准书号　ISBN 978-7-5506-1073-6
定　　价　54.00元
(本书凡印装错误可向承印厂调换,电话:025-57572508)

江苏省社会科学院专家文集

编委会

江苏省社会科学院专家文集

总　序

2010年,我们迎来了江苏省社会科学院建院30周年!

30年来,在江苏省委、省政府的领导下,在社会各界的大力支持下,我们社科院各项事业不断发展,尤其是科研队伍不断壮大,科研成果不断增加、积累,学术影响和地位不断扩大、提升。据不完全统计,建院30年,我院研究人员牵头主持国家社会科学基金课题共63项,牵头主持江苏省社会科学基金课题共208项,共发表学术论文14100多篇,出版学术著作900多部,共有246项成果获得省部级哲学社会科学优秀成果奖和国家、江苏省精神文明建设"五个一工程"奖。这些成果来之不易,是全院广大科研人员勤劳智慧之结晶。

30年不断发展创新的科研过程,形成了我院一大批学者、专家和学科带头人,特别是那些荣获国家"有突出贡献的中青年专家"、国务院"政府特殊津贴"享受者和江苏省"有突出贡献的中青年专家"称号的教授、研究员,他们为我院科研事业发展做出了突出贡献。因此,在庆祝建院30周年之际,我们决定为我院享有以上三类专家称号的教授、研究员出版个人文集,作为江苏省社会科学院专家文集隆重推出,委托凤凰出版社出版,每位专家1本,每本40万字左右,主要汇集已公开发表的学术论文。以后,我们还将为我院上述三类专家称号的新获得者(已出专家文集者不重复出)和学科带头人出版专家文集。

首次列入出版专家文集的这21位专家,涵盖了我院经济学、社会学、马克思主义研究与政治学、文学、历史学、哲学等多种学科，他们在各自的工作岗位辛勤耕耘，在各自的学科领域长期探索，形成了丰富的成果，积累了宝贵的经验，创新了研究方法，走出了一条各具特色的成功的科学研究之路，在全国和江苏省享有较高的知名度，受到社会的广泛称赞和好评。这是我院事业兴旺发达、科研持续发展的一笔宝贵的精神财富，值得全院同志特别是青年科研人员学习借鉴。如今，这些专家，他们中有些年事已高，却依然忙于笔耕；更有不少年富力强者，他们任务重，压力大，积极作为，发挥着学术带头人的作用。

江泽民同志强调社会科学的认识世界、传承文明、创新理论、咨政育人、服务社会等功能作用，强调以科学的理论武装人。胡锦涛为总书记的党中央倡行科学发展观，强调党和国家的各项工作都要以人为本。我们社会科学工作者要深入学习领会中央领导同志的这些重大战略思想，努力把这些重大战略思想贯彻落实到自己的科研实践中去。在我院事业发展的最近十多年的时间里，我们继承发扬我院已有的解放思想、实事求是、重视实际调查和科研团队协作等优良传统与作风，与时俱进，进行一系列新的开拓创新。最近十多年来，我们坚持理论研究和应用研究相结合，贴近现实，贴近决策，努力创建一流的地方社会科学院。我们陆续推出了江苏经济形势分析会、重点课题研究、江苏经济社会形势分析与预测蓝皮书、《咨询要报》、江苏研究报告、江苏研究丛书、院学术文库和青年学者文库、比较优势学科基地建设、研究员论坛、《江苏通史》、《历代江苏名人辞典》、《江苏历代名人传记丛书》等重大科研工程项目与活动，有效调动了全院科研人员的积极性和创造性，科研成果增长加快，成果质量不断提高，社会影响不断扩大，使我们的科研工作让领导满意、学界认同、社会欢迎。这些重要的开拓创新与努力及其形成的成果为我院事业以后的发展打下了深厚扎实的基础。

当前，我国正处在深化改革开放与发展的关键时期，江苏也正处于建设更高水平的全面小康社会进而率先基本实现现代化的关键时期，有大量的理论与实践问题亟待我们社科工作者去研究探索。我们社科院的同志要戒骄戒躁，踏实前进，不断创新，多出成果，多出精品力作，通过多出成果，多出精品力作，而多出人才，多出专家、名家甚至大家。不仅深入研究江苏，而且要重视研究全国性、普遍性的问题，还要有世界眼光，博采众长，兼收并蓄，加强学理性，突出重点，搞好协作攻关，努力提升工作水平，进一步彰显我院的特长与优势，为国家和江苏省的社会主义现代化建设做出更大的贡献。

今天正是30年前江苏省政府批复江苏省哲学社会科学研究所扩建为江苏省社会科学院的日子，仅以上述所言为专家文集总序。

江苏省社会科学院院长、党委书记、教授

宋林飞

2010年6月3日

作者小传

朱钧侃，祖籍中国江苏省江阴市。1932 年 3 月 12 日出生于无锡市。就读于无锡市寨门小学、长泾中学、怀仁中学。1949 年参加工作，在无锡市安镇中心小学等从教四年。1955 年 3 月，加入中国共产党。同年 7 月，毕业于江苏师范学院（现苏州大学）。先后在中共江苏省委文教部、宣传部、江苏省人事厅从事宣传、教育、人事管理工作和研究工作。

1982 年以后，任江苏省社会科学院人才研究室主任，专门从事人才学、智慧学和历史伟人等方面的研究。1992 年晋升为研究员。国务院授予有突出贡献专家称号，享受政府特殊津贴。先后任中国人才学教学研究会副会长，中国徐霞客研究会常务理事。创建江苏省瞿秋白研究会、徐霞客研究会并任副会长兼秘书长，江苏省教育经济学会副会长。受聘中国社会科学院研究生院、江南大学教授。在新西兰任新西兰中国团体联合会理事，苏州大学新西兰校友会副会长，《新西兰联合报》、《先驱报》专栏作家。

几十年来，撰著和主编学术著作二十余部，完成国家和省哲学社会科学研究项目十余个，发表论文二百余篇。《徐霞客评传》系中国思想家评传丛书之一，该丛书获全国出版一等奖。策划、撰写《瞿秋白》十集大型文献理论片，获全国“五个一工程”奖、文献片精品奖。《现代人才管理学》获全国图书金钥匙奖。并获江苏省科技进步二等奖一项，江苏省哲学社会科学优秀成果奖五项，江苏省教育学研究优秀论文一等奖一项。

目 录

自 序 …………………………………………………………… (1)

第一编 人才学研究

论人才强国战略 …………………………………………………… (3)
论人才是开拓先进生产力的决定性因素 …………………………… (20)
中国突破"零诺贝尔"的探索 ……………………………………… (29)
论增强我国科技队伍的内聚力 …………………………………… (39)
论智力转移 ………………………………………………………… (53)
新的技术革命对人才的挑战与我们的对策 ……………………… (60)
知识经济与创造型人才 …………………………………………… (67)
论发达国家人才研究的十大趋势 ………………………………… (80)
大力推进长江三角洲地区人才高地的建设 ……………………… (92)
江苏省人才开发战略………………………………………………(112)
2000 年江苏人才展望 ……………………………………………(119)
江苏省科技人才断层现状、成因及对策研究 ……………………(131)
宣传文化人才高地策论……………………………………………(143)
人才管理体制改革的新思路………………………………………(148)
论人才立法…………………………………………………………(155)

管少 管好 管活…………………………………………………………（165）
新技术革命对人才的挑战与我们的对策……………………………（169）
经济起飞的成功之路
——山东省烟台市重视智力开发、大胆启用人才的调查 …（174）
论苏州、无锡、常州开放区人才发展战略…………………………（181）
“苏南模式”与苏南智力开发…………………………………………（192）
人才现代化是苏南现代化的首要目标………………………………（199）
苏南的现代化与人才现代化…………………………………………（206）
科技现代化是苏南现代化的关键……………………………………（212）
乡镇企业开发人才的一个创举
——沙洲职业工学院的调查…………………………………………（220）
强化人力资源开发是继续加快发展和提高乡镇企业的关键……（226）
论加强老年科技人才资源二次开发的战略意义…………………（233）
论开发老年科技人才资源的意义……………………………………（245）
加强老年科技人才资源二次开发的思路和对策…………………（250）

第二编　智慧学研究

重视加强智慧开发和研究的战略意义………………………………（259）
论智慧学的研究对象、任务与指导原则（摘要）……………………（270）
中华民族智慧和犹太民族智慧的源头探索（摘要）………………（287）

第三编　徐霞客及其游记研究

徐学研究的价值…………………………………………………………（297）

徐学研究的新境界、新方向
——学习温家宝总理致纪念徐霞客诞辰420周年暨国际学术研讨会贺信的初步体会……………………(303)
徐学尚未列位　同志仍须努力……………………(312)

第四编　社会学研究

丁文江在科学与玄学论战中的积极贡献……………………(321)
试论邓小平同志的中国社会现代化思想和模式……………………(334)
社会发展战略若干理论问题简论……………………(342)
论社会主义市场经济体制下加强党风廉政建设……………………(353)
中国步入高速铁路时代……………………(364)
团结进步是西藏跨越式发展的不竭动力……………………(369)

第五编　瞿秋白研究

坚持以"三个代表"重要思想为指导大力推进瞿秋白研究工作……………………(375)
瞿秋白研究的回顾与展望……………………(383)
新时期南京教育名城内涵的研究……………………(401)
最是难忘长中情……………………(403)

第六编　新西兰随笔

站在新的历史起跑线上……………………(411)
美国总统奥巴马的一个重大失误……………………(415)

新兴经济体，前途无量 ……………………………………………… (418)
向一流大学目标奋进……………………………………………… (421)
心系苏大，感恩母校 ……………………………………………… (426)
钱伟长精神鼓舞着我们前进……………………………………… (434)
提高警觉，力阻“货币战争”
——全球眼睛看美国………………………………………… (438)
人生贵在创造和实现人生的价值………………………………… (447)

朱钧侃著作要目……………………………………………… (464)

自　序

斗转星移，春华秋实。我们满怀激情，迎来了江苏省社会科学院建院三十周年华诞。这是江苏省哲学社会科学界的大喜事。我虽身在海外，但心系祖国，感恩江苏省社会科学院。三十年来，在院党委的领导下，经过全体科研人员、干部和职工的艰苦创业，江苏省社会科学院蓬勃发展，蒸蒸日上，取得累累硕果，为加快江苏省社会主义现代化建设，作出了重要贡献。新世纪、新时代，江苏省社会科学院正迈着雄健的步伐，踏上建设综合性、开放式、智囊型高水平、一流的省级社会科学院的新征程。可喜可贺！回忆在江苏省社会科学院辛勤耕耘的日日夜夜，心潮澎湃，感慨万千。千言万语，概括成一句话：江苏省社会科学院是我一生中工作时间最长，进步最大，成长最快，成果最多的摇篮。没有江苏省社会科学院，就没有我的今天。我们永志不忘！

时代需要加强哲学社会科学研究，哲学社会科学研究推动时代的发展。哲学社会科学研究，对于一个国家、民族、地区和学科的繁荣和发展，具有重要的理论意义和现实意义。当代哲学社会科学研究工作者，肩负着光荣的历史使命，艰巨的研究任务。我们这代哲学社会科学研究工作者，能站在时代前列，跻身于研究行列，在肥沃的土壤里辛勤耕耘，是幸运的。

在党的正确指引下，在人民的哺育下，我从事人才学、智慧学、徐霞客和瞿秋白研究等已有几十个春秋。我们要搞好研究工作，多出成果，出好成果，为国家的富强、民族的振兴、人民的幸福服务，争取做一个优秀的科学研究工作者，这是不容易的，但也不是不可能的。我院有21

位科研人员荣获国务院和江苏省人民政府授予有突出贡献的专家称号,就是很好的证明。回顾我走过的道路,不是平坦大道,而是崎岖曲径。积几十年之经验,贵在求实、多思、创新、超越。

坚持求实精神,是搞好学术研究工作的基础。求实,就是实事求是,一切从实际出发,按客观规律办事。20世纪50年代开始我一边工作,一边从事教育管理和人事管理的研究,有了初步的研究实践。在党的十一届三中全会精神的号召下,我主动要求调入江苏省社会科学院,专门从事人才学的研究。如何起步,如何突破呢?我经过反复思考,认识到改革开放这个伟大的变革,急需加强人才开发和人才管理,而我的优势和特点,是有较丰富的人才管理的实践经验。这就是实际。因此,我就紧紧抓住人才管理这个课题,围绕人才管理的生动实践,在原有的基础上开展深入的调查研究。经过整整三年的专心研究,埋头苦干,反复修改,终于完成了第一部学术专著《现代人才管理学》。在南京工学院出版社社长孙文治教授的重视和支持下,及时出版,获得了人事管理和人才学界同志的好评。省社会科学院肖焜焘副院长在阅读了拙著后,特写信给我予以鼓励。随后经劳动人事部审定,该书被确定为中央电大人事管理专业的教材,聘任我为主讲教授,为全国一万多名人事干部授课。不久,该书参加全国第一届优秀图书评奖,获得了“金钥匙奖”。经过五年时间的努力,在评定技术职称时,我被破格提拔为副研究员(原来我没有职称)。这一切对我是很大的激励,也是一个鞭策。尝到了坚持求实精神的甜头,从此,更大胆地迈步在学术研究的道路上。

坚持多思精神,用心思考、反复思考是搞好学术研究工作的重要环节。由于历史的原因,在“文化大革命”中,我们这代人被耽误了十几年的青春。到省社科学院后,我怀着一颗火热的心,加倍努力,拼命工作,像火山爆发似地一心扑在研究上,要把耽误了的时间抢回来。于是经常加班加点,甚至放弃节假日,竭尽自己的智力和体力。省社科院社会学所叶南客同志看我这样勤奋,说我是“拼命三郎”。确实,勤能补拙,勤能多出成果。我的抓紧、拼命,起到一定的成效,我的科研进度快了,成果多了。但是,回过头来再看看自己的成果,却缺乏深度。也就是说我虽然不怕苦、不怕累,但对学术研究缺乏“悟心”,用心思考,深入探索得不够。

学术研究的首要特点是探索性。人才成长规律和用才之道,还有许多东西未被我们发现、认识和掌握,需要刻苦探索。要探索,就要解放思想,转变观念,形成新的思路。社会主义制度的优越性,为人才的成长、发挥作用,创造了良好条件。但是,为什么我国的人才队伍却形成不良循环,真正的优秀人才不能脱颖而出,人才的才能得不到充分发挥呢?我认为根本问题是观念没有更新,体制不适应,人才管理制度和机制不科学。因此,在全国我较早地开展了人才管理制度和机制改革的研究。我经过反复思考,认识到要发挥社会主义制度的优越性,发现、造就更多更好的人才,充分发挥人才的积极性和创造性,必须对不适时宜的现行的人事制度进行改革,充分揭示人才管理体制和机制方面存在的弊病,提出积极的改革方案。

为了推进人事制度改革,1987 年劳动人事部在湖南省长沙召开了全国人事制度改革首次学术研讨会,在会上我提出了人事制度改革总体设计、目标模式,受到了劳动人事部领导和与会同志的好评。但一度我在研究人才管理和人才交流问题时,强调了人才的有计划培养和使用,而对于发展市场经济,发挥社会主义人才市场调节功能认识不足。上海的同志在全国首先提出了建立发展人才市场问题。他们走到了我的前面。从此我开始抓紧了人才市场的研究。这件事,给予我深刻的启迪:时代在发展,科学技术日新月异。我们只有不断解放思想,更新观念,多思、多探索,才能在学术理论上有所领悟、有所发现、创新和超越。

坚持创新精神,是搞好学术研究工作的根本。探索、研究学术问题,就是要发扬开拓创新精神,探索和研究未知的规律;要从中国人才实践出发,不断提出新观点,创造新经验,概括新方法,为人才辈出提供理论依据。因此,在学术研究过程中,我比较注意掌握新情况、新问题、新矛盾,开拓创新,不断深化研究的新思路。在全国第一次人才研究机构联络会议(郑州会议)上,我提出了人才学要创新开拓,不断深化。在全国第二次研究机构联络会议(成都会议)上,我提出了人才学的战略选择,要集中精力和力量,研究、深化人才管理制度的改革。在全国第三次研究机构联络会(苏州会议)上,我又提出人才学面临的新挑战和新对策,强调随着改革的深入,人才学基础理论要有新突破。在全国人才学教学研究会成立大会(兰州会议)上,我又提出了今后一个阶段人才学研究的任务,是要以社会主义初级阶段理论为指导,认真探索社会主义初级阶段人才的规律。之后,在全国人才学教学研究会议(营口会议)上,我在《人才学迈向21世纪的战略选择》的论文中,提出了21世纪人才学研究必须坚持马克思列宁主义人才思想,实施开拓创新、观念超前、改革带动、发展提高战略,形成人才研究现代化,人才研究机制国际化,人才研究队伍结构合理化、年轻化,人才研究上新水平、新台阶的新格局,列出了三个层面研究的新课题。

探索、研究学术问题,要脚踏实地,扎根于实践,来源于实践,高于实践,又回归到实践。人才研究和其他研究一样,如果不面向实践,不为实践服务,不去指导实践,就会成为无源之水,无本之木,就会失去活力和生命。我虽然离开了人事部门,但我的研究始终和组织、人事部门紧密相联,息息相通,研究工作始终围绕组织、人事工作中提出的新问题、新矛盾,这就使我的研究工作有了动力,有了活力,有了养料。创新是出好成果的不竭动力。我的许多成果,受到了党委、政府和组织、人事部门同志的欢迎和好评。我主持的《江苏科技人才队伍断层现状成因分析及对策研究》等课题,经过精心设计,反复调查,深入研究,潜心探索,及时完成了任务,受到了省委领导同志和专家的称赞,并被省政府的科技战略实施意见吸收和采用,获得江苏省科技进步二等奖。在这五年里,经过艰苦奋斗,在基础理论研究方面又有了新的突破和进展,撰著出版了《最新人才学》等几部专著。经专家评定,我由副研究员晋升为研究员。国务院授予我为有突出贡献的专家,享受特殊津贴。但我深感自己做得还不够。我要感谢党和人民对我的关怀和哺育,加倍努力继续创造新成果。

坚持跨越精神，是搞好学术研究的灵魂。 随着人的自然规律，不知不觉，我步入了老年。但我不知老之将至。不少同志劝我：经过几十年的努力，已经有了一定的成就，可以搁笔了。我一方面听取他们的意见，注意保健；另一方面觉得时代发展无止境，实践无止境，学术研究无止境。我的成果和思想观点需要不断创新，不断超越，不能到此为止，仍然要坚持积极人生，保持旺盛的精力，挖山不止。于是，我作了一番思考，并确定了今后一个阶段的研究方向：一是在人才学研究的基础上，进一步提升、超越，集中力量研究智慧学。经过五年时间，三易其稿，写出了一部《智慧学》，得到了著名学者于光远先生的鼓励和肯定。二是集中研究两个伟人：徐霞客、瞿秋白。参与策划和撰写了《瞿秋白》大型文献理论电视片，荣获全国"五个一工程"奖和文献精品奖；主编撰写出版了《瞿秋白百年大事记述》、《瞿秋白精神和高贵品质》等。最近又参加撰写《瞿秋白传》。徐霞客研究坚持方向，步步深入，已完成了第一个工程《徐学概论》和第二个工程《徐霞客评传》，第三个工程《徐学发展史》已经启动。最近几年，我赴新西兰、澳大利亚探亲，视野扩大了，呼吸到了新鲜空气，在新的环境里，坚持学术研究，开辟了新的天地。先后研究、撰写了《中华民族智慧和犹太民族智慧的源头探索》、《四书译解》、《新西兰澳大利亚游记》和一百多篇随笔（均在《新西兰联合报》、《先驱报》上刊载）。

我深深体会到：人生几十年，在茫茫宇宙中是那么短暂和微不足道，如不让瞬间流失的生命，在此间留下有价值的东西，岂不是极大的遗憾！我们都是普通的、平凡的人，但我主张积极人生、奋进人生、奉献人生。一个人在一生中，总会有几次怦然心跳的颤动：特别想做某件事，或特别喜欢做某件事。这种颤动或源于时代的召唤，或源于历史的责任，或源于生活的积累，或源于主动自觉，或完全是偶然的迸发。无论出于何源，这种心灵的颤动都是极其宝贵的发现，是生命中智慧和灵感的闪现，它可能成为持之以恒，创造伟绩和奇迹的原动力。有方向、有智慧、有灵性、有毅力、有追求的人，会抓住闪光的念头和灵感，勇于付之以巨大的努力和代价，使之放大、恒定、持久，并横贯于一生。在一次次的求实中多思，在一次次的多思中创新，在一次次创新中超越的心跳中，感受生命远未被开发的伟大潜力，感受生命创造的无穷价值和乐趣。

生命的意义、学术研究的关键在于求实、多思、创新、跨越。发现自己、超越自己；发现世界，超越世界。人的成长、进步和成才，就是在不断求实、多思、创新中发现和超越中升华。发现、超越需要悟性、智慧和远见卓识，需要发扬开拓创新，锲而不舍，坚韧不拔的毅力和精神。迎接未来的机遇和挑战，最重要的是解放思想，实事求是，勇往直前，义无反顾，坚持创新，勇于超越。

人的思想解放是无止境的，科学研究是无止境的，世界发展也是无止境的。学问是铸造人的工具。学术研究是发挥人的智慧和才能的重要途径。放弃学问和学术研究就是毁了自己。因此，不论在什么情况下，我都要坚持终身学习、终身思考、终身研究、终身写作、终身奉献。

为学术研究永续发展，为祖国的繁荣昌盛，为人民的幸福生活，为下一代的茁壮成长而奋斗不懈，是我毕生的追求，最大的乐趣！

时代在飞速发展，地球将越变越小。当我在编辑整理本《文集》时，我正在远离祖国万里以外的、南太平洋里的美丽宁静的绿色岛国——新西兰。这里四周是蔚蓝色的大海。我们天天看到大海，常常在海边漫步。大海的对面是我们伟大的祖国。面对大海，我更加思念祖国、故乡、省社科院、老师和亲朋好友。

大海真伟大！面对大海，我思考人生、天地、宇宙，回顾过去，思考现在，展望未来。每次看到大海，就会有新的启迪，新的感悟。大海是我们的良师益友。一个世界、一个国家、一个民族、一个群体、一个人要成长进步，有所创新，有所成就，有所前进，就要有大海的胸怀、大海的志向、大海的智慧、大海的风格、大海的情操。传承、弘扬大海的精神，我们就可以无往而不胜，就可以攀登科学的险峰。为了学习大海，感恩大海，特将我的文集，命名为《大海集》。本《文集》是从二百多篇论文中精选出来的，分六个方面，基本上反映了我几十年来从事科学研究的面貌和特点。我谨以此《文集》，献给江苏省社会科学院建院 30 周年和我的母校。敬请各位专家和读者教正。

我衷心祝愿：我们全人类、我们伟大的祖国、我们江苏省、我们江苏省社会科学院、我们的母校、我们尊敬的老师和亲朋好友们，都能像大海那样：汹涌澎湃，奔流不息，源远流长！

朱钧侃

2010年10月18日于新西兰奥克兰

第一编

人才学研究

论人才强国战略

人才乃党和国家事业发展之关键，是振兴中华、走向强国之路的根本。根据国际国内的新形势、新发展和新变化，站在时代和战略的高度，我们党首次提出了人才强国战略。这是继“控制人口数量，提高人口素质”和“科教兴国”之后提出的又一新的重大的国家战略。大力实施人才强国战略是摆在我们面前的一项十分重要的战略任务，具有头等重要的意义。

人才强国战略形成和发展的历史轨迹

我们党的人才强国战略，是在我国改革开放和社会主义现代化建设新的历史时期，在国际综合国力竞争空前激烈的大背景下，逐步形成和发展起来的，大体可分为以下三个阶段：

第一阶段，在战争年代和新中国成立以后，我们党一贯重视人才问题，始终把人才问题放在重要位置上。毛泽东反复强调，政治路线确定之后，干部就是决定的因素。在长期的、残酷的民族解放战争中，在建立新中国的伟大斗争中，共产党必须善于吸收知识分子，没有知识分子的参加，革命和建设的胜利是不可能的，并提出了坚持德才兼备的干部标准和任人唯贤的干部路线等，为我国人才强国战略提供了初步的理论，在我党长期的干部、人才工作实践中，积累了丰富的经验。

第二阶段，在改革开放和社会主义现代化建设进程中，我们党从战略高度，更加重视人才问题，提出了一系列新思路、新观点，为形成人才强国战略奠定了理论基础。

党的十一届三中全会以后，随着全党工作重心转移到社会主义建设上来，党的人才工作进入了一个新的历史阶段。针对在人才问题上的拨乱反正和国家建设急需大量人才的情况，邓小平作了深入的思考，提出了许多新的理念，初步形成人才强国战略理论的基本框架。邓小平的人才理论内容十分丰富。邓小平先后提出：解放思想，实事求是，转变不合时宜的人才观，改革不合时宜的组织制度和人事制度。人才问题是个战略问题。人才问题主要是组织路线问题。知识分子是工人阶级的一部分。人才包括党政干部及现代建设所需的各类专门人才和企业管理人才。在全社会形成尊重知识、尊重人才的良好氛围。要重视人才资源的开发和利用，抓紧培养选拔各类优秀专业人才。实现干部队伍的革命化、年轻化、知识化、专业化。鼓励各类人才专心致志，钻研业务，为社会主义建设做出贡献。创造一种环境，使拔尖人才脱颖而出。选贤任能也是革命，必须打破常规去发现选拔和培养人才。实现新老干部的合作和交替，废除领导职务的终身制。优化人才群体结构，实现人才流动更新制度，推进人才管理的科学化。加强领导班子的建设。特别是在我国改革开放和社会主义现代化建设关键时期，提出了两个“难得”：“机遇难得”，要抓住机遇发展自己，发展才是硬道理；“人才难得”，要抓紧培养现代化建设急需人才。在认真总结、深刻反思十年改革开放和建设的经验教训后，从实现党的“三步走”战略目标出发，反复强调：中国事情能不能办好，社会主义和改革开放事业能不能坚持下去，经济能不能快一点发展起来，国家能不能长治久安，关键在人才。① 邓小平关于人才问题的一系列新思路、新观点，为人才强国战略奠定了坚实的理论基础。

第三阶段，党的十四大以来，面对严峻的国际国内形势，我们党更加重视人才问题。以江泽民同志为核心的党的第三代中央领导集体审

① 朱钧侃：《邓小平人才思想初探》，江苏教育出版社 1996 年版。

时度势，提出了人才队伍建设的一系列重要论述，进一步丰富、发展了人才强国战略理论，党的人才工作进入了一个崭新的阶段。江泽民同志先后提出：

（一）“实施科教兴国战略关键是人才。”①“科学技术人员是新的生产力的重要开拓者和科技知识的重要传播者，是社会主义现代化建设的骨干力量。”②“在社会主义的各种资源中，人才是最宝贵最重要的资源。”③“当今世界的综合国力竞争，归根结底是科技实力的竞争、高素质人才的竞争。”④

（二）“努力建设一支宏大的富有创新能力的高素质人才队伍”是新世纪的根本任务。⑤“创新是一个民族的灵魂，是一个国家兴旺发达的不竭动力。创新的关键是人才，人才的成长靠教育。”⑥“科学本质就是创新。”“整个人类历史就是一个不断创新、不断进步的过程。没有创新，就没有人类的进步，就没有人类的未来。”“对中国来说，大力推进科技创新，实现技术发展的跨越极为重要。”⑦“要鼓励原始性创新，努力攀登世界科学高峰。”⑧

（三）以人为本，开发和激励人才。“人是生产力中最活跃的因素，

---

① 江泽民：《论科学技术》，中央文献出版社 2001 年版，第 7 页。

② 江泽民：《论有中国特色的社会主义》，中央文献出版社 2002 年版，第 259 页。

③ 江泽民：《论科学技术》，中央文献出版社 2001 年版，第 77 页。

④ 江泽民：《论科学技术》，中央文献出版社 2001 年版，第 223 页。

⑤ 江泽民：《论有中国特色的社会主义》，中央文献出版社 2002 年版，第 256 页。

⑥ 江泽民：《论有中国特色的社会主义》，中央文献出版社 2002 年版，第 244 页。

⑦ 江泽民：《论有中国特色的社会主义》，中央文献出版社 2002 年版，第 250 页。

⑧ 江泽民：《论有中国特色的社会主义》，中央文献出版社 2002 年版，第 251 页。

人力资源是第一资源。""当务之急是要抓紧实施人才战略,加强人才队伍建设。"[①]要"全面提高专业技术人才的科学素质和创新能力,为改革开放和现代化建设提供强大的人才保证"。[②]"要努力营造更加有利于知识分子施展聪明才智的良好环境,在全社会进一步形成尊重知识、尊重人才的良好风尚。"[③]"信任是人才发挥作用、激发创新能力的重要条件。信任是最大的尊重和爱护。"[④]

(四)"要探索更加灵活的工作思路。"适应当今人才竞争具有国际化趋势的特点,根据人才成长的规律,"拓宽渠道和手段,扩大工作覆盖面,形成更为灵活的人才管理体制。"[⑤]"紧紧抓住培养人才、吸引人才、用好人才三个环节。"[⑥]把自主培养人才与积极引进人才、大胆放手用好人才紧密结合起来。"落实用人单位的自主权,强化企业科技创新和吸纳人才的主体地位。""要完善开放、灵活的人才市场配置机制。""建立人才结构调整与经济结构调整相协调的动态机制。"[⑦]

(五)实施人才战略,关键在领导。"各级党委和政府都要着眼于党和国家事业的长远发展和人才的总体需要,大力实施人才战略。"[⑧]"各级领导干部要拿出政治家的眼光和气魄,积极支持科技及相关体制的改革,扫除一切阻碍创新的因素,努力开创一个人才辈出并能充分发

① 江泽民:《论有中国特色的社会主义》,中央文献出版社 2002 年版,第 260～261 页。

② 江泽民:《论有中国特色的社会主义》,中央文献出版社 2002 年版,第 254 页。

③ 江泽民:《论有中国特色的社会主义》,中央文献出版社 2002 年版,第 260 页。

④⑥ 江泽民:《论有中国特色的社会主义》,中央文献出版社 2002 年版,第 259 页。

⑤⑦ 江泽民:《论有中国特色的社会主义》,中央文献出版社 2002 年版,第 261 页。

⑧ 江泽民:《论有中国特色的社会主义》,中央文献出版社 2002 年版,第 258 页。

挥各种人才的积极性和创造性的新局面。”①为使各类科技人才充分发挥作用,各级党委和政府要始终信任、关心和爱护他们,努力为他们提供适宜的工作条件和生活条件。②“要努力为青年人才脱颖而出营造良好的社会环境,让他们充分施展才华,勇于创新,大展宏图。”③

进入新世纪,我们党全面分析我国面临的新的国际形势,根据江泽民同志关于人才资源是第一资源的科学论断,在认真总结改革开放以来我国人才队伍建设的主要成绩和经验的基础上,经过调查研究、专家论证,首次明确提出在我国实施人才强国战略。这是党的又一项新的重大的决策。根据人才强国战略,中央研究制订了《2002—2005 年全国人才队伍建设规划纲要》,经党中央批准于 2002 年 6 月印发全党。《人民日报》发表了《大力实施人才强国战略》的社论,明确提出贯彻落实人才规划纲要,实施人才强国战略。党的十六大进一步论述了实施人才强国战略的战略意义和一系列重大改革措施,逐步明确了人才工作的基本思路和宏观布局,推动人才工作取得了重要成绩。2003 年 5 月 13 日,胡锦涛同志主持召开中共中央政治局会议,研究和部署进一步加强人才工作等问题。会议号召大力实施人才强国战略,全面推进人才工作和人才队伍建设,为全面建设小康社会,推进社会主义现代化建设提供坚强的人才保证。

人才强国战略的丰富内涵

确立和实施人才强国战略,关键在于深入领会和正确把握人才强

---

① 江泽民:《论有中国特色的社会主义》,中央文献出版社 2002 年版,第 255 页。

② 江泽民:《论有中国特色的社会主义》,中央文献出版社 2002 年版,第 256 页。

③ 江泽民:《论有中国特色的社会主义》,中央文献出版社 2002 年版,第 261 页。

国战略的精神实质和要求。人才强国战略的内涵十分丰富。

1. 人才资源是第一资源的观念,是人才强国战略的灵魂

人才资源在经济社会发展中,具有基础性、战略性和决定性的作用。一部人类经济发展史,从生产力的角度看,实质上是人才发挥作用持续增长的历史,是人才不断创新的历史。人类经济在历经农业经济、工业经济两个重要的历史阶段之后,正在迈向知识经济阶段,经济和生产力水平一个阶段高于一个阶段。这是人才不断发挥作用、不断开拓创新的结果。

当代经济发展史表明,科学技术是第一生产力,人才是科学技术的推动者。科学技术和人才随着生产力的提高而变为越来越重要的生产力要素。20 世纪以来,特别是二战结束以后,人才资源结构发生了巨大变化。全球发展态势显示,各国经济竞争已经越来越集中体现为科技创新竞争,体现为人才资源开发、存量和质量的竞争。谁拥有创新人才多,谁的技术进步大,经济增长就快。人类在最近 30 年中创造的科技成果数量超过了过去 2000 年的总和。战后,美国科技人才的数量平均 10 年翻一番,欧洲各国平均每 15 年翻一番。表面上看,国家之间的贫富差别只是物质生产手段和生产力水平的差别,而实际上是科技、教育水平的差别,归根结底是人才资源开发、结构及其质量的差别。当今世界经济发展揭示了一个最基本的规律,就是强盛的、最具发展优势的国家是最能从战略高度重视人才资源开发和利用的国家。

进入新世纪,人类社会正在经历深刻的变革,这场变革的显著特点之一,就是经济和社会发展依靠的战略资源发生了根本性的变化。知识经济时代,高新技术产业迅速增长,技术密集型、智力密集型产业的比重显著上升,人才的数量和质量已成为经济增长和社会发展的关键因素。人才资源已成为一个国家经济和社会发展最重要的战略资源,创造和应用知识、信息的能力与效率,成为决定一个国家综合国力的主要因素。

人才资源是第一资源,人才资源是最重要的资源,但是人才资源必须开发利用。人才资源的一个显著特点是潜在性。要把潜在性的人才

资源转变为现实优势，适应经济和社会发展的需要，成为推动经济发展的强大生产要素，关键在于开发和利用。当今世界，经济全球化速度加快，现代科学技术突飞猛进，产业结构调整步伐加快，国际竞争日趋激烈。这种竞争说到底是人才资源开发利用的理念、水平和人才管理体制、机制、制度和政策的竞争。世界各国无一不把人才资源开发和利用作为国家发展的战略问题，无一不把人才资源开发和利用作为经济、社会发展的战略重点之一，纳入经济社会发展的总体规划，摆在重要的战略地位来抓。

我国是个发展中国家，面临着以下两个方面的严峻挑战：

一方面，随着经济全球化的发展，人才已成为国家与区域竞争的焦点。西方发达国家大力实施人才战略，加大人才资源开发利用的力度。在培养核心竞争能力的同时，利用自身的优势，加强了世界范围的人才争夺，特别是把我国作为争夺优秀人才的中心。这是一场无硝烟的战争，这种战争已到了白热化的程度。我国要全面建设小康社会，逐步实现社会主义现代化建设，急需人才；要实现民族的全面复兴，走强国之路急需人才。我国加入 WTO 之后，在更大范围和更深刻程度上参与国际竞争。这种竞争对我国的影响更加广泛而深刻。我们急需人才，而人才的匮乏和流失更加突出，面临的挑战更加严峻。对此，我们必须有清醒的头脑和冷静的分析。

另一方面，我国是人才大国，人力资源是我国的最大优势、最大潜在力量所在。但是，它也是制约我国经济社会发展的瓶颈。目前，我国的人力资源能力开发和建设的现状与我国社会经济发展要求很不适应，面临严峻形势，突出表现为：人才总量不足，结构也不合理，特别是现代化建设急需的高、精、尖、复合型创业创新人才短缺；紧缺人才的流失较为严重，人才布局不合理，人才资源整体素质不高；人才资源开发管理的改革相对滞后，与市场经济相适应的人才管理体制、机制、制度等尚未建立和形成；文化环境存在明显缺陷，人才的积极性、创造性还没有得到充分发挥。我国人力资源的潜在优势还没有转变为现实的人才优势，特别是在全球性激烈的人才竞争中，我们还处于明显的劣势。

我国在世界竞争中，面临诸多挑战。可以这样说，人才资源开发利用方面的挑战最为严峻。

国以人兴，政以才治。历史和现实表明，一个政党，一个国家能不能培养出优秀的领导人才及各个领域的专业技术人才和经营管理人才，特别是高素质、创新人才，并充分发挥他们的积极性、创造性，发挥他们的智慧和力量，在很大程度上决定着这个政党、这个国家的兴衰存亡。这就迫切需要我们树立“科技是第一生产力”、“人才资源是第一资源”的观念，进一步增强责任感、紧迫感，实施人才强国战略，把人才资源开发摆上重要战略地位，采取有力措施，加大开发力度，把丰富的人才资源优势转变为现实发展的优势，为进一步改革开放，全面建设小康社会，实现社会主义现代化建设提供强大、有效的人才智力保证，是我国当前和今后一个时期所必须解决的重大战略问题。实施人才强国战略，走人才强国之路，是我们党和国家的重大战略，是我国人民的必然选择。

综上所述，人才资源是第一资源，是人才强国战略的核心思想。人才强国战略的根本要求是牢固树立人才资源是第一资源的观念，大力加强人才资源开发，加强人才队伍建设，壮大人才队伍，提高整体素质，发挥人才作用，走人才强国之路。具体要求有两个方面：一是把我国建设成为人才强国。重视和大力加强人才队伍建设，认真做好培养人才、吸引人才和用好人才的工作，把人力资源的优势转变为人才资源的整体优势，把人力资源大国转变为人才资源强国。二是依靠人才强国。实施人才强国战略，大力加强人才资源开发和利用，努力建成一支宏大的人才队伍，充分发挥人才的积极性、创造性，推进经济社会的持续、快速、健康发展，增强国家的综合国力和国际竞争力，使民族全面振兴，国家繁荣富强。

2. 人才队伍建设的指导方针是人才强国战略的具体体现

新世纪新阶段我国人才队伍建设总的指导方针是：以马克思主义、毛泽东思想、邓小平理论为指导，按照三个代表的要求，全面贯彻党的十六大精神；坚持人才队伍“四化”方针和德才兼备原则，着眼于各项事业的长远发展和人才的总体需求，树立发展新理念，实施“人才强国”战略；以人才资源能力建设为主题，以调整优化人才结构为主线，开发利用国际国内两个人才市场、两种人才资源，紧紧抓住培养人才、吸引人才、用好人才三个环节，以建设党政人才、企业经营管理人才、专业技术人才三支队伍为重点，以改革为创新动力，不断强化观念创新、机制创新和政策创新，逐步加快人才国际化进程，尽快建立与社会主义市场经济相适应、符合国际惯例的人才管理体制和机制；努力建设一支规模宏大、结构合理、素质优良、效益较高的人才队伍，为改革开放和社会主义现代化建设提供坚强的人才保证。这一方针有以下几个鲜明的特点：

第一，拓宽了人才工作的视野和范围。强调要开发利用国际国内两个人才市场，两种资源。在国内，要建立和完善开放灵活的人才市场配置机制，打破人才部门、单位壁垒，鼓励人才合理流动，培育和形成与其他要素市场相贯通的人才市场，建立人才结构调整与经济结构调整相协调的动态机制。要着力建立和完善机制，建立健全运行规范、服务周到、指导监督有力的人才市场体系，完善人才使用、管理的法律法规。

在开发利用好国内人才市场和资源的同时，要重视和努力开发利用好国际人才市场和资源。人才资源是全世界可以共享的资源。从国外引进我国急需的高层次人才，既能缓解我国人才短缺的矛盾，又经济实惠，效果较好。因此，在抓紧培养人才的基础上积极创造条件，采取灵活多样的形式，吸引我们急需的海外高层次人才和智力，参加我国社会主义现代化建设。

第二，“三个环节”贯彻人才队伍建设的始终。人才队伍建设是一个完整的体系，有一系列的环节，每个环节好比链条上的环，都很重要，是不可缺少的。我们必须善于抓住带有关键性的环，就能带动整个链条。在人才队伍建设这个链条上，人才的培养、吸引、用好三个环节最为重要，是人才建设中的关键环节。因此，在人才队伍建设中，我们必须自始至终抓住三个环节，以带动整个人才队伍建设各个环节。

第三，“三支队伍”是人才队伍建设的主体。我国的人才队伍是一个庞大的队伍。据统计，到 2000 年底，我国具有中专以上学历或专业技能职称的各类人员达到6360万。其中,有三类人才是我国人才队伍的主体:一是党政人才,现有585.7万;二是企业经营管理人才,现有780.1万;三是专业技术人才,现有4000万。① 加强人才队伍建设,加强人才培养工作必须着眼于整个社会主义现代化建设的大局,着眼于整个人才队伍建设和各类人才的健康成长。而在人才资源开发的整体上,要以党政人才、企业经营管理人才和专业技术人才为主体,这样就能带动整个人才队伍建设。

3. 加强人才队伍建设是人才强国战略的根本任务

人才队伍建设是党和国家整个工作的重要组成部分,是一个宏大、复杂的社会系统工程。新世纪、新阶段人才工作的紧迫任务是:适应全面建设小康社会的需要,抓住培养、吸引、使用人才三个环节,着力建设党政人才、企业经营管理人才和专业技术人才三支队伍,重点培养一批适应社会主义现代化建设和改革开放要求的高层次人才,创新人才工作机制,努力创造人才辈出、人尽其才的良好局面,把各类优秀人才聚集到党和国家的各项事业中来。

遵循上述总任务,根据我国"十五"期间经济和社会发展对人才的需求,2002—2005年,我国人才队伍建设的总体目标是人才总量有较大增加,人才结构与经济结构基本适应,人才队伍的整体素质明显提高;干部人事制度和人才管理体制改革取得新进展,有利于优秀人才脱颖而出,人尽其才的有效机制逐步建立;人才市场体系和人才管理法规日趋完善,人才成长的环境进一步优化。到2010年,人才环境大为改善,人才资源总量继续增加,人才结构进一步合理,人才素质、创新能力有明显提高,建立和完善与社会主义市场经济相适应的人才管理体制、机制,充分发挥人才的积极性、创新性,高效地推进改革开放和社会主义现代化建设事业。

---

① 中共中央办公厅国务院办公厅:《2002—2005年全国人才队伍建设规划纲要》,2002年。

4. 着力培养和选拔党政领导人才、企业家、学科带头人是人才强国战略的重点

人才强国战略的一个显著特点是:既着眼于人才队伍的整体建设,又突出重点。在整个人才队伍中,党政领导人才、企业家和学科带头人是最重要、最关键、最精华的组成部分,同时,又是其他各类人才的发现者、培养者、使用者和带动者。培养造就一大批高素质的党政人才直接关系到党的路线、方针、政策的贯彻落实,关系到党和国家长治久安,关系到我们的事业是否能与时俱进,实现经济发展、政治清明、文化繁荣、社会安康。培养造就一大批优秀企业家,直接关系到改革开放和发展的顺利进行、社会主义市场经济体制的建立和完善,关系到国民经济和社会发展宏伟目标的实现。培养造就一批优秀的学科带头人,则直接关系到我国经济发展、科技进步、提高全民族素质、增强综合国力和竞争力。因此,实施人才强国战略必须坚持以培养造就和选拔党政领导人才、企业家、学科带头人为战略重点。只有突出抓好这个重点,才能带动其他各类人才的培养和使用,把整个人才队伍建设好。

根据经济、社会发展的需求,人才各有自己的特殊地位、作用和成长规律。党政领导人才必须政治上清醒坚定,坚持走中国特色的社会主义道路,有较高的政治理论素养,掌握现代科学文化和管理知识,具有很强的科学决策能力、驾驭全局能力和开拓创新能力。企业是市场竞争、技术创新的主体。企业家必须具备很强的经营管理能力,具有较强的创新意识和创新能力。学科带头人是专业技术队伍的领头羊,反映一个国家的科学水平。他们必须具有较高的科学素养和研究能力。因此,要千方百计努力培养一批具有世界前沿水平的学科带头人。

培养造就党政领导人才、企业家、学科带头人,固然具有不同要求和特点,但在知识经济新时代,面对激烈的全球竞争,有一个共同的要求和特点,就是要着眼于培养和增强创新意识、创新思维和创新能力。这是实施人才强国战略的重中之重。

当前,要把大力培养造就年轻的党政人才、科学家、工程技术专家和理论专家作为人才强国的重点。只有大批年轻拔尖人才不断涌现,

我国才能跟上世界进步的潮流，不断推进科技创新、体制创新、经济创新，从而不断推进建设有中国特色社会主义的伟大事业。

实施人才强国战略的重要意义

人才资源开发和能力建设是一项关系到我国现代化建设事业大局和未来发展的大事。实施人才强国战略，是我党执政兴国历史上的里程碑。对于培养和建设高素质、创新型人才队伍，发挥人才队伍的积极性、创造性；适应我国加入世界贸易组织后的新形势，全面建设小康社会，推进社会主义现代化事业；不断把建设有中国特色社会主义事业推向前进，具有极其重要的意义。

1. 实施人才强国战略，对于全党全国把人才资源开发工作摆到头等重要的战略地位，具有重要的导向作用

人才强国战略从党和国家、社会主义现代化建设的全局上，明确了人才资源开发工作在新世纪新阶段的战略方向和地位，揭示了人才对于我国改革开放和社会主义现代化建设事业的重要性，揭示了人才培养、吸引和使用同我国社会主义现代化建设事业发展之间的内在联系，揭示了人才队伍建设应遵循的基本方针和政策。实施人才强国战略，大力开发人才资源，加强人才队伍建设，走人才强国之路，实现由人口大国向人才强国的转变，是增强我国综合国力和国际竞争力，实现中华民族伟大复兴的战略选择。人才强国战略的提出和实施，对于动员、号召和引导全党、全社会高度重视人才资源开发工作，把人才资源开发工作摆到更加突出的位置，大力开发人才资源、加强人才队伍建设，具有重要的、深远的影响。

2. 实施人才强国战略，是实现全面建设小康，推进社会主义现代化建设的根本保证

进入新世纪，经济全球化加快发展，国际竞争空前激烈。综合国力的竞争实质上是知识总量、人才素质、科技实力的竞争。我国要实现社会主义生产力的跨越式发展和第三步战略目标，实现中华民族的伟大

复兴,就必须坚持科学技术是第一生产力、人才资源是第一资源,把经济建设真正转移到依靠科技进步和提高劳动者素质的轨道上来。为此,我们必须加快培养数以亿计高素质的劳动者、数以千万计具有创新精神和创新能力的专门人才,建设宏大的、高素质的领导人才队伍。党的人才强国战略是适应世界形势发展而又符合中国实际的人才资源开发的全局的谋略和总体规划,这一战略的实施,将使我国在激烈的人才竞争中取得主动。人才强国战略集中体现了党在新时期人才工作的战略思想和基本要求,从国家战略这个层面上提升了我国人才工作的层次和水平,这对于我国努力开创人才资源开发工作新局面,为我国经济和社会发展提供强有力的人才支持,并在激烈的国际人才竞争中赢得主动,推动我国社会主义现代化建设事业更快更好地向前发展,具有十分重要的意义。

3. 实施人才强国战略,对于加快建设高素质、创新型人才队伍具有强有力的推动作用

人才强国战略明确了把我国建设成为人才强国和依靠人才强国的战略目标;明确了新世纪、新阶段我国人才队伍建设的指导方针、目标任务、工作重点、政策措施等,为搞好人才队伍建设提供了政策依据;提出了要加强领导,充分发挥组织人事部门职能作用,协调各方面力量,加大人才资源开发投入力度等等,使人才队伍建设有了多方面的保障。人才强国战略的实施,必将有力推动我国人才队伍建设沿着正确轨道健康发展,并不断迈上新的台阶,真正建设一支宏大的、结构合理的、高素质的、创新型的,适应经济和社会发展需要的人才队伍。

实施人才强国战略的重要举措

全面实施人才强国战略,加强人才队伍建设,要坚持做好以下八个方面的工作:

1. 坚持解放思想，实事求是，与时俱进，以创新精神实施人才强国战略

党的人才战略理论、人才强国战略是顺应时代潮流，发扬创新精神，大胆改革的产物。实施人才强国战略，加强人才队伍建设要坚持解放思想、实事求是、与时俱进，冲破一切妨碍人才发展的思想观念，改变一切束缚人才发展的做法和规定，革除一切影响人才发展的体制弊端，以改革精神大胆创新，认真及时研究解决人才队伍建设中遇到的新情况、新问题，让大批优秀的人才不断涌现，让人才的主动性、积极性、创造性充分发挥，努力形成人才辈出、各尽其能、各得其所的生动局面。

2. 坚持人才资源开发为社会主义现代化建设服务

加强人才资源开发、培养人才的根本目的在于应用。党的人才强国战略是着眼于社会主义现代化建设大局来谋划人才工作的。因此，为社会主义现代化建设服务，为中华民族的伟大复兴服务，是人才资源开发工作的着眼点和出发点。坚持人才资源开发为社会主义现代化建设服务，要求我们在考虑人才的素质、数量、结构、标准时，都要从社会主义现代化建设需要的大局出发；要求我们在考虑人才队伍建设的工作思路、工作布局、政策措施时，都要同社会主义现代化建设的总体思路、战略步骤、实施环节相适应、相配套。在新世纪、新阶段，人才资源开发就是要为进一步改革开放服务，为全面建设小康社会服务，为社会主义现代化建设服务。要把人才资源开发列为整个国民经济发展的重要部分，统一规划、统一部署、统一落实。

3. 坚持深化改革，全面实施创新教育，着力培养高素质、创新型人才

面对知识经济时代的新挑战，适应综合国力竞争的新趋向，必须把培养高质量、创新型人才作为人才队伍建设的首要任务和主要目标。要认真贯彻落实党中央关于创新问题的一系列重要指示，确立以创新教育为核心的教育思想，突破旧的教育模式，借鉴国内外已有的成功经验，构建以培养人才的创新意识、创新观念、创新精神、创新思维、创新能力为基本价值取向的教育内容和方法体系，大力培养具有创新精神

和创新能力的高素质创新型人才。

4. 坚持把培养青年人才作为一项战略任务来抓

我国宏伟的社会主义现代化建设事业，不管哪一行、哪一业，都有一个接班人的问题。培养接班人是一个战略问题，也是最难、最迫切的问题。培养青年人才，必须解放思想，打破老框框，打破论资排辈的习惯势力。要不拘一格地选用年轻人，努力从学习、工作、体制、政策、环境等方面创造条件，让年轻英才不断涌现出来。（1）培养青年人才，要大力培养年轻干部。面对社会主义现代化建设的新形势和干部队伍的实际情况，我们必须大力培养造就能够担当重任、经得起风浪考验的合格接班人，大力选拔在改革开放和现代化建设中政绩突出、清正廉洁、群众公认的优秀年轻干部，促进新老干部的交替与合作，使各级领导班子始终保持生机与活力。（2）培养青年人才，要大力培养青年专业技术人才，尤其是青年科技人才和青年企业家。在知识经济时代，没有强大的科技实力，就没有社会主义现代化。科学技术和哲学社会科学的发展，社会各项事业的进步，要靠不断创新来实现。创新的关键在人才，特别是需要年轻英才不断涌现出来。大批青年人才的迅速成长，是科技进步、技术创新的希望所在。总之，要从人才强国大局出发，举贤荐能，把优秀青年科技人才和青年企业家推向第一线，支持他们大胆工作、开拓创新。

5. 坚持“四尊重”，在全社会形成尊重劳动、尊重知识、尊重人才、尊重创造，关心和重视人才队伍建设的良好氛围

实施人才强国战略，加强人才队伍建设，是各级党委、政府部门领导肩负的历史使命。建立和形成尊重劳动、尊重知识、尊重人才、尊重创造，有利于培养、吸引、留住和用好人才的机制和环境，是各级领导和人才资源开发管理部门义不容辞的责任。要通过多渠道、多形式，加大宣传力度，不断强化人们的人才观念。善于发现和大力宣传优秀人才创新创业的突出贡献和先进事迹，使“人才资源是第一资源”、“四尊重”等重要思想和人才强国战略家喻户晓，深入人心。各级领导和组织人事部门的同志要了解和掌握人才强国战略的精神、内容、重点，自觉地

做好人才队伍建设工作。

6. 建立和完善人才市场体系，促进人才合理流动，优化人才资源市场化配置

要进一步加大人才市场建设的创新力度，构建全国开放统一的人才市场体系，建立和完善人才市场供求、价格和信息三大机制，并使其发挥作用。要重点抓好高层次人才市场建设，抢占制高点，发挥人才高地的作用。要加快人才信息网络化建设，充分发挥其投资少、周期短、覆盖面广、方便快捷特点，提高人才市场的工作效率。要尽快开放人才中介市场，加快政府所属人才流动服务机构向市场竞争主体转变，推进人才中介市场化、产业化。要提高人才市场的社会化服务水平，进一步加强人才市场的法制化管理。

7. 坚持人才开发的可持续性和系统性

人才开发必须与经济社会的可持续发展战略相适应，保持连续性与系统性。要通过学校教育、工作培训、实践锻炼等方式，持续不断地提高人才的知识水平和能力。认真实施宏观开发——政策性开发、中观开发——使用性开发、微观开发——教育培养性开发、主观开发——自我开发战略，把它们纳入到整个国民经济和社会发展战略中去。在开发对象上，既包括对人才个体的开发，又包括对人才群体的开发；既重视有所成就的人才，也关注具有潜能的人才；既重视国内人才，也积极吸引海外人才；既重视国有企业事业单位的人才，也要把民营科技企业、受聘于外资企业的专门人才纳入视野，形成全方位、多层次的开发体系。在开发环节上，包括预测与规划、培养与使用、配置与管理三个基本方面。在开发动力上，干部人事部门要和有关部门密切配合，充分依靠和调动社会各方面的力量。

8. 坚持加大人才资源开发的投入，提高人才资源开发的效益，为加强人才队伍建设提供坚实的物质基础

要从战略高度充分认识：人才资源开发投入是战略投资，人才资源开发投入必须优先投入，人才培养的投入是收益最大的投入。要坚持人才资源开发投入与建设性投入并重的方针，加大投入力度。一是要

继续加大国家对人才资源开发的投入力度，形成以国家投入为主体，多渠道、多层次、多形式加强人才资源开发的新格局。各级党委和政府要把人才资源开发投入列入经费预算，在现有基础上保持与经济增长相适应，并每年有所增加。二是国有企业和其他各类企业，要加大人才资源开发的投入，不断完善人才开发制度，把人才资源开发与企业的发展、提升紧密结合起来。三是要加大西部地区人才资源开发的投入，特别是加大培养西部地区急需的特色农业、旅游、医药、能源、矿产资源、加工等方面人才开发的投入，促进西部地区发挥资源优势，发展特色经济。四是加大人才资源开发投入要突出重点。根据经济社会发展需要，建立人才队伍建设基金，加大培养高层次和短缺人才资金的投入力度。五是鼓励境内外社会组织和有识之士以各种形式支持人才资源开发事业，扩大人才开发投资的领域和规模。

（原载《江南大学学报》2003 年第 4 期）

论人才是开拓先进生产力的决定性因素

邓小平同志关于社会主义本质的创造性论述，不仅揭示了社会主义的本质、根本任务和目标，而且指明了社会主义人才肩负的重要历史使命和特殊重要的地位、作用。人才是党和国家的宝贵财富，是中华民族智慧的体现，是知识分子队伍的精粹，是开拓先进生产力的决定性因素。在走向21世纪，加快改革开放和社会主义现代化建设步伐的今天，充分认识人才的地位和作用，对于全面落实党的人才发展战略、方针和政策，对于最终实现党的战略目标有着决定性的意义。

人才是知识再生产的决定性力量

人类的认识总是由必然王国向自由王国不断“飞跃”，是社会实践，是科学研究，是知识的再生产。知识再生产，是人才在社会实践中不断发扬开拓、创造精神，发展现代自然科学、社会科学和哲学的基础理论，不断探索自然、社会、思维的发展规律。他们的主要成果的一方面，创造出新理论、新学说、新原则、新法则、新概念、新规律，另一方面，在此基础上产生和形成路线、方针、政策、策略计划、方案、设计、蓝图等等。知识的这种精神产品，一旦产生和形成之后，它们既是当代自然科学和社会科学的结晶，又是现代自然科学和社会科学的最新成果。它们必然随着人类物质文明和精神文明的发展而发展。当它们一旦被运用于社会实践，又会产生出新的精神产品，并形成循环往复呈螺旋式上升的趋势。人类的认识能力就是循着这样一条轨迹而发展提高的，生产力也是循着这一条轨迹而开拓、革新、发展前进的。

邓小平指出:“科学技术是第一生产力。这一科学论断是马克思主义关于科学是生产力的基本观点在新科技革命条件下的新发展;又是对当代世界科技革命和社会、经济、文化发展的深刻分析和高度概括。”是将生产力的内涵因素(科技)和外延因素(劳动力、劳动工具、劳动对象)相比较而言。“人的因素第一”,是将生产力中人的因素同物的因素相比较的结果。经济、社会、科学、文化在发展,“人的因素第一”和“科技是第一生产力”只有更加紧密地结合,才能真正充分发挥作用。现代科技是生产力和社会经济发展的最活跃的因素和最主要的推动力量。它对生产力的发展具有第一变革作用,主要表现在:它在生产力增长中,同其它要素相比,已成为第一的决定因素;它在生产力变革中,相对于其它社会力量,已成为第一位的先导作用;现代科技的载体——人才和技术工人,在生产力发展中,已成为第一位资源。无数事实证明,科技革命是引起生产力飞跃的根本原因;科技进步是提高生产力水平的决定因素;科技进步是推动经济、社会、文化发展的首要力量。

作为知识系统中的科学技术,不论是它的再生产或使之转化为先进的生产力,都必须依靠知识分子和人才的艰辛劳动、开拓创新才能实现。就科学技术转化为直接的生产力而言,一方面必须使它同生产中的物的因素结合起来;另一方面又必须使它和生产力中的人的因素结合起来。前者是使科技物化为非自然物的生产资料。特别是其中的生产工具,这就需要科学工作者和工程技术人员的不懈努力才能实现;而后者使科技转化为工程技术人员的专业知识和实践本领以及劳动者的生产知识和技能,这主要是通过作为专家、教授以及广大教育工作者的辛勤劳动来实现的。总之,科学技术转化为先进生产力的每个环节,都需要知识分子和人才的艰苦劳动,才能达到目的。因此,人才是知识再生产,发展科学技术的决定性力量。人才决定着科学技术发展的方向。规模、速度和水平;人才决定着经济和生产力发展的方向、规模、速度和水平。

人才是劳动能力再生产的骨干

在现代科技革命推动下,现代生产力的发展状况表明,它并非三要素(劳动力、劳动工具、劳动对象)的简单构成,而是包括科技在内的一个多要素多层次结构的复杂系统:

我国丰富的人力资源,将是保证我国社会主义事业不断发展的主要因素。但是,人力资源并不等于现实的劳动力,而现实的劳动力又不等于高质量的专门人才。高质量的现实劳动力和专门人才需要经过教育和训练。我国人口智力资源的现状特点是:第一,人口众多,亟待开发。我国终身教育的人口规模居世界首位。新中国初期,全国有 5.4 亿人口,到 1982 年已超过 10 亿大关。根据预测,我国人口平均寿命已高达 68 岁。在我国进行终身教育,需要比世界上任何国家多得多的经费和庞大的教育队伍、教育设施。第二,我国人口年龄构成较轻,需要经过学校教育的人口超过 3 亿。其中,特别是农村适龄的青少年人口规模居世界首位,有 2.5 亿多,这比美国人口总数还多。第三,质量较低,亟待提高。人力资源质量是一个综合指标,它包括身体素质、智力素质和道德素质等几个方面。其中,身体素质是基础,智力素质是中心,道德素质是人才成长的动力。在我国 10 亿人口中,具有大专文化水平的科技人员之少,而青壮年当中文盲、半文盲之多,是人所共知的。在现有职工中,文化水平低、技术等级低、劳动效率低、管理水平低也是比较普遍的。这是我国进一步发展提高的重要的制约因素。

在劳动能力再生产过程中,开发智力资源、培育新型劳动者和各级各类人才是个复杂的系统工程,涉及许多方面的因素。而其中教育则是开发智力、培养人才的最有效的手段。教育工作者是智力和人才的主要开发者。他们把人培养成推动现代社会生产向前发展的高素质新型劳动者和各级各类人才,就是使科技转化为直接生产力和开拓发展为先进生产力的最根本的措施和手段。在劳动能力再生产和智力开发过程中,广大教育工作者一方面从宏观上培养人才、发现人才;另一方面又从微观上即在教学过程中，通过一切有效的措施，使受教育者的大脑充分活动起来，引导他们自己去观察、去思考、去认识、去理解、去获得知识，并能使之运用于实际和不断地创新。智力和开发是劳动能力再生产的重要手段之一。它对先进生产力的开拓和国家的经济建设是至关重要的。具有高度智力的人不仅能迅速掌握当代最新科技成果，而且能预见到它的发展趋势而不断创新，从而迅速开拓先进的生产力。事实表明，智力和知识越来越成为社会生产力与生产发展的决定因素。全面而有效的开发智力、培养新型劳动者和各级各类人才是提高全民族科学文化水平与思想政治素质，开拓先进生产力的最根本途径。

我们国家，国力的强弱，经济发展后劲的大小，生产力发展的水平，越来越取决于劳动者的素质，取决于人才的数量和质量。我国科学的研究希望，在于它的队伍有来源。科研是靠教育输送人才的。科学技术人才的培养，基础在教育。一定要大力加强人才资源的开发，一定要把教育办好。要把教育工作者与科研工作者放到同等重要地位，使他们受到同样的尊重，同样的重视。人民教师是培养革命后代的园丁，他们的创造性劳动，应该受到党和人民的尊重。要大力提高人民教师的政治地位和社会地位。整个社会都应该尊重教师。

教育战线的根本任务，归根到底是要出人才、出成果，好的教师是人才。要珍视教师的劳动，珍视人才。要确保他们的教学活动时间，关心他们的政治生活、工作条件和业务学习，改善教职员工的物质生活待遇。对于在教学工作中作出贡献的教师，终身从事教育事业的人，应该给以表扬和鼓励。

人才是社会管理的专门家

社会管理主要是运用智力和科学文化知识的脑力劳动。而其产品在起始阶段是行使管理职能的一切形诸于文字和图表的书面的东西。它产生于马列主义的基本原理和党的正确路线、方针、政策；产生于各基础学科的最新理论和有关的科学文化知识；产生于国家、民族的优良历史传统和现实的具体情况与实践经验。因此，当它一旦形成管理人员的具体职能，并在各管理系统中正常运作起来，就会成为推进改革开放和现代化建设的无穷动力，而先进的生产力必然随之开拓与发展起来。面对着21世纪的挑战，由于所处环境因素、价值观念、企业结构和管理意识等方面发生的重大变化，素质的要求将越来越高。21世纪的社会管理人才必须是优秀的、独创性的、开放型的和多面型的人才。他们必须具有：

• 有战略头脑和远见卓识，有哲学思辨能力；

• 有敏锐的观察力，能洞察环境因素及其变化对本企业的影响；

• 有很强的应变能力，能在变化不定的环境中应付自如。未来的信息社会要求极其迅速的反应和行动，因为激烈的竞争或消费者的要求变化会使机会稍纵即逝，使产品和服务变得一文不值；

• 有强烈的社会责任感和献身精神；

• 有实现权力分散下的民主精神和容忍反对意见的胸怀；

• 有不断追求风险机会的创新精神，善于接受新事物和新思想；

• 有坚强的意志，稳定的感情和强健的体魄，能经受紧张、压力和挫折；

• 有合理的知识结构，掌握最新科学，精通电脑管理，有强烈的学习欲望；

• 有人情味，善于沟通人际感情，能理解下属的心理需求，对他们的反应、情绪和困难十分敏感，创造条件使他们对工作满意并忠于职守。同时善于理解和沟通各种不同的文化和价值观念；

• 有高超的语言技巧。未来的经理能用最先进的通讯手段与地球上的任何地方甚至月球进行直接联系，不仅精通多国语言，还能以今天难以想象的速度进行阅读，每分钟达到1千个单词以上，理解率接近100%，以跟上信息爆炸时代的需要。

总之，未来的管理人才既精明强干，又富有人情味；既能言善辩，又从善如流。怀特当年描述的那种寻求保障、循规蹈矩、习惯于层层指挥的“组织人”将全面让位于既合作又竞争、追求风险、反对拘泥于传统的“竞赛人”。他们把社会看作竞赛场，既认真从事又不过于计较得失，他们会用运动的专业术语来形容管理；制订“竞赛计划”，“打一场大赛”，遇到麻烦时“踢个反弹球”，必要时使用“持球”战术或“合理冲撞”，等等。

新型的社会管理人才的培养有赖于教育，而未来的管理教育，将与现在有巨大的区别。

终身学习

据统计，目前世界总知识增长率为12％左右，其中科技知识增长25％。到21世纪初，这个比例将进一步持续增长。这就是说任何人要跟上知识激增的时代，单凭经验是远远不够的。他至少花费三分之一的时间进行学习，必须真正做到“活到老，学到老”。

未来的终生教育将以四种方式进行：

——管理专业学校（作为终生学习的准备）；

——管理培训中心（脱产、定期培训）；

——纳入本人自我发展计划的家庭自学；

——在职培训（不脱产、长期培训）。

多元化知识

传统的管理学校的中心是培养管理的业务能力，其前提是：能力产生信心，信心产生权威。所谓能力，主要是指可以测试要以应用的认识性知识，诚如一位法国学者所说：“我们都是笛卡尔的子孙，我们在学校里所接受的全是理性的、由经验证实了的知识。然而，笛卡尔犹如知识的伊甸园中孤独的亚当，急切地需要一个‘配偶’。”

这个“配偶”就是非认识性的知识，它可以包括——领导技巧，口头和书面的交际能力，感情交流能力和说服力，行为态度，价值概念，创造性和创新能力，气质、精力、理想等等。如果说前一种知识是“脑”，后一种是“心”，那么，未来的教育将更加贴近企业家的“心”。单一专科知识结构将不能适应形势，必须代之以多学科的整体教育。

在未来的课程表上除了常规管理课程以外，还将有：谈判理论和技巧(外交模式、科学模式和艺术模式)、伦理学、心理学、社会学、外国语言文化等课程。

培养创造力

几十年后,大部分例行的工作将由电脑和机器人完成,人的工作主要是非例行性的,因而需要创造力。

新型的教育机构

那种与企业、社会完全脱节的教育机构将被淘汰,正规大学与企业办的大学之间的界线逐渐缩小,一种新型的、与企业保持有机联系的学校将产生。

21 世纪并非遥遥无期的未来,新型的社会管理人才不是从天而降。至少,21 世纪初期的中、高级管理人才现在都已经出生,有的已经大学毕业,走上了工作岗位。因此,解放思想,抓住机遇培养造就 21 世纪的社会管理人才问题已是十分现实、十分紧迫的任务。当今社会能否恰当地选拔、教育新一代的社会管理人才将决定我们的子孙后代生活的社会质量是否高,内容是否丰富多彩。显然,为未来铺设道路,这项工作我们早就应该动手了。

人才是文学艺术生产的创造者

文学艺术的生产包括文学作品、音乐、美术、雕塑、电影、戏剧、舞蹈、曲艺等精神产品的生产。这些精神产品的共同点都是通过各具特征的艺术形象来表达人的思想感情和反映社会现实生活的。文学艺术形象是作家在社会生活和实践中,在一定社会制度和经济发展的状况下,根据自己对客观世界和社会环境的认识和感受,撷取各方面的诸多素材,经过头脑创造性的加工而塑造成的。这个“塑造”的过程,就是作家运用智力进行精神生产的创造性劳动过程。

我们的根本目标是要实现社会主义现代化。实现社会主义现代化不但要建设高度的物质文明,而且要建设高度的精神文明。而文艺正是因其独特的性质和职能,已经成为社会主义现代化建设和精神文明建设的重要组成部分，而且成为社会主义现代化建设和精神文明建设的巨大推动力量，在社会主义现代化建设和改革开放时代，文艺的发展有着十分广阔的天地。不论对于满足人民精神生活多方面的需要，对于培养社会主义新人，对于提高整个社会的思想、文化、道德水平，文艺工作都应有其他部门所不能代替的重要责任。社会主义文艺事业要繁荣，首先必须有一支坚强的、团结的、朝气蓬勃的文艺队伍，首先必须有一批杰出的、天才的、勇于创造的作家和艺术家。只有这样，才能在人类历史的文坛和舞台上演出一场场轰轰烈烈威武壮观的话剧来。党的十一届三中全会以来，邓小平同志高度赞扬广大文艺工作者正气凛然地对“四人帮”进行了抵制和斗争，代表党中央反复重申，“‘文化大革命’前的十七年，我们的文艺路线基本上是正确的，文艺工作的成绩是显著的”，并且在粉碎“四人帮”以后，“文艺界是很有成绩的部门之一。文艺工作者理应受到党和人民依赖、爱护和尊敬”。斗争风雨的严峻考验证明，从总体来看，我们的文艺队伍是好的。有这样一支文艺队伍，我们党和人民是感到十分高兴的。

对于广大文艺工作者来说，最大的关心莫过于充分发挥他们的艺术才华，给他们以报效祖国的机会。对此，邓小平同志也是一直深有理解，曾强调：必须十分重视文艺人才的培养。……不仅要从思想上，而且要从工作制度上创造有利于杰出人才涌现和成长的必要条件。党的各级领导遵循艺术规律，不要对文艺工作发号施令、横加干涉。并热情鼓励文艺工作者在创作的题材和手法上要丰富多彩，勇于创新，充分发挥自己的个人创造精神。这些，都对解放新时期社会主义文艺的生产力提供了具有战略意义的指导思想。

我们面临着建设社会主义精神文明的任务。我们的人才是发展人类科学文化中一支不可缺少的骨干力量。我们要提高全民族的思想道德和科学文化素质，培育一代又一代有理想、有文化、有纪律的社会主义新人。在这方面我们的人才负有重要职责。

我们要顺利实现建设和改革，必须保证决策的科学性。从中央到地方，在决策的研究、论证、咨询、制定和组织实施中，我们的人才作用越来越突出，任务越来越重。

总之，在现代化建设改革开放的实践中，同历史上任何时期相比较，中国人民从来没有像今天这样，对自己的人才提出如此广泛、如此迫切的要求。人才的地位和作用，从来没有像今天这样，越来越重要，越来越突出。我国的人才大军正在不断提高马列主义、毛泽东思想水平，努力提高专业素质，增强民族自豪感，为实现社会主义现代化建设的伟大历史任务贡献全部聪明才智，担负起历史赋予的光荣使命。

（原载《学海》1995 年第 1 期）

中国突破“零诺贝尔”的探索

突破“零诺贝尔”的提出

一年一度举世瞩目的诺贝尔奖的揭晓，总要吸引全世界人民，特别是科学界人士的关注。诺贝尔奖已成为“科学界的奥林匹克”，有力地激励和推动着全球现代科学的突飞猛进。许多国家把获诺贝尔科学奖的人数多少，当成衡量一个国家、一个科研机构或一个大学科学水平高低的重要标志，把本国科学家获得诺贝尔科学奖，当成自己国家的最高荣誉和骄傲。迄今为止，世界上还没有哪一种科学奖项能像诺贝尔科学奖这样，以它巨大的影响和声望，倾倒了千千万万为科学事业而献身的人们。

101 年来，在获得诺贝尔自然科学奖和经济学奖的众多科学家中，有亚裔学者 22 人，其中华裔 6 人，日本裔 12 人，印度裔 3 人，巴基斯坦裔 1 人。这 22 位亚裔科学家的获诺贝尔奖，显示了亚裔人的才华，说明亚洲人有能力攀登国际科学高峰。华裔 6 位获奖者中的杨振宁、李政道 2 人，在获诺贝尔奖时是中国国籍，这是中国人的光荣。但是，我们更应清醒地看到 6 位华裔获奖者在全部获奖者中所占比例还不到 1%。更值得深思的是，新中国建立至今已过半个世纪，但在本土却尚未有一位获奖者。2001 年 10 月 10 日，在瑞典斯德哥尔摩举行诺贝尔奖百年盛典的同时，中国 100 名科学家发表了致公众的公开信，信中说：“……当初杨振宁、李政道是以中国科学家的身份走上诺贝尔领奖台的，结束了中国人无缘诺贝尔科学奖的历史。同时我们也看到，至今还没有在中国本土诞生的科学成果获得诺贝尔奖，这实在是中国科学界的一件憾事。”

科学家们所说的“至今，还没有在中国本土诞生的科学成果获得诺贝尔奖”，就是所谓中国本土的“零诺贝尔奖”现象。中国人民和科学界人士强烈提出：“诺贝尔奖离我们有多远”，“中国怎样实现零的突破”……殷切希望有一天中国的科学家在自己本土上，像夺取奥林匹克运动会金牌那样，也能荣获“诺贝尔科学奖”。这是每一个有良知的中国人的强烈心愿。

实施以弱胜强，后来居上的战略

近50年来，我国在基础科学领域逐步跟上了世界先进技术的潮流。在高技术领域取得了一批具有世界先进水平的研究成果，在信息、生物、航空航天、激光、新材料、自动化、海洋、核能以及新能源利用等领域研究开发出一系列具有自主知识产权的高新技术成果和产品，初步形成了我国的高技术产业，使中华民族在世界高技术竞争中占有一席之地。特别是我国载人航天工程取得的成就，是我国综合国力不断增强、科技水平不断提高的重要体现。但是，从总体上看，我国同世界先进水平还存在不少的差距，主要表现在：一是国内、国际论文稳定上升，质量差距巨大。在具有较高创新含量的SCI收录论文上，1997年我国为169万篇，只占世界总量的1.8%，列世界第12位。1992—1997年我国被SCI收录的论文数年平均增长12.8%，论文的被利用率仅0.97，远远低于世界平均的3.47的水平。二是国内专利总量增长乏力，发明专利比重下降，国际专利徘徊不前。三是重大科技成果数量较20世纪90年代下降幅度较大，研究机构重大科学成果数量下降最多。

根据我国国情，我们要从20世纪科学研究发展中以弱胜强、后来居上的范例吸取经验，建立信心，充分调动中国人民和科学家的智慧和组织力量及协作精神，大力提升基础研究的创新能力和国际竞争力，完成历史赋予我们的使命。

实现以弱胜强、后来居上战略的关键是要充分发挥科学家的主观能动性，主动地、自觉地战胜各种各样的困难，寻求突破的新途径。要着力选拔有战略眼光和管理能力的领军人才和学术带头人。青年科学人才包袱很少，敢想敢干，最具有创新活力。因此，要特别加强对年轻科学人才的识别、培养、选拔和使用。科学创新没有捷径。青年科技人才要有所发现、创新，必须刻苦学习，潜心研究，不断实践——失败——再实践——再失败，历经千辛万苦，千锤百炼，直到最后取得成功。

我们的时代，是一个需要在中国大地上繁荣科学，实现科学跨越发展的时代；是一个需要在中国大地上出现伟大科学家的时代。我们要发扬为国争光、与时俱进、只争朝夕的精神，明确方向，坚定信心，不急于求成，积极地创造条件，寻找突破点，进行长期的科学积累，充分发挥科技人才的主动性、积极性、创造性，才能作出突破性的重大科学发现。

科学研究的根本目的是繁荣科学，造福人类

诺贝尔奖，是科学领域里的最高成就奖，获得诺贝尔奖这项殊荣，是科学家的最高荣誉，但这是努力的结果，而不是努力的动机和目的。诺贝尔奖并不是科学家追求的一个目标，没有哪位获诺贝尔奖的科学家是为了得诺贝尔奖才去从事科学研究的。

诺贝尔奖的显著特点：一是通过对重大科学成就的肯定与充分重视，引导科学研究的正确方向。二是注重基础科学的研究。物理、化学与医学三项奖主要授予在基础研究方面有重大发现的科学家。基础学科研究的不断深入，能进一步加深人类对世界的构成、对宇宙与生命的认识。

但是，从事基础科学领域研究的人，往往不受人们的关注，工作很辛苦，生活待遇低，而要出成果，必须执着、专注，甘于坐“冷板凳”，耐得住寂寞，求真务实，老老实实，任劳任怨，孜孜以求，甘愿付出代价，作出无私奉献。诺贝尔奖就是对这种科学精神的嘉奖和敬意。

科学研究是伟大的事业。从事科学研究是很光荣的。作为一个优秀的科学家来说要有正确的理念。一流的学术研究成果,要有必要的物质条件,但不完全是靠钱就能做出来的。从事科学研究必须树立奉献意识,一不为名,二不为利。如果为了钱和名利而搞科学研究,其结果是突破的可能性低,走邪门歪道的可能性高。从事科学研究要按规律办事,对有突出贡献的科学家,给予奖励是必要的。但是,急功近利的想法和做法都是不科学的。现在一些学者被名利所累,忙于出成果、出书,忙于赚钱,忙于出名,这样的浮躁心态、急功近利是做不出优秀成果的。花钱是买不来科学的。重赏之下,有两个可能:搞得好,可以鼓励搞出更优秀的成果;但搞得不好,不仅不能出优秀成果,反而会滋生学术腐败。科学家就是科学家,诺贝尔奖不是给以赚钱为目的的人而设置的。我们的根本目的是为发展和繁荣科学研究而工作,获诺贝尔奖决不是目的。

从事科学研究工作,既要充满信心,又切忌沾沾自喜。我国自然科学发展水平与发达国家相比,从总体上看来还有相当大的差距,在少数领域取得了重要研究成果,而在开创性和系统性方面,还有明显不足。如果科学研究工作者满足于目前的成果,沾沾自喜地奢谈什么国际领先水平,那么就很难作出突破性研究和创造出优秀成果,更难获得诺贝尔奖。

诺贝尔奖是授予在基础研究和应用基础研究中阐明自然现象、特征和规律,做出重大科学发现的科学家。所谓重大发现是指前人尚未发现或者尚未阐明、具有重大科学价值、得到国际学术界的公认。所谓国际水平必须是独创性的、水平相当高的项目。诺贝尔奖对重大发现的要求更加严格。全世界优秀的科学研究成果确实很多,而能摘得诺贝尔科学桂冠的只是少数幸运者。科学上的重大发现是偶然性与必然性的统一。多数重大发现,是一种偶遇,但它又是科学家默默无闻的毕生奉献的结果,这又是必然。无数事实证明,不夯实基础就想建造金字塔的塔尖,那只能是痴人说梦。

在中国,真正意义上的高水平科学研究,只有 20 多年的历史,改革开放以来，有了很大转变，现在的发展势头很好，并将持续发展下去。中国有许多优秀的年轻科学家，他们朝气蓬勃，充满活力，科学事业大有希望，只要执着地追求，那么20年、30年，甚至更长的时间，一定能取得成功。

要十分重视和支持基础科学的研究

科学研究有其自身的发展规律。要十分重视和支持基础科学的研究。一个重大的发现和发明，从发现一个新现象，到转化为新产品再到市场化，大约需要20—40年的时间。对科学家来说，这是常事。任何科技创新都不是一蹴即成的，也不是一帆风顺的。当一个科学家深入到未知的领域时，就很难作出预言。自然科学的基础研究在很大程度上是无法预设目标的。只有当相关方面对可能产生突破性成果的基础研究投入必要的财力、物力的时候，而科学家们又有勇气、耐心，投入足够的精力和时间，开拓创新，埋头苦干，刻苦钻研，顽强拼搏，这时才有可能有所突破，获得重大的发现。

在科学研究中，错误或失败是不可避免的。但错误往往是正确的先导，失败是成功之母。因此，基础研究需要充分的自由空间和长期的发展。

从历史和发展的观点来看，基础研究以阐明自然规律为主要任务，它的重大发现对社会进步的推动是难以估量的，但它转化为生产力，需要一定的过程和时间，不大可能立即转化为生产力。如果急于转化，其后果：一是科学家所受压力太大，心态很不平衡，难以静下心来刻苦研究；二是忽视和放松基础研究，也就没有什么可以转化的了。科技创新植根于基础研究之中。因此，要有长远的眼光，加大投入，切实重视和加强基础研究。

基础科学研究是新技术和工业发展的原动力。一个国家在基础科学研究方面的投资在国民经济总产值中所占的比例，是一个国家致力于这方面努力的一个标志。如果不加强对基础科学研究和教育的投入,经济就不可能发展,即使一时上去了,还是不可能持久的。基础科学研究相当于金字塔的基部,塔尖相当于人类可以利用的技术成果。基础科学研究的方向有两个:一个是探索宏观世界、宇宙世界;另一个是探索微观世界,发现物质更小的构成单位。基础研究能扩大金字塔的基础,同时为新技术提供原理。

面对21世纪的新挑战、新形势、新任务,党和国家对科学技术的正确决策是个关键。必须十分重视和加强基础科学的研究。要从思想上、规划上、组织领导上以及经费等物质条件的支持方面,采取得力措施,特别要加大经费投入,创造科技创新的良好环境。

千方百计提高科学研究队伍的整体素质和水平

诺贝尔奖是对科学家在专业领域中取得重大科学突破成就的承认和褒奖。要想在科学研究中取得重大进展,突破"零诺贝尔",关键在加强科学研究队伍的建设,千方百计提高他们的整体素质和水平。科研人员必须厚德博学。具有高度的事业心、责任感,热爱科学,追求真理;具有渊博的知识,活跃的思想,很强的创新能力和攻关能力;具有高度的献身精神,执着追求,坚韧不拔,专心致志,顽强拼搏,敢于创新,不怕失败,不达目的,决不罢休。

根据我的研究,一个有成就、有突出贡献的科学家,有两个黄金时期。首先是求学时期,这是打基础阶段。诺贝尔科学奖的得主,尤其是那些在理论领域作出贡献的得主和其他科学大奖的得主,他们在求学时期,在中学大学里,都得到很好的培养和训练,潜能被充分发掘,为日后在科学上做出杰出贡献打下良好的基础。中国本土所以没有人得诺贝尔科学奖的最重要原因之一,是我们的教育是应试教育,培养的人才考试本领很大,而创造性思维、创造能力较低。高等学校缺乏创新的理念和办学思路,教学内容和方法陈旧,缺乏发现、选拔和培养顶尖人才的体制和机制;教育、教学思想、课程设置和教学方法限制太死,不利于顶尖人才的脱颖而出。因此,要认真转变观念,深化教育改革,强化素质教育和创新教育，是一项刻不容缓的任务。

其次是实践时期。实践出真知，实践出智慧，实践出优秀成果。一个优秀科学家，特别是诺贝尔奖获得者，不仅在求学时期有良好的基础，而且在走上工作岗位后，能认准方向，执着追求，刻苦钻研，顽强拼搏，创造思维和创造性能得到充分发挥，因而取得重大突破和重大发现。

所以有志者一定要认真阅读文献，掌握科研前沿信息，反复思考，领会精神实质，取长补短，促进思想的碰撞，引发智慧的之花。要靠自己的主观能动作用，潜心研究，独创性地提出问题和思考，刻苦钻研，独创性地解决问题。

好奇心是基础科学研究的原创性动力。许多诺贝尔奖获得者都是在青少年时期就对某种现象或某个问题感到好奇，而开始思考、探索和研究的，从此一生迷上了这个学科而走上科研道路，有所突破，有所成就。因此，要引导青少年从小就有强烈的好奇心，敢想敢干，不背包袱，不怕讥笑。

积累是孕育优秀人才、培育获诺贝尔奖人才苗子的重要基础。科学研究贵在长期积累，尤其是进行创造性、突破性的重大科学研究，更需要有长期积累。英国医学研究委员会(MRC)是一家历经百年沧桑的医学科研机构，自 1929 年以来已先后 20 多次摘得诺贝尔科学桂冠。他们的主要经验和优良的科研传统是：科学家能坐得下来，静下心来，潜心钻研，注意积累，不急躁。一靠科学家自身的努力，有目的、有意识的注意积累。二靠高级科研人员上下连续的积累。据调查，中国中青年两代中科院院士出身于“专业世家”的平均不足 39%；而上下两代继续从事高层次科学研究的不足 10%。这说明，我国在这方面的基础条件较差，必须正确加以引导，大力提倡和强化积累这一重要环节。

注重学科交叉是重大科学发现的生长点。重大的科学发现，不是按照常规计划，并可预见结果的情况下进行实验和逻辑推理才能够得到的，一般是在科学交叉的生长点上出现的。由于科研计划只能在原有的科学原理框架内制订，科学家个人又受到知识狭窄和学科传统观念的限制,多数人很难在观念上突破。因此,要引导大家注重学科综合交叉,形成相关学科人才的临界数量和质量。要根据科学前沿发展趋势和国情,在学科交叉的生长点上,扬长避短,以超越为目标,有选择地制订独特的发展战略。瞄准新生长点,探索新的研究方向的实现途径,不能跟在别人后面,亦步亦趋。

发扬敢于创新、知难而进的精神,是一个优秀科学家,特别是诺贝尔获奖者必备的素质。如果不敢创新,遇难而退,满足于已有的成果和结论,满足于跟踪模仿,是没有出路和前途的。有志气的中国科学家要勇于站在巨人的肩膀上敢于、善于从实际情况出发,以高度的敏锐性和远见性,坚持严格的科学态度着力发现学科发展的新生长点和突破点,抓住机遇,突出重点,集中全力,坚持不懈。

失败是成功之母,要允许失败。在探索研究过程中,出现多次失误和失败,是完全正常的。在失败中可能发生偶然出现的现象,其中包含启发新思想的萌芽。只有不怕失败、观察敏锐的人才能在单调重复的试验中注意创新的现象或思想的萌芽。时机一旦成熟,科学发现就成为必然。世界上任何一项新的发现,都是科学家的偶然发现,只有那些抓住机遇的科学家,才能成为发现的第一人。科学上只有第一,没有第二。科学发现贵在第一发现。

身体健康、精力充沛、非常努力工作是从事突破性科学研究的必备条件。从事创造性科学研究,是一项复杂的、高度的脑力劳动。世界上许多诺贝尔获奖的科学家,都是执着追求,潜心研究,集中思想、集中精力,每天都要工作 16 小时以上。因此,没有健康的身体、充沛的精力、非常努力地工作,是不可能有所发现、有所发明、有所创造的。

大力提倡创造性思维。中国人的思维体系中有其长,也有其短,缺乏逻辑的和数学的传统,模糊而不求精确,缺乏对统一性和一致性的追求,而且功利性比较严重,不注重基础研究。因此,要大力克服不合时宜的旧思维传统,树立先进的思维方式。

加强国际学术交流是提高科研水平的重要环节。中国有很多高素质科学家,研究水平都不低,但由于与国际科学界沟通不够,而往往被忽视。要加强与世界、特别是欧美同行的联系，有条件地开展合作研究，加强学术交流。

认真汲取和借鉴美国和日本的宝贵经验

美国为什么百年不衰？为什么成为世界科技中心？为什么能获取50％以上的诺贝尔奖？值得我们关注、学习、研究和借鉴。

美国的成功经验之一是全新的理念。美国人的一个重要特点是既重视过去取得的成就和先人的经验，但更重视横向比较，能够以己之短比其他国家之长，经常保持忧患意识，总有一种紧迫感甚至危机感。

二是加大投资力度。美国十分重视科学技术研究开发和创新，加大投资力度，从而使其他西方大国同美国的科学技术和产业结构的差距重新拉大，美国科技和高科技产业总体水平大大高于其他西方大国。

三是始终尊重知识和人才。1787 年，美国《独立宣言》和宪法的起草者、后来成为美国第三任总统的托马斯·杰弗逊在宪法中写道：“通过保障作者和发明者对他们的作品和发现在一定时间的专利权利，来促进科学和有用艺术的进步”和“确定度量衡的标准”。并制订了美国最早的科技政策和规定了联邦政府支持科技的责任。

美国独立、建国二百多年来，始终重视教育，特别是 20 世纪 80 年代以来，历届总统都宣称要成为“教育总统”，美国教育投资从 1989 年的 330 亿美元增加到 1999 年的 6350 亿美元。美国特别重视引进和争夺人才，并为他们从事创新提供良好的条件和环境。现在全球留学生和在海外研究人员约 150 万，其中的 50 万集中在美国。近几年来获得诺贝尔奖的大多数美国人是移居美国的科学家。

四是勇于创新。日本为什么能在近三年有四位科学家获诺贝尔奖？这不能不引起我们的深思。2002 年日本小柴昌俊和田中耕一的双双获奖，的确让人感叹日本的科研实力。至今，获取诺贝尔奖的日本人已经达到了 12 人。日本还提出了“50 年拿 30 个诺贝尔奖”的计划。

日本的经验之一是从模仿、改良转向自主、创新。早在上世纪 90

年代中期,日本政府就提出“科学技术创新立国”的战略目标及相应的政策措施。既重视集体创新,强调团队精神与合作,也开始重视个人创新,特别强调培养年轻人的创新精神与尊重年轻人的创新设想。经验之二是增加科技投资。近几年日本经济不景气,财政预算总额大幅度减少,但科技领域的预算不降反升,一直维持在国内生产总值的3%以上,居世界发达国家首位。经验之三是加强科研队伍建设。日本的科研人员数量居世界第二。截至2002年4月1日,科研人员达72.8万人,仅次于美国的110多万人。其科技实力一直保持在第2位,仅次于美国。经验之四是重视基础研究。1998年,日本科学家发现中微子有静止质量;2001年,日本科学家找到了宇宙中存在“宇称不守恒”现象的有力证据;克隆牛技术基本达到实用化水平;正在研制世界最快的超级计算机“宇宙模拟器”。正积极在生物技术、生命科学、信息通信、航空航天、机械、环境、材料和能源技术等各个领域扩张。

美国和日本在基础科学研究方面取得的成就和经验,值得我们好好学习和汲取。我们要从中国实际出发,解放思想,实事求是,与时俱进,开拓创新,制定正确的战略方针,采取相应对策,加大投入力度,创造科技创新的良好环境,充分发挥科技人才特别是青年科技人才的积极性、创造性,努力提高整体科学研究水平,实现诺贝尔奖的“零”突破!

(原载《学海》2003年第6期)

论增强我国科技队伍的内聚力

增强我国科技队伍的内聚力，加强科技队伍建设，是实施“科教兴国”战略的关键，是一项长期的战略任务。

增强内聚力，扼制内散、内耗，是加强科技队伍建设的突出问题

加速科技进步，提高科技质量与效益，发挥科技队伍的整体力，使科技人员紧紧地团结在一起，并形成积极奋进的良好状态，推动改革开放纵深发展；或者说科技队伍有较强的内聚力，把内散、内耗降到最低限度，把潜能发挥到最大限度，这是科技队伍发挥社会作用的基本前提。

科技队伍的内聚力，是科技人员在科技活动中，其奋斗目标、利益、价值观念等，适应国家、群体的共同目标、共同利益和基本的价值观念，所表现出来相互之间的协调性和整体性的聚合现象；相反，则为科技队伍的离散力，是科技人员之间结合上的内散、内耗。科技队伍的内聚力，还表现为在内外环境作用下，科技队伍对其成员所产生的吸引力和成员对科技队伍的向心力。增强科技队伍内聚力，一是要求科技队伍的结构、成员的素质必须适应时代要求，并能不断优化。二是要求科技人员在目标、利益和相互关系等方面具有一定程度的协调性和整体性。共同目标是内聚、团结合作行为的必要前提；利益一致是这种内聚、团结合作行为不可缺少的条件；科技人员之间协调关系，是内聚、团结、合

作行业的体现。人员内聚力强化的过程，就是科技队伍离心力、内散、内耗弱化的过程。

科技队伍的内散、内耗有结构性的和非结构性的两种不同情况：

人才结构性内散、内耗主要表现为结构内部失调，是在人才系统运动发展过程中，构成要素、组合比例失去平衡致使相互联系发生错乱，偏离系统目标造成的。人才结构失调有三种具体表现形式：一是要素失调，即人才素质不符合系统目标及职能、职位的要求；二是比例失调，即人才系统各种类型人员构成比例不合理，形不成有效群体优势；三是联系失调，即人才系统各个成员职位错乱、倒置，相互联系失衡，甚至受阻出现反常状态。

非结构性失调，是由于管理水平低下，成员思想素质不适应造成的离心现象。人才非结构性失调有四种主要表现：一是外倾现象。科技人员注意力外倾，羡慕、赞扬其它群体，贬低自己的群体，甚至向外倾诉不满和牢骚。外倾现象的出现说明群体开始丧失内聚力，若不能及时扼止，有可能出现连锁反应，由心理上的逆反发展到行为上的弃旧投新。二是失主现象。科技人员丧失主人翁精神，诸如对工作缺乏责任心，不关心群体事业的发展，以自我为中心，丧失集体主义精神。三是离群现象。由于种种原因，一些科技人员脱离原群体，投向其它群体的离异行为。四是失控现象。群体对科技人员失去控制，造成群体名存实亡，这时科技人员群体内聚力弱化已到了极限。

当代管理理论从经典的以效率为中心转移为以人际关系为中心，并不是因为效率问题变得不重要了，而是因为科技人员的良好士气、精神风貌和高度团结的和谐气氛，乃是提高科技效率，创新进取的必要保证和动力。

适应未来经济、社会和科技的发展需要，提高科技队伍的内聚力，扼制内散、内耗是加快改革开放，加快经济发展，加快社会主义现代化建设的客观要求；是深化科技体制改革面临的一项迫切任务；是增强科技队伍的战斗力、攻关力，发挥整体功能的关键一环。只有不断提高科技队伍的内聚力，才能提高科技队伍自身对环境的适应能力，较好地实现科技开发和管理的目标。如果一个国家、一个地区、一个部门和单位科技人员群体内聚力很低,离心力很强,内散、内耗严重,人心各异,勾心斗角,各为其所,再大的力量也将会被抵消,不仅失去合力,而且有可能出现负值,那么再好的条件和再先进的技术设备,也很难高效率、高质量地完成科研任务和达到发展目标。

我国科技队伍的内聚力与内散、内耗现状分析

全世界正在走向21世纪。21世纪许多国家在科技、经济和人才方面的竞争,已经提前展开,而我们却面临严峻形势——人才队伍存在着较为严重的内散、内耗。主要表现如下:

1. 人心思走,人才特别是拔尖人才流失严重

人心思走。据我们对全国108个单位调查:科技人员热切希望调离本单位的占15.8%;比较希望调离本单位的占20.8%;经常想自动离职的占5.2%;有时想自动离职的占15.7%。另据河南省人才研究所1991年对1741名科技人员调查,在择业问题上希望“从事其它方面的科技、教育工作”者375人,占22.4%;表示“不再从事科技、教育工作”者361人,占21.5%。两者合计43.9%。

流失严重。人才特别是拔尖人才流失严重。八十年代以来,我国科技人才曾出现三次流失浪潮。前两次不仅没有被扼止,而且1992年以来,又出现了第三次流失浪潮,情况比前两次更为严重。据统计,1978年8月到1991年底,我国向70多个国家和地区派遣的17万留学人员,只有约5万名回国,占派出总数的29.4%。在回来的5万人中,获博士学位的1100人,获硕士学位的1200人,两部分加起来仅占回国人员数的4.6%。

科研单位科技人才流失的比例很高。中国科学院一万名左右青年科研人员中,具有研究生学历的流失率达39%,具有大学本科学历的流失率达27%。国内外闻名的物理研究所,由于人才严重流失,致使35～45岁的科技人才只占全科技人员的15.7%。上海生化所是一所

400 人的研究所，而出国在外的竟达 100 人，科研工作受到严重影响。出现后继乏人的严重状况。

高等学校人才流失，特别是尖子人才的流失，也已到了惊人的地步。据上海高教局统计，全市 51 所高校，自 1986 年至 1989 年底，流失的教师人数为 4266 人（不包括人才交流），占调查教师总数的 16%，其中 74%流向国外。在流失的教师中，40 岁以下的青年教师占 80%。致使全市学校中 30%以上 40 岁以下的青年教师比例迅速下降，教师队伍年龄结构严重失衡。上海交通大学 36 岁至 40 岁的青年教师只有 149 人，仅占教师总数的 6%。80 年代中前期，复旦大学曾以卓著的成果和优秀的师资蜚声海内外，显赫的声势直逼北大。如今，由于拔尖人才的流失，昔日的辉煌正淡化为记忆中的光环。国际新闻专业教师几乎走尽，只好暂停招生。一项国际组织资助的前沿性高科技研究，由于从课题负责人到课题组成员相继“跳槽”，被悄然搁置。华中师范大学近几年，每年报考研究生外流的占教师总数的 15%；公派出国的 120 名青年教师，逾期一年以上未归的达 60%；流向特区的仅 1991 年就有 13 名教授、讲师。中国科技大学国外留学逾期不归的竟占 90%以上；北京大学一位老教授多年辛勤培育了 16 名硕士研究生，现已有 12 人去美国，年久未归，老教授感叹自己的辛勤劳动变成了“为他人做嫁衣裳”！

原来内聚力较强的高科技企业也存在严重人才流失。北京中关村是靠科技人才和优惠政策起家的“中国硅谷”，已被许多家著名的外企高科技公司包围，每年要被外企挖走骨干人才 200 多名，产值达 30 亿。居中国民办科技排行榜前列的四通公司，原有 8 名博士生，如今只剩一位，其余的全部被外国公司以月薪 1000 美元高薪挖走。

医院科技人才的流失，也十分严重。据上海市对华山、中山等 8 个著名医院的调查，1986 年以来，出国未归的就有 500 多人，其中 86%是临床骨干医师。

更值得注意的是我国将面临教授专家退休高峰。中国科学院系统研究人员平均年龄超过 53 岁；全国高校 18559 名教授中，年龄在 61 岁以上者有 6810 人，56 至 60 岁者有 7734 人，二者共占总数的 78.4%；无独有偶，在 85548 名副教授中，年龄在 51 岁以上者也占 78.4%。两个 78.4%，几乎全部学部委员、首席专家、学科带头人都在其内，难道不令人心悸吗？

面向 21 世纪，我国要进一步改革开放，加快经济发展，需要更多更好的人才。可是扼制不住的人才流失，一次比一次严重。不仅关系到我国科技队伍的生死存亡，而且关系到国家的命运前途和民族的兴衰。

2. 人才隐性失业，浪费惊人

上海市人事局 1986 年对 10048 名科技人员抽样调查结果如下：(1) 2/3 的人才不能充分发挥作用。据此测算，积压浪费人才约 4～7.5万人；(2) 1/4 的人任务不饱满。完全没有任务不饱满的占 26.3%，比全国高 6.2 个百分点；(3) 用非所学，用非所长问题严重。专业不对口或不愿对口分别占 17.6%和 2.19%。认为前途较小和没有前途的分别占 10.23%和 5.08%。要求从事专业工作的占 61.8%。(4) 才职不符、高能低就现象普遍。据抽样调查，18.5%的高级知识分子实际在做中级职称的工作，中级的做初级的占 16.6%，初级做一般工作占14.56%。上述情况经过几年努力，虽有所改变，但仍不容乐观。据河南省人才研究所调查，尚未能充分发挥作用的科技人员由 1986 年的 68.52%降至 43.8%。但以下情况令人担忧：(1) 197 人"无事可做"，占 11.4%。(2) 604 人感到"工作不顺利，困难较多"，占 36.9%。(3) 102 人感到"很不顺利，困难很多"，占 5.9%。(4) 331 人在现职岗位上认为不可能取得成绩，占 19.2%。(5) 35 岁以下青年科技人员占调查对象的 39.3%，认为"工作量太少，常常无事可做"的占 34.2%。

目前我国科技人员仍有 50%左右的人尚不能充分发挥作用，人际关系难处。不少青年科技人员认为单位对他们不重视，不放手，任其自然，甚至压制排挤，严重影响他们的健康成长和科研工作的开展。

3. 中年科技人才负担太重，早衰早逝令人痛惜

我国中年科技人才是科技工作的中坚骨干力量，可是他们肩负两副重担(一是科研教学；二是家庭)，再加上内散、内耗等原因，常感疲

惫，有的英才却已早衰、早逝。据河南省人才所调查，感到工作量过大，因而常觉疲劳者447人，占25.8%。在常觉疲劳的科技人员中，40～50岁左右的中年科技人才比例最高，竟达68.4%，说明不少中年科技人才处在紧张的超负荷运转状态。

特别令人焦虑的是，我国知识英才早衰、早逝的情况尚未根本好转。10年前，当科技界两位中年专家蒋筑英、罗健夫因积劳成疾而溘然长逝时，在全国曾引起了强烈的震撼。可是，此后接二连三地传来令人心碎的噩耗：张广厚、钟家实、莫应丰、鲍昌、金乃千……一个一个都过早地辞世。据《光明日报》从1990年初至1992年3月5日所刊出的高级职称的科技人才逝世的消息，计72组，452人，其中60岁以下竟达87人，占20%以上，有一些甚至是50岁以下。50岁左右，正是一个人才生命和才华的黄金时期，在事业上大有作为的丰收季节，但由于过早撒手辞世，致使多年积蕴的智慧、才华未得到发挥便毁于一旦。一些有识之士深刻指出：在全国人民平均寿命接近70岁的时候，而我国的一批科技英才却还未到60岁，甚至未到50岁便匆匆忙忙地在攀登的历程上画上了句号，真是令人痛心！

我们要大声呼吁：中国的知识分子靠着热爱祖国，热爱事业，宠辱不惊，困不伤志，勤不惜身的精神脊梁支撑自己的一生，他们所要求的并不多，可是长期的超负荷运转，持久的收支不平衡，难处理的人际之间的内耗，该落实的政策旷日持久地拖拉，终究难以承受。人才是党和国家的宝贵财富。英才的早衰早逝，于国于民都是重大的损失！

4. 大批科技人员跳槽改行，忙于第二职业

我国科技人员学非所用，用非所学，转做非专业工作的情况本来就较为严重，最近两年来更为突出。一直比较稳定的中小学教师队伍，现在出现了大量的弃教从商和改做其他工作的严重状况。据湖南省教委调查，1990年至1992年该省共有6292名中小学教师离开教师队伍，有的"跳槽"，有的"下海"，有的改行。其中96.1%的人是45岁以下具有大专以上学历和专业技术职称的骨干教师。尤其令人心碎的是老教师说："我们是无法改行、出走了，只是希望我们的子女不要再当教师。"

这意味着教师队伍已处于严重不稳定的状态！

令人特别忧虑的是：一批年青学子纷纷弃学改行。美国人在上海创办的波特曼酒店公开招聘职员，应聘者仅复旦大学就有 210 名毕业生。一位教授中肯地批评说："拿试管、摆弄半导体的去端盘子跑腿，是最大的改行！这样会涣散在校学生的军心。从长远看，基础学科人才的流失，其损失是巨大的。"与此同时，上海希尔顿饭店公开招聘服务员，应聘者有研究生、讲师。对此，希尔顿饭店经理尖锐地评论说："这是希尔顿的骄傲，也是中国人的耻辱。"

另有部分科技人员既无条件出国，又无能力改行，只好在现有条件上寻找一点增加收入的办法，以稍稍缓解下他们寒酸的窘况。于是，第二职业应运而生。不少科技人员和教师弃长就短，分散精力和心思去搞其他营生。从眼前来说，可能增加一点收入，但从长远来看，不仅是因小失大，大材小用，浪费人才，而且对科技队伍起着重大涣散作用。

5. 队伍成员之间关系不谐，内耗严重

据调查，科技人员之间能紧密合作的占 9.8%；能相互容纳的占 40.9%；人情淡薄的占 31.8%；矛盾众多的占 12.4%；常有冲突的占 5.1%。科技人员关系友好的占 14.8%；较友好的占 21.6%，一般的占 43.4%；较为不友好的占 15.7%；互相贬低，甚至冲突的占 4.5%。

科技人员之间不能团结合作而产生内耗的主要表现如下：(1) 嫉贤妒能。自己不好好干，别人干出了成绩，却嫉妒、找岔子、挑剔、干扰，甚至挟嫌报复，于关键时刻戳一戳，搞不倒也要搁一搁。这种人虽为数不多，但破坏性很大，使一些单位正气受压，邪气上升。(2) 固执己见。自以为是，墨守陈规，不能集思广益，博采众长，结果贻误时机，工作受损失。(3) 争当主角。与人共事不是出主意，而是出难题，不是补台，而是拆台，甚至视同行为冤家、敌兵。(4) 以小失大。宁愿事情办不成，也不愿顾全大局，一拖二顶使全局的好事办不成。(5) 搞小圈圈。不是以事论人，而是以人论事，把情感上的亲疏好恶用于学术探讨。(6) 斤斤计较。目光短浅，心胸狭窄，只看身后的阴影，不看前面的太阳，纠缠于过去一时一事的得失。(7) 自由主义。当面不说，背后乱说，搬弄是非，挑拨离间，甚至造谣中伤。(8) 个人主义。过高地估计自己，争名夺利，而对人横挑鼻子竖挑眼，动辄苛刻要求，无限上纲，小题大做。

人才是强国富民的根本。人才资源是最宝贵的资源。人才的浪费是最大的浪费。科技人员的内散、内耗是人才资源浪费的突出表现，而且危害性很大。它损耗的不是普通的物质资源，而是能够创造物质财富和精神财富的智力资源。科技人才的内散、内耗，严重影响科技队伍的稳定和整体能力的发挥，使一批有潜力的科技人才的积极性、创造性不能起到应有的作用，有的甚至受到压抑，队伍的整体功能受到削弱；它对于经济发展和社会进步所造成的影响，从本质上来说是无法估量的，它已成为科技队伍建设中一个突出的亟待解决的问题，必须引起高度重视。

形成科技队伍内散、内耗的原因分析

在我国，产生科技人才内散、内耗的原因很多，各地、各单位表现也不尽相同，但从总的方面来说，主要是由外部环境和工作、生活条件滞后以及领导素质不适应造成的，具体原因如下：

1. “左”的错误影响仍然存在

党的十一届三中全会以来，中央提出尊重知识，尊重人才，各方面调整政策，外部环境有所改善。但是长期以来贬损知识和人才的错误影响和所造成的恶果还远未消除。在一些地区、部门和单位人才和知识并未真正受到尊重，不信任不放心和怀疑的潜流还不同程度地存在，把知识分子看作是“统战对象”，人才的潜能仍然受到各种有形和无形的束缚。党中央反复强调科学技术是第一生产力，振兴经济首先要振兴科技。知识分子是工人阶级中掌握科学文化知识较多的一部分，是先进生产力的开拓者，是党的依靠力量。可是教育和科技还是相当普遍地被视为“虚”的任务。社会分配不公，知识分子收入相对低，“读书无用论”又在抬头。分配上脑体倒挂日趋严重，许多人才在工作和生活的重负下不是无心创造，就是身心交瘁。这种情况极大地影响科技人员的积极性和创造性。

2. 论资排辈的传统观念还很顽固

中国文化有着悠久的历史和丰富的内容。其中不乏宝贵的用人思想和理论。但是，在民族文化中，也有许多消极错误的东西阻碍着人才的正当运用，影响人才才能的发挥。这些消极东西所造成的人才损耗不可低估。诸如不关心甚至排斥、打击、迫害知识分子的传统；与迫害知识分子相伴随的是贬低知识分子地位和作用的传统；论资排辈、嫉贤妒能、等级观念、轻视女性的传统。

论资排辈的思想在我国人才管理中至今还比较严重，致使中青年优秀人才受到压抑和排挤。我国与国外科技人员获得同样职称的年龄比较，助教级晚 2 年，讲师晚 12 年，副教授晚 16 年，教授级晚 14 年。严重影响人才的成长和作用的发挥。主要表现在以下方面：(1) 竞争机制疲软。优秀中青年人才脱颖而出的大环境未能形成。聘任制后有53%未增加工作压力，37%的科技人员积极性未提高，而且带来不少后遗症。(2)“论资排辈”现象十分严重，考评缺乏科学性。科技人员一致反映，专业技术职务责任制中的第一位的问题是“论资排辈”。(3) 对职务限额、指标统得过多、管理过死。(4) 领导说了算、拉关系、不正之风严重。

与论资排辈有联系的是文人相轻的旧思想。它助长同行排斥、嫉贤妒能的歪风邪气，惟恐别人超过自己，甚至有的还打击别人，抬高自己，使有的单位或部门不断“摩擦”，“人战”不已，“战斗的堡垒”变成了“堡垒内的战斗”。

3. 管理体制单一，管理方法过死

长期来，我国在人才管理体制上习惯于行政管理的方法，实行“四统一”(即统一培养、统一分配、统一使用、统一管理)，管理权力过分集中，管理制度单一，管理方法过死，使人才不能得到合理使用，才能不能充分发挥。尽管目前随着人才市场、劳动市场的开放，有一定的震撼作用，但旧体制的阻力，仍不可低估。

4. 舆论导向和政策上轻视知识分子的应有地位

近几年来,舆论导向过分宣传"暴发户"和漫天要价的港台明星,对科技人才在改革开放中的地位作用缺乏应有的肯定和评价,忽视了科技人才是国家和企业的主人。其结果是:一方面使全国有40%的青年家中无藏书,新的"读书无用"论抬头,知识贬值已到了惊人的程度。北京青少年偶像崇拜者前5名均为港台明星;南京市青少年中偶像崇拜者前10名中9人都是港台明星,其余一人为雷锋(因这调查统计时,正值雷锋生日),什么科学家、什么人才在青少年心目中已没有影子了。另一方面使广大科技人员产生主人地位的失落感,管理参与和政治参与以及工作积极性日益淡薄。

5. 部分单位和企业领导的素质和水平不适应要求

各级领导是科技队伍的核心,他们的素质水平和行为,对科技队伍的建设关系极大。当前,部分单位的领导素质、水平不高,他们的行为与科技人员期望之间存在较大的差距,是科技人员内散、内耗的一个重要原因。据我们调查,科技人员认为影响内聚力,增大摩擦系数,内散、内耗严重的诸因素中,主要是两条:一是领导的素质、水平偏低;二是工作成绩和成果不能得到公正评价。

当前科技人员认为一些单位领导素质差,水平低,弱化内聚力,扩大内散内耗的主要表现是:(1) 以权谋私,化公为私。(2) 任人唯亲,搞裙带关系。(3) 唯我独尊,作风专制。(4) 办事不公,欺上骗下。(5) 争权夺利,闹不团结。

6. 部分科技人员素质呈下降趋势

从计划经济体制转向市场经济体制,是一场深刻的革命,对加强科技队伍建设既是良好的机遇,也是严峻的挑战。当前在一些科技人员中政治思想品德出现了许多新情况、新问题:(1) 科技人员的社会心理失衡。(2) 科技人员的名利思想有所滋长。(3) 科技人员的职业道德削弱。(4) 科技人员的知识体系不适应。

增强科技队伍内聚力，扼制内散、内耗的对策措施

坚持以邓小平关于建设有中国特色社会主义理论为指导，以党的十四大精神为强大动力，坚持综合治理的方针，采取果断、得力措施，才能从根本上增强科技队伍的内聚力，扼制内散、内耗。

1. 采取有力措施，增强科技队伍内聚力要一年见效，三年改观。党中央和国务院要把增强科技队伍内聚力，扼制内散、内耗作为加强科技队伍建设的一项突出的任务来抓。如不坚决采取措施，任其发展，必将导致整个科技队伍的涣散、解体，其后果将不堪设想，这已经成为关系全局的一个突出问题。中央组织部、统战部、国家人事部、国家科委等部门要认真抓几年，争取一年见效，三年改观。

2. 在科技队伍建设的指导思想上，主要是防"左"。邓小平同志指出：现在，有"右"的东西影响我们，也有"左"的东西影响我们，但根深蒂固的还是"左"的东西。最近一个时期在知识、人才、科技队伍建设等方面暴露的许多问题，充分说明"左"的影响确实根深蒂固。对此，如果不保持清醒头脑，不充分认识其危害性，坚决加以纠正和改正，就会犯历史错误。认真组织各级领导，特别是主管科技队伍的部门、单位和企业领导骨干，学习和加深理解邓小平同志尊重知识、尊重人才，大胆选拔和合理使用人才思想的精神实质，统一认识，坚决防止和克服"左"的错误影响。

3. 大力加强思想教育和舆论宣传。要形成增强科技队伍内聚力，扼制内散、内耗的强烈共识，必须针对当前科技人员中存在的内散、内耗问题及其危害，在党内外，通过各种渠道，采取多种形式，开展深入的宣传和教育。对重点地区和单位可结合思想作风和组织整顿进行教育，认清强化内聚力的重要性、紧迫性，分析内散、内耗的表现及其危害性，从而提高认识、增强自觉性。全党全社会要形成这样的共识：加快改革开放，需要扼制内散、内耗；加快经济建设步伐，需要消除内散、内耗；实现社会主义现代化目标，需要克服内散、内耗。海纳百川，有容乃

大;壁立千仞,无欲则刚。每个领导者和科技人员都要有这种战略头脑和宽广胸怀,从党和人民的利益出发,从社会主义伟大事业的全局出发,为着共同的目标,扼制内耗,凝聚人心,汇聚力量,团结奋斗,加快发展科学技术事业为社会主义现代化建设多作贡献。

4. 加强廉政建设,提高领导素质和水平。市场经济的两重性,对各级领导班子建设既有积极作用,也有消极影响,既有正效应,也有负效应。不正之风和腐败现象,违背社会主义市场经济的本质特征,违反社会主义市场经济竞争原则,违背社会主义市场经济的分配原则,是广大科技人员深恶痛绝的,它是造成科技队伍的内散、内耗主要的内部原因。各级领导班子都要根据党中央、国务院关于加强廉政建设和十四大四中、五中全会的决定,切实纠正不正之风和消除腐败现象。提高领导的素质水平、改进领导作风,是增强科技队伍内聚力,扼制内散、内耗的关键。对谋人不谋事者,对搞内耗的人不能提拔重用。组织人事部门要把这一条列入干部的考核内容。

5. 切实加强科技队伍的社会主义精神文明建设。加强科技队伍建设,要把加强科技队伍的社会主义精神文明建设放在首位。必须彻底改变当前对科技人员放松思想教育的倾向,努力克服思想教育工作中的教条主义和形式主义,要针对从计划经济到市场经济转型时期,科技人员产生的新情况、新问题,进行深入细致的教育。首先要从加强学习理论和更新知识入手,破除旧观念,接受和确立新观念,使他们普遍树立正确的市场观念、商品观念、价值观念、效益观念、竞争观念,掌握市场经济的运行规则,增强同市场经济相应的自主、自立、自强意识。要正确把握和积极引导科技人员建立新的社会心理和社会思潮,引导和帮助科技人员构造新的行为方式和生活方式。积极创造条件,形成公平、公开、公正的竞争,在竞争中讲道德、讲风格、讲贡献,增强责任感、义务感和法制观念。进一步强化科技人员的主人翁地位。党的十四大重申社会主义现代化建设的依靠对象是工人、农民、知识分子。科技人员是我国科学科技事业的主力军、主要依靠对象,他们是科学技术事业的主人。离开了科技人员的主人翁地位和主人翁精神,我国的科学技术事业和社会主义现代化建设事业,将一事无成。要在全党和全社会进一步明确和落实科技人员的主人翁地位,充分发挥科技人员的主人翁精神,鼓励科技人员对科技管理工作参与和监督。有远见卓识的领导者要以坚决依靠科技人员为标志,科技人员以自己是科技事业的主人而引为自豪。

6. 进一步优化外部环境。科技人员渴望得到"宽松、和谐、融洽、信任"的政治环境。在这样的环境里,没有"左"的错误影响和论资排辈传统,形成尊重人才的群体意识。在这样的环境里工作,关系和谐,感情融洽,彼此间互相信任,互相尊重,亲密合作,从而有效地排除多方面的干扰,消除人与人之间的紧张心理,使科技人员把精力用于治学创业上,一心一意搞四化。这是出人才、出成果的基本条件。当前,在宣传舆论和政策措施上,都应特别注意有利于形成尊重知识、尊重人才的良好风尚。要进一步解放思想,加快科技队伍管理体制改革的步伐,从根本上增强科技队伍的生机和活力。从根本上发挥科技队伍整体功能,调动广大科技人员的积极性、创造性,团结一致,奋发努力,强有力地推动我国经济、社会和科技事业的蓬勃发展。

7. 强化按劳分配政策,较大幅度地提高科技人员的收入水平。要清醒地看到,长期以来我们对科技人员实行低工资所带来的严重后果,更要看到目前科技人员收入偏低,社会分配不公严重影响科技队伍稳定,阻碍科技人员积极性的发挥,是造成人才严重流失的重要原因之一。因此,党和政府要下决心,采取果断措施,较大幅度地提高科技人员的收入,加快缩小与其他社会阶层收入的差距,创造增强科技队伍内聚力的必要物质条件。

8. 优化科技队伍结构。科技队伍结构的调整、优化,是强化内聚力,扼制内散、内耗的重要一环。要根据科技人员的不同价值观、人生观以及专长和爱好,文化素质、水平等,主动地按照科技队伍建设的规律,进行优化结构的组合,以增强抗衡外界冲击,避免内耗造成的损失。针对当前科技人员中所出现的人际矛盾和冲突,对群体结构进行调整,使原有的人际矛盾和冲突得到解决和淡化,以强化生机活力和内部凝聚力。

9. 增强群体意识,发挥整体功能。增强内聚力,扼制内耗,不仅要发挥每个科技人员的积极性、创造性,更重要的要发挥科技队伍整体功能。各级领导者和科技人员一定要增强群体意识。个人只有依靠群体才能存在,个人价值只有依靠群体价值的体现而体现。只有把个人融汇到整体中去形成一个内聚力强的群体,志同道合,同心同德,配合默契,才能既发挥个人的作用,又发挥整体功能的作用。

10. 加强立法。加强科技队伍的内聚力,扼制内散、内耗,还必须有法律保证。十几年前,我国人才学界鉴于我国人才方面的众多问题,曾呼吁制订一个人才保护法。但是,时间过去了,人才问题不仅没有解决,而且日益严重。为此,建议全国人大在调查研究基础上,尽快制定《中华人民共和国人才保护法》,从法律上保障科技人才和科技队伍的健康成长和发展。

（原载《学海》1996 年第 3 期,与王和平合作）

论智力转移

伴随着农村经济体制改革和城市经济体制的改革，乡镇企业的兴起，大城镇的繁荣，大、中城市的智力（包括信息、知识、技术、人才等）正在向全国的广大小城镇、农村转移。这确实是一个意义重大的、不可逆转的大趋势。小城镇、乡镇企业面临着城市经济体制改革和新技术革命的挑战，出路何在？迎接这场挑战的关键在于有胆有识，顺应智力转移这个大趋势，面向世界，以大中城市为依托，以小城镇为纽带，以乡镇企业为重点，更加自觉地、有目的、有组织、有计划地实现城、镇、乡的智力转移，城乡经济、小城镇和乡镇企业将向新的更高的目标奋进。

智力转移的重要实践

考察城乡经济发展的历史，是一部生产力的发展史，是交往不断扩大的历史，也是智力不断开发、引进、输出、转移，促进科技进步，繁荣经济的历史。近几年来，逐步繁荣的小城镇和生机勃勃、方兴未艾的乡镇企业，就是在广泛的交往中，在智力的开发、转移过程中，在逐步形成发展城乡一体化的智力开发网络中，迅速成长，不断壮大起来的。

智力引进。根据农村、小城镇经济发展的需要和条件，通过多渠道、多形式、多层次从大中城市引进信息、先进的知识、技术和科技人才，有力地推动了农村和小城镇的智力开发，促进了技术进步，提高了管理水平，增强了竞争能力，从而使生产大发展，经济效益大提高。江阴县是江苏三个工农业总产值最早突破二十亿的县之一。他们在发展乡镇工业过程中，充分发挥供销、科技人员的作用，长年累月奔波在全国各地，及时准确地了解、掌握和传递信息，引进先进技术，推销产品。他们聘请外地退休工程技术人员和老师傅当顾问，同大专院校和科研单位挂钩，搞技术联营、技术承包、技术咨询。通过各种渠道先后引进了两千多名工程技术人员。智力的引进对经济发展产生了强大的推动力。智力引进，把大中城市引来的信息、先进知识、技术和科技人才，紧紧地和本地的知识、技术、人才结合起来，就能形成强大的力量，迅速提高乡镇企业的生产水平和竞争能力，转化为生产力，促进科技进步，推动经济发展。经济发达地区要重视智力引进，经济不发达地区更要重视引进智力。只要早认识、早抓，就可以早得益。

智力开发。在引进智力的同时，依靠自己的力量，舍得花本钱，从本地实际情况出发，采取多渠道、多形式、多层次开发智力，培养人才，逐步建立一个庞大的通政策、懂经济、有技术、会管理的多层次、多系列人才组成的合理群体。江苏省沙洲县经济起飞的经验是可贵的。其中重要的一条是抓了智力开发，抓了人才。到一九八三年底，全县各乡镇用于智力开发、培养人才的投资达六百多万元。主要采取以下三种形式：1. 有计划地选送思想好、文化高、有培养前途的优秀干部和青年工人，到大专院校、科研单位深造。创办了我国第一所县办职业工学院。今年投资一百五十万元，明年准备投资四百万元。2. 选送青年职工到有关大厂进行短期培训，培养一批能熟练掌握专门技能的生产骨干。3. 以乡或企业为单位，自办各种技术培训班，开办职工业余学校，全面提高职工的技术素质，不断增加熟练工人。

智力输出。经济比较发达的农村和小城镇，在引进智力、开发智力的同时，还要积极创造条件，敢于有目的、有组织地向本地区或外地进行智力输出。在转移过程中，首先是帮助和支援本地区或外地区开发智力，促进科技进步，推动经济发展。同时，用自己的智力，用自己的知识、技术、人才开发自己所需要的资源、能源。无锡县是江苏省社队工业发展较早的县，有一定的基础。为了求得进一步提高和较大的发展，他们在大力引进智力的同时，又开拓了智力转移的新途径，用自己的智力去帮助本地或外地开发智力，发展工业。该县玉祁乡有个年产值二千多万元的高频焊管厂，生产各种口径的管道，一年要“吃”三万多吨钢材。可是，国家只给二千吨。原材料从哪里来，能源向何处要？一九八三年六月，该厂派出论证小组到包钢，半个月就为包钢设计出一个年产值一千六百万元、利润一百万元的金属焊管厂，当年投资，当年盈利。于是，包钢从此每年支援高频厂一万吨生铁。高频厂帮助山西晋中地区联合办厂，得到了煤；与内蒙三个锌矿联合办矿，得到了锌；与镇江一家发电厂联合办电，得到了电……广泛的交往，真诚的合作，智力的输出，高频厂帮助了兄弟厂，兄弟厂也支援了高频厂。高频厂依靠智力转移，不仅解决了自己的原材料和能源，也解决了整个有亿元产值的玉祁乡所需要的原材料和能源。智力输出是经济发达地区帮助经济较不发达地区，开发智力，促进科技进步，推动经济发展的重要媒介，也是进一步提高自己，发展自己的原动力。既要十分重视智力的引进、智力的开发，又要十分重视智力的输出，走共同富裕的道路。

智力的引进、开发、输出，构成一个智力的流通循环过程。只有逐步实现智力引进、开发、输出，使智力流动的渠道畅通，使智力活化起来，才能形成一个智力转移的良性循环。智力转移的良性循环过程，实质上是高级的能量转移，是智力竞赛、人才竞争。通过转移使智力转化为生产力，创造出成倍、成十倍、成百倍……的物质财富。智力转移的潮流是时代发展的必然趋势。这种潮流越是流动，城乡智力越是解放，城乡经济越发达，小城镇越兴旺，乡镇企业越有生命力。

智力转移的内涵、环节和目的

智力转移的内涵，包括两层：第一层意思是根据当地的实际需要和条件，吸收外来先进的知识、信息、技术、人才，并使之与当地的知识、技术、人才相结合，转化为新的生产力，使原来不很发达的地区赶上发达地区，使原来比较发达的地区进一步繁荣兴旺。

第二层意思是当地的智力体系，对引进的智力吸收、改造、消化，使外来的智力成为本地区条件下成长起来的智力体系的一个有机组成部分，从而使本地区不甚完善的智力体系日趋完善，为长远的经济发展，为今后十年、二十年经济翻番准备条件，积蓄力量，保持后劲。

智力转移，智力的引进、输出，是一个不断发挥先进知识、信息、技术和科技人才的积极作用，实行智力转化为生产力的过程。它有四个重要环节：1. 智力从外部引进，经过学习、消化、改造，与本地智力相结合，形成新的智力体系。2. 智力输出，有两个走向，一个是向内部转移，一个是向外部输出。3. 智力向生产应用转移。就是智力不论向内部转移或向外部输出，最后都必须与生产应用相结合，转化为生产力。4. 反馈。经过上述三个过程实际效果的反馈，以便总结经验，不断改进、完善。

实行智力转移的目的有两个：一个是最低目的，不仅是为了提高本地区目前的智力水平、生产能力，加快近期的经济增长速度，而且要为今后长期的经济发展，提高自身的智力水平，增强自身的开发能力，使经济有活力，有后劲，为今后进一步发展经济打下基础，使不发达地区发达起来，使发达地区更加发达，加快实现四化。另一个最高目的就是实现智力转移，提高全民族的智力水平和科学技术水平。

准确选择智力开发模式

智力开发的模式，大体上有以下三种：

第一种是独创型。就是智力水平、科学技术很高，居于领先地位的地方，主要依靠本地的力量开发智力，实现科学技术进步。

第二种是引进型。智力、科学技术水平比较低，经济不发达的地方，主要依靠引进外来的先进知识、科学技术和人才，推动经济发展。

第三种是综合型。智力和科学技术水平有一定基础，经济比较发达，主要综合前两种模式，既靠本地的智力和科学技术力量，又靠引进外地的智力和科学技术来提高本地的智力水平，促进科学技术进步。

现在江苏省不少县和小城镇已经开始重视智力引进、转移，从大中城市引来了信息、知识、技术和人才，并初见成效。但是，长期以来，在“封闭”战略的指导思想下，企求一切都立足“自力更生”，什么都由自己从头做起，致使有些地方、有些同志不重视智力引进，有的甚至排斥外来的先进知识、科学技术和人才，仍处在封闭或半封闭状态，经济发展的步子较慢。

智力开发的水平不能停留在一个水平上，要随着经济发展和智力开发水平的提高，不断向前推进。可喜的是，无锡、常熟、江阴、沙洲、武进等县及许多小城镇、乡镇企业，在智力开发方面，正在实现三个转变：第一个转变是，他们从农业的小圈子里跳出来，以主要精力抓工业，现在又从抓工业经济的圈子里跳出来抓智力开发，把智力开发放到经济工作的首位。这是认识水平、领导水平的一个飞跃。第二个转变是，他们在智力开发方面，已经从前阶段主要是引进智力，逐步向自己动手开发智力转移，一手抓引进，一手抓开发，也就是比较自觉地采用了综合型模式。这不仅是智力开发水平的飞跃，而且是认识水平、领导水平的又一个飞跃。第三个转变是，智力的转移，不是单向的，而是双向的，既有引进，又有输出。他们既重视引进、开发，同时又量力而行，积极地向外输出智力，形成智力引进、开发、输出的良性循环。这是认识水平和领导水平的又一个飞跃。

超越性转移理论

怎样实现智力转移？不同的指导思想有不同的结果。长期以来，智力开发、引进、转移，基本上是在梯度理论指导下进行的。梯度理论认为，由于地理气候条件和历史形成的种种原因，我国地区之间经济、智力发展很不平衡，东部地区好于西部地区，沿海地区好于内地和边远地区，长江三角洲经济区好于其他地区。这样就形成了一种智力梯度：智力发达地区、智力次发达地区、智力不发达地区。智力的引进、转移，首先让智力发达地区掌握世界先进智力，然后按梯度逐步向智力次发达、不发达地区转移。从一个经济区来说，大城市是一个梯度，中等城市是一个梯度，小城市是一个梯度，县城是一个梯度，小城镇是一个梯度，农村又是一个梯度。智力梯度转移，就是按大城市→中等城市→小城市→县城→小城镇→农村的走向逐级转移。通过这样的梯度转移来开发不发达地区和开发农村的智力。

然而近几年来，江苏省乡镇工业的智力开发、引进、转移却出现了另一种令人鼓舞的景象，这就是他们根据自己的需要和条件，在全国范围内，有的甚至在国外，直接引进，进行了超越性的转移。宜兴县高腾乡跳出小圈圈，直接与全国十几个大中城市九十五家大专院校、科研单位，在智力开发、技术培训、开发新产品等方面挂钩、协作、联合，开发了一百四十多个新产品，其中近十个产品达到了国内先进水平，有的产品打进了国际市场。全乡工业产值五年翻了三番，跃居全县前列。武进县工艺厂，一九八二年进口了一台西德出产的由电脑控制的木材烘干机。由于资料不全，电脑接线碰到了困难。后由该厂电大毕业生汪寅和其他技术人员一起，克服种种困难，接好了线路，机器运转正常。既提高了劳动生产率，又提高了技术水平。还有原籍江阴县月城乡的港商刘城，愿意为家乡建设作贡献，经过协商，并经外贸部同意，他带了先进的设备和原料，帮助家乡办了一个手套厂，并进行技术业务的指导。江苏省乡镇工业局还将举行对外合作洽谈会，采取多层次、多渠道、多形式有计划地引进国外先进技术和设备。

智力的梯度转移，不是唯一的。智力的引进、转移不一定都要按照梯度进行，可以实行超越性转移。这是因为智力的引进、转移是由经济发展和智力开发的需要和可能决定的，而不是由现在各地区的智力水平决定的。不发达地区在经济发展上有需要，依靠其丰富的自然资源，在资金、智力等方面又有一定条件，就可以直接向国内或国外，引进先进信息、知识、技术和人才。小城镇和农村也同样可以实行超越性转移。超越性转移的理论，有着重大的现实意义和深远意义。它有利于解放人们的思想，开拓人们的视野，破除墨守陈规、按部就班的旧习，鼓励人们能超越就超越，直接引进先进的知识、技术、人才。有利于加快不发达地区和小城镇、农村的智力开发，避免接受第一梯度、第二梯度……转移来的比较落后的智力。有利于农村的智力开发和工业化，跨越某些发展阶段，不走城市发展的老路，而与大中城市并驾齐驱。

智力转移的发展趋势

在江苏出现的智力转移，确实是一场意义重大的转移。它反映了在新的历史条件下建立起来的新型的、协调发展的城乡关系；更加突出了信息、知识、技术、人才的重要性和掌握信息、知识、技术、人才开发的重要性；反映了我国的农村正在经历着一场知识革命、智力竞赛；标志着农村的社会生产力和智力、科学技术水平将会发生一次新的飞跃。这场变革和飞跃将在我国第三次腾飞中发挥越来越显著的作用，并将在今后一个很长的历史时期中持续发展下去。

随着经济体制的改革的深入进行、经济的进一步发展，科技的不断进步，智力转移正在冲破封闭、半封闭状态，实行对外开放，冲破城乡分割、条块分割，逐步纳入城乡智力开发一体化，形成内联外挤的智力开发网络。这就要求我们要像列宁指出的：从“自然而然地、自发地”转变为“自觉地、计划性、系统性”地进行智力转移。

（原载《科学管理研究》1985 年第 8 卷第 2 期，与沈进合作）

新的技术革命对人才的挑战与我们的对策

新的技术革命是一个引人注目的信息，它预示着在本世纪末、下世纪初，或者几十年之内，现已突破和将要突破的新技术，广泛运用于生产、运用于社会，将带来社会生产的新的飞跃，相应地会带来社会生活的新变化。这是一场在国际上开展激烈的智力竞赛。我们的智力开发面临着一场严重挑战，面临着如何加速实现人才知识更新，提高人才素质的新转变。这是认清形势，迎接挑战，抓紧时机，采取正确对策的关键、核心。

现代科学技术对人才提出的新挑战

新的技术革命的一个显著特点，就是知识被认为是头等生产力，它能够直接形成先进的产业，它能够有力地改变传统产业的面貌，它能够深刻地影响社会生活的变革。这就更加突出了智力的重要性，突出了掌握知识的重要性。有人把它称之为“知识革命”是很有道理的，讲到了问题的实质。

新的技术革命对智力开发和人才素质提出了哪些新的挑战呢？

在当代科学技术迅猛发展的带动下，人类知识的扩展与普及，其速度之快，范围之广，都十分惊人，已非过去任何时代所可比拟。

1. 知识总量在成倍增加。据英国科学家詹姆斯·马丁推测，人类的科学知识，在十九世纪是每 50 年增加一倍；二十世纪中叶每 10 年增加一倍；七十年代每 5 年增加一倍。最近还有人估计，每 3 年增加一倍。有人分析估计人类的知识量以几何级数增长着。若把1750年时人类知识量计算作2倍的话,1900年增长到4倍,1950年增长到8倍,1960年增长到16倍。这就是说,人类知识量由2倍上升到4倍需要150年,而由4倍上升到8倍只需要50年,由8倍上升到16倍时只需10年。美国科技局一位副主任通过大量调查研究提出,目前的物理学、化学、生物学等方面的新知识,有90%是1950年以来所获得的。现在,全世界每年发表的科学论文大约500万篇,平均每天发表含新知识的论文已达1.3万至1.4万篇。科技杂志,十九世纪初全世界只一百种左右,十九世纪中期达到一千种左右,1900年达到一万种,到1965年达到十万种,每50年增加10倍。现在仍以每年一千五百种的速度增加着。

2. 科学技术新成果迅速增长。据统计,六十年代以来,科学技术上的新发现、新发明比过去两千年的总和还要多。全世界登记的发明创造,每年超过30万件。平均每天有800～900件专利问世。仅在宇宙空间技术方面,就出现了12000多项过去不曾有过的新产品、新工艺。

3. 科学技术的研究周期大大地缩短。以一项新技术创造的出现到它投入实际应用之间的时间计算:发明、推广、应用造纸技术历时1000年,蒸汽机历时80年,电话历时50年,飞机历时20年,晶体管技术历时3年,激光只有两个月。

4. 新学科、新工业、新工艺、新产品层出不穷。作为新的技术革命标志的微电子学、生物工程、光纤通讯、新型材料等新学科、新兴产业,几乎都是近十几年产生的。现在人类知识的化合物有4000多万种。而在1950年时只有100万种,一个世纪前的1880年时,还只有1200种。

迎接新的技术革命的挑战关键在智力

总结世界技术革命发展史,可以发现这样一个规律:在第一次技术革命中领先的国家,未必就能在第二次技术革命中领先;在第二次技术革命中领先的国家,未必就能在第三次技术革命中领先。但是,在上一次技术革命中落后的国家,如果实行了正确的经济战略和技术政策,狠抓智力开发,则可能在下一次技术革命中处于领先地位。日本就是一个例子。在第一次技术革命中,日本起步最晚。但是,战后,日本在第三次技术革命中,却遥遥领先,在已经来临的信息革命中一马当先。在七十年代,日本就窥测到了即将到来新的技术革命的征兆,并利用这一点,大力加强智力开发,加速在通向"信息社会"道路上的自身改造。

我国和我省科技人才队伍与四化建设的要求与新的技术革命的挑战相比,有许多问题亟待解决。据 1982 年 10 月底统计,全国科技人员不足一千万人。其中全民所有制单位的技术人员 908 万人(内含自然科学方面的 626 万人,占整个科技队伍的 68.94%;社会科学方面的 282 万人,占整个科技队伍的 31.06%);全国县以下集体所有制单位科技人员 37 万人。我省现有各类专业干部 51 万人,其中自然科学方面的 35.7 万人;社会科学方面的 15.3 万人;科研技术人员 29 万人。

这支队伍的主要问题是:

1. 科学文化水平低。全国科技队伍中,大专以上毕业生有 355 万人,占整个队伍的 39.4%;中专占 37.3%;高中占 9.3%;初中文化程度以下却占 14%。社会科学方面更突出,初中文化以下占 26%(其中包括 40%的财会、统计学人员)。

2. 高级人才少。全国具有高级技术业务职称的 7 万人,占整个队伍总数的 0.78%。其中,自然科学方面 6 万人,社会科学方面 1 万人。农业系统高级农艺师仅有 441 人,占其队伍 36 万人的 0.12%。

3. 中级人才年龄老化。全国中级职称人员平均年龄 45 岁。据测算,到 1990 年,36~45 岁这段中级职称人数比例要下降到 13%左右,将出现中年技术骨干危机。高级职称人员平均年龄 55.6 岁,其中 56 岁以上占 53%,61 岁以上占 30.5%,而 45 岁以下仅占 2%,35 岁以下的更少。

4. 分布不均衡。当前突出表现在国家重点发展的农业、消费品工业、能源交通运输以及经营管理方面极其缺人。全国共培养了农业技术人员近 80 万人，但有 44 万人离开了农业部门，留下来的才 36 万人，在第一线推广技术的只有 5 万人。全国六万个乡，平均每乡不足一人。

5. 内部结构不合理。一是高、中、初级科技人员的比例失调。我省高、中级比例为 1∶1.5。二是专用专业与通用专业不配套，专用多，通用少。

6. 使用不合理，是当前浪费人才最突出的问题。

迎头赶上，尽快实现人才素质的根本转变

为了适应四化建设的需要，迎接新的技术革命的挑战，尽快实现人才素质的转变已是当务之急，刻不容缓。

一、预测科学技术上的突破领域，培养具有相应知识结构的人才，并安排到突破领域中工作。这是对一个国家的科技发展，具有重大意义的战略措施。十七世纪中期，力学是突破的领域，英国几乎把 53％的科学家安排在力学领域工作，结果，英国的科技发展举世无双。十九世纪中期，法国和德国争夺科学活动中心。当时化学和电磁学是突破的领域。聪明的德国人把 30％的科技人才安排在化学领域，21％放在电磁学领域，而法国只把 18％的少数人放在化学领域，更少的 7％的人安排在电磁学领域。结果到了十九世纪的中晚期，诸如电磁波、阴极射线、X 射线、量子论等划时代的成果都被德国人夺去了，使德国成为科学活动的中心。因此，我们不仅要根据当前事业发展需要来培养人才，还要根据新的技术革命的突破领域，如信息、生物工程……培养具有相应专业知识的人才，组织力量进行攻关。

二、扩大视野，善于学习、吸收发达国家的先进技术。在现代科学技术迅猛发展的今天，一个民族要兴旺发达，国家要繁荣富强，仅仅靠自己积累的知识是不够的，它需要以全人类的知识宝库作为自己的基础。只有从本国的实际出发，善于学习、吸收发达国家的先进技术，为我所用，才可以逐步摆脱落后面貌。

列宁曾经说过:“已经夺取政权的工人阶级……给自己提出的任务是要把资本主义所积累的一切最丰富的、历史上是我们必须的全部文化、知识和技术,由资本主义的工具变成社会主义的工具。”①我们再也不能闭关自守、夜郎自大了,更不能把先进的科学技术看成是异端邪说。只有使我们全民族都受到现代化的教育,善于学习、吸收发达国家的先进技术,用人类创造的全部知识、技术财富来武装自己的头脑,才能提高全民族的科学文化知识水平,才能实现四个现代化。否则,四化建设不过是一种愿望、一种空想而已。

三、努力培养适应性、机动性、创造性强的各类专业人才。科学技术的迅猛发展,科学技术化和技术科学化的趋势越来越明显。各个学科之间互相渗透、互相结合的趋势越来越显著。这已经成为科学技术发展的重要特点。在科学技术新时代,人才的培养要有个大的革命,要克服过去的传统观念、传统做法,大力提倡培养又红又专的具有广泛专业知识的专家。他们必须具有三个特点:世界观的科学化、知识的综合化、职能的多面化。世界观的科学化,就是要有科学的世界观和方法论,即马克思主义的世界观和方法论。知识的综合化,就是要有广泛而综合的知识,不仅要有宽广而牢固的自然科学和社会科学的综合知识,精通和有效运用本专业的知识,还要掌握本专业有关的其他专业知识。职能的多面化,就是既能从事专业的科技工作,又熟悉生产,善于管理。据统计分析,一个科研人员在一个研究项目中,用在查找和阅读情报资料的时间要占完成该项研究课题时间的 50.9%,而计划思考时间占 7.7%,实验和研究时间占 32.1%,编写研究报告的时间9.3%。实践证明,培养学生具有较强的自学能力越来越重要。学生具备了较强的自学能力,就具备了不断掌握新知识、发展新知识,再学习、再提高的有利条件,就能培养和发展自己的智力,在科技迅猛发展的知识海洋中,顺利地掌握、驾驭新知识、新技术并能进一步探索、创造新的科学技术,

① 《列宁全集》,第十七卷,第 386 页。

为人类社会作出新的贡献。

四、积极改革高等教育的管理体制，新的技术革命的一个重要特点是科学与技术的发展几乎是同步的，科学问题与技术问题往往是共同的。科学与技术的高度结合大大缩短了从基础研究到实际应用的周期。这就要求高等学校与产业部门高度结合。这种结合越紧密，科学技术发展的能力越强。苏联近几年来采取了一系列措施。1956 年 4 月苏联部长会议颁布了关于改进学校科学研究的措施，其中提出国家要拨出专款在 20 多所高等学校建立专题研究实验室，还规定政府授权各部门投资到高等学校建立部门实验室。1977 年统计，苏联高等学校已建立了 540 个现代化的专题研究实验室和各部门投资建立的 770 多个部门实验室。1978 年苏联参加教育—科学综合体的高等学校有 77 所。这样逐步兴起了科学—教育—生产联合体，大大地促进了科技、经济的发展。闻名世界的“硅谷”是近几十年里发展起来的美国最大的电子工业研究和制造中心，主要是三十年代起，靠斯坦福大学向附近一些公司开放实验室、共同研制新产品。所以，我们要从中国实际出发，积极改革管理体制，把高等学校真正办成既是教育中心，又是科研中心。

五、逐步实现终身教育制。据调查，一个人的知识只有百分之十是靠正规学校教育给予的，百分之九十的知识是在以后的工作实践和专业学习中获得的。在科学技术迅猛发展的时代里，新知识、新技术增长也快，陈旧也快。在科学技术上的每一个新学科的建立，每一项重大成就，每一次技术革命的突破，每一个重大科学理论的出现，不断丰富着科学技术知识宝库，每时每刻提供着新的思想、新的材料，开辟着新的知识领域。因此，“一次教育”的思想已经过时。每一个科技人才都必须进行继续教育，实行终身教育。要把它作为一个长久的政策、一种制度固定下来。美国、法国、苏联以及一些发展中国家，如墨西哥、巴西、印度等，都已经确定把继续教育、终身教育作为整个教育的组成部分，成为保证竞争胜利的一个手段。国家立法规定，凡雇佣 10 名以上工程技术人员的单位，必须用总工资的百分之一点一的费用进行继续教育。因此，要真正从思想上重视继续教育和终身教育的重要性、迫切性，要舍得花本钱。已有明文规定的，要坚决贯彻落实；没有规定的，要立法。要动员社会多方面的力量，把继续教育更加全面、广泛地开展起来。要积极创造条件成立科技人才继续教育中心。最近，有的同志提出，搞经济建设的同志，要知道世界最新技术，经常跟踪世界最新技术，把科学情报搞灵通。各级搞经济工作的领导班子，要有三分之一的人懂外文。有的地方已经提出工程师都要学习和掌握电子计算机的知识和运用，作为考核的内容之一。这些都是很有远见的。

（原载《科学管理研究》1984 年第 2 期）

知识经济与创造型人才

人类社会总是不断进步，经济、社会和科技总是不断发展。知识经济的时代已经到来。这一崭新的经济形态召唤着创造型人才。

从战略高度，以崭新姿态迎接知识经济新时代

知识经济是以高科技信息指导的新型产业。它的崛起，推动了经济领域的一场空前革命，知识不但在这场革命中成为经济直接驱动力，而且掀起了新时代的篇章，这就是知识经济时代。

什么是知识经济？联合国研究机构在《以知识为基础的经济》报告中指出，知识经济是建立在知识和信息的生产、分配和使用之上的经济。它是人类知识精华、最新科技成果聚合和裂变的结果。知识经济的本质同特征是以科技开发创新为基础、以信息和通讯为枢纽、以服务贸易为支柱和人的素质全面提高等特点构成了知识经济。

知识经济的主要标志：一是它以知识、智力为经济发展的关键要素，并如同劳动力和生产资源一样直接存在；二是在经济生产过程中，知识可以形成产业经济，即以高科技产业为标志的产业化经济。

本世纪初，有人已把石油比喻为工业经济发动机的燃料。现在，可以毫不夸张地说，信息是知识经济发动机的燃料。在工业经济社会里，人们谈论发电机、铁路、福特公司的生产流水线；在知识经济社会里，我们必须熟悉半导体、芯片、光盘、计算机。

现在《纽约时报》一天的信息量等于 17 世纪一个人一生所能得到

的信息的总和;在一片指甲大小的芯片上可以存放两年的《人民日报》的信息量;用一张光盘可以存储一部大百科全书的内容;利用信息高速公路,1秒钟可以把两年的《人民日报》的信息全部传输完。到本世纪末,一束光纤将可传输现在全世界一天所有的电话通讯量。

英特尔公司的创始者戈登·莫尔在1965年曾提出一条规则,俗称莫尔法则。即:每18个月微处理机的能力翻一番,而其价格却不变(或称:相同能力的计算机的价格每18个月降50%)。事实证明他的法则是正确的,例如,在1984年台式小型计算机每秒只能运算200万次,而在1994年已达到2.56亿次。可以预料在今后一两年内将超过20亿次。

现在,美国已有70万个私人网络,日本有7.5万个,欧洲有1.4万个。全球135个国家共有220万台计算机进入国际互联网络Internet,并且还继续以每月10%～15%的速度在增长。

软件的发展、网络的产生、虚拟技术等的广泛应用,所有这些都是我们这个社会的新特点。知识经济、信息经济、数字化工业、知识社会……各种新名词不断涌现。

美国微软公司总裁比尔·盖茨的出现是今天知识经济开始形成的标志。这位比尔·盖茨先生已连续三年位居世界富豪的榜首。而且,其上升速度非常快;近一年来,平均每周增加资产4亿美元。而名列第二的富豪,已与他相差近一半!他的成功、他的兴起与别人完全不一样。在农业经济的社会里,少数人依靠对土地的控制、对奴隶的占有获取巨额财富;到了工业经济时代,除对土地、劳力的控制外,还依靠自然资源、运输工具等积累财富,从而出现了一批全球首富。在1982年开始评价世界富豪时,前10名中有6位是石油大王,还有汽车大王、船王等等。

今天,微软公司的产品是软盘及软盘中包含的知识,这些知识的广泛推广打开了计算机应用的大门。这是一个崭新的产业。去年微软公司的市场价值已大于美国三大汽车公司的总和,靠知识致富的比尔·盖茨登上了世界首富宝座。他的成功启示我们,可以把知识作为资本来发展经济。这或许是知识经济最重要的一个特征。工业经济时代美国三大支柱产业，即建筑业、汽车业、钢铁业正被知识经济时代的电脑、通讯、金融所渗透，而且美国脑力劳动者比例明显高于体力劳动者。欧盟也在《2000 年议程》中，把知识化放在最优先的地位。美国经济已连续七年实现了高增长，通胀率也创造了 31 年来的最低。这种经济奇迹无法用传统的资本、资源和劳动力投入来解释，科技进步对美国经济增长的贡献率已达 70％～80％，5000 家大型软件公司构成的信息产业在 GDP 中的占比已超过 30％。知识经济造就比尔·盖茨这样年轻的世界首富。由知识经济衍生的知识资本也成为社会的核心资本和社会进步的决定性力量。

在过去的几十年里美国大大加强了计算机、半导体工业的发展。芯片工厂，美国 280 家，日本 20 家；计算机、软件公司，美国比日本多千倍以上。现在，美国每 3 户人家就有一台计算机，而日本每 10 户以上的家庭才拥有一台；而私人网络的使用率，日本只及美国的十分之一。可以说，到目前为止，在知识经济领域，日本已大大落后于美国。

知识经济并非某个地区国家的专利，而是全人类共同拥有的，是时代发展的必然趋势。我们所赖以生存的地球上，知识经济正成为时代大潮中不可阻挡的洪流。拥有知识经济时代所具备的知识的人，将拥有创富致胜的更多机遇。

知识经济的脚步声已经清晰可闻了，它对我们现有的生产方式、生活方式、思维方式，包括教育、经营管理乃至领导决策等活动都将产生重大的影响。即使在发达国家，知识经济从形成到成熟至少要 20 年时间，美国在这一领域已领先于世界各国。

总之，“知识经济”时代的到来，它是人类社会进一步发展的具体表现，是时代发展的必然趋势，是知识、科技、高新技术发展的结果。任何事物的发展总是不断向前发展，后来居上。经济的发展也不例外，农业经济发展到工业经济，工业经济发展到知识经济，是经济发展的必然趋势，是不以人们的意志为转移的客观规律。一切有识之士，首先是各级领导人才和科技人才，应从战略高度，以超前的意识，崭新的姿态，满腔热情地率先迎接知识经济时代的到来！

全社会都应该尊重知识、尊重人才、尊重创造

知识经济是一种新型的经济形态。其首要特点是知识、科学技术、高新技术，特别是信息高新技术，在经济、社会发展进程中的作用越来越显著，地位越来越重要。因此，要求全社会，特别是各级领导人才，更加尊重知识，更加重视科技，特别是高新技术。

知识经济另一个特点是“千变万化”。一个国家、民族、地区、企业如果要生存、发展，会面临许多问题，过去都是用静止的观点来研究这些问题，现在在知识经济形成中，这些因素变化非常快，正以比以前快10倍的速度变化着。以前好像是有些风来，现在是台风，你怎么去适应它？不能适应，就会落后，就会掉队。因此，要求人们，特别是各级领导人才、专业人才和企业经营管理人才，树立应变意识，增强应变能力。

知识经济的第三个特点是急需培养造就大批创造型人才。

知识经济的推动力是掌握了现代科学知识和技术的人，这一点已被近年来出现的西方经济增长所证实。美国以及经济合作与发展组织的许多国家，近年来加快经济结构和产业结构的调整，以科学知识和科学技术为基础的“知识经济”迅速取代传统的“工业经济”，劳动力的结构也随之出现明显的变化。其中最引人注目的是知识型人才备受欢迎，雇佣员工最集中的产业界更是青睐“金领”族。正如美国著名的辛辛那提机床公司主管技术的副总裁A·施普德丁所说：“企业纵有周密的发展规划和蓝图，有最先进的设备，但如果生产现场缺乏足够的有独到能力的操作工人，企业的一切努力将是事倍功半，甚至导致公司计划的夭折。”也就是说在未来的知识经济中人才所起的作用将越来越大。知识经济需要具有综合能力的通才，这对于教育改革是一个挑战。

新经济形态不可避免地带来社会主体的嬗变。过去，知识分子是工人阶级的一部分。而在知识经济时代，知识主宰一切，没有知识就没有资格当工人。也就是说，工人阶级应该知识化。就生产方式而言，传

统工业是大规模、标准化，而未来的生产是以多品种、小批量、个性化为主要特征的。过去的劳动力结构是70％～80％的工人在一线，而未来，应是70％～80％的有现代知识武装的技术型工人从事知识和信息的创造、传播和应用，分配也将按贡献率“论功行赏”。以高科技、网络化、低能化、可持续发展为标志的知识经济并不会取代农业经济和工业经济，而是要用高科技来改造、提升传统产业。美国的农场主一家可以种3000亩地，养3000头猪，靠的是科技手段和严密的社会分工。因此，全社会，特别是各级领导更应尊重人才。

知识经济不仅要求知识型人才，而且呼唤和急需创造型人才。知识经济时代首先要求人们的是创新。讲到创新问题，最明显的例子是电传、传真和电子邮件之争。当年美国人首先搞出电传，不久日本人搞出了Fax，有了Fax，电传就基本失去意义。现在世界市场几乎所有Fax都是日本的。美国人没有再去搞Fax，而开发了E-mail。现在的E-mail不仅打倒Fax，而且从E-mail进一步发展到网络，这又是一个非常广阔的天地，这就是创新的结果。知识经济的本质是创新经济。创新经济需要创造人才。因此，创新要从娃娃抓起。要从幼儿园、小学教育起就培养树立创新的观念。现在发达国家的课堂教学不是排排座、满堂灌、光考试，而是大家围坐一起师生双向交流，进行创造教育，启发创造思维。我们国家大部分学校还都是一个模式，教师在上面讲，学生在下面乖乖地听、记，然后就是考试……这种模式与创新精神的培养格格不入。

因此，全社会，特别是各级领导都应树立创造意识，确立尊重创造的观念。

知识经济的第四个特点是高等学校的地位也将发生重要的变化。高等学校将不仅是传授知识、教育人才、创造知识、丰富人类知识宝库的地方，而且也将是哺育知识型企业的场所。中国的高等学校有责任像美国高校哺育出“硅谷”那样，哺育一大批高新技术产业，并在与大企业合作的过程中一方面使高校科研成果加速产业化，另一方面使工业经济的企业向知识型企业转化。

总之,知识经济时代要求人们特别是各级领导都要牢固树立尊重知识、尊重人才、尊重教育、尊重创造的新观念。

把培养造就创造型人才放在战略地位来抓

培养21世纪的新型人才,面临着种种全球性问题的挑战。从根本上说,教育具有知识、经验、观念和一切文明因素的功能。然而,面临种种新的挑战,用旧有的文明模式和文化模式是极难适应社会主义现代化事业新的形势和任务要求的。唯一的出路在于创造。

知识经济时代是一个创造性时代。我们既要尊重老祖宗的遗训和教诲,尊重前人的经验和知识,借鉴他人的模式和道路。然而更要创造,建立新的文化模式,以新的思维对待新问题,以新的思路和对策解决现在和将来的一系列问题,以创新和革新应付一切挑战。这就是现代化教育新战略的依据。现代化教育应建立在继承和创新的有机的结合上,为创新而继承,在坚持改革中求发展,在不断创新中克敌制胜。因此,必须从战略的高度,重视和加强培养造就创造型人才。

每一次社会的进步,人类的文明,无论是生产力的,还是生产关系的,是经济基础的,还是上层建筑的,以及其他社会因素,都是与有一批创造型人才分不开的。创造型人才的培养造就,当然主要靠教育。但是,这种教育,必须在更高层次上实现理论和实践相结合,它不仅要在教中学,更重要的是在做中学。要培养教育青年一代学会"学习",学会独立思考,独立解决问题,独立地创造与革新。因此,必须从传统教育强调人才培养教育的统一性,转变为强调创造性和革新精神。加强和发展创造教育,培养创造型人才,开发人民群众无穷的创造力,具有特殊重要的意义。谁重视创造教育,则谁的创造型人才越多;谁的创造型人才越多,谁的进步就越大越快。培养和造就创造型人才对于民族振兴,国家强盛,具有决定性意义;对于开发每个人的创造力,为社会、国家、人类作出创造性贡献,实现人生的价值,具有重大意义。

关于创造的涵义,众说纷纭。有的认为创造就是发明创造;有的认为创造是一种不同于一般的、重复性的劳动的特殊劳动;有的认为创造必须是独出心裁、别有见地、前所未有、旷世绝俗的表现;还有的认为创造性活动必须是有目的和有目标的。这些解释都有一定道理。

我们认为创造是对社会和对个人具有开创意义的活动,是过去从未有过的创举。创造的本质特征是:新颖性、独特性、有效性。

创造并不神秘,创造是人类的一种普遍的心理能力,正常人都具有一定程度的创造潜力。创造的本质在于新颖、独特、有效三者的统一。其价值标准是真善美三者的体现。创造有层次之分,以其对人类社会的贡献大小来衡量,创造有大创造、小创造;有全新创造、部分创造。创造成果涉及人类生活各个领域,既有物质方面的创造,又有精神方面的创造。

创造型人才或开创型人才是在知识经济新时代应运而生的一种新型人才。他们是具有较强的创新意识,强烈的时代感,较强的创新精神和创造能力(包括创造思维、创造能力),并善于把创造能力物化为创造性成果和产品的人才。

创造型人才作为一种新型人才,有以下基本特征:

1. 敏锐性。创造型人才善于敏锐地观察旧事物的缺陷、弊端,迅速准确地捕捉新事物的萌芽,从一般人司空见惯、习以为常的现象中发现异常。

2. 进取性。创造型人才具有强烈的竞争意识和进取精神,“别人没有的我要有,别人有的我要好,别人好了我要新”。这种强烈的创新意识,不断进取精神,是时代逻辑的必然要求。

3. 开拓性。创新意味着披荆斩棘,开拓前进。创新总是要冒一定的风险和付出必要的代价。创造型人才有胆有识,从没有路的地方践踏出一条路来。

4. 独创性。创造型人才总是力求有自己的独特风格,勇于标新立异,独树一帜。创造是探索性的劳动,是走别人没有走过的路,它不同于重复性的简单劳动。创造型人才常常是在书本上找不到答案、生活中无先例可循、上级又没有拿出一个具体模式,面临一些棘手的新问题的情况下，方显出自己的本色。他们最喜爱的格言是："走自己的路，让别人去说吧！"他们甘当"第一个吃螃蟹的人"。

5. 开放性。创造型人才不是眼睛只瞅住本单位、本地区、本行业和自己的研究领域这些小摊摊，而是环顾左右，面向全局、面向全世界、面向未来。他们善于捕捉各方面的信息，把自己所管的"小系统"和别人的"小系统"和更大系统联系起来，把今天和明天联系起来。

创造力是正常人在科学决策、科学发展、科学发明、技术革新、文艺创作等创造性活动中形成和表现出来的各种积极的个性心理特征的总和。它是独创性地解决问题、创造新事物的能力。创造力是保证人才创造活动完成的必要条件，而在创造活动中，人才的创造力也得到发展。因此，它决定了创造成果、作品的数量和水平。

创造力是每个正常人都具备的，不是个别天才人物所独具的神秘能力。创造力是在创造活动中形成的。先天的某种秉赋，只为创造力的形成提供了前提，而后天的环境、教育和主观努力则对创造力的形成和提高有重大影响。只有在特定的创造活动中，创造力才会充分表现出来，具有很高创造力是指有利于实现活动目标的积极心理特征，无能、迟钝、保守、消极表现不属于创造力的范围。创造力不仅是指创造才能，而是技能、能力等智力因素和动机、意志、情感等非智力因素的总和。智力因素和非智力因素，互相影响，相辅相成，两个方面结合起来，才能达到很高的创造力水平。创造力水平主要是通过成果或作品的新颖性、独特性、有效性等特征来体现的。创造力、创造过程和创造成果三个方面的关系是辨证统一关系。创造力是在创造过程和创造成果中表现出来的，所以，创造过程是创造性心理特征和动态的表现，而创造成果则是创造力和创造过程的最终凝结物，只有通过创造活动和创造成果，创造力才能摆脱主观的、潜在的状态，转化为客观、可见的东西，对社会和人类作出贡献，同时社会和人们才能作出正确的分析和评价。

创造力是具有复杂结构的心理特征的总和。

目前，学术界对创造力结构的理解众说不一。有的对创造力结构的内容理解得很宽，几乎包括创造主体的全部内在因素。如，认为创造力结构由三个部分组成：一是创造力的指导因素（创造型人才所应具有的世界观、人生观、道德观、价值观等）；二是创造力的智力因素（观察力、记忆力、思维力、想象力以及组织能力、表达能力、自学能力等）；三是创造力的动力因素（事业心、勤奋、毅力等非智力因素）。有的对创造力结构的内容理解很窄。如，认为创造力只是由发散思维能力构成的，或由发散思维与聚合思维两种因素有机结合而组成的。

我们认为创造力是创造主体有关聪明才智诸种能力在高水平上融为一体的一种多种因素组成的综合力。尽管创造思维是创造力的核心，但它只是创造力的一个组成部分，离开了敏锐的观察力，高效的记忆力，集中的注意力等相互联系、相互制约和有机配合则不可能形成有效的创新力。非智力因素（如事业心、兴趣、志向、干劲、毅力、勤奋等）在创造力形成和创造性活动中具有重要作用，这确实是不容忽视的，它对于一个创造型人才的成长具有重要的甚至决定性的作用，但它毕竟不属于创造力本身构成的因素。

具体地说，创造力由两大部分组成：一是基础要素，包括：1. 合理的知识结构；2. 富于创造性的智力结构；3. 适应环境的应变能力结构。二是特殊要素，包括：1. 一般创造力；2. 特殊创造才能；3. 创造动机。

创造性思维是各种思维形式的高效结合运用。它是创造活动的基础，也是科学思维的本质特征。培养和造就创造型人才，最重要的问题是创造性思维能力的培养和发展。什么是创造性思维？学术界众说纷纭。有的从人格，有的从过程，有的从产品角度，有的从创造的社会价值，有的则从创造的新颖性和独特性等方面进行解释、定义。

我们认为，创造性思维不是单一的思维形式，而是以各种智力因素与非智力因素为基础，在创造活动中表现出来的、具有独创的、产生新事物（新成果）的高级、复杂的思维活动。

创造性思维贵在能动的思维，具有明确的目的性。它能把杂乱无章的联想转化为有组织的探索，赋予人才长期集中追求一个目标的能力。它不在已知旧途上徘徊，而是使思维活动多方面运动，从不同的角度提出问题，寻找解决问题的途径和方法。

创造性思维贵在综合和转化。它善于综合他人的思维成果，汲取前人智慧宝库中的精华，把大量概念、事实通过比较、分析、综合，形成科学概念和体系；并能将大量的思维成果和客观外界的信息，根据一定的目标，通过摄取、排除、改造、适应、联想、储备、理解和运用等思维转化过程，使之更简洁、更精确，内涵更丰富，应用更广泛。科学领域里的很多飞跃和突破，往往是通过这样的思维转化来实现的。所以，创造性思维活动是一项十分艰辛的劳动，不是一蹴而就的。

创造性思维是多种思维形式的协调统一，综合运用和反复辩证发展的过程。具体地说，它是求同思维、发散思维、直觉思维、形象思维和情感思维等思维因素的协调统一、高效综合运用，反复辩证发展去获取创造活动的新成果的过程。

创造性思维又是良好的精神因素的综合效应。人才良好的精神因素，包括情感、意志、个性倾向、理想、信念等，是探索、创新的精神支柱。人才的成长、成功，既决定于具有较高的创造性思维，又决定于有良好的心理品质。如果创造性思维能力较高，而缺少良好的心理品质，胸无大志，不能专心致志，缺乏探索真理的勇气和吃苦的精神，不可能成为一个真正的创造者，真正的人才。优良的非智力因素，可以使智者如虎添翼，愚者巧夺天工，为人类作出贡献。达尔文总结其一生的成功，认为"作为一个科学家，我的成功，不管它有多大，是取决于种种复杂的思想品质和条件的，其中最主要的是热爱科学；在长时期思考任何问题方面，有无限的耐心；在观察和收集事实资料方面勤奋努力；还有相当好的创造发明本领和合理的想法"。所以，一切创造性思维活动，是创造性思维和良好精神因素的和谐统一、综合效应。

创造性思维既非神秘莫测、高不可攀，也不为少数杰出人才所独有。科学史上那些革命性创造，如哥白尼、达尔文、牛顿等的辉煌成就，改变了科学面貌，具有划时代的价值。这些固然是创造性思维的伟大成果，但绝大多数人所完成的平凡的思维课题，甚至连中小学生的学习活动，同样需要创造性思维。

创造性思维，与先天因素有一定关系，但不是天赋的，主要是通过后天的教育、环境的影响、个人的努力实践而不断获得、提高和发展的。在科学家、发明家和学生的创造性思维之间，并没有原则的差异，只不过是创造的条件和水平不同罢了。中小学生在学习过程中的创造思维可以称为“始创性思维”，科学家、发明家的创造思维过程，可以称为“创造性思维”，或高层次创造性思维。

创造性思维具有以下五个特点：

1. 敏锐性

创造性思维的敏锐性，首先表现为反应快。在观察实验中，对于新出现的现象，要有快速的感受能力，并做出判断；当积累足够数量的感性材料之后，要迅速做出理论上的概括，由感性现象认识及时上升到理性认识；还要对观察与计算、现象与理论、不同的假说与理论之间，存在一些矛盾或悖论，尽快作出反应。其次敏锐性还表现在动作快。科技人才要计算快；文艺人才有了激情、灵感以后要创作快。因为“机不可失，失不再来”。李政道说过：“在科学研究活动中，要训练自己做到速度快、反应快，也是很重要的。强调速度，就可以不怕犯错误。这样可以在很短时间内改正错误，探索更多的、不同的道路，可以更快地得到正确的结果。”这说明敏锐思考能力是一个创造型人才必备的条件之一。既有利于创造活动的顺利进行，也有利于不怕犯错误，即使犯了，发现、改正也比别人快，这无异于生命的延长。

2. 综合性

创造性思维是开在整个思维大树上的最美的花果，它是从母体的植株上生长出来的。它的孕育、萌发、生长、发育、开放，向人类展现姿容，吐露芬芳，是离不开它发端的母体的，是靠整个根须和枝叶给它提供营养的。离开逻辑思维、形象思维等整体思维能力的全面提高，便不可能产生创造性思维这一枝独秀。从来没有看见一个基本的思维素质非综合运用之人，竟是大有作为的科学家或艺术家。创造发明是综合运用各种思维形式的综合效应，是各种思维形式的长处的凝聚和结晶。

创造性思维的综合能力，具体表现为以下三种能力：一是“智慧杂交能力”，就是善于选取前人智慧宝库中的精华，通过巧妙结合，形成新的成果。二是“思维统摄能力”，就是把大量零碎的事实、观察材料和概念综合在一起，加以概括整理，形成更简洁、内容更丰富、应用更广泛的符号、公式或原理的过程。三是“辩证扬弃能力”，就是不但分析事物的正面，吸取成功的经验，而且分析事物的反面，深究失败的教训，去粗取精，去伪存真，达到扬弃的综合目的。

3. 多向性

多向性，就是善于从各个不同角度想问题。直线思维习惯于朝着一个固定的方向，一条道走到底，容易陷入“山穷水尽”的困境。多向思维善于审时度势，变通灵活，及时调整观察、思考的角度，往往能取得“变穷为通”，“化险为夷”的效果。多向思维主要依赖于四种机智：一是“发散机智”。即在一个问题面前，尽量提出多种设想，多种解决方案，以扩大选择余地。实践证明，创造性思维越强的人，能提出的答案越新。二是“换元机智”。事物的质和量，往往是由多种因素决定的，这就叫事物的“多元性”。如果变换一下因素或排列组合，即“换元”，就可能产生新的结果。三是“转向机智”。即思维在一个方向受阻时，及时转入另一个方向。经过多次转向，直到获得成功。四是“创元机智”。即在思维没有受阻、甚至已经得出答案的情况下也不满足，用心寻找最佳的答案。创造性思维是“三维”的，是立体的、多方位的、发散式的思维。具有创造性思维的人才，其思维往往走向不同方向，即使他看到最为不证自明的事实或概念，也未必接受，相反，他容许自己考虑最靠不住的可能性。依靠多向思维有可能抛弃答案，开辟新的方向。

4. 跃迁性

跃迁性，是省去逻辑推理程序不连续的思维。它能超脱常规和习惯，是一种更高级的创造性思维能力。它是指从相距甚远的领域受到启发，从而使自己的研究工作发生重大突破的心理过程。

跃迁性或跨越性是创造性思维的重要特征之一。往往能跨越事物“相关度”的差距，加大思维的“联思跨度”，把注意力集中在事物的本质和结论方面，以最快的速度攻克“未知”。一般来说，两个概念之间所隔的阶段越多，其“相关度”就越低。常人只注意那些“相关度”多的概念，完成"近区联想"。但由于局限在"近区",接触面有限,参与联想的概念少,成功率也低。创造思维对未知世界有主动"进击性","近区"不行就"远征"。由于"远征"接触面宽,参与联想的概念多,成功的几率大得多。创造型人才在创造活动中,会不断产生灵感,这也是重要原因之一,而且思维跨度的加大,又可以加强思维的速度、广度和灵活性。所以,跃迁性思维是一种高效思维。

5. 独创性

创造性思维具有某些共同的方式和规律,但不同的认识主体,在不同的对象、时间、地点和条件下运用这些方式,会表现出各自的特殊性和差异性。创造性思维为人类提供新的前所未有的物质和精神成果,与此同时还会丰富、发展原来的思维方式,创造出新的研究方法,这都规定了创造性思维的独创性特点。

独创性有两层含义:一是勤于和善于独立思考;二是创新意识很强。怎样才能培养独立思考的能力呢?一是当发现理论和实践不一致时,要敢于提出怀疑,但又不是怀疑一切,陷入怀疑主义。二是要能排除干扰和压力。独立思考必须以实践为准绳,即使权威说的、大家做的,该修正的就修正。三是要反思、"自变"。有人认为,思维的独立性,只是怀疑别人,不包括怀疑自己。其实在很多场合,出错的恰恰是自己,这就需要反躬自问,实行"自变",不过变的性质有不同。有的需要别人用铁的事实来"猛击一掌",使他悔悟,叫做"他变";有的主动否定自己,叫做"自变"。很明显,"他变"是依赖性的,"自变"是独立性的。独立思维必须善于"自变",不但敢于打破别人的"框框",还要敢于打破自己的"框框"。真正具有创造性思维的人才,不但要超越前人,超越同龄人,还要不断超越自己。这是最难能可贵的品质。

创造是一个民族进步的灵魂,是一个国家兴旺发达的不竭动力,加快培养造就创造型人才是振兴中华,迎接知识经济新时代的关键和希望。全社会都要关心、支持创造型人才的培养。积极创造条件,让更多的创造型人才脱颖而出。

(原载《行政论坛》1999 年第 8 期,与张守庆合作)

论发达国家人才研究的十大趋势

第一大趋势：面向未来，系统、完整地探讨未来人的理论，科学预测未来人的基本特征、素质，为培养造就未来的优秀人才，开拓新的领域

"未来的人该是怎样的"，这个有强烈吸引力的问题，在苏联《文学报》上整整讨论了两年。参加这次讨论的有科学院士、科学博士和副博士，各行各业及各种年龄的人士。国营第一轴承厂作业班长 B·格拉西莫夫的观点在这次讨论中占有特殊的位置。在他的信中向学者提出未来人品格的七个原则，如：个性的全面发展与日益扩大的专门化的相互关系；在未来文明社会中，工作时间与业余时间的比例；学校与其他个体社会化机构的发展趋势；在未来，个体行为的调节机制等。在讨论中，许多读者认为，未来的人所具备的基本特点，首先是忠于共产主义理想；具有共产主义劳动态度，即把劳动看成是实现人的能力和才干的主要领域；具有高度发展的专业和社会文化；具有集体主义、文明、人道主义和善良品德；具有正确的需求；具有健美的身体和丰富的情感。未来人的品格在许多方面集中了我们现代人的优点，是现代人优点在未来的反映。

上述这些问题，引起了许多专家、学者的关注，纷纷阐明了自己的观点。苏联科学院副院长 Ц·费多谢耶夫专门撰写了《通往理想之路》的文章，强调探讨未来人的品格，必须明确三个根本性的问题，即：

一、世界上正在发生的科技革命与马克思主义关于未来人的标准之间的关系问题。二、家庭、学校和其它研究个性社会化问题的机构的发展趋势。三、分析与共产主义新人的形成有关的现代社会学的任务。他认为实现“各尽所能，按劳取酬”这一社会主义基本分配原则，要使每一个人毫无保留地竭尽全力劳动，在工作中发挥全部才干，有赖于大量复杂的理论性问题的解决，应该进一步研究人们品格和行为的动机，以及对物质因素和精神因素两方面的影响与相互关系进行具体的分析。更加注意研究对培养全面、均衡发展的人的各个方面有影响的社会的和心理的因素，以及研究在共产主义建设中价值方针、个人的需求和利益形成过程，同时，还要考虑到科技革命的影响。

苏联曾开展了怎样培养二十一世纪工程师的讨论。苏联的许多专家、学者发表了很多创见。他们认为培养未来的工程师、专家，必须具有马列主义世界观，坚定的思想信念，首先应要求他们具有丰富的经济理论知识。未来的专家、工程师不仅要有专业知识，而且要有经济头脑。苏联把加强对青年进行经济教育视为当前苏联的重要战略部署之一，反映了迎接新的技术革命的经济发展趋势的需要。

第二大趋势：面向世界，研究“国际化”人才的结构和条件，为培养造就“国际化”人才，增强经济的竞争力，探索其客观规律

当今，世界现代化大经济正在兴起，各国经济互相依赖越来越密切，一个国家的经济已经从面向国内转向世界，双边或多边经济向全球经济转化。现代化大科学的兴起，冲破了国界，出现了多学科国际性研究。

美、日和西欧各国十分重视研究“国际化”人才。不少专家、学者认为国际化人才是置身于全球范围的，参加世界经济大竞赛的人才，是面向世界、跟踪世界，应变能力强、竞争能力强的人才。“国际化”人才的结构，必须具备以下几个方面：

1. 具有国际眼光,国际视野,全球观念。要眼观五洲四海,三个世界,时刻关心各国经济、科技发展动向,善于分析世界发展的新趋势。不仅要明确当前的责任,而且要看到未来的重任。

2. 熟练地掌握一二门外语。这是吸收世界最先进的知识,启发自己的智慧,与外国朋友打交道的必备工具。当前能掌握英、日、德、俄、法语,可以得到较多的、较好的信息。

3. 要有较强的应变能力。现代化本身是不断地发展的过程,没有固定的东西。新技术革命的发展非常快,变化非常迅速,影响非常深刻。新事物、新成果层出不穷。“国际化”人才要有适应这种变化发展的能力,对新事物有强烈的反映和接受能力,有较强的独立思考、独立工作、独立决策的能力,还要有较高的管理水平。

4. 具有丰富的专业知识。“国际化”人才置身于全球范围的“经济大赛”之中,必须具有最先进的科学技术知识、经济理论、管理知识,有较强的接受、吸收、处理信息的能力,善于研究、分析、吸收世界经济、科技、管理的新成果,不断地提高自己的经济科技、管理水平。

第三大趋势:面向现代化,开展现代化人的研究,为开发现代化人的智力,培养造就现代化人才寻求理论基础

关于现代化人的研究,国外从七十年代就开始了。其中美国的哈佛大学国际事务研究中心进展较快,已取得了初步成果。

什么是现代化人的素质?研究中心提出的“现代化的人”的分析模型,概括为九个方面:1. 愿意接受新事物,思想上较倾向于革新和变化。2. 乐于发表意见。3. 时间观念较强。4. 对人本身的能力较有信心。5. 计划性较强。6. 普遍的信任感,即对周围世界和其他人有较多的信任。7. 信奉并且愿意遵循“公平待人”的原则。8. 对新式教育感兴趣。9. 比较尊重他人。

什么是现代化人的行为?研究中心将现代化人的行为模型概括为

八个专题：1. 对政治的态度；2. 对妇女地位的态度；3. 对节制生育的态度；4. 对宗教的态度；5. 对老年人的态度；6. 对大众媒介的态度；7. 消费行为；8. 社会分层的新观念。

美国哈佛大学国际事务中心所提出的现代化社会，是发达的资本主义的模式，带着明显的欧美文化的痕迹。但他们对现代化人素质、行为的研究，还是很有意义的。

第四大趋势：加强人的潜力开发的研究，探讨人的潜力的基础、形成的过程，开发潜力的动力和内外因素，寻找发挥人才的智慧才能的最佳途径

前几年，美国搞过一次“人才运动”，于今浪潮已过。不过，哈佛大学教育研究生院由梅里·I·怀特挂帅的“人的潜力开发”项目是值得重视的。这一项目由荷兰李尔基金会资助，于一九七九年九月开始，其目的是：帮助青年人利用教育和社会发展的机会，挖掘自己的才能潜力，充分发挥作用，同时，帮助基金会制定一个人才开发计划。

“人的潜力开发”研究分为两个小组，一个叫“边缘学科组”，一个叫“多边文化组”。这两个研究组之间每周都召开会议，交换意见，进行综合探讨。

边缘学科组侧重于研究人的生物基础，以及人们认识事物的各种形式；多边文化组侧重于研究正规学校教育在人才开发中的价值以及个人内在因素与组织集体形式之间的关系。他们的研究涉及范围较广，比如，它涉及不同国家的文化多样性，指出中国与日本在人才管理上虽然都强调集体组织形式，但却有着高度的区别。

美国“人的潜力开发”组织还研究儿童潜力的评价方法，以便有针对性地精心培养，包括帮助儿童克服缺陷，扬长避短。他们还注意到，用于社会经济的发展，“现代化”与“传统”观点发生矛盾，这对人才评价，也会有所影响。

美国哈佛大学教育研究生院的“人的潜力开发”组织，对中国近几

年兴起的人才学研究颇为关注。搜集到不少人才学资料、刊物、书籍,“并以极大的兴趣进行了阅读”。

第五大趋势:重视研究人才开发问题,探索更好地发现、识别、选拔人才和交流人才的规律,科学的制度和有效方法,开拓人才开发的基础理论,提高应用技术水平

当前,新技术日新月异,再加上企业逐渐进入新材料以及生物工程等新的领域,各企业都相对地缺少研究人员和专业技术人员。如何录用人才和挖掘潜力,这一开发人才的问题已成为企业的一大课题。另外,日益增加的妇女就业和开发妇女能力等问题,对企业来说,也显得重要起来。

为了在产、官、学三者之间更好地使研究人员和专业技术人员进行人事交流,日本在通产省的倡议下,成立了人才开发问题研究会。

研究会为了在基础理论和应用技术水平上赶超欧美,将认真找出企业在人才开发上存在的问题,以探索今后更好地使用人才和人才交流的办法。

第六大趋势:深入研究知识分子问题,探讨新的历史时期知识分子的内涵和地位作用,为充分发挥知识分子在经济建设、发展科技、推动社会进步的作用,提供科学依据

目前国外学术界围绕知识分子问题开展深入研究,甚至出现激烈争论。

哪些人可称为“知识分子”

意大利共产党创始人之一葛兰西认为:完成每个社会和社会集团需要的一定的专门性工作(包括技术性工作,意识形态方面的工作)的

人就叫知识分子。

另一些学者认为,创造新的知识价值,或创造性地应用、交流知识价值的人是知识分子,如教师和工程师。还有的学者对知识分子所下的定义是:所有创造、传播和应用文化的人,它包括学者、艺术家、哲学家、作家、部分编辑、新闻工作者、表演艺术家和大多数教师。苏联学术界则认为,划分知识分子的主要标准是社会分工不同,即从事脑力劳动。

但是,也有的学者认为,划分知识分子还缺少基本标准,不能把知识分子无条件地和"脑力劳动者"等同起来,更不能仅仅是指那些最杰出的具有创造性的人物。

应当怎样估价知识分子的作用

自一九六八年席卷西欧的学生运动发生以后,许多学者特别强调知识分子在社会生活中的地位,认为知识分子"发挥了异常杰出而重要的作用"。有的学者甚至认为知识分子已经形成了一个新的阶级,而且是领导阶级。

苏联和东欧的学者对此持反对意见。他们认为知识分子不是一个独立的阶级,而是一个社会阶层,是依附于一定阶级,为一定阶级利益服务的。然而,随着现代科学技术的广泛应用,他们也愈益强调知识分子在发展国民经济中的地位和作用了。

第七大趋势:新的技术革命给妇女带来深刻影响,妇女的地位、作用将彻底改变,研究妇女成才问题将成为人才学研究的一个极为重要的新课题

美国未来学家奈斯比特认为,社会发展的第十一大趋势是妇女地位的彻底改变。奈斯比特根据最近的统计资料指出:在目前新兴行业中,有30%是妇女开创的。三百多万妇女经营着属于她自己的公司企业。此外,在高等院校中,女生的总人数已超过男生。在全美第一流的

医学和法律院校，女生人数也占一半。而这些职业被认为是有社会地位的，收入也是高的。这种现象的出现，用美国学者诺尔曼的理论来解释，是由于妇女首当其冲地受到微电子技术的影响。

随着妇女在人类事业中的贡献日益突出，公众对妇女的印象也有了根本的改变。美国最有权威的盖洛普民意测验显示，对“您支持妇女当总统吗?”回答“支持”者，在1937年占31%；在1970年占53%；在1975年占73%。盖洛普民意测验还表明，70%以上的美国人认为，如果让更多的妇女来掌管公务，美国将会治理得更好一些。

奈斯比特认为：随着女性越来越多地成为专业人员，上升到权力圈子，她们将戏剧性地改变社会中两性之间的传统关系和作用，乃至权力的性质。这第十一个趋势从更深的层次上反映两性之间的协作，双方都得寻找各自最好的位置和角色。这是一次新的综合。

第八大趋势：适应现代化建设的需要，迎接新技术革命的挑战，重视培养和发挥人才的创造能力，是当前发达国家最普遍关心、研究的一个重要课题，并取得显著成果

人才的本质特征之一是创造性。在现代化建设和新技术革命中，人才需要什么样的创造性，如何开发人才的创造能力，是迫切需要探讨研究解决的重大课题。发达国家许多心理学、教育学、人才学研究专家、学者对这方面的问题进行了深入的研究，展开了热烈的讨论，发表了许多专门论著，取得了可喜的成果。

培养儿童的创造能力，是开发人才创造能力的基础。怎样培养儿童的创造能力呢？美国哈佛大学的伯顿提出了启发儿童创造力的十要点：1. 要培养儿童的好问习惯，这是教育的主要目标。2. 教养员要做到多倾听、观察和沉默。3. 要避免使儿童有迷信权威的想法。4. 使每个儿童懂得自尊，并学习如何提高自己的思维和判断能力。5. 要使儿童有利用其能力和体验其环境的自由。6. 要让儿童有自己去创造

的勇气和信心，并许其进行尝试。7. 要鼓励儿童去探索新途径，不停留在已明白的事物上。8. 要鼓励和称赞儿童的新奇念头、想象能力和别出心裁的合理行为。9. 要创造气氛，将每个儿童作为一个成人看待，使他们作为小组的一名成员受到应有的重视。10. 要避免引起儿童害怕的压力。害怕会禁锢儿童的智力活动，阻碍儿童的新思想和探索力。

科技人才的创作过程、创造才能、创造动机、创造个性和创造性思维是苏联心理学界极为关注的课题。苏联学者 A·H·鲁克的《创造心理学》一书，对上述问题作了全面的、系统的和科学的论述。他认为创造才能的结构包括：1. 探索问题的敏锐性；2. 统一思维活动的能力；3. 转移经验的能力；4. 侧向思维；5. 形象思维的能力；6. 联想的能力；7. 记忆力；8. 思维的灵活性；9. 评价的能力；10. "联结"和"反联结"的能力；11. 产生思想的能力；12. 预见的能力；13. 运用语言的能力；14. 完成的能力。特别是关于科技人才是怎样做出发明创造的？艺术人才的创造与科技人才的创造有什么相同与不同点？创造性比较高的人，有怎样的个性特征？鲁克都作了探索和回答，这对于有创造能力的人才的发现、选拔、使用和管理，提供了理论依据。

第九大趋势：蓬勃开展的思维科学研究，揭示人的行为和脑以及智力的奥秘，为科学地、高效地开发智力，培养人才，提供更深的、更高层次的理论基础。脑的研究已成为未来二十年中诺贝尔奖金夺魁的目标

思维科学是在心理学、计算机科学（人工智能）、神经科学、科学语言学和自然哲学共同感兴趣的交界面上涌现出来的新兴科学。这个共同的兴趣就是理解人脑乃至机器的智能活动。一九七九年美国的思维科学学会成立。在此前后，各种思维科学的杂志相继创刊。可以说，现在美国各名牌大学都建立了思维科学的研究中心乃至研究所，某些大

学，如加州大学圣迭戈分校，已开始设立思维科学的博士学位。思维科学的创立标志着人类对行为和脑，对智力的奥秘进行科学的系统的研究阶段已经到来。委内瑞拉智力开发部（世界上第一个）部长著文希望，有关思维科学的各学科工作者应当像当年爱因斯坦建议生产原子弹一样建议各国政府重视智力开发。然而，对智力的全面开发首先要求智力科学的研究，这正是思维科学的任务。

近两年来，美国针对小学教育质量下降和学生缺乏基本的分析推理能力的现状，越来越多的大学设立专门课程，讲授思维技巧，并且规定入学新生必须选修此课一年。许多中学，甚至小学，也开始把思维技巧列入教学计划。

如何把思维技巧教给学生，已经成了美国教育界热心研究的课题。教育部门为此专门成立了一个工作组，计划在六个城市的公立学校进行试点，把思维技巧作为一门独立的课程或粘合在其他课程中讲授。这些城市将在学校里组织试点班，为学生建立档案，等他们读完大学一年级后，再把他们的推理、思维能力和学习情况与那些未经这类专门训练的学生进行比较，以便确定试验效果，总结出讲授思维技巧的经验。美国约有百分之二十的院校已设立思维技巧课。

美国学校里讲授思维技巧的教材和方法没有统一的规定，目前有以下四种方法已经引起重视：一、智力结构。把智力分成一百二十项相互无关的技巧，编成教科书，其中二十六项与学生的学习效果关系密切。二、战略推理。集中讲授解决问题的六种技巧——分析、归类、化整为零、列出顺序、找出彼此关系、综合。三、利用教具，以学识浅、成绩差的学生为教学对象，通过解决具体问题训练推理能力。四、横向思维。打破传统思维模式，另觅观察问题的新路子。以上方法对学习各门课程都十分有用，但同语文和数学的联系更为紧密。美国全国语文教师学会一九八二年曾号召它的成员为讲授思维技巧承担特殊的责任，理由是："思维与语言密切相关。"它建议教师从三个方面教学生思维技巧——创造性思维、逻辑思维和批判思维。这个建议引起不少中、小学校的重视。有的小学不仅把培养学生的思维能力列入教学计划，而且对学生的创造性思维、逻辑思维和批判思维分别做出评价，记入学生的成绩报告单。

为培养学生思维条理化，教育电视部门编制了一套电视节目《想一想》，许多教师把它作为思维技巧课的辅助教材。它不仅把思维技巧讲授融于语文和数学教学中，而且同艺术和科学也挂上了钩。另外，用哲学讲思维技巧，也成了一条重要途径。

第十大趋势：进一步研究科技人才的考核方法，逐步实现考核方法的科学化、定量化、现代化，为人才的发现、选拔、合理使用和科学管理，提供理论依据

对科技人才的考核是正确评价、合理使用、科学管理的基础，是人才学研究中一个有待深化、研究解决的问题。发达国家的人才学研究者和人才管理工作者，都在积极研究，切实改进对科技人才的考核，千方百计地调动他们的积极性。

建立现代科技人员的能力模型

所谓能力模型，就是现代科技人员必须具备的知识和智能，它通常是通过考核的指标模型来体现的。苏联是根据信息、计算、分析、协调、测量和调节六个职能，建立了由工作经验、专业能力、创造能力、工作效率、工作质量、主动性、多面性、责任性、协作性和集体性等指标构成的模型。美国还根据新技术革命中产业结构的变化，制定新兴科技人员的考核指标模型。如计算机在经营管理中的广泛运用，产生了一种新兴职业——系统分析专家。美国设计了系统分析专家的考核模型，由十一种指标构成：划分系统职能的能力、同用户接触和协作的能力、实现方案最初阶段的效率、培训用户和编制程序文件的能力、分析和解决实际问题的能力、认定和提出目标的能力、组织和监督的能力、责任性、协作性、独立提出新方法的能力。指标按重要性大小顺序排列，并可根据不同人员的考核要求重新组合。采用这一模型能很快地区分一个人

的长处和短处。这些国家都将创造性和观念的现代化列入考核的重要指标。美国斯坦福大学莫克尔斯教授提出的测量人的现代化的二十四个指标，就把“乐于接受新的经验”作为首要因素。

改进科技人员的考核方式

打破考核中的神秘化方式，是美、日、苏的又一个共同特点。美国电气及电子工业的一些企业，采取措施改变过去“由上司说了算”的方式，让工程技术人员参与对自己的考核和鉴定，尊重他们，充分利用他们的成就和贡献等因素来调动其积极性。日本不少公司也改变过去以上司为中心的“惩罚型”考核方式，开始采用以本人自我考核为基点的“能力开发型”考核方式。苏联强调在考核中实行多层次的民主性，要求在小组讨论的基础上，由各级考评委员会讨论确定，广泛听取各方面（包括本人）的意见。这些国家还将考核结果通知本人，如不符合实际，可以上诉并重新修改考核结果。

继美国科学工作者提出利用论文“被引用次数”来评价一个科技人才的方法后，苏联学者提出进一步完善的方法——“评分计算论文发表指数法”，其主要内容是：

（一）评价一个科技人才，不仅要看他在规定刊物上发表的论文数量，而且要看其论文被他人引用（公开刊物上引用）的次数。

（二）不仅看被引用次数，而且要看引用的情况。这些情况，大致分三种类型：

第一种类型：只是为了列举所有从事某项研究的人，借以表示敬意，顺便提到的人及其论文，这种情况，即使是大段引用也只能得 1 分。

第二种类型：引用公式、计算方法、实验方法、诊断方法等。这显然是利用某人的科研成果，这种情况，应评 10 分。

第三种类型：为了发展、完善某作者提出的思想。属这种情况，应评 100 分（所谓 10 分、100 分，都是约略性的，可进一步精确化）。

（三）在得到论文发表数、被引用次数及所得分数后，就可以通过公式计算出每个科技工作者的“成绩指数”。具体公式为：

$$成绩指数=\frac{得分}{发表论文总数}$$

可以看到，这样的研究对我们的人才管理是大有助益的。

采用现代化考核技术

由于科技劳动的复杂性和科技队伍的壮大，单靠手工方式考核已跟不上形势需要。发达国家的考核方式都出现了自动化、信息化的趋势。如美国一家人事研究和开发中心设计了一种人机对话式的计算机辅助测量手段，它对考核科技人员的能力具有三个优点：首先，测量能力可以自动进行，不需本人在场；其次，在很短时间内可对多种能力进行测定。第三，人事部门在几秒钟内就可知道测定结果。日本有些公司在考核科技人才的成效时，也用计算机自动记录。苏联建立了科技人员考核信息——计算中心，随时记录他的工作效率和质量，并能根据对某一科技人员应具备的责任和要求，进行分析评定。如科研所领导，为查处某人工作失职事件，可将专门表格，通过信息——计算中心，向该部门领导提出一定的要求。然后信息——计算中心将获得的事件与数据分类，拟出分析其特征、损失总额和肇事者的表格，并及时反馈和储存。这种自动考核，能及时和客观地评价工作效率。

（原载《科学管理研究》1985 年第 5 期）

大力推进长江三角洲地区人才高地的建设

历史潮流已经把长江三角洲推向了21世纪初的世界和中国经济社会发展的前沿。长江三角洲地区的经济、社会发展，有过辉煌的历史，已经成为世界瞩目的、中国经济高速增长起支撑作用的、三个非常重要的经济增长带中最有潜力的一个。长江三角洲地区的未来，面临着千载难逢的发展机遇和严峻挑战。长三角地区如何开拓创新，再创辉煌？长三角地区的优势在人才，问题在人才，进一步繁荣发展的关键在人才，希望在人才。大力推进人才高地建设是长三角地区面临的战略任务。

长江三角洲地区构筑人才高地的战略意义

（一）加快构筑长三角地区的人才高地，是适合经济全球化和知识快速发展的迫切需要

国际经济的发展，迫切需要加快人才资源的开发。人才资源的加快开发，有力地促进国际经济的快速发展。21世纪初，国际经济发展呈现前所未有的新特点，对长江三角洲地区人才资源开发提出了新的、更高的要求。一是经济全球化加速发展，进入一个新的发展阶段。经济全球化使全球的生产贸易，服务的国际化程度迅速扩张，各类生产要素，特别是人才资源，将在全球范围内加速流动，经济全球化要求人才资源开发的国际化。二是知识经济发展进程加快，世界产业结构发生重大调整，加速改变了整个生产经营的格局和市场占有的份额。知识经济的发展促使人力资源取代物质资源，成为新经济时代的第一资源，这就要求长三角地区抓住机遇，从实际出发，重视和加强人才资源开发，加快调整人才结构。三是跨国公司的发展，使国际市场一体化格局逐步形成，成为人才资源开发的最直接的动力。四是世界经济既遇到新的机遇，又面临严峻的挑战。要求长三角地区主动迎接挑战，加快构筑人才高地，充分发挥人才的积极性、创造性，确保长江三角洲地区的经济进一步繁荣和发展。

(二) 加快构筑长三角地区人才高地，是长三角地区战略定位的必然要求

长江三角洲地区包括上海、江苏、浙江三省市和十五个城市，他们地域相连，人缘相亲，具有相似的历史渊源和人文特征，自古以来其内在的经济文化联系紧密，互相沟通，互相推动。改革开放以来，以上海为龙头，苏浙为两翼的长三角地区在迅速崛起。上海是我国最大的经济中心，是中国重要的经济、贸易、金融和航运中心。以上海为中心的长江三角洲，是中国经济实力最强，辐射影响力最大的经济区域，处于中国经济、科技、文化最发达的长三角地区经济带的重大战略地位。长三角地区地处中国沿海和长江这两大经济带的交汇点，不仅集有沿海经济与长江经济的优势，而且便于加强与世界经济的交流，有利于向全国形成辐射。推进长三角地区的繁荣和发展，使之成为全国现代化的示范区和领航区，对于我国加快现代化建设具有重大战略意义。长三角地区的战略地位，强烈要求智力和人才资源开发的有力保证，长三角地区的繁荣和发展，呼唤加快构建人才高地。

(三) 加快构筑长三角地区人才高地，是全面参与激烈的国际竞争的强烈需要

20 世纪 90 年代，长江三角洲地区的人才资源开发，主要是面对国内竞争，没有真正融入国际竞争的大循环。进入 21 世纪，特别是中国加入世贸组织后，长三角地区开始全面参与激烈的国际竞争。长三角地区的人才资源开发必须立足于国际化的视野，重新确立人才发展的战略目标，赋予长三角地区人才高地建设的新的内涵和要求。这就是要在构建人才高地的基础上，加快人才构成国际化，人才教育培养的国际化和人才活动空间的国际化。

加速人才国际化，构筑国际人才高地，是长三角地区人才资源开发面临的核心命题和根本任务。必须站在长三角地区在中国和世界经济社会发展中的战略地位的高度，对人才资源的思维理念、运行机制和人才资源开发现状等进行全面审视，充分认识与国际先进水平存在较大差异。“他山之石，可以攻玉。”长三角地区在加快构建人才高地和人才国际化进程中，要广泛开展与国内、国际的交流和探索，充分吸取国际人才资源开发的先进理念和先进经验，全面融入全球人才资源开发的大循环中，努力提高长三角地区人才资源开发的开放度和竞争力。

（四）加快构建长三角地区人才高地，是发挥人才资源开发优势的需要

21世纪初，我国要进一步完善市场经济体制，融入国际化大市场经济。在国际竞争中，人才的优势是市场优势的关键。市场经济是竞争经济，首先表现在人才的竞争。一、人才优势是市场优势的主要内容。主要表现在科学技术人才的创新能力，有了较强的创新能力，才能开发新的产品，占领市场，成为市场的优势者。二、人才的应变能力。市场经济中供求之间、各种资源配置之间存在很大的竞争，而且这种竞争是变动的。人才的应变能力强，才能按照市场的变动调整自己的发展战略、产品结构和市场布局。三、人才资源的合理配置。人才资源配置合理，才能在竞争中占有成本优势，提高企业经济的生产效率。四、人才资源开发的优势，可以不断开拓和转化市场的优势。五、人才资源开发的优势，还可以借助于各种社会资源为我所用。因此，人才资源开发的优势是市场优势的关键，是市场优势的主要内容。加快构建长三角地区的人才高地，就是要占领人才的制高点，其实质是占领了国际市场的制高点。

长江三角洲地区构筑人才高地迈出了历史性的一步

改革开放以来,我国确立了人才战略在国民经济和社会发展中的重要地位。进入新世纪,又提出了“人才强国战略”。20 世纪 90 年代,长江三角洲地区各省、市、县遵照中央的战略部署,根据改革开放和全面建设小康社会,加快社会主义现代化建设的需要,在全国首先提出了构筑人才高地的战略。经过十几年来的艰苦奋斗,长江三角洲地区人才高地的近期目标已基本实现,正朝着更高的目标迈进。其主要标志有以下几个方面:

(一)人才的总体实力得到提高

据调查,长江三角洲地区的人才实力①如下:

	每万人拥有专业技术人员(人)	每万人拥有高校在校生人数(人)	人均教育事业费支出(元)
上海	275	164	668
南京	642	597	222
无锡	151	144	268
常州	162	173	184
苏州	561	330	194
南通	73	193	193
扬州	324	491	199
镇江	141	327	183
泰州	68	7	168

① 夏永祥、余其刚:《谁比水更强》,《人民日报》2003 年 9 月 3 日 27 版。

续表

	每万人拥有专业技术人员(人)	每万人拥有高校在校生人数(人)	人均教育事业费支出(元)
杭州	370	492	183
宁波	105	118	289
嘉兴	55	52	119
湖州	48	22	111
绍兴	51	109	248
舟山	72	40	187

上表说明：1. 长江三角洲地区的人才总量稳步上升，素质全面提高。每万人拥有大专以上文化程度的人、专业技术人员、高校在校学生人数和人均教育事业费支出均明显提高，在全国名列前茅。2. 人才结构不断调整，渐趋合理。以上海为例，上海在全国率先提出实行“三二一”产业发展方针，这对人才结构的调整带来了先发效应，一个适应现代化国际大都市的人才结构正在形成，人才结构调整渐趋合理。据统计，上海现有专业技术人员“一、二、三”产业比为 1.09∶31.29∶67.62，其中国有企业事业单位专业技术人员“一、二、三”产业比为 1.34∶24.28∶74.38。①

（二）人才市场体系基本形成

改革开放以来，适应市场经济的需要，无锡市在全国率先成立人才市场，接着长三角地区的省、市、县纷纷成立人才市场，犹如雨后春笋。近几年来，又有了新的发展和提高。多层次、多种类的人才市场和中介服务机构，人才市场体系和网络基本形成；人才市场配置，人才资源的基础性作用基本确立。

---

① 孙路一：《从一个世界性课题到上海人才战略》。

(三)人才开放度进一步扩大

经济社会的改革开放,强力地推动了人才的开放和流动。1999年,上海在全国率先实行了人才“柔性流动”政策,长三角地区各省、市、县争相采取有力的开放和流动举措,使长三角地区作为国内外人才集散的重要地区的地位逐步形成。特别是通过推行海内外引进人才居住证等一系列新制度,拓展了人才成长的创业空间,营造了海纳百川的开放局面。

(四)人才发展环境得天独厚

长三角地区的人才地理环境:具有人才集聚的独特区域优势;

长三角地区的人才经济环境:正在成为海内外企业集团、跨国公司投资发展的热土;

长三角地区的人才人文环境:长三角地区素有人文荟萃、人才辈出的美誉,闻名海内外。现在正在成为进一步弘扬东方文化、东西方文化融合的地区。

长江三角洲地区经济发展实况如下表:

	GDP(亿元)	人均 GDP(亿元)	规模以上工业企业利润总额(亿元)	职工平均工资
上海	4551.15	34560	389.79	18531
南京	1021.30	18743	56.7	13912
无锡	1200.20	27653	72.62	11985
常州	600.66	17635	25.44	11542
苏州	1540.68	26692	97.16	11778
南通	736.44	9387	14.86	9247
扬州	472.12	10515	22.34	9372
镇江	452.02	16976	29.2	10276
泰州	405.25	8082	18.66	7818

续表

	GDP(亿元)	人均 GDP (亿元)	规模以上工业企业利润总额(亿元)	职工平均工资
杭州	1382.56	22342	76.2	14313
宁波	1175.75	21786	88.11	15512
嘉兴	541.0	16359	31.39	11474
湖州	377.88	14794	13.4	9806
绍兴	779.76	18042	60.75	11428
舟山	114.03	11586	3.16	11504

上表说明,长三角地区经济快速增长,人民生活水平不断提高,政治安定,社会稳定。人才发展的城市环境、产业环境、法制环境、人文环境和生活环境等有较大改善。

(五) 人才的国际竞争力有了提高

长江三角洲地区由于坚决实施构筑人才资源高地战略,大大地增强了长三角地区人才的综合竞争力。十分可喜的是涌现了一批具有战略思维和世界眼光的党政领导人才,一大批既懂专业又懂经营的,在国内外有影响的企业经营管理人才,一大批在国内领先、在国际有影响的专业技术学术带头人和具有开拓创新、年富力强的青年人才。

长江三角洲地区人才资源开发面临的障碍

时代越是往前发展,竞争越是激烈,我们越是要沉着应战。事业越是蒸蒸日上、兴旺发达,越是要保持清醒的头脑。我们必须站在 21 世纪的新高度,站在世界经济社会发展的前沿,冷静地审视人才资源开发面临的问题和局限。

(一) 人才资源一体化开发尚未形成

长三角地区是一个整体,人才资源开发理应一体化。但由于人们的传统观念、行政区域的局限、条块部门的分割等原因，人才资源一体化开发尚未形成。几年前成立了长江流域人才资源开发联席会，做了一些推动工作，但缺乏整体性、综合性、协调性开发，地区、部门之间虽有一定的交流、沟通和协作，但常常互相抱怨各自为政，规划各搞一套，行事互不相让，影响了长三角地区人才资源开发的力度、规模和水平。

（二）现行人才体制改革滞后

据我们对上海、江苏、浙江的调查，改革开放以来人才资源开发工作有很大发展，人才体制改革有一定的进展，但现行的人才体制改革明显滞后。面对21世纪初的新形势、新任务、新挑战，人才工作急需解决什么问题？经抽样调查分析，回答的结果排在五个问题的第一位的是：现行人才一体制改革滞后，要求深化体制改革。企业经营管理人才和专业技术人才，对人才队伍建设哪些不适应的回答，排在七个问题的第一位的是：人才管理体制不适应，人才体制改革亟待深化。

（三）国际化、高层次人才严重不足

上海的人力资源开发是长三角地区的龙头。上海人才队伍的数量、质量、水平在长三角和全国均名列前茅。但面对21世纪初的新挑战，深深感到国际化、高层次人才严重不足。

首先，人才构成的国际化程度很低，在上海1300多万人口中，常住外国人的比例占0.46%，和国际大都市一般要达到5%以上的差距甚大。

其次，高层次人才十分紧缺。“双高人才”(高级科技创新人才及高级经营管理人才)一直是国际争夺的焦点。目前，上海高级人才与人口的比例仅为0.51%，远低于发达国家的水平，远远不能满足上海“四个中心”建设的需求。

上海是这样，这方面的问题其他省、市更为突出。

特别值得注意的是，2010年上海举行世博会，长三角需要从以下四个方面进行整合：第一，全局和战略的整合。长江三角洲地区的省、市领导层，要从总体和全局上，在指导思想、战略决策、领导体制、机制和方针政策等方面，进行整合，形成共识和总体规划，切忌各自为政，各搞各的。第二，管理水平和分工的整合。根据各自的优势和特色不同，要能从目前简单的水平分工向未来垂直分工发展，努力提高整个地区的管理水平。第三，人才资源整合。长三角地区人才整合，着重从观念、体制、机制等方面的整合。方言是一种隔阂，隔阂就是阻碍发展。因此，在语言上要进行整合，扫除障碍。第四，经济结构和布局的整合。长三角地区所有的工业、农业、服务贸易业（即三产），要整合、调整，使三产布局更为合理，创造区域内名牌、出名品、有名士闻达于世界。整个世博会不仅带来基础建设的现代化，更主要是带来环境（居住环境、生态环境、交通环境）的变化。

上述各方面的整合，首先是激发起对各类高层次人才的需要，要求人才资源的整合。世博会的准备和召开，急需以下六类人才[①]：

第一，规划设计人才。上海世博会要吸引 200 多个国家和国际组织来参展，其中大致有一半的国家要独立建馆，因为每个馆代表这个国家整个政治、经济、文化、社会的优势和特点，是一种特殊符号，而特殊符号要在此地落成，就需要高水平的规划设计人才。

第二，法律人才。汉诺威世博会一共签署各式各样合同 4500 份，上海世博会无论是到访者的规模，还是参展国家和国际组织的规模都要超过汉诺威。数千份合同由谁来定，由谁来执行——法律人才。

第三，大型项目的设计、组织人才。一个超大型项目需要将才、帅才。世博会的大型项目，需要高水平的大型项目的设计组织人才。

第四，国际政务、商务人才。上海世博会将从平面走向立体，从现实世博会走向虚拟世博会，从物理空间走向电子空间。这个重大转变，非常需要高水平的电子政务、电子商务方面的人才。

第五，媒介人才或公共关系人才。因为世博会招商、招展的对象特别。为什么特别？比如招展，所有对象都是主权国家，与他们进行交

① 周汉民：《长江三角洲地区急需六类人才》，《人民日报》2003 年 9 月 3 日 24 版。

流、磋商是国家级的政治公关，因此要求参与者的素质，国际交流的工具语言娴熟，自身具有本民族特有文化修养底蕴等，才能进行国际交流。这方面的人才紧缺。

第六，项目管理人才。各类项目各不相同，这种项目的管理人才可视为专才，资源配置急需重要项目的配置人才。

这六类人才非常重要，如果要特别强调一类的话，那就是会展人才。因为国际都市有一个客观的标准，应该是会展之都，每年办大型国际会展要超过150次。每次会展参加的国家要超过80个。在世界上很典型的就是巴黎，一年办了300次；亚洲最成功的是香港，2001年这样规模的会展办了100次。所以，这方面人才也是急需的。总而言之，商机无限，但商机呼唤人才，永远针对有准备的头脑。

（四）急缺一批大企业家

长江三角洲地区是个大舞台，出了一大批闻名海内外的政治家、社会活动家、科学家，也出了一批规划、设计、建设和发展的著名专家。但与世界发达国家和珠江三角洲相比，长三角还缺什么？上海、江苏、浙江的专家和决策者一致深感到长三角地区缺少一大批大企业、大企业家。

请看：全球的500强，东京集聚了93家，伦敦有25家。在香港，跨国公司的地区总部和机构有3237家。这些数字说明国际级的大城市集聚了一大批国际级的大企业，它们的地区总部都集聚在这里。

国际级的大企业是支撑大都市发展的一个支撑点，它是国际大都市的实力象征。500强是大城市发展的强大动力。全世界的主导产业、支柱产业，都是由全球500强所控制的，而且这些大企业，恰恰是大城市的功能主体。大城市的一系列功能、物流的集散、生产要素的配置，全球最高的最好的综合性服务，全球科技创新的发源地，都靠他们得以实现。正因为这些大公司集中在这些大城市，因而创造这些大公司的大企业家也云集在大城市。因此，我觉得上海要建设国际性的大都市，从整个世界的大城市发展看来，培育大企业和大企业家是很重要的。

以上海为例，近二十多年来是上海发展最好的时期之一，上海取得的历史性成就令全世界瞩目。但是，上海恰恰还没有成为大企业之都和大企业家的经营之家。上海还没有一家企业进入全球500强，中国已有12家。全球500强的企业有一半以上已经在上海投资，但是他们在中国的地区总部，基本都是在北京。上海更缺少海内外著名的企业家。而且上海企业家面临着流失的挑战①。

(五) 人才"本领恐慌"问题严重

抗日战争初期，毛泽东在延安讲过这样一段话："我们现在面临的恐慌，不是政治恐慌、经济恐慌，而是本领恐慌。"在瞬息万变的今天，"本领恐慌"、能力素质、工作水平不适应更为突出。

我们要进一步改革，更加开放，就需要国际人才。国际人才必须具有以下基本素质：① 具有宽广的国际化视野和强烈的创新意识；② 具有熟悉和掌握本专业的国际化知识；③ 具有国际通用的能力证书；④ 具有熟悉和掌握与业务活动有关的国际惯例的知识；⑤ 具有较强的以外语为基础的跨文化沟通能力；⑥ 具有独立的国际活动能力；⑦ 具有较强的计算机及网络运用能力；⑧ 具有良好的道德和健全的个性。

在跨文化沟通能力中，外语是个基础条件。上海市三支人才队伍的外语水平总体较低，其中，公务员达到六级以上、市民通用英语中级以上的仅占14.6%；经营管理人员能熟悉掌握外语的仅占19%；专业技术人员在对外交流中能经常使用英语的占52.52%，勉强过五成。被调查的高级专业技术职务的人员中，能经常使用英语对外交流的，仅占65.48%，而能使用其他外语语种的更少②。上海是如此，江苏、浙江的问题更为突出。

---

① 蔡来兴：《大都市、大企业与大企业家》。

② 孙路一：《从一个世界性课题到上海人才战略》。

长江三角洲地区人力资源开发的新对策

进入新世纪,我国已经进入全面建设小康社会,加快推进现代化建设的新的发展阶段。按照党的十六大精神,长江三角洲地区应成为“两个率先”的示范区、先导区。未来20年是长江三角洲地区现代化建设的重要战略机遇期,也将是人才资源开发、人才辈出、群星灿烂、大有作为的重要战略机遇期。我们必须紧紧抓住这个战略机遇期,围绕经济社会发展新目标,进一步加强人才资源开发,积极推动长三角地区人力资源开发一体化,加强人才队伍建设,是长三角地区面临的新的突出任务。

第一,进一步确立正确的人才理念。

世界已进入能力主义时代,因为我们已经进入了知识经济的社会,这是一个建立在人的素质和能力基础上的社会。人力资源从未像今天这样成为经济社会发展最为核心的要素。能力时代的人力资本已成为经济社会发展战略的重要组成部分,人力资源资本的主体性、社会性、经济性、能动性决定了它是全球国民财富中最宝贵的财富。人力资本素质的能力导向已成为一种不可逆转的潮流。人力资本能力的培育、提升,需要政府、企业、教育学术界等方面的密切配合,需要地区的一体化和地区之间的互动。

2001年5月江泽民同志在“亚太经合组织人力资源能力建设高峰会议”上以高度的政治洞察力,提出:“当今世界,人才和人的能力建设,在综合国力竞争中越来越具有决定性的意义。人类有着无限的智慧和创造力,这是文明进步不竭的动力源泉。开发人力资本,加强人力资源能力建设,已成为关系当今各国发展的重要问题。”这是新世纪,我们党从中华民族伟大复兴的历史高度,提出了“加强人才资本开发和能力建设”的发展新思路和人才强国的新战略。

美国移民政策允许五种人到美国就业:第一种是国外各个领域最高水平的精英人才;第二种是各个专业的高级技术人才;第三种是美国

本土缺乏的一些高级技术工人；第四种是宗教人士；第五种是能够推动美国经济发展并创造就业机会的外来投资者。对此，我们要予以借鉴，树立中国特色的人才观。

适应新世纪、新任务的需要，我们要树立三个第一，即：人才资源是第一资源、科技人才是第一生产力、人力资源开发和能力建设是第一要务的新理念。树立人才资源重在开发、人才配置市场化、人才管理现代化、法制化和人才竞争国际化新观念，大力推进人才资源开发管理体制、机制的创新。

第二，明确构建长江三角洲人才高地的新目标。

面向世界，面向现代化，面向未来，长江三角洲地区的人才高地必须是一支数量宏大的，高层次、高素质、创新型的，结构有机合理配置的，充满活力、流动的，高效产出的，全面协调发展的人才队伍，使长三角地区成为中国和世界优秀人才的集聚中心。

上海市提出构建国际人才高地关节点在于如何从"定性"走向"定量"，如何从理论学术层面走向实践和操作的层面。本着开拓性、坚韧性、可操作性的精神，从支撑度、宽容度、融合度、流动度、影响度等五个标准出发，遵循国际性、可比性、可行性的原则，构建了国际人才高地的指标体系。它分为三个层次：第一层次包括人才环境、人才结构、人才素质、人才开发、人才流动等 5 个指标；第二层次又把上述 5 个指标分解为经济发展、科学进步、国际交流、年龄、专业分布、学历、能力、学术水平、国内教育、国际教育、职业培训、中介机构、国际流动等 14 个指标；第三层次在 14 个指标的基础上再具体细化，产生了人均吸收外资金额、人均公共教育经费具有可操作新概念等 45 个指标，从而构成了一个完整的、系统的、全新的人才高地的指标体系。

长江三角洲人才高地，应根据长三角地区的不同情况，从实际出发，分别确定实施目标。上海提出：通过实行三个五年人才高地建设的滚动计划，到 2015 年左右，把上海建成与国际经济中心、国际金融中心、国际航运中心相适应的国际人才高地和国际国内人才集聚中心。第一个五年（2001—2005 年）：为上海国际人才高地打造基础。第二个五年(2006—2010 年):形成上海国际人才高地框架。第三个五年(2011—2015 年):基本建成上海国际人才高地。江苏、浙江沿江十五个城市,要积极创造条件,努力在 2020 年建成人才国际化、人才市场化、人才信息化、人才法制化,初步建成国际国内优秀人才集散中心。

第三,积极推进长江三角洲地区人才一体化。

长江三角洲整个地区的繁荣和发展,需要人才资源开发一体化;各省、市、县的繁荣和发展,也离不开人才资源开发一体化。长江三角洲地区人才资源开发一体化,要解放思想,实事求是,开拓创新,努力做到人才信息一体化、市场一体化、形态一体化、结构一体化、体制机制一体化和人才生态环境一体化。

长江三角洲地区人才资源开发一体化,特别要抓住新的发展机遇。2010 年上海世博会的筹办,就是一个好商机。世博会有无限商机,并非上海专享,而是长三角地区所有省、市、县所共有。世博会还带来人才资源开发一体化的契机。第十一个五年计划的制定是又一个机遇,要改变过去各成体系的搞小而全、不管左邻右舍搞重复建设。统一规划,有序竞争,是大家的共同目标。要从全局利益出发,共同携起手来,统筹兼顾,协调发展,研究和制定一个统一的协调的人才资源开发新规划。

要认真总结长三角流域人才资源开发联席会议的经验,进一步明确职能,转换机制,加大工作力度,使之真正成为推进人才资源开发一体化的有力杠杆。

人才资源一体化的进程,是一个长期艰苦努力的进程,不可能一蹴而就,可是在一定的时机下,加力推动,有可能取得突破性的进展,迈出跨越性的步伐。

第四,创新人才培养模式。

长江三角洲地区人才高地的建设主要是依靠自己的力量,加强对本土人才的培养,而加强教育和人才培训是人才培育之基,区域发展之本。如果说掌握现代科学文化知识的人力资源是一个国家和地区经济繁荣的核心,那么,各种方式的教育和人才培训,则是保证和加强这个核心的最重要的手段。一方面，要在经济实力不断增强的情况下，进一步加大对教育和人才培养的投资力度；另一方面，在培养模式上，除依靠高等院校、行政学院和干部学校等教育培训机构的培养外，鼓励民办院校和培训机构的发展，积极引进世界一流的大学到区域内办分校或培训机构，采取“请进来、走出去”的策略，加强国际间的文化交流，努力形成人才培养的多元化。上海市在这方面做了大量工作，取得了宝贵经验。

江苏省确立实施“333 新世纪科学技术带头人培养工程”，是人才培养模式的一个创新。这个工程重点加大高层次人才培养力度，到 2005 年，六个重点行业新增选“333”培养对象中，第一层次、第二层次人选的增长速度要明显高于其他行业，同时继续加大专业技术人员继续教育力度；集中一定的财力、物力，重点培养有发展前途的高层次人才，制定了以市场需求为导向，项目建设为依托，资金资助为激励，行业拔尖人才培养为核心，目标考核和动态管理为保障的培养办法来选拔培养“高峰”人才。目前，“六大人才高峰”首批 67 个资助项目经省政府同意已顺利启动。江苏省每年还从六个行业选送一批中青年人才到国内有关高校攻读 MBA、MPA；其他措施包括开展国(境)外培训，每年有关部门会同省外国专家局选送一批综合素质好、有培养前途的中青年拔尖人才赴国(境)外培养或研修。这个做法要认真总结经验，逐步加以推广。

第五，着力培育大企业家。

从根本上说，长江三角洲地区的繁荣和发展，必须有一批大企业家；而只有把长江三角洲地区的改革开放和“两个率先”搞好，才会真正涌现一批大企业家。

一是传统的经营方式必须改变。与 500 强企业相比，不少企业在经营方式上落后了，只搞生产经营，不搞资产经营、资本经营，更没有搞知识经营。长江三角洲地区要培育大企业、大企业家首先要在经营方式上来个重大的改变。

二是开放的重点要强调，要从吸引资金、技术、项目为主，转向培育和聚集高能级的功能主体:就是一手抓自己培育;一手抓吸引全球大公司的总部及其骨干人才。

三是改革的重点要从改革金融投资体制为主转向培育和壮大企业家和创业家队伍为主。金融体制改革是重要的,得益的,有利于加快发展,这方面的改革要坚持下去。但是下一步要走一条更重要的路,就是把改革的重点放在培育和集聚企业家和企业家队伍上。

四是大胆培养青年人才。青年人才是长江三角洲地区繁荣和发展的希望,是培育大企业家的基础。要弘扬创新精神,培养青年人才。根据经济发展、社会进步和科技进步的发展要求,把培养创新精神、开发创新能力,作为人力资源能力建设的重要任务,积极予以推进。特别要精心培育青年人才,大胆启用青年人才,创造条件使他们脱颖而出,促进他们学习交流,鼓励他们开拓进取,支持他们创新创业。建立有效的激励机制和公平的竞争秩序,为人才的成长和经济科技的不断发展,创造良好的环境。

以中国加入世界贸易组织为标志,中国进入了同世界的全方位沟通阶段,这里当然包括人才资本。注重根据业绩给予适当的合理的薪酬是鼓励人才创新、实干,稳定人才队伍,在优秀人才竞争中立于不败之地的关键之一。我们殷切希望着力培养青年人才,在青年人才中涌现一批未来的大企业家。

第六,规范人才引进的方向和制度。

按照长江三角洲人才资源开发一体化要求,人才资源急需进一步整合、提升,人才结构必须进一步优化。

根据近几年引进人才的经验,上海市提出如下主攻方向:在人才层次上,要重点引进高新技术人才和高级经营管理人才,控制引进一般人才;在人才供求上,放开引进紧缺、急需人才,控制市场饱和人才;在人才地域上,积极引进海内外留学人员和国外智力,以增强国际竞争力。

通过调整引进人才的方向,力争在人才数量、质量、结构等各项指标达到更高水准,符合长三角新一轮的发展要求。

江苏省在人才引进制度上的创新,规范了新的制度和政策。重点拓宽高层次人才引进的“绿色通道”，以优厚的条件，优先为六个重点领域引进高层次人才。对引进的“高峰人才”，在户籍、住房补贴、配偶工作、子女入托入学等方面给予特殊的政策。鼓励“户口不迁，关系不转，来去自由”的人才“柔性流动”和智力交流。鼓励人才群体引进，对用人单位引进的在国内外具有领先优势的学科、技术群体和梯队，放宽进入条件，及时办理有关手续。实施人才储备，人才可先代理，后就业。发挥市场配置人才资源的基础性作用，六大行业人才主要通过市场主渠道配置。建立六个行业高层次人才信息库，实现信息共享，开展网上人才服务。针对六个领域的重点课题、重要项目和急需解决的难题，制定引进国外智力的计划，并组织外国专家通过讲学、讲座、工作交流等方式提供智力技术服务。建立特聘专家制度，通过规范的程序，面向国内外公开聘请本行业发展急需、有较高学术技术水准的“特聘专家”。

第七，大力引进海外人才回国创业。

随着经济全球化，我国加入 WTO 和进一步改革开放，出现了新一轮的海外华裔人才回国创业的热潮。上海浦东新区先后三次赴海外招聘人才，现在到浦东创业、工作的人才已达 5000 人，创办企业 400 多个，其中不少人已事业有成。江苏省出国留学人员达 4 万多人，回国创业的已有 1 万多人。

长江三角洲地区要紧紧抓住世界经济疲软，国外就业比较困难的时机，采取有效措施，鼓励和吸引海外学子及各类人才到长三角地区创业。要采取切实措施应对海外人才回国创业潮，以优惠政策吸引人才，为长三角地区繁荣发展奠定良好人才平台。

一是要充分接受国际化大都市上海的人才辐射作用。上海作为中国经济最具活力的国际化大都市，对海外人才的吸引具有其他省市无可比拟的优势。江浙在地价与劳动力价格上比上海更具有优势，应重点发挥现有的高新区和开发区知识密集的特点，使之成为高级海外人才的聚才中心。

二是要主动为海外人才提供市场咨询服务。海外人才由于长期在海外，对国内市场的需求不是很了解，回国后最容易犯的错误就是产品和技术定位与市场脱节。因此,需要积极、热情地帮助想回国发展的海外人才,为他们提供中国市场的需求信息和资源优势,帮助他们正确定位产品和技术层次。

三是要加强海外人才创业的人才配套。在国外特别是硅谷,由于专业分工非常细,许多经理或工程师只胜任生产链中很小的一部分,而国内的公司往往要求他们能设计总体方案,海外归来的专才通常被任命为技术总监或 CEO 来负责整个生产链,这就会导致归国人才不能发挥其专长。

四是对海外高层次人才创业的资金扶持要落到实处。要切实抓好项目的评估和遴选,使风险投资资金行业真正起到点燃创业的火把和加速企业腾飞的助推器的作用。

五是要进一步优化海外人才回国创业的审批手续,努力做到政策透明,归口管理,简单而有章可循。同时要建立海外高层次留学人员信息库和海外社团联席会,摸清长三角地区海外高层次人才的具体情况,加强与他们的沟通与合作。

第八,积极推进智力资本化。

我们要引进和留住人才,还必须推进智力资本化,其特征是智力资源参与收益分配。发达国家在后工业时代,就已经实行智力资源资本化,早就建立了一种新型的产权关系。我国在创办高新企业过程中,对此也作了积极探索。实践证明,科技人才的智力资源,如果不参与企业的收益分配,科技人才的积极性、创造性不容易发挥,科技人才就留不住,科技企业也就没有发展前途。

为此,要采取多种形式,积极推进智力资本化。一是直接持股。已经创办而且较成熟的科技企业,所有创办的人,都有资格拥有股份,参与企业的分配。二是期权股。即风险投资公司等投资人到科研单位选择成果,实现投资人的资本和科研单位的科技成果相结合,实现资本和智力资源的结合,这就是期权股的风险投资形式,它是一种较好的形式。三是无形资产方式的期权。一些发展较好的企业或上市公司,以他们的无形资产的方式与科研机构相结合参股,紧密结合起来,就形成无形资产期权。四是销售额提成。一些科研单位的成果转让给企业，每年按销售额提成。销售额提成是智力资源参与企业的收益分配的特征。五是技术使用费。科研单位的某项技术，与企业共同合作，做成产品以后，商定每年按固定的金额作为技术使用费支付，科技人员以技术和智力参与企业的收益分配。要在实践中认真总结、改进、不断完善智力资本化。

第九，进一步拓展人才国际化工作。

建设国际人才高地，是长江三角洲进一步改革开放面临的新任务。上海市首先提出人才国际化的战略构思。

人才国际化的要求：一是人才机制，包括用人机制、分配机制、管理机制、流动机制等都要与国际接轨；二是人才总量、质量、结构等各项指标要达到国际大都市相应的水平；三是人才素质，要培养、引进精通WTO知识和国际规则，具有跨文化沟通能力的人才，能够在本领域内熟练地处理各种涉外事务。为了实现上述要求，必须继续深化干部人事制度和教育体制改革，在大力培养人才和提高劳动力整体素质的同时，引进和造就一批具有世界水准的经营管理人才，汇集一批国际科技前沿的优秀科技人才，完善以复合型高层次人才为主体、与本市产业结构相适应的多层次、多门类人才系列，进一步提高长江三角洲地区人才的国际化水平。

第十，建立和完善激励制度和政策。

推进长三角地区人才高地建设，要努力使之成为“引得进、用得好、留得住”人才的最好地区，关键在于建立和完善激励制度和政策。要努力做到激励与约束相结合、个人激励与团队导向相结合等原则。一是建立和完善业绩为导向的激励制度，倡导能力主义导向的组织文化，提高人才队伍的凝聚力、竞争力、攻关力和整体水平。二是建立和完善突出重点、兼顾一般的激励制度。对有特殊才能、突出贡献的人才，给予重奖，倡导人人争先，多作贡献的精神。三是建立和完善动态竞争、公平竞争的机制，实行“赛马”制，让年轻、想干事的优秀人才脱颖而出。四是建立和完善宽松宽容的机制，为有魄力、有创新、有能力，想干大事的人才创造宽松宽容的环境，提供广阔的创业舞台。五是根据不同类型的人才，给予特殊政策，加大对科研、教学、经营、管理等方面有突出贡献的人才奖励，设立突出贡献奖，加大奖励力度。真正做到人尽其才，才尽其用，充分激发他们的积极性、创造性，为长三角地区的繁荣和发展贡献智慧和力量。

（原载《长江三角洲经济论坛》论文集）

江苏省人才开发战略

江苏省人才开发的现状

江苏省是人文荟萃之地，党的十一届三中全会以后，全省的智力开发更有了新的发展。据1984年的普查，全省现有专门人才(含具有中专以上学历或具有技术员以上职称的)86万人，占全省总人口的1.33%。由于认真贯彻落实党的知识分子政策，调动了广大科技人员的积极性、创造性，有力地推动了全省经济的持续发展。

但是，在人才培养和人才使用方面也还存在着一些不足之处。

1. 领导缺乏现代化的人才观，社会没有科学的人才管理体制。有些地方和单位，不重视知识和人才，不肯花本钱、花工夫培养人才；有的地方和单位，把人才视为部门所有、单位所有、私人所有，积压、浪费人才的情况比较严重；有的甚至压制和打击知识分子。现有人才培养、使用管理体制是封闭的、僵化的模式，管理上集中过多，统得过死，地区、部门分割，科技力量分散，科技人员流不动，不少地方和单位，在选拔使用优秀青年人才方面，阻力重重。青年知识分子得不到信任重用，不能发挥应有的作用。在人才管理方面比较落后，一些基本的制度，如考核，职务、职称的晋升和奖励等，还没有经常化、制度化、科学化，严重影响科技人员的积极性和创造性。

2. 教育水平有下降趋势。1983年全省每万人口中在校大专学生11.3人，居全国第十三位。1984年每万人口中在校高中生69.3人，居全国第十七位；每万人口中在校初中生 395.3 人，居全国第十四位；每万人口中在校农职业中学生 15.3 人，居全国第十四位。师范教育规模不大，培养师资的路子较窄，每万人口中中等师范学生 3.3 人，居全国第二十七位。师资队伍不仅在数量上，而且在质量上远远不适应教育事业发展需要。智力投资的规模、速度与经济、科技发展很不适应。普通教育经费十分紧张，学校教学行政费的定额比 1965 年下降三分之一。近几年来省安排教育基建投资太少，有相当一部分中小学连最起码的教学条件都不具备，高等教育事业经费比高校招生增长慢，很不适应高教事业的发展需要。

3. 科技人才不仅数量不足，而且质量不高，高级专门人才奇缺，人才优势正逐步削弱。主要经济部门的专门人才所占的比例，均低于全国平均水平。我省现有专门人才占职工总数的 11.2%，而全国平均为 12.3%。1983 年我省自然科学科技人员占全省人口的 6.6‰，名列全国第十五位。农业系统专门人才每万名农业人口中仅有 1.2 人，全国则为 3.3 人。新兴技术力量，尤为薄弱。电子工业总产值占全国的六分之一，但仅有科技人员 1.5 万人，占职工总数的 9.9%，高中级科技人员仅占职工的 2%。电子计算机专业人才 678 人，仅占全国电子计算机专业人才的 2%，而且专业不配套，比例不合理。全省科技队伍的结构比例严重失调。在地区分布上，科技人员主要集中在苏南及沪宁线上的几个城市，苏北地区比较薄弱。具有大专以上学历的人才偏少，工科人才偏少。

科技人员的年龄结构异常。1990 年左右将出现人才低谷区。全民所有制高、中级科技人员平均年龄分别为 58.2 岁和 47.7 岁；高级职称的专门人才 61 岁以上的占 38.6%；51 岁到 60 岁的占 50.87%；50 岁以下的仅占 10.5%。20～35 岁的专门人才低谷区与 36～50 岁的人才高峰区相比较，每千人拥有的专门人才数之比为 1∶2.89。预计到 1990 年本科以上专门人才达到退休年龄的占本科以上总数的 12%，到 2000 年本科以上达到退休年龄的专门人才累计占 52.5%。因此将出现科技队伍青黄不接最严重的时期。

学历层次不合理，研究生、本科生、大专生、中专生与无规定学历之间的比例为0.009∶1.2∶0.85∶2.206∶1.598。研究生、中专生明显偏少，无规定学历的偏多。业务技术职称高、中级偏低，高级科技人员仅占0.46％，中级科技人员约占10.21％，而初级科技人员竟占了近90％。反映了我省科技队伍智能水平不高。在专业结构上存在着畸形的不合理状况（重自然科学轻社会科学，重理轻文，重工轻农，重理工轻管理等）。管理、政法、财经、应用文科，工科的食品、机械、纺织、热能、化学工程、电子、建筑、建材等专业，对外开放急需的外贸、外经的外语人才和新兴技术等方面的专业人才奇缺，供需矛盾十分突出。

江苏智力开发战略目标与对策

江苏省智力开发的战略目标是：从我省的实际出发，充分发挥我省的经济智力优势，优先加强智力开发，建立起与经济、科技协调发展的、外向开拓的、结构合理的、具有较强的适应能力和活力的、效益较高的智力开发管理体系和新格局，为把江苏建成城乡协调、结构合理、经济繁荣、科技进步、文明富庶、对外开放的社会主义现代化省而贡献智慧和才能。具体目标如下：

1. 加强基础教育。到本世纪末，全省农村实现普及初中，部分县普及高中，全省城市普及高中。大力发展职业教育，形成职业教育与普通教育并行的中等教育体系。

加强成人教育，到本世纪末在城乡劳动者的文化科学知识水平方面，争取比现在普遍提高一个层次：即高中的提高到大专或本科的水平，初中的提高到高中水平，小学以下文化程度的提高到初中水平。

加强发展各种类型的高等教育和中等专业教育，特别是加强、发展高、中等师范教育。到本世纪末，全省高等学校和中等专业学校在校学生比现在增加两倍左右。

加强继续教育，加快实现各类专业技术人才的知识更新，逐步提高各类干部、专业人员和技术工人的学历层次规范：高级专门人才由专科提高为本科;初级专门人才由中等提高为专科。逐步调整高、中、初各类专门人才的层次结构。

2. 苏北地区加快智力开发,苏南地区大力培养适应新兴技术发展及老企业改造的急需人才。

3. 初步形成一支与全省经济、社会发展相适应的,以应用研究和开发研究为主体的,结构合理的,外向开拓的,具有活力的科技队伍。到本世纪末,各类专业技术人员占全省人口的5%左右。要实现上述智力开发的战略目标和具体目标,必须分两步走。1985至1990年为第一阶段,打基础阶段。在保证质量的前提下,加快各级各类学校的发展速度,以适应我省经济、科学发展的需要,为"七五"期间夺取超额完成工农业总产值和国民收入翻一番的任务而努力,为后十年进一步加强智力开发、为江苏经济的腾飞打下坚实基础。

1991至2000年为第二阶段,进一步发展阶段。在前阶段基础上,着重抓好各级各类学校教育质量的进一步提高。扩大高级人才的培养数量,继续加强在职职工、干部和专业技术人员的继续教育,全面提高素质,为到本世纪末,完成和超额完成国民生产总值、国民收入和工农业生产总值翻两番的任务作贡献。

经济科技要腾飞,智力开发是关键。为实现我省智力开发战略目标,必须采取以下一些对策:

1. 更新旧观念,树立现代化的教育观和人才观

各级领导要改变把教育看成为部门工作的旧观念,树立教育是全局性、战略性工作的观念。经济工作者必须抛弃单纯经济观点,树立经济建设必须依靠教育的思想。教育工作者要改变封闭的教育思想,树立教育必须为社会主义经济建设和整个现代化建设服务的思想。社会各界要抛弃轻视知识、轻视人才、不尊重教师的陈腐观念,树立尊重知识、尊重人才、尊重教师,关心、重视和支持教育发展的思想。

随着经济体制改革和对外开放的深入发展,"解放生产力,为社会造福",已成为新时期选拔、使用人才的标准。要破除旧观念,打破老框框,选拔"四化"干部、"八门"人才,组成梯形结构、门类齐全、成龙配套、

长短相济、目标一致、协同作战的人才合理群体。

2. 优先增加智力投资，使智力开发有强大的物质保证

必须从根本上改变过去只重视物质资源投资，忽视智力开发投资的做法，调整智力投资和经济建设投资的比例，使我省智力投资的比例逐步增加。智力投资的渠道必须从封闭的、单一的渠道转变为开放的、较多的渠道。可以引进外资，也可以鼓励地方、部门、单位和个人投资，把几个方面的力量汇合起来，增强智力开发的实力。要明确投资方向，重点应放在中小学教育、师范教育和成人教育上。苏北地区的智力投资，要给予必要的扶持，重点要放在增强智力开发能力、发展人才增殖方面；要十分讲究投资效益，坚决克服目前在教育中浪费人力、物力、财力和效益不高的状况。

3. 适应新技术革命需要，逐步建立外向、开放型人才结构

外向型、开放型的人才结构，首先要求个体人才结构的高质量高水平。具体地说是：① 坚持党的四项基本原则。② 具有国际眼光、国际视野、全球观点。③ 具有丰富的专业知识、科学技术知识和管理知识。④ 具有较强的应变能力。⑤ 熟练地掌握一二门外语。⑥ 具有广博的国际知识和文化修养。

内向型的经济结构转化为外向型的经济结构，要求人才的群体结构必须从内向、封闭型转化为外向、开放型，使人才结构与经济结构、科技结构相适应。外向开拓型人才开发、管理体制改革引起的人才开发、管理业务职能、服务形式及管理方法的新变化，要求冲破旧的人才开发和管理的框架。必须实现从人才开发、管理业务职能的单一化、专业化转变为管理职能多样化。要实现人才结构合理化，实现人才良性循环，还必须创造主客观条件。从主观上来说，就是人才内部结构的不断重组、调整、交流，使之成为外向、开放型的人才结构。从客观条件来说，首先要有合理的贸工农经济结构；其次要有合理的教育结构；第三要有智力投资结构的合理性，要调整物质生产投资与智力投资的比例，增加智力投资；第四还要有合理的科技结构。

4. 抓紧做好人才准备,迎接新技术革命挑战

(1) 挖掘人才潜力,认真选拔人才。要立足现有人才,认真做好人才的发掘和使用工作。要坚持选拔的正确标准,通过多种形式,从经过专业训练和管理科学教育的现有干部和企业中具有一定文化知识和技术水平的技术人员中选拔一批党性强、政策水平高、有事业心、通晓业务、精明强干的领导干部。

(2) 拓宽人才渠道,大力引聘人才。引进人才的工作要面向世界,扩大视野,坚持质量,注意政策,多渠道、多形式、多层次,聘天下之英才。如从国外引进一些高水平高技术的急需开放人才;从全国大城市招聘一批有较高水平的急需开放人才;聘请一批海内外知名人士担任顾问。

(3) 重视智力开发,有计划地大力培养人才。要近期、中期、远期相结合,三个层次的智力一起抓。抓好远期的智力开发,就是要抓好中小学基础教育,抓好二十一世纪初进入社会的儿童教育,未来的外向开拓型人才。抓好中期智力开发,就是要抓好现有大、中学生的教育,要及早采取措施,围绕新技术革命和开放进行教学,使他们十年之后成为开放区的栋梁之才。抓好近期智力开发,就是要抓好在职干部、科技人员和职工的继续教育。

(4) 改革人事制度,搞活人才管理。

① 简政放权,减少中间环节,扩大企业自主权和用人权。市县人事部门主要管人才管理的大计方针和政策。

② 实行灵活政策,及时做好人才动态平衡。既要注意长期的人才需求,制订人才长期规划,为今后的发展培养人才,又要在情况变动下,采取灵活措施,培养急需的人才。

③ 积极创造条件,逐步实行干部选举、聘任制,科技人员聘任合同制。

④ 因需施用,实现更加合理的人才流动。真正做到人尽其才,才尽其用。

⑤ 根据成绩贡献大小,实行奖励政策。竞争出人才,重奖出人才。

实行奖励必将涌现一批又一批优秀人才。

⑥ 打破地区、城乡分割，实现人才管理一体化。各市、县之间要建立和健全人才协作网络，互相帮助，互相支持，互相调节，高效率地使用和管理人才。

⑦ 实现人才管理现代化、科学化。要运用系统方法，把人才作为一个整体系统进行预测、规划、设计和评价，从中提出最佳方案，以便实行人才的最佳管理和最佳使用，达到最大限度地发挥人才的作用。

(5) 以高等学校、科研机关为依托，有领导、有计划地建设江苏的知识密集型区域或新技术群。根据全省经济、科技发展战略和智力、科技开发的特点，建议建立以南京和苏、锡、常为主的江苏知识密集区域，即以南京的南京大学、南京工学院、南京师范大学等高等院校和中国科学院南京分院所属科研单位和省属科研单位为中心，建立教学、科研、生产联合体，形成一个知识密集型区，以无锡、苏州、常州三市的高等学校和科研单位为骨干，组成一个知识密集群，并积极创造条件，向新技术区域群的方向发展。

（原载《科技管理研究》1986 年第 10 期）

2000年江苏人才展望

江苏省科技队伍发展的初步设想

根据我省经济发展的战略要求，结合我省科技队伍的发展状况，我们在调查研究的基础上，认为我省科技队伍发展创新战略应当是：紧紧围绕"积极提高苏南、加快发展苏北"和"三个重点"、"三个突破"，发挥优势、讲究效益，力争到2000年形成一支数量足够、质量较高、专业齐全、结构合理的科学技术队伍，达到目前世界先进国家的中上水平，赶上和超过全国最好省市水平，走在全国前列，确保我省经济战略要求的实现。具体目标是：

1990年，我省科技队伍占职工比例达到12%左右；

2000年，我省科技队伍占职工比例达到20%左右。

从上述总体目标出发，从党的十一届三中全会以来，我省经济、科技、社会和科技队伍发展等相关分析为基础，主要采用德尔菲(Delphi)法、社会目标类比法、计量(经济)模型[DyNaMo LEMS(IBM) HEAP]和马尔可夫(A. A. Markov)分析预测法等数学模型和方法，分别就我省科技队伍的发展数量、结构、分布、素质等方面初步预测如下：

一、江苏省科技队伍发展需求量预测

党的十一届三中全会以来，我省科技队伍稳步增长，有了较大发展。

表一　党的十一届三中全会以来江苏省科技队伍动态数列分析表

单位:万人

年份	X_i	科技人员数(Y_i)	增长量	环比增长率%
1978	1	20.0	—	—
1979	2	23.0	2.94	14.62
1980	3	29.0	5.95	25.81
1981	4	32.0	3	10.35
1982	5	36.0	4	12.5
1983	6	39.0	3.14	8.72

注:1979 年无统计资料,故用拉格朗日插值法计算。

党的十一届三中全会以来,我省科技队伍稳步增长,有了较大的发展。

从表一"增长量"一项可以看出,我省科技队伍发展大体按每期以相同的增长量增减变化,基本趋势是直线型的,故可以配合相应的直线方程 $Y=ax+b$ 来预测。但这种数学模型对于不规则变化的需求量来说敏感性较差。再从"环比增长率"一项看,大致可以采用"指数增长曲线"(Exonentiac growth curve)模型 $r=abx$。但这种模型用于短期预测效果较好,进行长期预测容易失控。鉴于上述两个因素,预测中采用互为修正的方法。

根据我省经济发展战略步骤和科技队伍自身发展的特点,我们采取以上三种方案,然后运用三点估算法计算,得出理论预测值,再结合社会各方面因素进行综合平衡,最后确定预测值。

第一方案:直线方程、指数增长曲线模型——外推平均值计算。求得 1990 年和 2000 年我省科技队伍发展的可能数量分别为:66.80 万人和 105.65 万人。再用指数增长曲线模型计算,其中,$r=14.2\%$,预测 1990 年和 2000 年的有关预测值分别为:99.38 万人和 376.25 万人。取直线方程和指数增长曲线模型预测值的平均值分别为 83.09 万人和 240.95 万人。

第二方案:以万名职工中的科技人员数强度指标计算。

表二　1978—1983年江苏省科技人员分别占职工和人口比率

	1978	1979	1980	1981	1982	1983
占职工比率	3.46	3.82	4.5	4.74	5.15	5.49
占人口比率	0.35	0.39	0.49	0.53	0.59	0.64

从上表可以看出,社会经济和科技发展的一般情况表明:随着现代化水平的提高,职工人数的发展速度将会相对缓慢,科技人员占职工总数和人口总数的比例必然增加。在社会主义条件下,编制职工计划必须遵循扩大劳动就业率与提高劳动生产率相结合的原则。如何兼顾这两个因素,精确地测定职工发展趋势,需作深入的研究。下面,我们根据上述原则,结合历年来我省劳动力就业情况和经济发展对照职工队伍的弹性系数,近似地估测我省今后职工队伍的发展情况。1978年至1983年我省工农业总产值对职工队伍的弹性比1∶0.39,1978年至1983年我省国民收入对职工队伍的弹性比为1∶0.34,两者平均为1∶0.37。根据我省经济发展战略要求,1990年实现工农业总产值翻一番(以1980年为基数),那么,到2000年,全省工农业总产值平均年增长率将为7.18%,依次类推,职工平均年增长率将为2.66%。根据我省科技队伍发展的战略要求,以此可以推算出各阶段所需要的科技人员数。

表三　1985—2000年江苏省所需科技人员数

单位:万人　比率:%

	1985	1990	1995	2000	1980—2000 平均年增长率
人口总数	6034	6650	6900	7100	0.9
劳动者数	3150	3325	3450	3500	8.8
劳动者占人口比率	49.97	50	50	49.3	—
职工总数	751.99	887.52	977.75	1114.89	2.66
职工占劳动者比率	23.87	25.79	28.34	32.32	—

续表

	1985	1990	1995	2000	1980—2000 平均年增长率
科技人员数	60.16	102.90	146.66	222.98	10.74
科技人员占人口比率	0.95	1.55	2.13	3.14	—
科技人员占职工比率	8	12	15	20	—

第三方案:以经济增长率与科技人员增长率之比值(即经济发展对科技队伍的弹性系数)外推计算。

1978年至1983年,我省工农业总产值和国民收入对科技队伍的弹性平均比为1∶1.24。到本世纪末,如果我省工农业总产值每年按7.18%递增,那么依次可推得科技人员每年应按8.9%递增,据此可推算各阶段的预测值分别是:1990年为71.08万人,2000年为166.74万人。

最后,对上述三个方案的预测值运用三点估算公式综合平衡:得出1990年为84.4万人,2000年为216.6万人。

在上述理论测算的基础上,还必须进一步考虑社会经济、政治、历史等方面的综合因素的长期影响和作用,对上述预测值作出必要的修正,增加一定的弹性系数,修正结果分别是:

1990年为100万～120万;

2000年为250万～270万。

最后,将有关预测值统一列表如下:

表四 江苏省科技人员发展需求量各预测方案比较

单位:万人

	1990年	2000年
第一方案	83.09	240.95
第二方案	102.90	222.98
第三方案	71.08	166.74
初步修正方案	84.40	216.60
最终修正方案	100—120	250—270

二、我省科技队伍职类结构预测

科技队伍的职类结构,是指从事不同性质科学劳动的科技人员之比例构成及其相互关系。同科技队伍发展规模必须与经济建设事业发展相适应一样,科技队伍的职类结构也必须与经济结构相配合。

我省科技人员的职类结构如下表:

表五 1983 年江苏省科技人员职类结构表

	自然科学						社会科学					
	总计	工程技术人员	农业技术人员	卫生技术人员	科学研究人员	教学人员	总计	科学研究人员	教学人员	财经人员	新闻、出版、资料、翻译人员	体育、文艺、美术人员
占部类比重%	—	40.1	5.41	30.61	2.26	21.61	—	0.29	51.1	43.19	2.62	2.82
占科技队伍比重%	67.78	27.18	3.66	20.75	1.53	14.6	32.22	0.09	16.46	13.91	0.84	0.91

根据江苏今后经济发展战略要求和我省科技队伍的现状,先分类预测科技人员,再综合平衡。

工程技术人员:原则上按工业总产值增长率与工程技术人员增长率的比值外推预测,得:1990 年为 23 万~27 万;2000 年为 60 万~67 万。

农业技术人员:原则上以现行建制为预测的根据,1990 年拟按平均每个乡配备农业技术人员 5 名左右,平均每个大队配备 1 名,共需 4.5 万名左右;2000 年,拟按每个乡配备 10~15 人,每个大队配备 3~5 人,共需农技人员 16.6 万左右。

卫生技术人员:按千名人口拥有标准卫生技术人员数强度指标计算,1990 年为 26 万人左右;2000 年为 50 万人左右。

科研人员:按每万名职工中拥有的科研人员数强度指标测算。假定到 1990 年,我省万名职工中拥有的科技人员数达到 50 人左右,总数应为 4.2 万左右;假定到 2000 年,达到目前世界先进国家的中上水平,即平均每万名职工中拥有科研人员 120 名左右，总数应为 13.3 万左右。

教学人员：按每一教师负担学生系数、江苏人口出生和今后近二十年教育事业发展情况预测，1990 年我省教学人员应为 13.7 万；2000 年应为 14.2 万。

对上述预测结果进行综合平衡。第一，综合平衡的指导思想为：突出重点，保证基础，兼顾其他。第二，为了适应现代化社会、经济管理的要求，应逐步改变目前文理科技人员不合理的比例。假定到 1990 年，文理比例为 1∶1.8，相应文理总数分别为 35.71 万～42.86 万和 64.29 万～77.14 万；假定到 2000 年，文理比例为 1∶1.5，相应文理总数分别为 100 万～108 万和 150 万～162 万。第三，江苏是以轻纺、石化、机械、电子、建设等加工工业为主轻型经济结构，工程技术人员应有相当幅度的增长，所占比例应超过 1981 年全国平均数。第四，江苏工、农业总值基数较大，到本世纪末翻两番，主要靠科学技术。因此，科研人员所占比重应达到或略高于目前世界先进国家中上水平。第五，随着计划生育开展，人口增长相对减慢，教学、卫生技术人员所占比重应适应这种社会变化趋势。第六，农业是重点。根据江苏特点，随着农业现代化发展，农业科技人员也应相应增加。综上所述，将江苏科技队伍职类结构预测列表如下：

表六　江苏省科技队伍职类结构预测表　　单位：万人

		1990 年		2000 年	
		人数	比重/%	人数	比重/%
自然科学	小计	64.29—77.14	64.29	150—162	60
	工程技术人员	33—39.6	33	97.5—105.3	39
	农业技术人员	4.5—5.4	4.5	15—16.2	6
	科研人员	4—4.8	4	12.5—13.5	5
	卫生技术人员	11.59—13.9	11.59	15—16.2	6
	教学人员	11.2—13.44	11.2	10—10.8	4
社会科学		35.71—42.86	35.71	100—108	40
文理比例		1∶1.8		1∶1.5	

三、我省科技队伍素质预测

科技队伍素质，主要指反映科技队伍创造活力的年龄、文化程度和技术水平。

据对1983年我省科技队伍年龄分段资料分析，我省全民所有制科技人员平均年龄为39.5岁，集体所有制科技人员平均年龄为37.4岁。全民所有制高、中级科技人员平均年龄分别为58.2岁和47.7岁，不仅显著高于国外，而且高于全国。我省科技队伍的文化程度，研究生毕业的仅占0.16%，高等学校和相当高等学校毕业的占44.24%，而中专以下占55.2%。技术职称分类：高级技术人员约占0.43%，中级科技人员约占9.42%，初级技术人员约占90.15%。

根据上述资料分析，1990年左右将是科技队伍青黄不接的最严重时期。针对这一情况，必须从多方面采取措施。积极而有效的措施是加强对中青年科技人员的继续教育和管理、使用。同时，破除论资排辈观念，切实按水平、能力和贡献授予相应技术职称，使高、中级科技人员的数量有较多的增加。

表七　中专以上毕业的科技人员正常发展到各级技术职称的年限及比率

	研究生毕业		大学毕业		大专毕业		中专毕业	
	达到职称时间(年)	比率%	达到职称时间(年)	比率%	达到职称时间(年)	比率%	达到职称时间(年)	比率%
初级职称	—	—	1	95	2—3	90	5—9	60
中级职称	2—3	95	5—7	85	6—9	70	12—15	30
高级职称	8—12	70	10—15	45	12—15	30	20以上	10

根据表七所确定的原则，我们从研究解决1990年科技人员青黄不接的问题出发，预测1990年和2000年我省科技人员高、中、初的发展数量，年龄和相应的结构比。由于1981年前后中专以上毕业的科技人员在其学习、工作经历和环境上均有较大差别，因此应分别予以考察。

1981年以前的科技人员，按照《暂行规定》大致可以用初级职称、

中级职称、高级职称三级来衡量。经对1983年江苏科技人员统计资料分析,初级以上人员向中、高级转移概率如表八:

表八　1990年—2000年江苏省初级以上人员向中、高级转移概率

级　别	1990年			2000年		
	1	2	3	1	2	3
1	0.31	0	0	0.10	0	0
2	0.60	0.29	0	0.78	0.08	0
3	0	0.48	0.54	0	0.54	0.10
减员率	0.09	0.23	0.46	0.12	0.38	0.90

注:级别1、2、3分别为初、中、高三级职称,减员率含退离休、死亡等。

各级科技人员数分别设为 n_1(83)(204330人)、n_2(83)(47440人)、n_3(83)(2165人)。其结构比为 n_3 ∶ n_2 ∶ n_1 =1∶22∶94.4。(n高+n中)∶n初=1∶4,总的结构基本合理。

根据上述各级人员在1990年、2000年的转移概率和有关假设条件(略),利用马尔可夫转移矩阵理论的基本思想,分别推1990年、2000年所需的有关数据为:

1990年:高级 n_3 =2.4万人左右,中级 n_2 =13.6万人左右;2000年:高级 n_3 =2.6万人左右,中级 n_2 =16万人左右。

再看1981年后中专以上毕业的科技人员技术水平的变化。根据表六确定的原则和上述假定,我们可以得出以下推断:(一)1990年中级科技人员的补充,一般只考虑1981—1985年的大学本科生和1981—1983年的大学专科生。高级人员的补充只考虑1981年的大学本科生。(二)2000年,中、高级技术人员的补充要充分考虑相应的研究生和大学本、专科毕业生。根据上述结论推算:1990年,由1981年后中专以上毕业的科技人员升入高、中级人员数分别为2200人和53900人左右;2000年分别为13000人和312000人左右。

最后将1981年前后两类人员预测数汇总,分别可得:1990年高、中、初科技人员数为 2.6 万人、16 万人和 88.36 万人;2000 年高、中、初科技人员数为 3.88 万人、47.51 万人和 208.6 万人。

在以上预测的基础上,还可分别预测出高、中级人员的平均年龄为:1990 年高级为 52 岁,中级为 40.8 岁;2000 年高级为 50.3 岁,中级为 37.3 岁。由此可见,只要积极采取措施,不但可以使整个科技队伍平均年龄下降,而且使得中级科技人员年龄结构逐步趋向合理,从而可以解决 1990 年左右人才青黄不接的问题。

四、我省科技队伍的地区和部门分布预测

科技队伍的地区和部门分布,是指科技人员在经济区划和部门中的比例分布。它的合理化程度,直接影响到全省的经济和科技的发展。合理化分布的衡量标准,就是看其能否促成新的经济优势。

根据对有关统计资料的分析,目前我省科技队伍的地区分布有两个特点:(一) 各地区工农业总产值虽然由各种因素决定,但与科技人员数之间大致成相关关系;(二) 各地区科技人员的分布不平衡:苏南地区科技人员占总数的 39.14%;苏中地区为 17.22%;苏北地区为 27.03%。科技人员占职工比率的差别较大:全省平均是每万名职工中 5.6 人,苏南地区高于全省平均数,是 7.8 人;苏中地区和苏北地区都低于全省平均数,分别为 4.6 人和 3.2 人。苏南与苏中相差 3.2 人;苏南与苏北相差 4.6 人。

基于上述事实,今后我们在智力开发和大、中专毕业生的分配、科技人员的调配、引进、流动方面,要正确处理好地区间的关系,要积极采取措施以缩小地区间的差距,实现社会经济发展的新战略。

根据 1982 年人口普查资料分析,我省科技人员主要分布在文化教育事业(29.94%)、农牧林渔业(23.53%)、制造业(19.01%)和卫生体育社会福利事业(8.56%)四大行业,合计 81.04%。各行业在业人口中的专业技术人员,在物质生产部门,以地质部门最高(15.48%),电力、煤气次之(10.23%),再次是商业(7.92%)、交通邮电业(5.08%)、制造业(5.01%),最低的是农牧林渔业(1.84%)。在非物质生产部门,文教卫生体育、金融保险均在 70%以上。科研部门的专业人员只占

47.25%,显然偏低。根据本省经济结构的质与量的改造,科技队伍地区和部门的合理分布的总趋势,要紧紧围绕“三个重点”和“三个突破”,形成新的经济优势,即:(一)资源和能源利用的优势;(二)农副产品资源利用的优势;(三)劳动力合理利用的优势;(四)轻纺工业适应市场的优势;(五)重化工业,特别是机械、电子、化工等工业在产品开发、领域开发、服务开发方面形成新的优势。

发扬创造精神,开创人才建设新局面

人才预测根据对人才与经济、科技、社会发展之间关系的认识,探索其间内在的、本质的、必然的联系,以及互相影响、作用的规律性,依照这些规律来模拟、推断在今后目标年中预期将发生的状况,为经济、科技、社会发展做好人才准备提供依据。这是一项战略性任务。为了搞好我省人才预测和人才规划工作,提出如下建议:

一、经济发展战略必须从重物质开发,转变为重智力开发

实践证明,人才是创业之本,振兴经济之源。在未来的发展中,经济的增长不仅要取决于物质资源,而且愈加要取决于智力资源。从重物质开发转变为重智力开发,把智力开发作为发展经济的突破口,可以扬我省智力资源潜在之长,避能源、物质资源缺少之短。

二、要有新的突破,进一步提高智力开发的水平

发扬创新精神,在智力开发上要有新的突破:一是坚持从我省实际出发,改变脱离实际的现象;二是统制机制转变为激发机制,改变统得过死,限制过多的现象。要充分发挥我省的优势,利用有利时机和条件,激发一切智力开发的积极因素。

三、掌握人才预测的特点,实现人才预测和人才规划的现代化、科学化

人才预测的特点,主要表现在:人才培养和使用的周期长;人才培养投资大、效益高;人才需求弹性大;在人才资源的分析、评价中,学历、数量并不是唯一的指标;人才培养是一项非常复杂的劳动,需要投入大量的师资和设备力量等。因此，既要看到近期的需要，又必须预见到远期的需要；不但要依据生产建设发展的要求，而且必须充分估计到现代科学技术发展的趋势。在进行人才预测和人才规划时要遵循以下四项原则：1. 整体原则；2. 综合原则；3. 量力原则；4. 动态原则。

四、智力投资的增长速度要高于国民经济发展的速度、高于国民收入增长的速度

考察世界各国智力开发的实践证明：智力投资是根据国民经济发展的水平来决定的，它的增长速度一般是高于国民经济发展的速度、高于国民收入增长的速度。

五、不拘一格，广开才路

我们的智力开发，必须走投资省、见效快、效益高、多出人才、快出人才、出好人才的新路子。要把加强农村的智力开发，作为战略重点。这就要求我们坚持两条腿走路的方针，调动各方面的积极性，根据不同需要、不同对象，不拘一格，采取多层次、多规格、多形式办教育。

要认真总结我省在引进人才、招考、招聘、择优录用等方面的经验，进一步做好人才的合理流动和引进工作。

六、围绕"三个重点"、"三个突破"，合理调整专业结构

"重点"、"突破"需要的专业人才，是经济发展的重点和关键。要及早培养，对口使用。对现有这方面的人才，要合理使用和充分发挥他们的作用。对改行的专业人才要采取果断措施及早让他们调整归队。要进一步改变重工轻农、重理轻文、重自然科学轻社会科学的不合理局面，加强培养轻工、纺织、手工业、农业、社会科学和应用文科等方面的人才。要解放思想，大胆改革，面向农村，积极为农村、小城镇培养大批一专多能的有用人才。还要注意各行各业非对口专业的配套人才的培养和合理分配。

七、出路在于改革

要实现2000年智力开发的艰巨任务，教育必须有个大的改革。教育改革必须围绕培养有较高思想觉悟和有较强的适应性、机动性、灵活性的有用人才。冲破旧的传统观念，改革不合时宜的教育体制、制度、内容、方法等。要实现智力开发、科技进步、经济建设、社会发展一体化,教育、科研、生产一体化。要实行终身教育。正规学校不应垄断教育的职能,而要十分注意与其他类型的教育紧密结合,互相学习,互相促进。今后的教育制度既要注意纵向的连贯性、衔接性,也要注意横向的结合。要重视吸收现代科学知识,运用现代科学手段,不断革新教学内容和教学方法。不能再把学校当成储备积累的知识库,而要把重点放在培养学生的思维能力、创造能力,掌握打开知识宝库的钥匙。

我们要进一步贯彻落实知识分子政策,充分调动科技人员的积极性、创造性,首要的问题是要破除论资排辈的陈腐观念,大胆地在中青年科技人员中选拔优秀的学术带头人和学术骨干。要加强人才管理,改革不合时宜的人才管理体制和制度。

八、加快实现领导干部的知识化、专业化是智力开发的核心

各级领导班子既是智力开发的领导者、组织者,又是智力开发的对象、核心。一个地区、一个部门、一个单位领导干部的知识化、专业化程度,决定着这个地区的智力开发水平、管理水平和科技水平。因此,要加速实现知识更新。这个问题,已经引起不少领导同志的重视,并身体力行,带头刻苦学习。但是,还有一些同志看不到这个任务的紧迫性,重视不够,措施不力,这种状况要及时改变。要下决心切实抓好各级领导班子的知识更新,在革命化的前提下,尽快实现知识化、专业化,以适应新形势发展的需要。

(原载《预测》1985 年第 1 期)

江苏省科技人才断层现状、成因及对策研究

江苏省人才队伍断层现状剖析

当前江苏省人才队伍出现“一头不稳，一头老化，中间断层”的严重趋势。突出地表现在以下几个方面：

一是高等学校、科研单位和企业的青年专业技术人员前几年出现了不稳定和人才流失的严重状况。据不完全统计，全省共流失高校教师、科研人员3000余人。

二是我省人才队伍老化严重，90年代将出现一个退休高潮。1993年以后是退休的高峰期。现在56岁以上的5万多专业技术人才（占总数的5%），1995年以后将全部退休。现在50～55岁的17万多专业技术人才（占总数的17%），2000年以后将全部退休。在大批退休的人员中，不少是学科带头人和学术、技术骨干。

三是由于历史的原因，江苏人才队伍的形成和发展出现几起几落，特别是“文革”10年动乱，造成了人才严重断层，其危害极大，不可低估。

(一) 江苏省人才队伍总体上的严重断层

据1989年统计，全省（不包括部属单位）有各类专业技术人员105万人，人才断层主要表现在以下几个方面：

(1) 年龄断层。全省专业技术人员的年龄结构，呈现两头大，中间小，比例失调，专业技术骨干普遍老化的状况。36～45岁年龄段偏低，

是江苏人才的断层区。35 岁以下,即 1982 年以后毕业的大、中专学生所占比重过大,一般占 40%,有的单位高达 50～60%。两个年龄档次人员形成强烈反差。50 岁以上的占了 22%,老化严重。全省自然科技队伍断层区间为 26～40 岁,占 31.94%;严重断层区间为 26～30 岁,占9.66%,低谷点在 30 岁。25～45 岁最佳年龄区仅有 46.84%,还不到自然科技队伍的一半。45 岁以上的却占了 33.46%,峰顶在 50 岁左右,这一档次的科技人员大多是 50 年代末、60 年代初大学毕业的,到 1995 年后将陆续退休。而现在 30～40 岁的科技人员再过五年应该成为科技骨干力量,但却因人才断层,而出现青黄不接,后继乏人,人才滑坡的严重趋势。

(2) 学历结构断层。学历结构是科技队伍文化水平的基础,是科技队伍素质的主要因素。全省各类专业技术人员中大专以上学历的占人才总数的 43.6%,大专以下的占人才总数的 56.4%。高级专业技术人员大专以上学历的占 90%;中级专业技术人员大专以上学历的占 57.5%,中专以下学历的占 42.5%。这说明,我省专业技术人员和中级专业技术人员文化水平较低,学历结构明显存在断层。

(3) 专业技术职务断层。全省高级专业技术人员年龄老化严重。担任正高职务的年龄 60 岁以上占 70～80%,副高职务的年龄 50 岁以上占 70～80%。36～45 岁担任高级专业技术职务的偏少,35 岁以下特少。中级专业技术人员的年龄也趋于老化,46～55 岁以上的中级专业技术人员偏高;45 岁以下的偏低。年龄档次比例结构失调。

全省高级专业技术人员 33483 人,占专业技术人员总数的 3%;中级专业技术人员 250384 人,占专业技术人员总数的 23%。高、中、初(包括未评职称的)专业技术人员的比例为 1∶7∶28。职务结构不合理,存在着明显断层。

(4) 学术带头人后继乏人。学科带头人一般总是与高级专业技术职务相挂钩,随着高级专业技术职务人员的年龄老化,学科带头人的年龄相应老化。一些国内外有一定影响的学科带头人有的已逝世,有的身患重病,有的已退休,有的已退出原有岗位。中国科学院在宁学部委员 30 人，其中，已故学部委员 9 名。现有 21 名，年龄结构如下：80 岁以上的 5 人；70～79 岁的 11 人；60～69 岁的 2 人；56 岁 1 人。最高年龄 90 岁，最低年龄 56 岁。高级专业职务人才和学术带头人的年龄老化，必然影响专业技术人才队伍的合理年龄结构，影响中青年专业技术人员的成长。有相当数量的学科出现专业技术人员活动最佳年龄段的“断裂层”。中年专业技术人员由于受“文革”10 年耽误，一部分人难以成为学术带头人。由于高水平学科带头人青黄不接问题突出，难以形成合理的学术梯队。

（二）农业科技人才的断层最为突出

农业是国民经济的基础。农业在江苏社会主义现代化建设中具有重要地位。今后 10 年要进一步加强农业，这就需要进一步加强农业科技人才队伍的建设。而现有农业科技人才队伍，存在着严重的断层。1984 年断层区间为 26～40 岁，严重断裂层区间为 31～35 岁。1989 年断裂层区间则为 31～45 岁，严重断裂层区间为 36～40 岁，人数仅有 189 人，占总人数的 8.4%。农艺师年龄集中分布在 46 岁以上，达 5228 人，占总数 6799 人的 76.9%；高级农艺师集中分布在 50 岁以上，达 767 人；占总数 931 人的 82.4%。农艺师和高级农艺师的年龄分布曲线，峰值均位于 55 岁。这说明农艺师和高级农艺师（即中、高级人才）已步入老化区，1995 年他们将进入退休区。

值得注意的是：(1) 由于人才断层及其位移，到 2004—2019 年间，全省农技人才断层从成长区转移到老化区，将依次出现断层，造成不同类型的梯队结构失衡。(2) 从 1989 年起，严重断层区间由 35～40 岁向高龄区位移，致使今后五年内，40 岁左右的农技人才缺口很大。(3) 江苏农技人才队伍总体水平有下降的趋势。

（三）工业六大支柱产业科技人才队伍，一是规模较小；二是同样存在着断层

今后 10 年，实现工业结构的调整，关键在于大幅度提高企业经营、管理和科技进步水平，根本在于有一支一定规模、实力和结构合理的科技队伍。被誉为江苏六大支柱产业的产值约占全省工业产值的 90%，而科技人员却占工业系统科技人员总数的61%。同时,同样存在着人才断层,区间为31～45岁;严重断裂层区间为36～40岁。纺织、轻工、建材三大产业的人才断层较为突出。

六大支柱产业人才断层不仅是年龄、素质、能级、水平、技术骨干等方面的断层,而且还表现在结构性的断层。由于各行业人才结构不一样,各专业人才的配置不合理,有的系统内某些专业的工程技术人员过剩,人才闲置,不能很好发挥作用,而有的行业内某些专业人才又很缺乏,造成人才缺口。

(四)教师队伍严重断层的突出表现是严重缺乏学术带头人和骨干教师

江苏教师队伍,特别是高等学校师资队伍,是全省人才队伍中的重要方面军和骨干力量,对江苏的教育、科技、经济、社会发展具有举足轻重的地位和作用。但由于历史的原因和管理不善,教师队伍仍不能适应四化建设的需要,断层的情况较为严重。全省全日制高等学校教师队伍中,年龄在35岁以下的占46.3%,35～45岁的仅占12.4%,46岁以上的占41.3%,呈"哑铃"形状。正副教授中35岁以下的没有一人;36～45岁的仅32人,占总数的0.52%;46～55岁的占55.34%;56岁以上的占44.14%。讲师中35岁以下的仅4506人,占总数的3.95%;36～45岁的占22.71%;46～55岁的63.89%;56岁以上的占9.62%。南京大学教师队伍存在着两个断层:一个是比较轻微的断层,年龄在53岁左右;另一个是比较严重的断层,断层区间在35～47岁;严重断层区间在41～45岁,而高峰在49～57岁。东南大学现有正副教授838人,5—10年以后将全部退休,而由于人才断层,30～49岁的中青年教师仅300余人,而真正能接替的只有127人,将出现后继无人、学术带头人断档的严重状况。

由此可见,我省高等学校师资队伍突出的问题是:(1)在年龄结构上,明显存在着严重断层。(2)具有高级职称的教师年龄老化状况极其严重。现有教授、副教授的增大,是一种由低职到高职的简单平移。这种平移,正好导致原来教师队伍中,中年讲师的"大肚子",变成了现在教师队伍中中年副教授的“大肚子”,这是教师队伍中新的职称结构、年龄结构失调的表现。(3) 今后几年,高等教育处于压缩规模,提高办学效益时期,不可能再以前几年的进人速度,补充教师队伍。这样,在现有教师队伍中,35 岁以下的教师,若干年后,又会形成新的“大肚子”,出现新的结构失衡和断层。(4) 部分专业学科带头人后继无人和断档的状况极为严重。

(五) 科研人才队伍老化严重,断层较深,值得重视

江苏省科学研究人员的结构状况,与其他系列的专业人员相比,突出地表现在以下几个方面:(1) 全省科学研究人员的数量增长,从 1978 年到 1989 年这 12 年间,波动较大,起伏不断,呈水平趋势。(2) 年龄结构断层严重。36～45 岁断层区间的人员占 23.79%,而 35 岁以下的占 36.68%,46 岁以上的占近 40%。江苏省农业科学院科研人员断层区间为 40～50 岁,严重断层在 45 岁左右。(3) 职称断层十分明显,科研人员老化严重。全省科研人员正副研究员年龄均在 46 岁以上,其中,46～55 岁占 44.81%;56 岁以上的占 55.19%。45 岁以下的无一人。助理研究员 35 岁以下的占 16.81%,36～45 岁的占29.98%,均偏低。而 46 岁以上的占 53%,年龄在 60 岁以上的 5 人,55 岁以上 4 人。(4) 学术带头人后继乏人。全省科研人员中,承担课题和成果获奖的人员一般都在 40 岁以上。如江苏省农科分院 1980 年至 1988 年获国家级、部级、省级重大科技成果的 349 人次,年龄集中在41～55岁之间。江苏省林科所 14 个研究课题,主持人平均年龄为51.71岁,其中,51～60 岁的占 78.5%;41～50 岁的占 21.43%;40 岁以下的仅占 11.9%。

综上所述,江苏人才断层具有以下几个特点:一是人才断层区间的跨度相对稳定,为 15 年,其中严重断裂层区间为 5 年。二是人才断层区间基本固定,断层区间前界为 1943—1944 年度出生的人才,后界为 1955—1958 年度出生的人才。严重断裂层界面为 1947—1948 年至 1952—1953 年之间出生的人才。三是人才断层 70 年代产生,80 年代形成并显露。人才断层随着时间推移,向老化、退休方向平移。预计至 2018 年人才断层将完全自然消失。四是由于新增人员,一般不可能增加处于断层区间的年龄的人才,因此,人才总人数逐年增加,断层的深度也将相对增加。五是断层的形成和发展,普遍存在于人才系统中,存在于各类科技人才系统中,而且,由于年龄断层形成、平移,特别是断层区间跨度大,严重断层的断裂程度深,断层便从年龄结构向着人才系统的知识结构、智能结构、层次结构、梯队结构、学科带头人结构等方面渗透、发展,并形成这几个方面的严重断层。特别值得注意的是已经出现新的断裂层。

人才断层形成的原因及其危害

产生人才断层的原因是什么?这是值得认真研究剖析的。只有抓住了主要原因和症结,才能对症下药,采取得力措施。

(1) 10 年"文革"动乱,是造成人才断层的根本原因。

在 1966—1976 年的"文革"动乱期间,林彪、"四人帮"横行,竭力否定知识、否定教育和人才,广大专业技术人员受迫害,"知识无用论"遍及全国,教育事业和智力资源的开发受到极大的破坏。江苏高校在校学生从 1968 年开始下降,1977 年恢复到 1968 年水平,形成一个低谷区,低谷点在 1971 年,仅为 800 人。中专在校学生从 1961 年开始下降,1988 年恢复到 1961 年水平,形成一个大低谷区,低谷点在 1969 年,仅为 6400 人。

(2) 人才队伍增补大起大落,必然造成人才结构的畸形状态。

新中国成立 40 多年来,江苏的经济、科技、教育事业的发展,曾经出现过几次大的起伏。这样必然带来专业技术人才队伍的大起大落。以全省高等学校专业教师队伍来说,曾经出现过两次补充教师的高峰。而每次高峰出现之后,就出现下滑,形成低谷。第一次是从 1949 年的 0.15 万人,逐年增加,到 1961 年增加到 1.01 万人,1962 年以后逐步下降,到 1964 年降为 0.83 万人。第二次是 1977 年又上升到 1.17 万人,以后逐年增加,到 1989 年达 2.789 万人。

(3) 人才培养路子窄,教育结构单一,是产生人才断层的一个重要原因。

过去专业技术人才的培养，主要靠全日制正规大、中专院校的培养和输送，人才培养的路子很窄，教育结构单一。职业技术教育、成人业余教育及自学成才等造就人才的重要途径，长期被忽视。因此，人才断层一旦出现，就很难加以弥补，必然导致人才断层平移，长期得不到缓解。

(4) 缺乏人才成长的良好环境和条件。

(5) 人才管理制度的改革不完善，不配套，影响了人才队伍结构的调整和优化。以专业技术职称工作来说，新中国成立40多年来几起几落，工作很不正常。职称改革虽然有一定的成绩，但存在不少问题：聘任制名不符实；不少单位没有定岗、定职，没有注意促进人才流动；聘任制没有与相应的人事制度和人才管理制度相配套；系列之间的标准、条件不平衡；没有注意发挥职务聘任的杠杆作用。

(6) 对学科带头人和技术骨干缺乏有计划、有组织的培养。

(7) 对人才断层的严重状况，认识不足，缓解人才断层的措施不力，造成人才流失，是导致人才断层的另一个重要原因。

70年代末就已经发现专业技术人才后继乏人的严重局面。当时采取了一些缓解的措施，对缓解人才断层有一定的作用。但对当时正在形成、潜伏着的人才断层的情况，特别是对人才断层随着时间迁移向后平移的规律及其带来的后果并未引起人们的高度重视。

人才断层对人才结构造成的危害主要有以下几方面：

人才断层的严重影响之一，是破坏人才的良性循环。人才系统有其自身的循环发展过程。人才每一次循环，都将使人才队伍的数量得到扩展，质量得到提高，整体结构进一步优化，人才的积极性、创造性得到发挥。而人才断层的形成和存在，必然反作用于人才的继续教育、再开发和分配使用，使人才良性循环引起波动，遭到破坏，使人才陷入不良循环，严重影响人才的培养、分配使用和作用的发挥。

人才断层严重影响人才队伍的整体效益和整体水平，严重影响学科的建设。人才断层是人才队伍梯队的断层，不只表现为年龄的断层，而且表现为素质、水平、能级的断层,学科带头人的断层。严重的人才断层,使人才整体结构失衡,使人才整体水平、整体效益下降。

人才断层严重影响青年科技骨干的正常成长。为了缓解断层,必须加强新的学科带头人和技术骨干的培养工作。一方面要加快青年科技人才的培养,另一方面要大胆放手使用青年科技人才,使他们缩短成长周期。这对青年科技骨干的成长是有利的。同时,按照这种特殊需要,青年人才承受的压力,比正常情况下要大得多。为了加强青年人才的培养和成长,必然要有重点地采取一些保护性措施。这必然使青年人才与中老年人才之间,直接、间接地发生矛盾和冲突。由于年龄上的跨度太大,青年人才的学术骨干作用难以发挥。

人才断层严重影响人才队伍的平衡,出现新的人才结构失调。人才断层在短时间内会引起人才队伍总规模的急剧收缩和膨胀。随着人才队伍退休高峰的到来,一方面,大量中老年科技人才在短期内相继退休;另一方面,留下的人才断层需要补充。但如果仍按照现有的人才体制、机制、编制,控制科研机构和高等学校的总规模,那么有可能出现新的结构失衡,比例失调,使未来的人才队伍又会出现新的"断层"。

人才断层的严重影响还有 15 年左右时间。随着时间的推移,人才断层在人才队伍运行中向后平移,我们只能采取积极措施,缓解和弥补断层造成的严重问题和危害性,但不可能使人才断层很快消失,估计还有 15 年左右时间。而且人才断层的不同年龄段之间,人才队伍会出现不同质的矛盾和问题。

缓解、弥补人才断层的对策

人才断层问题越来越突出,越来越严重地影响着科技、教育和经济。缓解、弥补人才断层,加强人才队伍建设,是 90 年代的一项特别突出的任务。

对策之一,缓解、弥补人才断层的契机和总体设想是进一步加强领导,明确指导思想,创造良好环境,建立符合人才队伍运行规律的人才成长和代际交替的目标、模式、机制和管理体制，以深化改革为动力，以最大限度地发挥“断层”阶段人才的积极性、创造性为重点，以加快青年人才的培养、成长和大胆放手使用为根本，以抓好培养中青学术带头人为关键，以充分发挥老专家传帮带为基础，以进一步加强联合，促进人才流动，内外交流为途径，千方百计扩大和提高人才队伍，最大限度地调动起老中青人才的积极性和创造性，最充分地发挥他们的聪明才智，为实现江苏今后10年、20年甚至更长的战略任务而努力。这是缓解人才断层的契机、关键和总体思路。

对策之二，根据人才断层的特点和实际情况，在近期内必须抓住重点，强化中间，带动两头，提高整体效益，加速弥补断层，最大限度地消除断层带来的严重影响。

第一，抓住重点，强化中间。年龄在36～45岁左右的中年专业技术人员正是年富力强，创造能力最强的时期，是专业技术队伍中的一支重要力量，肩负着承上启下的历史重任。但是，他们正处于断层区，数量相对太少。要切实加强对这一断层年龄区的中年专业技术人员的培养，合理使用，加快培养一批中年学术带头人，充分发挥他们承上启下的作用。

1. 有领导、有计划地抓紧选拔一批年龄在36～45岁左右的、专业基础较好、有一定实践经验的人员，选择条件较好的高等学校，结合他们原有工作的基础，采取速成的办法，选学一定的专业理论知识，经过考试考核合格，可以从事相应的专业技术工作。

2. 为了缓解农业和六大支柱产业的人才断层问题，可以通过公开招考的办法，录用一批考试考核合格的人员，从事农业和工业专业工作。

3. 着力提高现有36～45岁左右的中年专业技术人员的水平，强化继续教育。

4. 大胆放手使用36～45岁的中年专业技术人员。

5. 加速培养中年学术带头人。这是缓解人才断层，繁荣科技事业的关键。

第二，带动一头。就是积极创造条件，加速培养，破格提拔，大胆使用青年科技人员。

缓解人才断层，青年科技人员肩负着重任，他们能不能接班，事关整个一代人才的成长，事关国家、民族的振兴。首先，要客观、公正地评价当代青年技术人员。其次，尽快确定青年科技人员队伍建设的目标。目前青年科技人员，在今后10年内要承担起科研、教学和技术开发等工作的主要任务，可以以10年为限，实施过程分为前五年、后五年两个阶段。一手抓缓解人才断层，一手抓提高素质，增强后劲。两个阶段的任务相辅相成。前五年的工作至关重要，一定要抓住不放。基础工作做好了，后五年全面提高青年科技人员水平，大量培养学术带头人的工作也就有了良好的条件。

第三，带动另一头。就是要妥善安排、充分发挥老专家的传帮带作用。老年专家、教授、高级工程师是人才队伍的高层次人才，是学术带头人、技术骨干。我们一定要十分重视发挥老年、高级专家的余力，妥善安排，切忌在离退休问题上搞"一刀切"和简单化。

1. 严格按照国务院、中央组织部和国家人事部的有关规定，适当延缓部分高级专家的离退休。延缓离退休的高级专家在其延缓离退休期间的主要任务是：主动承担起以老带新的责任；一般不再担任行政领导职务。2. 较年轻的高级人才，要在学科建设、发展上起带头骨干作用；要自觉负起培养、指导中青年专业技术人员的职责。要把培养人才作为高级专业技术人员考核、奖励、晋升的一项重要内容。3. 各单位要抓紧为知名老专家、学科带头人配备副手和助手，保证他们集中思想和精力搞好研究工作和传帮带，使他们的学识、经验和专长得到更好的发挥和传授。4. 主动积极设立人才培养奖励制度。建议省人事局、科技干部局尽快制订江苏省专业技术人才培养奖励规定，对在培养人才中取得突出成绩的导师给予一定的精神鼓励和物质鼓励。5. 建立和健全离退休专家的有关组织，采取多种形式，为已经离退休的老专家发挥"余热"，积极创造条件。

第四，强化继续教育，进行人才智力的再开发。首先必须充分认识继续教育的重要功能。要在调查研究的基础上,制定科技人才继续教育的规划,有计划、有步骤地加强科技人才的继续教育。对政治、业务素质较好,有培养前途的专业技术骨干应重点培养,优先为他们提供接受培训和进修的各种机会。积极为专业技术人员创造必要的条件,鼓励他们自学成才。有计划、有选择地向国外派遣留学、进修和培训实习人员,积极开展国际间的人才交流与合作。通过建立、健全博士后研究制度,逐步扩大博士后科研流动站的规模,造就一批优秀的学科带头人。

第五,借鉴日本、韩国和我国台湾的成功经验,抓紧做好人才吸引回归工作。

对策之三,按照人才成长规律,深化改革,优化人才环境,从根本上加强科技人才队伍的建设。

第一,缓解人才断层,让优秀年轻人才脱颖而出,关键在破除陈旧的人才观,树立新的人才观。一是破除"论资排辈"观念,树立敢于启用新人的观念。二是破除"唯文凭"的观念,树立不拘一格的选用人才的观念。三是破除"求全"观念,树立善于用当其才的观念。四是破除"中庸"观念,树立公开竞争观念。

第二,创造尊重科技和科技人才,并使科技人才能较好发挥作用的社会环境。

创造尊重科技和科技人才,并使他们能发挥作用的社会环境,其支撑条件主要有:在思想观念上真正重视科学技术的作用,承认科技人才的价值和知识产权;深化科技人才管理体制的改革;适应社会主义有计划商品经济和"科技兴省"的科技人才的流通市场;增加科技人才开发的投入,并提高其效益;国际、国内畅通的科技信息交流渠道等。其中最重要、最关键的是要求各级党和政府的主要领导同志,对科学和科技人才的作用、价值,有足够的认识,并以此作为衡量领导同志是否成熟的标志之一。承认科技人才的创造性、开拓性,复杂劳动的特殊价值,从观念上克服新的"读书无用论",从政策上改变当前劳动报酬上脑体倒挂的严重现象,较大幅度地提高科技人才的工资。

第三，在人才管理体制上要转轨变型。一是在微观机制上，彻底打破长期以来形成的人才的单位部门所有制，实现人才的社会化管理。二是在宏观机制上，要在人才管理中引进竞争机制，开放有计划的人才市场。三是在调控手段上，人才管理部门要认真贯彻管少、管好、管活的原则，简政放权，逐步做到对人才从直接管理为主转为间接管理为主，即主要依靠经济、法律、政策等手段来进行管理，引导市场机制的活动符合宏观控制的需要。

第四，寻求和确定科技人才队伍建设的新的目标、模式。目标和目标实现的过程、手段与方式是科技人才队伍建设的两大主题，是从根本上缓解人才断层，促进人才良性运行的根本性问题。科技人才队伍建设的目标，是人才管理工作的出发点，它包含数量、素质和群体结构三个基本要素。

科技人才队伍建设在有了明确目标以后，还必须加强实现目标的过程控制，建立相应的管理模式，运用与目标相适应的管理方式、方法和手段。

加强科技人才队伍建设还必须构造一个公开、平等、竞争的机制。

第五，建立和完善专业技术人员的综合管理制度。

加强对专业技术人员的综合管理的宏观调控，是缓解人才断层的一项根本性措施。专业技术人员综合管理是一项系统工程，培养、考核和使用是其中最重要的环节。要建立完善专业技术人员的继续教育制度、考核制度、合理使用制度、分级管理制度等。要边实践、边总结，使之逐步形成一套较完善的专业技术人员综合管理制度。

（原载《江海学刊》1992 年第 2 期）

宣传文化人才高地策论

江泽民同志在1995年同全国宣传部长会议与会同志座谈时强调指出，“要切实重视宣传思想工作队伍的建设，不断提高这支队伍的政治业务水平，努力培养一批全面掌握建设有中国特色社会主义理论、学贯中西、联系实际的理论家，一批坚持正确方向、深入反映生活、受到群众喜爱的名记者、名编辑、名主持人，一批熟悉方针政策、社会责任感强、精通业务知识的出版家，一批紧跟时代步伐、热爱祖国和人民、艺术水平精湛的作家、艺术家。人才辈出，我们的事业就大有希望”。这些年来，我省宣传文化人才队伍发展迅速，已具有一定规模；人才队伍年轻化的趋势，日益明显；人才队伍的素质，比过去有所提高；特别可喜的是涌现了一大批优秀人才，创造出大量的、有影响的优秀作品。但还存在着差距。主要是宣传文化人才队伍的结构性矛盾突出，高层次人才和拔尖人才紧缺；人才的素质，特别是创新人才素质不高；人才体制改革滞后，人才机制不活；人才观念转变不快，不适应时代的要求。

未来十年到二十年，是江苏发展的重要时期和关键时期。我们必须充分把握，必须紧紧围绕“两个率先”和建设文化大省的目标定位，掀起新世纪、新阶段的人才资源开发的高潮。

第一策，思路创新，以为“两个率先”提供人才保证为坐标，明确新世纪、新阶段人才队伍建设的总体思路

构建宣传文化人才高地，首先要有新思路。加强宣传文化人才队伍建设的根本目的是要努力为江苏实现“两个率先”，建设文化大省提供坚强的人才保证。这是做好宣传文化人才队伍建设的重要指导思想,是人才资源开发的中心。必须牢牢把握这个指导思想,坚持这个中心。我们必须清醒地认识到人才资源正在经历一场深刻的变革,就是要从传统的人事管理向现代化人才管理转变。这是一场深刻的革命。它涉及观念、体制、机制等方面的深层次问题。改革则进,不改革则退。改革刻不容缓。要以改革创新精神抓紧推进这场变革。为了开创宣传文化人才队伍建设的新局面,我们必须始终坚持以特色取胜、质量取胜、优化取胜、创新取胜、效益取胜。同时必须根据宣传文化人才自身的特点,提出有特色的人才战略。根据国际国内市场经济的新特点和人才成长规律,实施人才战略。

第二策,目标创新,以创建文化大省为目标,开创宣传文化人才队伍建设新格局

构建宣传文化人才高地,要有新目标。

总体目标。坚持"三个面向",通过深化改革,率先建成与社会主义市场经济相适应的人才管理体制和机制,以构筑文化人才高地为重点,进行整体性人才资源开发,力争在人才规模、层次、结构、效能等方面处于省内、国内领先地位,并跻身国际先进行列。"十五"期间,通过人才资源开发、积累,成为全国的文化人才高地之一;到2020年成为国际文化人才集聚的高地之一。

人才优化配置的目标。(1)高级专业人才。努力培养:一批全面掌握建设有中国特色社会主义理论、学贯中西、联系实际的理论家;一批坚持正确方向、深入反映社会生活、受到群众喜爱的名记者、名编辑、名主持人;一批熟悉方针政策、社会责任感强、精通业务知识的出版家;一批紧跟时代步伐、热爱祖国和人民的作家、艺术家。

(2)高级文化经营和管理人才。努力培养:一批决策、组织、计划和协调能力强、文化专业水平高的文化管理人才;一批文化专业知识丰富、创业能力强、熟悉市场规则和文化的经营人才。建立两支后备人才队伍:35～40岁的学科、专业学术带头人后备队伍和高级管理人才后备队伍。

(3)建立完善的、现代化的、科学的宣传人才队伍建设的宏观调控体系，包括人才观、人才战略、人才规划、指导思想、总体目标、任务、战略重点、对策，含体制、机制、制度、政策、法规、领导等，这是一个完整的体系。人才观是整个体系的指导思想，是灵魂。人才战略是人才观的体现，是人才队伍建设全局的谋略，指明战略方向。然后再制订人才规划，要认真制订长期规划（10～20 年）、中期规划（5 年）和一年的行动计划，三个层次有机结合、互相配套、相辅相成、缺一不可。同时，要建立完善现代化的、科学的宣传文化人才队伍建设的微观管理体系，从而形成良好的环境，包括良好的政治、政策、社会、工作、学术、文化、人居、治安等环境，使之成为聚集宣传文化人才创业的乐园。

第三策，观念创新，以解放思想为先导，牢固树立现代化的人才观

解放思想是解放人才、解放科技生产力的先导，我们要从“两个率先”的历史机遇，创建文化大省的战略高度，与日俱进，解放思想，转变观念，拓展新视野、新视角，牢固树立科学的现代化的人才观。

首先要树立三个第一的观念：即人才资源是第一资源的观念；人力资本是第一资本的观念；加强人力资源能力建设是第一要务的观念。这三个观念是人才观念最根本的，最核心的，必须贯彻于人才资源开发的全过程。二要树立四个尊重的观念，即尊重劳动、尊重知识、尊重人才、尊重创造的观念。要形成与社会主义初级阶段基本经济制度相适应的思想观念和创业机制，营造鼓励人们干事业、支持人们干成事业的社会氛围，放手让一切劳动、知识、技术、管理和资本的活力竞相迸发，让一切创造社会财富的源泉充分涌现，以造福于人民。这是中华民族在 21 世纪新的人才财富观。财富的源泉在创造，财富的归宿是人民，财富的核心是人才。三要树立“大人才”观念。要拓展视野，全方位地关注各级各类人才。

第四策，制度创新，围绕让拔尖人才脱颖而出，加快人事制度发展

选拔培养一大批德才兼备、富有创新精神和活力的年轻拔尖人才，是我省宣传文化事业兴旺发达、后继有人的标志，是一项紧迫而又十分重要的任务。人才的培养、选用关键在制度，人才的竞争是人才制度的竞争，制度的发展刻不容缓。从江苏宣传文化人才资源开发的现状出发，要尽快从计划经济转向市场经济，形成中介组织活跃、市场规则健全、价格形成机制比较完善、统一开放和竞争有序的文化人才市场。同时全面推进三项制度改革，包括全面提升公务员能力素质，推进公务员制度建设，按照建设现代化政府和文化大省的要求，改革公务员选拔任用制度，坚持以能力建设为目标，加大公务员初任培训和分类分层岗位培训的力度；积极推进事业单位改革，建立现代事业制度；深化分配制度改革，建立适应宣传文化系统机关、事业各自特点的分配制度。

第五策，机制创新，以选用和管理监督为重点，建立健全新的机制

主要建立以公开选拔为重要形式，建立健全公正的人才竞争上岗机制。积极推动公开选拔、竞争上岗等措施，逐步加大公开选拔、竞争上岗力度，拓宽选人用人的视野，让优秀人才和拔尖人才脱颖而出。以扩大民主为基本方向，建立健全透明公开的人才选用机制。充分发扬民主，坚持走群众路线，认真落实群众对人才选用的知情权、参与权、选择权和监督权，真正做到公开、公平、公正，是选好人才的关键。以完善考察为重要手段，建立健全科学规范的人才识别评价机制。以健全考评机制为龙头，按照各类不同人才的特点和要求，不断改进民主评议测评的方法，进一步改革传统的评议测评内容，合理设置考绩指标准确、层面完整、程序严谨、档次合理的评议测评标准，建立综合的可测、可比评议测评体系。以加大培训为重要途径，建立健全按需、高效的人才教育培训机制。以推进交流、引进为重要措施，建立健全良性循环的人才有序流动机制。以疏通"出口"为重要环节，建立健全择优汰劣的机制。以领导干部选拔任用条例为准绳，建立健全适应发展的人才管理机制。以规范权力运作为重要内容，建立健全行之有效的人才监督机制。

第六策，领导创新，不断提高领导水平，进一步加强人才队伍建设的领导

加强人才资源开发，加快构建江苏文化人才高地，关键在领导。要在原有的基础上，发扬改革创新精神，发扬优点，克服缺点，奋发进取，再创新高。一把手抓第一资源，把人才资源放到战略地位来抓。省、市、县委宣传部和政府宣传文化部门，第一把手要亲自把人才队伍建设摆到重要议事日程，抓规划、抓改革、抓政策，把人才队伍建设工作落到实处。同时对不同经济水平的地区，不同行业和不同专业人才，进行分类指导，防止一个要求、一个措施“一刀切”。

（原载《群众》2003年第11期）

人才管理体制改革的新思路

21世纪的曙光正向我们招手。在这世纪之交的关键时刻,我国人事部门和人才管理工作面临着前所未有的严峻挑战,又面临着千载难逢的发展机遇。放眼世界,抓住机遇,大胆开放,深化改革,探求人才管理体制改革的新思路是摆在我们面前的首要任务。

面临的战略抉择

党的十四大,确定并要求在我国加快建立社会主义市场经济体制。这是关系到我国社会主义现代化建设和改革、开放大业全局的战略决策。由计划经济向市场经济转化,是一场深刻的革命,必将引起整个经济、政治、社会、文化等各个领域的深刻变化。在这场深刻变革面前,人事部门和人才管理工作面临着新的选择。

我国的人才管理体制改革虽然在某些方面开始起步,但是总的说来是比较滞后的一个领域。到目前为止,我国人才管理体制改革的总体目标、思路和新体制的基本框架尚未确定。一个突出的问题是人才市场机制匮乏。我国的商品、生产要素市场正在逐步完善。人才市场虽已经启动,但按照社会主义市场经济的要求来看,目前人才配置的市场机制尚未形成,其发展水平落后于经济、社会发展的要求。市场机制的匮乏,其必然结果是:人才流失日趋严重,人才群体结构比例失调,急需人才紧缺,人才队伍断层情况严重,人才知识结构陈旧,人才使用效率低下。据不完全统计,江苏、上海等省市现有专业技术人员中,三分之一的人任务饱满，作用得到了较好的发挥；三分之一的人任务不饱满，只发挥了部分作用；还有三分之一的人闲置，根本没有发挥作用。这种人才的低效率开发，是原有人才管理体制不适应市场经济需要的主要弊病，是导致经济效益低的主要原因，也是我国经济、社会发展中的最大浪费。

面临上述新形势、新问题，人事部门和人才管理工作的出路何在？是坚持老观念，维持老一套，仍旧沿袭过去计划经济下的思路和办法，还是以新的思路，采取新的举措，实现新的突破？这是人事部门和人才管理体制面临的新抉择。出路在于改革、创新，在于适应市场经济的需要，转变人事部门的职能，改革旧的人才管理体制，构建新的人才管理体制，加快培育和建立社会主义人才市场。

坚决转变职能加快建立社会主义市场经济体制，迫切要求转变政府职能，改革政府机构。政府管理经济的职能，主要是制订和执行宏观调控政策，搞好基础设施建设，创造良好的经济发展环境。同时，要培育市场体系，监督市场运行和维护平等竞争，调节社会分配和组织社会保障等。目前，各级政府普遍存在机构臃肿、人浮于事、职能交叉、效率低下等问题，严重影响了经济发展和改革的深化、开放的扩大；严重阻碍了企业经营机制的转换和新体制建立的进程。因此，必须按照政企分开、精简、统一、效能的原则，坚决地改革政府机构。在市场经济体制下，企业整个经营活动都要面向市场。事业单位的改革趋势，逐步向企业化发展，将有越来越多的事业单位进入市场经济。这一改革趋势说明，随着改革的深入和市场机制的健全，今后除了国家公务员的任用、调整仍继续用行政手段管理外，企业、事业单位用人将主要通过市场供给和调节。在市场经济条件下，人才的指令性计划分配已失去其权威与作用，人才自主择业、单位自主用人成为不可逆转的趋势。

上述新的变革，对人事部门提出了新的要求。人事部门必须适应市场经济需要，转变职能，加大社会服务功能，实现人才管理的社会化，实现从“小人事”到“大人事”的飞跃。

在市场经济条件下，各级政府人事部门人才的管理的职能，必须实

行重大转变,即:从直接管理向间接管理转变,从微观管理向宏观管理转变,从事务管理向政策法规管理转变。其主要任务如下:

(1) 开展人才预测,编制人才长远规划;

(2) 制定人才政策法规,维护人才市场和人才流动秩序;

(3) 强化人才宏观调控,保证人才与经济的协调发展;

(4) 搞好人才的社会性投入,促进人才的公益性事业的发展。

党的十四届三中全会决定已明确指出要"培育劳动力市场",而且"要把开发利用和合理配置人力资源作为发展劳动力市场的出发点"。

在新形势下,人事工作的中心是什么呢?人才是人力资源的精华和高层次部分。人才市场是智力市场,是劳动力市场的重要组成部分和高层次部分,人才市场对人才优化配置是劳动力的一个高层次配置。因此,人才市场应该作为劳动力市场的重点加以培育。为了适应建立社会主义市场经济新体制的要求,人事工作的中心必须转移到建立和发展社会主义人才市场上来。

建立人才管理新体制

根据市场经济的要求,必须加强改革力度,改革原有人才管理体制,建立新的人才管理体制。

新的人才管理体制的基本框架是:一是在微观机制上,单位、部门和企业有用人权,个人有择业权,真正实现两个自主,双向选择;二是在运行机制上,要抓紧建立现代人才流通的大环境、大市场,使人才市场对人才实行基础性配置;三是在调控手段上,从行政指令改为间接管理,主要以经济、法规、社会手段和必要的行政手段,调控人才的流量;四是在社会服务上,要建立人才社会化服务体系。

新人才管理体制的国际模式是:国家宏观调控,单位用人自主,个人自主择业。

为了实现上述目标,必须推进三项改革:

1. 建立适应市场经济的就业制度。要破除封建的人身依附关系和计划经济下人才单位所有制的两大束缚，打破人才的地域界限、部门界限、所有制界限和身份界限，按照市场经济的要求，全面推行聘用合同制，营造人才公平竞争、脱颖而出的良好环境，真正落实双向选择、合理流动的就业机制。

2. 建立适应市场经济的市场工资机制。市场工资是建立人才市场的基础机制。它既能客观地反映各类人才在某一段时间的供需行情，也能引导人才供需自发地趋近平衡与协调，更能激励人才奋发向上。因此，必须改革旧的工资制度，建立合理的个人收入分配制度，坚持以按劳分配为主体，多种分配方式并存，体现效率优先，兼顾公平的原则。允许企业根据人才供求情况和价值规律来决定工资水平，以适应人才的供求变化，尽快建立起人尽其才的激励新机制。

3. 建立适应市场经济的社会化保障体系。完善的社会保障体系是人才市场的“安全网”和“减震器”。我国的社会保障制度改革已经起步，但要加大社会保障制度改革的力度，积极地建立起包括待业、养老、医疗等在内的社会保险制度，解决人才后顾之忧。同时，加快住房制度改革的进程，实行住房商品化，为实行双向选择创造必要的条件。在此基础上，逐步完善对人才的多功能、全方位的社会保障系统。

加快建立人才市场

加快建立人才市场是建立社会主义市场经济体制的需要，是加快改革开放的需要，是加快社会主义现代化建设步伐的需要，也是人事部门适应市场经济的需要。

我们要建立什么样的人才市场呢？它决不是现有行政化的人事部门的人才交流服务中心的简单变名，也不是单纯的人才流动和调配，而是确确实实具有：1. 市场性质；2. 市场管理服务功能；3. 发挥市场配置主导作用的人才市场。

我们要建立的人才市场，必须是统一、完备、规范的现代人才市场。所谓统一，就是建立在全国、各地区统一的人才市场体系。所谓完备，就是建立人才交流体系、市场工资体系、人才信息体系、教育培训体系、人才评价体系、人才市场体系、社会保障体系和中观调控体系。所谓规范,就是完善市场规则,规范市场行为,达到竞争公平、运行有序、调控有力。并加强建设,不断完善,使之成为具有强大人才实力,能够大规模集聚和吞吐国内外人才,有现代的市场设施,规范的运行规则,一流的管理手段,对国内外人才发展有着重要作用的人才大市场体系。

我们要建立的人才市场,必须是功能齐全的人才市场。人才市场的主要功能是:1. 人才预测功能。以市场信息为依据预测一定时期内人才需求与供给的发展趋势,制订人才发展规划。2. 信息功能。及时吸收、储备、传递人才需求信息,并提供信息咨询。3. 人才交流功能。打破人才地域、单位、身份等界限,通过国内外人才交流体系,集聚、吞吐国内外各类人才。4. 人才教育培训功能。按照市场经济的需要和要求,通过职业后教育培训体系,加大人才二次就业转移培训能力,特别是强化经济发展紧缺人才的培训能力。5. 人才激励功能。在国家宏观管理下,遵循价值规律,用市场定价来取代政府定价,形成市场工资体系,激励各类人才充分发挥自己的聪明才智,实现人才的最大价值。6. 人才评价功能。按照人才考试评估社会化的要求,通过建立国际通用的人才评价体系,客观、公正地提供人才流动、使用的依据。7. 保障功能。根据社会主义市场经济的要求,建立完备的社会保障体系,实行养老、待业、医疗、住房"四位一体"的社会保障(公积金)制度。8. 管理功能。通过人才管理调控体系,运用经济、法律、政策等主要手段,调控人才市场的运行和发展,充分体现公平、公正、公开的原则。9. 法制功能。根据人才市场的需要,建立各种法规、条例(《人才流动法》、《人才市场法》、《人事仲裁法》等),并监督执行,以规范市场参与者的行为。

我们要建立的人才市场结构,主要包括以下三个方面:

1. 市场主体。努力塑造市场主体,为实现人才供求双方自主用人和自主择业创造条件。市场主体在市场运作的过程中,从自身的利益出发,对市场价格信号作出灵敏反应并进行独立的市场选择和决策。

实现双向选择,合同管理,自主用人,自主择业,自由地进入和退出市场。

2. 市场载体。以政府办的市场为主导,大力发展集体、“三资”和个体办的人才市场,形成全国范围的人才市场网络。人才市场的形式多种多样,有固定的人才市场,产、供、销一体化的人才服务公司,还有人才期货市场,职业介绍所以及无形市场(管理人才市场、各类专业人才市场、一般劳动力市场等)等。

根据建立现代企业的要求,应加快建立“经济市场”。让市场选择经营者,让经营者选择竞争场所。通过市场竞争选择经营者牵涉面很广。目前可以通过招标、投标的方式并结合企业破产法,对一部分亏损或效益低下的企业进行试点,并逐步推开。

3. 市场中介组织。市场中介组织是市场运作过程中不可缺少的组织要素。要发挥其服务、沟通、公正、监督作用。在人才市场的策划与调查、咨询与广告、监察与仲裁、交流与培训以及考评与公正等方面,都有许多中介组织进行服务。这些中介组织,可以由政府部门举办,也可以发挥集体、社会团体和民间的积极性,由他们来开办;还可以鼓励外省市来沪开办以及中外合资兴办。通过中介组织,把上海所急需的人才聚集进来,各地所需的人才能辐射进来。

我们要建立的人才市场,必须有健全的人才市场机制。总的说来,正如国家人事部部长宋德福最近指出的:“我国的人才市场机制尚未形成,人才市场的发展水平仍然滞后于经济发展的要求。”因此,必须按照社会主义市场经济的要求,加快建立以下人才市场机制:

1. 供求机制。通过确立市场主体(即用人单位和人才个体),实现人才供求双方的自主用人和自主择业。今后,除国家重点项目必须确保的人才外,其余用人单位和人才个体都要进入市场,由市场进行配置。为了保证市场主体的实施,必须加快国有企业经营机制的转换,加大劳动工资制度改革的力度,加快社会保障制度的建立,同时改革户籍制度,实现住房商品化。通过供求机制建立,实现用人单位和人才个体的优化配置。

2. 竞争机制。市场是竞争的场所，构建人才大市场，必须促进人才竞争。马克思在《资本论》中指出：作为独立的商品生产者，“不承认任何别的权威，只承认竞争的权威，只承认他们相互利益的压力加在他们身上的强制”。要通过人才的竞争，在全社会真正形成“科学技术是第一生产力”和“尊重知识、尊重人才”的良好风气，加快人才结构的调整，促进人才资源的合理配置，促使人才尽快地脱颖而出，加快科学技术进步和劳动生产率的提高。

3. 价格机制。人才（劳动力）的价格形成机制是人才市场运作的中心环节。马克思在《哥达纲领批判》中指出：按劳分配（等量劳动相交换）与商品交换（等价交换）之间存在着某种内在联系，二者遵循着同一平等原则。按劳分配与市场机制是相容的。在社会主义条件下，切实可行的按劳分配，必须遵循人才市场机制，由人才市场的供求关系决定工资的基本水平。市场经济条件下的工资，就是在竞争性的人才市场上形成的人才（劳动力）价格。只有这种价格，才能真正体现“工资与经济效益挂钩”原则。

（原载《行政论坛》1995 年第 3 期）

论人才立法

知识就是力量，人才是创业之本。革命需要知识和人才，建设更需要知识和人才。知识和人才是四化建设的关键。尊重知识、尊重人才是关系国家、民族强弱、兴衰的大问题。在确定了正确的路线、方针、政策之后，以立法的形式，运用立法的手段，解决人才问题，加强人才管理，是实现四化大业的需要，是人才成长发展的必然趋势，是使我国的人才问题和人才开发、管理沿着正确轨道发展的有力保证。

人才立法的重要性和紧迫性

（一）人才在社会主义现代化建设中具有重大的战略地位和作用，需要从法律上加以保证

我们的国家和民族，正处在“第三次腾飞”之中。党中央关于实现四化、振兴经济的战略决策和全面开展经济体制改革的决定，要求我国在三十年至五十年内达到或接近发达国家水平，本世纪末使工农业总产值翻两番。实现这个宏伟的目标靠什么？邓小平同志在粉碎“四人帮”以后不久，就强调提出了必须尊重知识、尊重人才。最近，在加快以城市改革为重点的整个经济体制改革步伐的时候，邓小平同志再一次强调指出：中央关于经济体制改革的十条决定中，最重要的一条就是“尊重知识、尊重人才”，事情成败的关键是能否发现人才、提拔人才，这就进一步明确了尊重知识、尊重人才的战略思想，把知识和人才放到了极为重要的地位。这具有伟大的现实意义和深远的历史意义。知识是

人类认识世界和改造世界的成果，同时又是人类认识世界和改造世界的武器。实现四化，无论是工业、农业、国防，都必须用现代科学技术武装起来。现代科学技术的迅猛发展，使知识越来越迅速深入地渗进生产过程。脑力劳动在形成产品价值中所占比例日益增大。科学技术不仅越来越直接地决定着全国经济效益的高低，而且越来越直接地决定着我国经济发展速度的快慢。四个现代化，首先要“化”人们的头脑，即用现代科学文化知识武装广大干部和群众的头脑。知识分子和人才是现代科学知识最重要的载体。没有现代科学知识，没有大批有用人才，就不可能实现四化。人才在四化建设中的战略地位和作用，决定了必须加强立法，提供法律保证，确保他们能最充分发挥积极性、创造性，为四化建设作出应有贡献。

（二）目前人才制度和管理上的弊端，急需人才立法，加强法制建设

社会主义制度为充分发挥人才的智慧和力量，创造了无比优越的条件。《中共中央关于经济体制改革的决定》指出：“进行社会主义现代化建设必须尊重知识、尊重人才。”“要坚决纠正许多地方仍然存在的歧视知识分子的状况。”应该看到，经过这两年的努力，全国在落实党的人才政策、知识分子政策方面，虽然已经取得了很大成绩，但是，继续落实党的政策，还存在很大阻力，人才管理制度上还有不少弊病。

由于“左”的思想影响和旧的习惯势力根深蒂固，至今有些部门和单位的领导干部仍抱有一些陈腐的旧观点。有的虽然口头上说知识分子是工人阶级的一部分，但在感情上并没有转过弯来，错误地认为知识分子要真正成为工人阶级的一部分，就要尽快抛弃资产阶级世界观，树立共产主义世界观，为此需要重提一九五一年的“思想改造”；有些同志习惯于用五十年代“左”的做法，照搬照套“两头小、中间大”的分析方法，一讲起知识分子，就错误地认为知识分子中间坚定地走社会主义道路的和反对的都是“少数”，怀疑和动摇的是多数；有的同志错误地把“允许一部分知识分子先富起来”当作精神污染来批判；有的对知识分子进入领导班子总是“不放心”，错误地认为知识分子不能当党委书记、组织部长；还有的部门和单位的领导干部甚至以派性和是否听他们个人的话作为衡量科技人才优劣的标准，不择手段地排挤、打击敢于直言和敢于顶不正之风的科技人才。对于上述问题，我们不仅要从组织上采取果断措施加以解决，而且还要通过立法，从根本上加以制止。

由于种种原因，我国人才的“损失率”、“淘汰率”和“老化率”都比较高，而人才效益却相对较低。我国现在约有2500万名各类知识分子，其中有570多万科技人员。十年内乱，我们共损失了416万各类知识分子(一个科技人才的学术生命一般为40年左右，计入其学习时间共60年)，损失率高达16.7%。新中国成立三十多年来培养了318万大学生，除特殊情况外，一般都进入了国家干部队伍和科技队伍。他们中间年龄最大的为50～60岁。除去自然死亡外，现有1997万名国家干部中，大专毕业或相当于大专毕业的却只有275万，淘汰率达13.5%。人才是宝贵的财富，人才的浪费是最大的浪费。我国的人才浪费是惊人的，不仅过去有大批知识分子用非所学、用非所长、大才小用，就目前高等学校本科毕业生中用非所学的占12.3%；降格使用、大才小用的占20%。科技人员的“老化率”也比较高。由于教育机制不健全，人才管理不完善，大批科技人员未能及时获得“继续教育”，实现知识更新。粗略估计，以上因素造成的科技人员的“老化率”约在15%左右。目前，我国科技队伍知识老化、缺乏创造活力的现象日趋严重，照此下去到1990年左右，我国将出现人才低谷、人才断裂层，出现人才青黄不接最严重的时期。整个科技队伍的素质已不能很好地适应新技术革命的挑战和社会经济发展的需要。

所有这些，充分说明了要加强人才建设，必须强调人才管理立法。采取法制手段，对人才问题和人才管理实施保障和监督，已是刻不容缓。

(三) 人才立法，是维护广大人才正当权益、保证他们能为四化建设多作贡献的迫切需要

历史证明，我国广大知识分子和专业人才是热爱祖国、热爱党、热爱社会主义的，他们同工人、农民一道在革命和建设中发挥了巨大作用，是社会主义现代化建设事业中一支不可缺少的重要依靠力量。他们具有高度的事业心和责任感，强烈地要求把自己的智慧和才能贡献给祖国和人民。随着四化建设的迅速发展和经济体制改革的全面展开，他们为四化作贡献的要求越来越强烈。

广大知识分子和专业人才的这种强烈要求理应得到支持，他们为祖国为人民作贡献理应得到合理的权益。但是，在一些地方、一些部门和一些单位，并不能完全得到保障。有些锐意改革的知识分子和人才，却遭到一些人的责难，甚至打击。有些知识分子和人才，一有某些成就和贡献，有些人就采用种种不恰当的办法，分散他们的精力，消耗他们的时间，严重地影响他们进一步提高、开拓和作出新贡献。一位在许多报纸上宣传过的女博士，对她回国后的工作评价是：$(7\times\frac{1}{2})<1$，意思是说她在国内一周，每天只有一半的业务工作时间，而总的效果还不如国外一天！

有些确有真才实学和管理能力的知识分子和人才，可以选拔到领导岗位上担负重任，可是有些人总是“不放心”，一直把他们压着。有些各方面都很拔尖、确有贡献的知识分子和人才，一些人就嫉贤妒能，闲言碎语，百般挑剔，不让露尖。有些知识分子和专业人才埋头苦干，专心致志，竭尽全力从事专业工作，可是有些人却不给他们以必要的经费和工作条件。有些知识分子和专业人才，即使被选拔到领导岗位，也是摆摆样子，有职无权。有些知识分子和专业人才，因为作出了贡献，党和人民给了他们荣誉、奖励、报酬，有些人就“眼红”、不服气、不舒服。据某市对4700名知识分子的调查，在现工作岗位上所发挥作用的只占13%，发挥部分作用的占64.1%，难以开展工作的占9.83%，积极性受压制的占7.9%，无事可做的占1.82%。这个调查材料还表明：积极性没有充分发挥的原因，从单位领导和科技人员的关系来看，主要是有些同志对知识分子是可用不可信，占15.62%，敬而远之的占4.3%，有事有人、无事无人的占42.34%，当作团结教育改造对象的占3.98%；从人事管理方面来看，认为是管理体制不合理的占28.04%，工作得不到正确评价的占17.19%,劳动报酬不合理的占18.91%,家庭经济负担重的占16.31%,工作条件差的占13.69%;广大知识分子和专业人才最苦恼的是感到自己知识陈旧的占18.11%,工资偏低的占40.16%,住房拥挤的占44.9%,家务繁重的占39.15%,各种不协调的占17.19%,健康状况差的占18.11%,缺少助手的占11.84%。

总之,我们要大胆启用一代新人。要发现和选拔人才,既要靠一批有慧眼的伯乐,更要有健全的制度和法律加以保证。我们要充分发挥广大知识分子和专业人才的积极性、创造性,既要靠一套科学的管理制度,更要有相应的法规。只有两者紧密结合起来,才能避免人才识别上的局限性和片面性,避免在人才问题上的官僚主义。既有严格的制度,又有法律保证选拔、培养、使用和管理人才,就能防止由于人的主观主义和种种旧的传统观念做法以及不正之风而造成的贻误人才的现象,就能鼓励和满足广大知识分子和专业人才报效祖国、服务四化的强烈愿望,维护他们为四化贡献聪明才智的合法权益。

(四)人才立法,是进一步实现法治、完善社会主义法制的客观需要

兴邦治国,非依靠法制不能实现。我们党和国家,在新的历史时期特别重视知识、重视人才、尊重知识、尊重人才,这个具有战略意义的指导思想,写进了国家的新宪法。宪法总纲中明文规定:"国家培养为社会主义服务的各种专门人才,扩大知识分子的队伍,创造条件,充分发挥他们在社会主义现代化建设中的作用。"新宪法把人才的希望、命运同祖国的繁荣、昌盛更加紧密地联系在一起。这对广大知识分子是极大的鼓舞、支持和鞭策;同时,也为全国人民尊重知识、尊重人才指明了方向,提出了基本原则和要求。

但是,在具体贯彻过程中,由于缺乏具体的带有法律效力的条例,使有些地方、有些部门和有些人,对于知识和人才的尊重,还没有摆到应有的位置,提到应有的高度,甚至出现打击、摧残知识分子的现象,造成了严重的后果和重大损失。这是没有"法治"的必然结果。要切实纠正轻视知识、轻视人才的现象,改变"轻视、重视一个样"、"无法可依,执法不严”和“因人而异”的状况，应该摒弃“人治”，实行“法治”，将宪法中有关知识分子问题的总纲性规定具体化，尽快制订人才法，使人才问题“有法可依，有法必依，执法必严，违法必究”，保证宪法中有关人才问题的原则、要求，在实际工作中真正得到贯彻落实，进一步完善社会主义法制。

人才立法的特征、原则和主要内容

根据宪法规定和我国实际情况，人才立法要抓住时代的主题，体现党在人才问题上的战略思想和路线、方针、政策，反映广大干部、群众和知识分子、专业人才的意愿。

人才法是围绕人才问题的法律规范，具有强烈的阶级性、规范性、普遍性、稳定性和强制性。

人才立法，具有国家意志的属性，它是通过立法机关，按照一定的法定程序制定的。人才立法，具有国家强制性，任何人如有违反都要受到国家法律的制裁。人才立法，具有规范性，它是尊重人才、保护人才的行为规则，规定了可以做什么，不可以做什么。人才立法，还具有相对稳定性，一经立法，就应该保持相对稳定，相对连续，而不能朝令夕改。人才立法，就是通过国家的法律，使党和国家在新的历史时期的人才思想、决策和政策，变成人人普遍遵守的行为规范。

人才立法必须遵循以下几个原则：

时代性原则　人才立法是时代的产物。它应时代之运而生，带有浓厚的时代特征。它既要适应我国四化建设的现实需要，又要随着时代的前进和我国社会、经济的发展以及科学技术的进步而不断丰富、发展和完善。

科学性原则　人才立法是以马克思主义人才思想为指导思想，以党在人才问题上的思想、路线、方针、政策和宪法中规定的原则为科学依据，按照人才成长规律，从法律上确定一整套科学管理制度。

综合性原则　人才问题的一个显著特征是综合性。人才是综合人才。人才又是多类型、多层次、多结构的，分布在各个地区、各行各业，处处有人才，行行出人才。人才问题比较复杂，涉及法律的面较广。因此，人才开发要综合开发，人才管理要综合管理，人才立法也必须综合立法。

根据上述特征和原则，人才立法的内容应包括三个层次：

第一层次是宪法中规定的人才原则。宪法是国家的根本大法，是人才立法的主要依据。人才立法必须充分体现宪法中规定的人才原则。

第二层次是人才的专门法，即人才法。主要包括三个方面：① 主要法规，即制定一部具有中国社会主义特色的人才法；② 辅助法规，根据人才法颁布相应的有关人才问题的细则、补充规定、条例等法律文件；③ 有关人才问题的单项法规、条例、章程等法律文件。

人才法的主要内容应包括：① 总纲：人才法的指导思想和基本原则；② 人才在社会主义四化建设中的地位和作用，在社会主义精神文明建设中的地位和作用，要用法律的形式确定下来；③ 必须明确规定人才开发和人才管理工作的目的、方针、任务、基本手段和指导思想；④ 分别就人才的预测、培养、提高、考核、选拔、合理使用、合理流动、职务评定、晋升、奖励、工资、工作条件、生活条件，外国人才的引进和我国人才的输出，以及人才的保护等，以法律的形式，确定它们的重要性、目的、原则、手段等。

第三个层次是引入有关法律中关于人才问题的法规。如民法中有关发明权、专利权、著作权的规范；行政法中有关国家机关工作人员的选拔、使用和任免程序的规范；劳动法中有关劳动报酬、奖励的规范等等。

人才立法的方针和步骤

人才立法，是国家立法机关依照立法程序制定人才法规，政策性强，涉及面广，难度较大，比较复杂，因此，要根据宪法规定，从我国的实际情况出发，采取积极慎重的方针，有领导、有步骤地进行。

(一) 人才立法要积极慎重

我国的人才立法，已是刻不容缓的一项任务。要抓紧时机，积极进行，不宜观望等待。但是，制定一部较为完善的人才法，是一件细致的工作，既不能一蹴而就，也不能一朝一夕大功告成，因此，人才立法要坚持积极、慎重的方针。

积极，就是要有紧迫感，主动地做好人才立法工作，不能坐等其成。坐等，天上是不会掉下一个人才法来的。要抓紧，既不急于求成，又不消极等待。

慎重，就是慎重从事。要坚持实事求是，一切从我国实际情况出发，积极创造条件，做好各项准备工作。人才立法不搞则已，要搞务求有领导、有计划、有步骤地搞好。慎重从事，既不是盲目蛮干，又不是不迈步子、慢慢吞吞。

我们不仅要积极、慎重，还要有创新精神。就是在人才立法过程中，发扬创新、开拓精神，敢于改革，敢于冲破旧的框框。既不就事论事，操之过急，又不因循守旧，墨守陈规。

人才立法是国家和各级人才管理部门(包括党委组织部、劳动人事部门和科技干部管理部门以及人才研究组织等)责无旁贷的任务和义不容辞的职责，要积极主动提建议、提方案，发挥应有的作用。

(二) 人才立法要有步骤地进行

制定人才法规，是个比较复杂的过程。要严格按照立法程序，有步骤、分阶段进行。

人才立法，主要分两个阶段：

准备阶段。主要做好：① 思想准备。要运用各种方式，通过各种渠道，广泛深入地宣传人才在四化建设中的地位和作用，宣传人才立法的重要性和紧迫性，使广大干部、群众有充分的思想准备。② 认真调查研究，摸清情况，广泛听取意见，结合分析研究，提出人才立法的要求、原则和主要内容。③ 提出人才立法的倡议，制订人才法草案。在全国范围内经过广泛征求意见反复修改，制订出规范性的人才立法文件草案。

确立阶段。报请中央有关部门和法制委员会，根据法律规定程序，经过政策把关，反复修改，待规范性人才立法文件草案逐步完善，具备立法条件时，提请全国人民代表大会审议、讨论，把规范性人才法草案确定下来，并在全国范围公布执行。

人才立法可以根据需要，分两步：第一步根据急需，先搞单项的。当前，人才立法的重点，我认为应先搞人才培养法和科技人才管理法。科技人才管理中，又急需对人才合理流动进行立法。这样，既解决了急需解决的问题，又用以摸索经验。第二步，有准备、有把握地逐步搞一个综合的、全面的人才法。

从人才立法的层次上来说，可以有两个方案：一个是全国性立法，这是完全必要的，但花的时间较长；另一个是有条件的省、市根据实际情况进行立法，这样既有利于推动本地区的人才开发工作，又有利于全国的人才立法。

(三)人才立法与人才管理制度改革同步进行

人才立法，是积极的，决不是消极的。因此，人才立法与人才管理制度改革要密切结合，两者相辅相成，互相促进。人才管理制度的改革为人才立法提供必要的前提和条件，人才立法可以从法律方面促进和推动人才管理制度的改革，加快人才管理制度改革的步伐。如果人才立法离开了人才管理制度的改革去进行，人才立法就会成为无本之木，无源之水；反之，如果人才管理制度的改革没有立法的保证，人才管理制度改革也是搞不好的。

我国人才的开发和管理既不能单靠个别政策的修补，也不能寄希望于个别“伯乐”的机遇和领导的开明。过去发生的各种错误，固然与某些领导人的思想、作风有关，但是组织制度、工作制度方面的问题更重要。如果不坚决改革现行制度中的弊端，过去出现的一些严重问题，今后还可能重新出现。因此，积极慎重地改革人才管理制度刻不容缓。人才立法要有利于推动人才管理制度的改革，要吸收人才管理制度改革的有益经验和成果。

因此,人才立法必须与人才开发、人才管理工作以及人才管理制度改革同步进行。通过人才立法,有力地推动全社会尊重知识、尊重人才,促进人才管理工作和人才管理制度改革,充分调动广大知识分子和专业人才的积极性和创造性,为加快四化建设步伐作出更大的贡献。

我国的人才立法是一项开创性的工作。它不仅从法律方面保证我国开创一个群星灿烂、人才辈出的新局面,有力地推动我国四化建设的进程,而且对世界各国的人才问题和人才管理将产生积极的影响。在党和国家的关怀支持下,经过有关人才管理部门和广大知识分子及专业人才的共同努力,集思广益,群策群力,一部具有中国社会主义特色的人才法必将诞生!

(原载《科技管理研究》1985 年第 6 期)

管少　管好　管活

什么是科学的管理体制，应该遵循什么管理的基本原则，既是一个理论问题，又是一个实践问题，从理论和实践的结合上探索这个问题，是当前科学学研究的一个重要课题。

围绕这个问题，历来有两种不同的指导思想和指导方针。一曰，管多，管得越多，统得越多越具体越好。随之而来的是建立起高度集中的管理体制和采取相应的办法。一曰，管少，大的管住管好，小的放开放活，充分发挥各管理层次的职能，调动其积极性，上下共同努力，把工作管好、管活。建立起以管少、管好、管活为核心的管理体制。

实践是检验真理的唯一标准。究竟是管少好，还是管多好？新中国成立三十多年来的实践，在这个问题上几经反复。现在越来越多的同志认识到了管少的好处与管多的弊病，强烈要求简政放权，建立起科学的管理新体制。但是，有些同志至今仍忧心忡忡，一怕简政放权以后会搞乱；二怕管事少了责任轻了；三怕权小了，无事可做了……究其实质，都是对建立科学的管理体制和遵循科学管理的基本原则认识不足的反映。

科学的管理体制、办法和原则，不是天生的，也不是无根之木，无源之水。它是事物本质、特征和客观规律的反映。

以农业和工业而言，中央提出“对外开放，对内搞活”的方针。现在农业已经活起来了，但轻工业还没有真正搞活。轻工业同农业的关系非常密切，大体上属于第二部类。为什么农业能活，轻工业却迟迟活不起来呢？除了在生产关系方面各种形式的承包责任制还没有普遍推广之外，另一个重要原因，就是对轻工业的基本特点认识不足，管得过多，统得过死。

任何事物都有它自身的特点、规律。轻工业的特点之一就是多样性，它既要满足人民生活吃、穿、用、行等方面的需要，又要为工农业生产服务、为出口服务。因此轻工业的产品必须是成千上万的。特点之二是多变性，它必须随着城乡人民生活的提高，国内经济的发展和国际市场的变化，不断改变品种，不断更新换代，不断地开发新领域和增加新门类。特点之三是布局的分散性，全国轻工业系统七万多个企业，几乎遍及全国所有大小城市和县镇。但是，过去由于对这些特点认识不足，财权、物权、人权都实行统管，从原材料到产品，从销售到价格，从基本建设到技术改造，自上而下地管，自上而下地统。结果，事与愿违，越管得多，越是管不好；越统得多，越是统得死。因为它从根本上违背了轻工业的特点。

这种高度集中的管理体制和办法，不仅存在于轻工系统，而且普遍存在于商业、外贸、科技、文教、人事等系统。高度集中的管理体制和办法，危害极大。第一，严重影响领导机关抓大事，助长官僚主义。由于事无巨细都要层层报批，使领导干部小事缠身，整天忙着办理繁重而生疏的琐细事务，对应该抓的大事却很难集中思想、集中精力抓紧抓好，造成工作上的失误。第二，严重浪费时间。由于什么都要层层报批，手续繁多，报批一个技术改造或一个科研项目，要花八九个月，甚至一年多时间。有的由于无人负责，转来转去，一个基建项目要盖几十个图章。有的由于门户之见、部门分割，互相扯皮，为一个企业、一个产品的归属问题，可以坐论、扯皮五六年而无结果。宝贵的时间就这样白白地浪费掉了。这给国家和人民损失了多少财富啊！第三，捆住了企业的手脚。由于什么都要由国家统一管起来，企业没有自主权，失去主动性，产品和价格都由上面定，企业不能按供求规律进行生产，不能灵活地适应经济发展和市场变化的需要。因此，企业缺少活力、动力、压力，劳动生产率比较低，经济效益不高。第四，严重影响广大干部和群众的积极性和创造性。高度集中的人事管理制度，带来各类人员的分布和结构不合理,但又调不出、派不进,能进难出,能上难下。大批优秀人才难以及时发现和合理使用,严重影响科技人员发挥聪明才智,高度统一的管理体制,束缚了群众的积极性,压抑了广大科技人员的创造性。

总之,高度集中统一的管理体制,已经严重影响我国经济效益的提高,生产力的发展,四化建设的进程。必须在党中央、国务院统一领导下坚决而有步骤地加以改革。只有改革才有出路,只有改革才有希望。

简政放权,实行以管少、管好、管活为核心的科学管理新体制,对各级领导部门来说责任不是减轻了,而是责任更重了。现在中央已决定适当下放干部管理权限,从表面上看,管理的范围缩小了,日常的任免、调配事务减少了,但实质上大大加重了对分管的干部和第三梯队进行培养教育的要求;大大加重了对下级任免干部认真考察的要求;大大加重了对本地区、本部门贯彻执行党的干部工作方针、政策的新情况、新问题、新经验进行调查研究的责任;大大加重了大胆探索、勇于推进干部制度改革,以适应经济体制改革的要求的责任。责任之大小,决不在管多管少,而要看实质。显然,实行新的干部管理体制以后,组织部门所负的实际责任大大加重了。

简政放权,实行以管少、管好、管活为核心的管理新体制,要求各级领导集中思想、集中精力抓大事、抓重点。关键在于各级领导是否善于识别什么是大事,什么是重点。这比原来的要求高得多。科技管理工作内容丰富,任务很重。过去存在的高度集中的管理体制,现在要进行改革,就要抓住根本、抓住关键来进行。什么是根本?什么是关键呢?我国科学技术管理体制的弊病,主要是两条:一是新中国成立以来建立了很多独立的研究机构,而这种研究机构和生产结合不够密切。二是人才的积压浪费比较严重,人才的智慧和才能没有充分发挥出来。因此,科技体制的改革就是要抓住这两个根本性的问题。简政放权,管少管好管活,有利于促进科学技术的研究和生产的结合,有利于充分发挥人才的作用。常州、襄樊等地科技管理部门简政放权,主动下放了人权、财权和科研管理权以后,把协调服务工作的重点,放到努力提高全市科技的综合开发能力,促进科技更好地服务于经济建设,他们抓了四项工作:一、巩固老关系,广交新朋友,大力发展科研、教育、生产联合体。二、以城市为依托,把科研成果和技术力量向该市的三个县辐射。建立和发展科技情报、人才培训、科技开发、科技协作、科技服务、科技成果推广等七个城乡网络。三、扩大科技协作领域,巩固和发展国内协作,开辟国际合作渠道。四、成立协调服务机构,采取新的管理方法,搞活科技流通渠道。显然,实行新的科技管理体制以后,对各级科技管理部门来说,工作要求不是降低了,而是更高了。

简政放权,实行以管少、管好、管活为核心的新的管理体制,要求各级领导部门要有更高的管理水平,最佳的管理效果。

对照经济发展的要求和改革的需要,目前不少领导管理部门,存在着四个不适应:一是领导思想、领导作风、领导方法,与充分发挥各部门、各单位和广大群众的积极性不相适应;二是某些老观念、老框框、老办法,与促进经济改革,推动经济发展不相适应;三是干部队伍的政治素质和业务素质,与新形势的要求不相适应;四是机构设置、管理体制,与提高经济效益不相适应。因此,必须以整党的指导思想,发扬改革创新精神,从业务指导思想到工作方法、工作作风都来一个大转变、大提高,才能适应新形势的要求,更好地履行自己的职责。

管理是一门科学。管理体制是一门更高层次的科学。以马克思列宁主义、毛泽东思想为指针,从中国实际出发,建立起具有中国特色的,以管少、管好、管活为核心的科学管理体制,是当务之急,是每个科学学工作者应尽的职责。发挥我们的聪明才智,为建立科学的管理体制,提高经济效益,实现四化,努力作出新的贡献。

(原载《科学学与科学技术管理》1984 年第 11 期)

新技术革命对人才的挑战与我们的对策

当今世界，科学技术和社会经济正面临着深刻的变化。我们正处在一个新的技术革命的时期。这是一场在国际上开展的激烈的智力竞赛。我们的智力开发面临着一场严重挑战，如何加速实现人才知识更新，提高人才素质，这是认清形势，迎接挑战，抓紧时机，采取正确对策的关键、核心。

现代科学技术对人才提出的新挑战

新的技术革命的一个显著特点，就是知识被认为是头等生产力，它能够直接形成先进的产业，能够有力地改变传统产业的面貌。它能够深刻地影响社会生活的变革。这就更加突出了智力的重要性，突出了掌握知识的重要性。有人把它称之为"知识革命"，是很有道理的，讲到了问题的实质。

新的技术革命必然要引起智力开发的革命。如果不能采取正确的战略措施，恰当的对策，千方百计提高人才的素质，一切技术、经济、社会进步都将成为空话。

新的技术革命对智力开发和人才素质提出了哪些新的挑战呢？

由于科学技术的迅猛发展，知识总量成倍增加，科学技术研究周期大大缩短，新学科、新工业、新工艺、新产品层出不穷，首先要注意的问题是，知识与技术的老化进程正日趋加快。据美国调查的结果，1976年大学毕业生在校学到的知识，到1980年已有50％陈旧过时，到1986

年将完全陈旧。其次是劳动就业结构和人才结构发生了根本的变化。现在日本的科技人员、管理人员和生产工人之间的比例已达1∶1∶1。第三是对人才的需求将越来越迫切。现代科学规模的扩大和生产领域内大量采用科学技术新成就,迫切需要大批具有高等技能的人才。因此,迎接新技术革命挑战的关键在智力开发上。

总结世界技术革命发展史,可以发现这样一个规律:在第一次技术革命中领先的国家,未必就能在第二次技术革命中领先;在第二次技术革命中领先的国家,未必就能在第三次技术革命中领先。但是,在上一次技术革命中落后的国家,如果实行了正确的经济战略和技术政策,狠抓智力开发,则可能在下一次技术革命中处于领先地位。美国、日本都是这样的例子。一度领先的西欧信息工业,现在技术产品只占国际市场的10%,主要也是因为智力开发的水平,特别是技术水平和竞争能力远远落后于美国、日本,如果不采取恰当的对策,不消几年,则可能在无情的国际竞赛中丧失殆尽。

我国科技人才队伍的状况与四化建设的要求、与新的技术革命的挑战相比,有许多问题亟待解决。据1982年10月底统计,主要是:

1. 科学文化水平低。全国科技队伍中,大专以上毕业生355万人,只占整个队伍的39.4%;中专占37.3%;高中占9.3%;初中文化程度以下却占14%。社会科学方面更突出,初中文化以下占26%(其中包括40%的财会、统计学人员)。

2. 高级人才少。全国具有高级技术业务职称的,只占整个队伍总数的0.78%。农业系统高级农艺师仅有441人,占其队伍总数万人的0.12%。

3. 中级人才年龄老化。全国中级职称人员平均年龄45岁。据测算,到1990年,36～45岁这段中级职称人数比例要下降到13%左右,将出现中年技术骨干危机。

4. 分布不均衡。当前突出表现在国家重点发展的农业、消费品工业、能源交通运输以及经营管理方面,极其缺人。

5. 内部结构不合理。一是高、中、初级科技人员的比例失调。二是专用专业与通用专业不配套,专用多,通用少。

6. 使用不当,是当前浪费人才最突出的问题。目前部分科技人员中比较苦恼的是两个问题:一是不能充分发挥作用;二是工作中缺少学习、进修、提高的机会,感到知识老化,与科技迅猛发展不适应。

承认落后,是为了改变落后,赶上和超过发达国家。如果,在新的技术革命到来的时候,我们能抓紧时机,迎接挑战,全力以赴,抓紧开发智力,应用新的科技成果,结合自己的实际情况,走出一条社会主义现代化建设的道路来,那么就一定能加快建设步伐,实现经济起飞。反之,如果我们处理不当,或者漠然视之,那将是重大的战略失误。

迎头赶上,尽快实现人才素质的根本转变

为了适应四化建设的需要,迎接新的技术革命的挑战,尽快实现人才素质的转变已是当务之急,刻不容缓。

一、预测科学技术上的突破领域,培养具有相应知识结构的人才,并安排到突破领域中工作。这是对一个国家的科技发展,具有重大意义的战略措施。我们不仅要根据当前事业发展需要来培养人才,还要根据新的技术革命的突破领域,如信息、生物工程等,培养具有相应专业知识的人才,组织力量进行攻关。

二、扩大视野,善于学习、吸收发达国家的先进技术。列宁曾经说过:"已经夺取政权的工人阶级……给自己提出的任务是要把资本主义所积累的一切最丰富的、历史上是我们必须的全部文化、知识和技术,由资本主义的工具变成社会主义的工具。"①我们再也不能闭关自守、夜郎自大了,更不能把先进的科学技术看成是异端邪说。只有使我们全民族都受到现代化的教育,善于学习、吸收发达国家的先进技术,用人类创造的全部知识、技术财富来武装自己的头脑,才能提高全民族的

① 《列宁全集》,第二十七卷,第386页。

科学文化知识水平，才能实现四个现代化。否则，四化建设不过是一种愿望、一种空想而已。

三、努力培养适应性、机动性、创造性强的各类专业人才。在科学技术新时代，人才的培养要有个大的革命，要克服过去的传统观念、传统做法，大力提倡培养又红又专的具有广泛专业知识的专家。他们必须具有三个特点：世界观的科学化、知识的综合化和职能的多面化。

四、积极改革高等教育的管理体制。新的技术革命的一个重要特点是科学与技术的发展几乎是同步的，科学问题与技术问题往往是共同的。科学与技术的高度结合大大缩短了从基础研究到实际应用的周期。这就要求高等学校与产业部门高度结合。这种结合越紧密，科学技术发展的能力越强。美国的斯坦福大学工学院在特曼教授主持下成了硅谷电子工业发展的源泉。特曼教授积极主张，大学不应成为仅仅教授书本知识、关门搞科研的象牙之塔，而应把实验室里产生的科研成果及时而有效地运用于工业生产实践，为社会创造财富。在他的支持下，他的两名学生休立特和帕卡德创办了休立特·帕卡德电脑公司，两名在校读书的大学生，竟是“硅谷”的创业者，发人深思。所以，我们要从中国实际出发，积极改革管理体制，把高等学校真正办成既是教育中心，又是科研中心。

五、逐步实现终身教育制。据调查，一个人的知识只有百分之十是靠正规学校教育给予的，百分之九十的知识是在以后的工作实践和专业学习中获得的。对每一个科技人才都必须进行继续教育，实行终身教育。要把它作为一个长久的政策、一种制度固定下来。美国、法国、苏联以及一些发展中国家，如墨西哥、巴西、印度等，都已经确定把继续教育、终身教育作为整个教育的组成部分，成为保证竞争胜利的一个手段。苏联规定正副部长和大厂矿的经理，每五年必须进修一次。美国每年用于继续教育的投资达20亿美元左右。法国的法令规定，凡雇佣10名以上工程技术人员的单位，必须用总工资的百分之一点一的费用进行继续教育。因此，我们要真正从思想上重视继续教育和终身教育的重要性、迫切性，要舍得花本钱。根据不同专业、不同层次、不同水平的科技人才,分别提出继续教育的要求、内容,采取有效措施,加速知识更新,不断提高科学技术水平和管理水平,迎接新的技术革命。

六、充分发挥现有科技人员的积极性、创造性。当前,贯彻落实党的知识分子政策,首要的问题是要进一步在中年科技人才中选拔学术带头人。我们的事业需要成千上万的一批又一批的各种科学技术的专门人才,要引导他们、扶植他们、帮助他们,促使他们迅速成长。要积极改善他们的工作条件。要像当年对老科学家一样来处理这个问题。这个问题要迅速、及时解决好,否则在科学技术上的损失,将是难于预测的。

(原载《科学学与科学技术管理》1984 年第 4 期)

经济起飞的成功之路

——山东省烟台市重视智力开发、大胆启用人才的调查

近几年来，山东省烟台市经济建设发展速度较快，经济效益较高。1984年该市工农业总产值106.7亿元，比1980年增长46.7%；地方财政总收入6.1亿元，比1980年增长44.8%；职工人均工资1049元，比1980年增长46.1%；农民人均收入507元，比1983年增长13.2%；国民收入约59亿元，比1983年增长11%。该市人均产值和农村人均收入分别高于山东全省平均数的300元和100元以上。山东全省共有四个工农业总产值超亿元的乡镇，烟台市就有两个，即牟平县的宁海镇和蓬莱县的登州镇。其中宁海镇的西关村、新牟里村等地的经济实力，在全国村级经济中居于领先地位。烟台的经济成就引起了全国的重视，得到了党中央的高度评价。1984年11月胡耀邦同志亲临烟台视察，为烟台人民写下了“跨越世纪”的题词。

烟台市经济起飞成功之路何在？最近我们通过对烟台的调查，强烈地感觉到，关键在于真正从思想上树立起尊重知识、尊重人才的观念，为了四化，为了明天的腾飞，扎扎实实，埋头苦干，狠抓智力开发、人才培养和大胆选拔、启用人才。

一、狠抓基础，提高质量，为经济起飞提供一支质量较高的人才和劳动者后备军

烟台经济发展较快，其重要前提是：普通教育事业基础较为扎实，为工厂、农村、高校等社会各部门源源不断地培养、输送了具有一定文化知识和生产技能的质量较高的人才和劳动者后备军。

烟台地区历来比较重视教育，人民群众通过读书求进取，已成为当

地牢固的社会风尚。只要有饭吃，孩子就要上学，尽可能地深造。党的十一届三中全会以后，随着农业生产逐步地实现“两个转化”，工业生产的“转轨变型”，群众在实践中越来越迫切地感到，经济发展离不开科学知识，离不开教育。烟台沿海渔民历来以捕捞为业，而现在逐步转移到以养殖为主，并且向精养高产发展。过去和风浪搏斗的经验不够用了，需要掌握现代科学技术，这就对智力开发提出了新的要求。实行生产责任制以后，生产逐步向专业化方向发展，这就要求人们具有一定的专业科学知识。随着烟台的进一步对外开放，对商品生产提出了更高的要求。要吸收和应用新技术革命的成果，农民对教育的需求就更强烈了。文登县葛家村养鸡专业户苏方桂订阅了十二种报刊。他从国外养鸡资料上发现，美国养鸡业之所以兴旺，诀窍在于科学搭配饲料。他决心创一条科学养鸡的新路子，自费到山东矿业学校学习微电脑知识，花了 2100 多元买了一台微电脑，又把老师请到家中指导，终于掌握了计算机技术，并运用于家禽养殖，开创了新的养鸡局面。广大群众在实践中深深体会到，受教育水平的高低与经济发展水平的高低密切相关，不能只图目前的初步富裕，而要争取长远的繁荣，同时要考虑子孙后代的幸福。因此，尽管目前农村致富道路很多，但家长不愿让孩子为谋取眼前经济收入而辍学。乡镇企业招工也不采取“以资带劳”的办法，以免招来文化素质太低的劳动力。

面对广大群众和工农业生产在实践中提出的强烈的教育需求，烟台市委、市政府和教育部门把智力开发作为发展经济的战略重点来抓，把基础教育作为智力开发的重点来抓，有力地促进了经济发展。

狠抓初等教育的普及和教育质量的提高。经过长期努力，烟台已成为全国最先普及初等教育的地级市。经过检查验收，1984 年全市学龄儿童入学率为 99.29%，年巩固率为 99.16%，应届毕业班的毕业率为 90.82%，12～15 周岁少年儿童的普及率为 99.4%，3～6 周岁儿童的入园率达 83%。

狠抓中等教育结构改革。大力发展各种类型的职业技术教育，制定了职业教育发展规划。1984 年各类中等职业技术学校在校生占高中阶段在校生数的 31.4％，1985 年计划达到 40％。除了普通高中外，城镇有职业中学、技工学校、中专，农村有农业中学、农业技术学校、农业中专，形成了不同的层次。1984 年山东省检查了全省 128 所农业技术中学，合格率为 80.6％，烟台市被查的 17 所全部合格。他们紧密围绕经济建设需要，设置了专业，培养紧缺和急需的人才，毕业生深受欢迎。会计职业班毕业生有偿分配，每人 1200 元，仍然供不应求。为了适应对外开放要求，建立"贸工农"的产业结构，他们为发展第三产业增设了不少新的专业。为了替出口产品服务，设置了工艺美术专业；为了接待外宾，设置了烹饪、导游、接待服务专业。烟台各类职业技术学校办学方向明确，教育质量不断提高，为烟台经济发展培养了许多有技术的人才。

努力提高普通高中的教育质量。自从恢复高考制度以来，烟台为高校输送了大量新生。尽管烟台考生的录取分数线高于全省其他地区，但每年烟台被录取的新生仍然平均约占全省招生数的四分之一。其中部分大学毕业生已经陆续回到家乡参加建设，为烟台人才队伍增添了新鲜血液。现在烟台的大学毕业生中约有四分之一是近年毕业的。

大力改善办学条件。烟台市舍得进行智力投资，教育经费逐年有较大的增长。1984 年国家支出的教育经费，威海市比上年增加 32.56％，蓬莱增加 25％，黄县增加 23.65％。他们还通过多种渠道筹集教育经费，1984 年全市共集资 4778.91 万元，占国家教育经费一半以上。1984 年全市 38000 多名民办教师全部实行了工资制，较好地解决了民办教师的劳动报酬，提高了他们的教学积极性。1984 年全市校舍改造共投资 3000 多万元，现在坚固适用的校舍占校舍总数的 95.14％。公办中学、乡镇实验点的教学仪器设备全部达到部颁三类标准。在不少经济发达的地方，实现了从幼儿园到高中的免费教育。牟平县宁海镇西关村去年教育投资 50 万元，经省教育厅批准，他们还自己出钱，国家提供教师，办起了一所中专，面向社会，招收高中毕业生。

二、重视培训，建立体系，为经济起飞建立一支质量较高的劳动大军

烟台市认为劳动者是生产力诸要素中最重要的要素。要在本世纪末实现四化，提前翻两番，关键在于对正在工作的"当班人"进行智力开发，因而把成人教育作为一项战略任务来完成。由于他们狠抓了成人教育，不断提高了整个地区劳动者的文化技术素质，因而使生产力有了较快的发展。

据人口普查，山东省文盲率28%，高于全国平均水平，有的县近半数人口是文盲、半文盲。而烟台早在1976年就初步完成了国家规定的扫盲任务。1982年人口普查以后，为了进一步扫除剩余的少数文盲，烟台又建立了各级扫盲机构，普遍落实了扫盲工作责任制。目前烟台12～40岁人口中非文盲率已达98.6%，除盲聋哑痴呆病残者39000人以外，基本上扫除了文盲。烟台职工"双补"任务也已基本完成。目前职工教育主要精力已转为抓高中文化教育和中级技术教育，大力发展中专教育。从1980年开始，有计划地对干部队伍进行了大专以上文化程度的轮训。

在发展成人教育过程中，烟台市很注意合理布局，发挥经济效益。一些地区和部门逐步改变了分散办学、重复布点、各自为政的做法，调整、合并了一批大同小异、"小而全"的教学单位，自上而下地建立了一套职责清、指导灵、效率高的组织管理体系，节省了人力、物力和财力，节约了时间和场地，提高了教学质量。他们在办学方面形成了如下体系：

1. 办学体系。开展多层次、多规格、多形式的办学，建立初、中、高三级教学段，形成从初中到大学，从业余到脱产，从补课到专业学习，从文化技术到政治业务的完整的办学体系，撤销重复的办学点，集中办学，加强统一管理，提高智力投资效益。

2. 教学体系。厂(店)办学，以普及教育为主，设职工学校；局(公司)办学，以综合教育为主，设技工学校、职工中专；市级办学，以提高为主，有电大、职大等校。这样分级办学，各有分工，凡下级不宜开设或不

能开设的科目，由上一级开设，初步形成一个学科全、专业齐、相互配套的搭配教育体系。

3. 计划体系。主管部门有全员培训的长期计划、年度计划、阶段计划，与生产计划同时下达。基层有本部门的培训计划、办班计划。培训任务和时间安排落实到每个人。

此外还建立了教研体系和管理考核体系。

三、尊重人才、网罗人才，为经济起飞不断壮大科技人才队伍

1. 大胆改革人才选拔制度

近年来，烟台市在人才选拔制度方面，作了以下改革：乡镇干部实行选聘合同制。在选拔中打破论资排辈，注重真才实干。1984 年底乡镇干部中具有高中以上文化程度的比上年增加了 56.6%，35 岁以下年龄的增加了 54%。

市县区业务部门试行干部招聘合同制。1984 年，市、县、区业务部门共招聘干部 171 人，其中一人担任了市一轻局主要领导。

改进干部录用制。过去分配在国营单位当工人，现自愿到集体单位和乡镇企业工作的中专毕业生，可以录用为国家干部。

招贤考核制。在人才选拔上，相当多的单位启用科室人员时都采用招贤考核的办法。在技术职称考核晋升上，坚持理论考核和实践技术考核相结合的原则，对职工学校中的优秀工人学员和自学成才的，及时考核晋升。1982 年威海市有 175 名无大学、中专学历，土生土长的科技人员获得技术职称，获得职称的工人出身的科技人员占威海市科技干部总数的 28.8%。

2. 大力聘请天下英才

烟台市委认为，一个钱财，一个人才，历来是搞经济开放的关键。烟台现在两项都缺，但是不会像过去那样束手无策。一靠引四海资金，二靠聘天下英才，而资金的能否引进，关键又在于人才，因此，关键的关键是人才。

烟台市急需一大批有事业心、政策水平高、通晓业务的各类人才，怎么办？烟台市和各县均成立了人才交流服务中心，配备精干人员。

烟台市在全国主要报纸上进行公开招聘，提出：凡是熟悉国际经济、贸易、金融、法律、现代化管理和科学技术的中高级专业人员，愿来烟台工作的，都将待之以礼，委之以任，施之以惠。他们在招聘中，根据需要，坚持质量，注意政策，大胆引进，1978 年到 1984 年底从北京、天津、上海等地共招聘引进各类专业技术人员 3639 人，今年第一季度又招聘引进 400 多人。

3. 充分调动人才积极性

为了调动人才的积极性和创造性，充分发挥人才的作用，烟台各级党委、政府对人才在政治上高度重视，工作上委以重任，生活上关心照顾，工资上适当提高报酬。市房屋建设综合开发公司 1984 年建成商品房八百多套，其中有六百多套由市人才交流服务中心支配，全部作为引进科技人员的住房。科技人员所到单位购买商品房有困难的，由银行提供低息贷款，分期偿还。市内第一流的住房是两幢一百多套的科技干部楼，住的是骨干和高级科技人员。黄县龙口针织厂住房分配，科技人员住二楼，厂领导住顶楼，单身女科技人员一人住一间宿舍，单身女工却九人住一间。

四、面向世界，面向未来，为今后的腾飞描绘一幅宏伟的智力开发蓝图

烟台是我国十四个沿海开放城市之一，这就意味着烟台加入了国际经济技术竞争，加入了世界性的人才竞争。为了更好地担负起对外开放、对内搞活的任务，为四化建设作出更大的贡献，他们根据中央领导同志的指示，正在制订一个宏伟的教育事业发展规划，要把烟台建设成独创性的、具有中国特色的教育改革实验区，实现到本世纪末全市中青年都提高到高中或中专以上文化水平，其中百分之十达到大专水平的战略目标。这个任务是艰巨的，但是根据开放的要求，赶超世界先进水平的要求，这个目标又不能不达到。

围绕建设烟台教育改革实验区的总目标，烟台普通教育将进一步改革中等教育结构，为“贸工农”型生产结构培养人才；改革教学体制，进行从幼儿园、小学到中学的“一条龙”实验；改革教学内容和方法，重

视开发智力、培养能力;改革办学领导体制,建立县统一领导下的“三级办学两级管理”体制;改革学校管理体制,实行校长负责制;改革集资办法和校舍投资、基建办法,建立地方教育发展基金,把学校基建纳入城镇建设的总体规划;改革工资制度,改革师范教育和教师培训工作,提高教师的待遇和业务水平。“七五”期间要努力提高普通教育的普及水平,大力发展职业技术教育和高等教育,幼儿入园率要达到 95%,小学毕业率要达到 96%以上,初中入学率要达到 95%以上,各类职业学校在校生要占高中阶段在校生总数 60%。他们要用现代化教育手段武装学校,学校仪器配备要达到部颁一类标准,并促进电化教育的开展。市教育局、职教办、广播电视局正在联合筹建电视高中。一批办得较好的职业中学和农业技术中学将升为职业中专。

成人教育已举办了函授高中,在校生 13000 人。今年还将办起职工函授中专,面向城乡招生。凡是职工总数达万人以上并有条件的县(市)区和市直系统,都将尽快举办职工中专校或中专班。

烟台过去只有烟台师范学校和莱阳农学院两所高校。近年来,他们兴办了机械职工大学、科技干部进修学院、教育学院、烟台大学电大分校等高校,仅烟台大学就计划集资 1 亿元。他们还将筹集各类专业干部院校。他们还和省内外高校广泛联系,挂钩培养人才。为了给经济技术开放区准备高级管理人才,他们选拔了一批具有大专文化程度、有一定外语基础、35 岁左右的干部,输送到山东经济学院深造。威海规划了 14 平方公里的文化教育区,欢迎各地大专院校和科研单位来兴办科技教育事业,并已与山东大学、哈尔滨工业大学、西北工业大学等单位签订在威海办分校的协议或意向协议。

(原载《科学管理研究》1995 年第 6 期,与沈进合作)

论苏州、无锡、常州开放区人才发展战略

江苏省苏州、无锡、常州三市十二县城镇乡的开放，是要率先成为内外交流、工农结合、城镇乡渗透的、现代化的、开放的、文明富庶的地区；将成为对外经济的桥梁，引进先进技术的枢纽，发展对外贸易的基地，培养人才的摇篮，传递信息的中心。苏、锡、常开放的条件是得天独厚的。只要我们立志腾飞，面向世界，敢于竞争，以智取胜，那么苏、锡、常开放区就一定能后来居上，兴旺发达，办成第三个开放层次中最好的一个，并赶上第一、第二个层次，走在全国开放的最前列。

树立以智取胜的发展战略

开放的实质是改革，是革命。开放的过程是不断破除阻碍改革和开放的旧观念、旧框框的过程。苏、锡、常的开放，要后来居上，迈出新的步伐，开创新的局面，必须首先解放思想，认识开放，了解开放，敢于破除旧观念、旧框框，树立新的开放观念。1. 全方位开放的观念。苏、锡、常的开放是全方位的开放，不是一个方位或几个方位。开放的路子要拓宽，合作交往的范围要扩大。既要面向港澳地区、日本，又要面向世界；既要面向第一世界，又要面向第二、第三世界；既要面向太平洋，又要面向五湖四海。2. 群体观念。苏、锡、常开放区是一个群体，不是互相孤立的。苏州、无锡、常州三市十二县以及所属乡镇、企业，都是个体。既要考虑每个市、县、乡镇和企业个体的发展和利益，更要考虑兼顾群体的发展和利益。3. 综合观念。苏、锡、常的开放要坚持综合开

放,综合开发,综合利用,综合治理,综合振兴。外资、技术、管理、智力、信息综合引进;城、镇、乡综合建设,贸工农综合开发;智力、人才的引进、开发、输出综合运筹,不能各自为政,零打碎敲地进行。4. 开放与改革同步进行的观念。开放促进改革,改革保证开放,相辅相成,互相促进。开放与改革要同步进行,不能顾此失彼,互相脱节。5. 竞争的观念。竞争是经济发展的强大动力。没有竞争就没有进步,就没有创新,就没有优质,就没有活力。开放是在世界范围内的竞争。要敢于竞争,善于竞争。坚持质量第一,以质取胜。

苏、锡、常的开放,要后来居上,迈出新的步伐,开创新的局面,更重要的是要树立开放的人才观,确立以智取胜的发展战略。

1. 以智取胜是马克思主义理论的伟大实践。随着生产力的发展和科学技术水平的提高,智力因素在开放中起着越来越重要的作用。马克思明确指出:生产力的发展,归根到底,一方面来源于社会的分工,另一方面"来源于智力劳动特别是自然科学的发展"。[①] 恩格斯指出:"在马克思看来,科学是一种在历史上起推动作用的、革命的力量。"[②] 俄国十月革命胜利以后,如何加速苏维埃社会主义经济的发展呢?列宁认为,就是要把资本主义积累的文化、知识和技术继承过来,拒绝学习资本主义的先进技术和文化成果,那就是愚昧落后,是中世纪的观念作怪。遵循马克思、恩格斯的观念和列宁的方针,苏联一贯重视智力开发,智力投资,加强人才开发,通过引进技术和人才,建设了很多大工程,促进了苏维埃政权的巩固。在当代的国际环境和历史条件下,一个地区要实现经济技术现代化,要建设高度的物质文明和精神文明,非实现开放不可,而实现开放,又非突出以智力取胜不可。这是一条普遍的规律。

2. 以智取胜是当前世界大竞赛的必然。在全球经济大战中,世界

---

① 《马克思恩格斯全集》第 25 卷,第 97 页。

② 《马克思恩格斯选集》第 3 卷,第 575 页。

主要国家都在拼命争夺市场、资金、技术和人才，由于国际贸易已由过去单纯满足市场需求向开拓市场、开拓新的消费力和生产力方向发展。在现代国际贸易中起决定性作用的是掌握先进技术和知识的人才。世界经济竞争的战略焦点，已从争夺市场、资金、设备，转向人才。人才和资本，是最重要的资本，已成为时代的特点。当前世界各国面临的共同困难是——人才奇缺；实行开放，尤其缺乏外向型的、现代化的、开创性的领导型人才、经营型人才、专家型人才、导师型智囊人才、总经济师型人才、总工程师型人才和会计师型人才。

3. 以智取胜是适应国际经济贸易功能新变化的需要。国际经济贸易已从单一性商务机制向多功能、多渠道、放射型机制转化。国际经济贸易经过互通有无的双边或多边贸易为主的第一阶段和以工贸结合、技贸结合为主的第二阶段，现在已经到了第三阶段，即以资源型为主的贸易阶段。它的特点是科研、生产、教育和贸易分工协作，凝聚成分子结构式的整体。它是多功能性的，以信息、技术、商品、知识（软体）为贸易内容，并向全世界呈放射型发展。它不同于三十年代、四十年代的托拉斯式垂直垄断型，那已失去时代的竞争力和优越性，相反容易形成官商化、低效率、重亏损。新的机制的特点是横向联结，小型为主，适应性强，灵活性高，可直接把科研成果转化为生产力，并及时转化为国际贸易中的竞争力。美国硅谷，日本硅岛……都是这种新的机制的模式。在新技术革命的推动下，知识和技术，信息和人才，将成为未来世界经济大竞争中具有决定性的竞争力。一个国家或地区若离开了知识和技术，信息和人才，不仅会失去经济竞争条件，而且将沦为他国在技术和经济上的“殖民地”。

4. 以智取胜是国内外经济性特区管理的根本经验。总结国内外经济特区管理的经验教训，其中最关键的一条是培养自己的技术干部，训练、提高职工队伍的素质，为特区乃至全国的经济发展打好基础。

以智取胜是创造投资环境的关键。开放区现有的知识水平和人才，是投资环境中的重要因素，不可忽视。国外对我国开放最关心的有两个问题：一是知识水平，二是人才。在中国开放城市投资洽谈会上，外商、外国记者曾提出了十九个问题，其中一个问题是：你认为开放城市及特区管理部门的负责人，是否都具有足够的专业知识，以实现各城市雄心勃勃的开放计划？另一个问题是：是不是每个开放城市都拥有一支具有一定技术水平的劳动队伍？而这支队伍在数量上和质量上是否可以得到保证？这说明了开放区的知识水平和人才已成为引进外资技术的决定性的条件。

我国特区建设的经验，以智取胜是成功之路。日本经济学专家小林实在访问、调研深圳经济特区后指出：在深圳参观了几个工厂，其中有一个"华强"电子工业公司是与日本三洋公司合作的，已合作三年，产量增加了，利润增加了，可惜日本的先进技术和管理方法并没有学到手。他还指出：东南亚的加工区都很重视外语教育，深圳在这方面也不要落后。深圳投资者大多数来自中国香港，可以说广州话，将来日本来投资，光说广州话就不行了。比如日本投资者要三百名懂英语的工人，深圳能提供吗？管理人员外语水平更重要，深圳也能提供吗？因此，他建议一定要把发达国家的先进技术学到手，要从小学就开始进行外语教育。这是很有远见的，值得我们借鉴。

5. 以智取胜是产品质量竞争的根本，其实质是人才的竞争，智力投资的竞争。世界经济竞赛是产品的竞争，产品竞争主要靠产品质量，靠开发新型的、有发展前途产品的生产效率。日本从八十年代中期起，随着科学技术的发展，一系列工业领域，尤其是在一些知识密集型产品的生产方面开始赶上，甚至超过了美国。日、美 186 项同类工业产品的质量进行比较，结果表明：美国 72 种产品生产质量超过日本，而日本 54 种产品为优势。其余差不多是同一水平。日本许多企业领导人认为产品质量是根本，而决定性在于有发展前途产品的生产效率。因此，他们十分注意和重视：1. 灵活、有效地运用新技术发明；2. 创办拥有最新技术及管理方法的企业；3. 实业界与统治集团有密切联系；4. 认真仔细研究发展战略；5. 全面开展"品质圈"活动，数据表明，"品质圈"的有效活动，可以增加利润 19 倍；6. 日本商品竞争能力在很大程度上决定于生产管理。国家制定了一套科学的劳动力和科技人才的使用制度。1965年至1978年间,日本的科研人员增加了130%,而美国只增加了20%。1965年日本每千人中只有24.6名学者或工程师,美国则有64.1名。到七十年代末、八十年代初,日本已增加到49.4名,而美国减少到58.3名。科学研究及发明的开支在国民生产总值中占的比率,1961年日本是1.39%,美国为2.73%,1978年美国下降到2.23%,而日本却增加到1.93%。然而,美国的科学技术水平仍然大大超过日本。1978年美国有597.3万科技人员从事科学研究和实验工作,而日本只有273.1万人。美国科学技术及实验设计工作的经费也超过日本。七十年代末美国这项开支近500亿美元,而日本还不到一半。

由此可见,实行开放,发展对外贸易,经济竞争的关键是商品的竞争,商品竞争的实质是人才竞争、智力投资的竞争。

逐步建立外向、开放型人才结构

开放,要求苏、锡、常地区的整个结构转轨变型。其中首先是经济结构的转轨变型,从内向的、封闭的经济结构,转变为外向的、开放的、具有活力的经济结构;从工农贸结构转变为贸工农结构。经济结构的转轨变型,决定着人才结构的转轨变型,而人才结构的转轨变型,又反作用于经济结构,是经济结构转变的关键。没有人才结构的转轨变型,也就不可能有经济结构的转轨变型。现有的内向型、封闭型的人才结构,必须相应地转变为外向型、开放型,具有活力的人才结构。

外向型、开放型的人才结构,首先要求个体人才结构的高质量、高水平。开放区的人才,是置身于全球范围,面向世界的"国际化"人才。他们是社会主义开放区的建设人才,是社会主义精神风貌的体现者,具有高水平的道德品质、专业知识和管理艺术。具体地说,社会主义开放区人才的个体结构必须具备以下素质:

1. 坚持党的四项基本原则,具有对马列主义、毛泽东思想的坚定信念和辩证唯物主义的世界观,掌握马克思主义的基本立场观点和方法,坚持社会主义方向,热爱祖国,有强烈的民族自尊心和事业心,严格按照党中央规定的路线、方针、政策办事，维护国家主权和人民利益。

2. 具有国际眼光，国际视野，全球观点。要眼观五洲四海，时刻关心世界各国经济，跟踪世界各国经济，以敏锐的目光洞察世界各国经济的发展动向和趋势，预测今后世界发展的状况。

3. 具有丰富的专业知识、科学技术知识和管理知识。开放区人才必须学习和掌握马克思主义政治经济学原理，不仅懂得社会主义经济理论，还要懂得资本主义的经济理论。懂得货币、金融、利息、地租、价值规律、市场供求规律等。学会和掌握现代化经营管理方法。善于学习和吸收外国的先进科学技术知识，管理知识，不断学习新知识。

4. 具有较强的应变能力。现代化经济是一个发展的、不断前进的过程。没有固定的东西。今天有的，明天可能就变化了，后天又有新的发展。现代化经济的一个重要特点就是不断发展，变化迅速。开放人才就要有较强的适应这种变化的能力。要有强烈的进取精神和热情，敢冒风险，勇于开拓，善于实践，不断增强自己的应变能力。

5. 熟练地掌握一两门外语。外语是吸收世界最先进的知识，启发自己的智慧，与外国朋友打交道的必备工具。只有熟练地掌握一两门外语，才能得到最新的信息，才能更好地接受、吸收、处理信息。

6. 具有广博的国际知识和文化修养。讲求文明礼貌，善于掌握政策，讲求方式方法，对待外国朋友热情友好、不卑不亢、平等相待，不谋私利，廉洁奉公，遵纪守法，不营私舞弊，不贪污受贿，拒腐蚀。

内向型的经济结构转化为外向型的经济结构，农工贸经济结构转化为贸工农经济结构，要求人才的群体结构必须从内向、封闭型转化为外向、开放型。从农工贸的人才结构转化为贸工农的人才结构，使人才结构与经济结构相适应。

开放区经济模式引起人才结构的新变化。要求抛弃旧的人才开发、管理的框架，原有的人才开发、管理，是内向型的，封闭在自我循环的圈子里。现在开放后，就打破了原来闭关自守、自我循环的"小人才"概念，在人才开发、管理系统中，注入了国外先进科学技术知识、管理知识和人才等，直接影响着人才开发、管理。再从人才流向来看，除了国内交流外，现在扩大到世界范围的交流：一方面是外来科技人才的日益增多，另一方面是开发区人才走向世界的增多。这种国内外、区内外人才交叉交流的扩展，要求人才开发与管理相适应。因此，要从开放区实际情况出发，建立起具有中国特色的社会主义开发、管理模式，走与内地不同的外向型新路子，但又与西方开放的外向型的人才模式相区别。

开放区人才管理体制改革引起的人才管理业务职能、服务形式及管理方法的新变化，要求冲破旧的人才开发和管理的框架，必须实现从人才开发、管理业务职能的单一化、专业化转变为管理职能多样化。认真搞好人才开发和管理体制的改革，在原有人才开发、管理的基本职能的基础上，通过调整改组、改革和引进、转移、消化，逐步向外向型为主的人才开发、管理模式过渡。

开放区引进国外先进科技知识、人才后，原来的人才开发、管理原则和服务内容、项目，要求加快变为新的人才开发和管理的框架。开放后，人才的来源包括：开放区人才、国内人才、国外人才、华侨人才……这就要求变通原来的开发管理原则、服务项目，分别不同来源的人才，摸索出具有开发区特色的开发、管理模式。

要实现人才结构合理化，实现人才良性循环，必须创造主客观条件。从主观上来说，就是人才内部结构的不断重组、调整、交流，使之成为外向、开放型的人才结构。从客观条件来说，首先要有合理的贸工农经济结构。如果经济结构不合理，也就必然造成人才结构不合理。其次有合理的教育结构，要根据外向、开放型的经济、人才结构，调整教育结构。如果教育结构不合理，就必然影响人才结构的合理化。再次还要有智力投资结构的合理化，要调整物质生产投资与智力投资的比例，增加智力投资，否则就不可能保证教育结构的合理性。

抓紧做好人才准备

搞好开放，建设开放区，是前人没有从事过的事业，需要切实做好思想准备、物质准备和人才准备。一个钱财，一个人才，历来是搞好经济开发的关键,对外开放尤其是这样。解决的办法,一靠引四海资金,二靠聘天下英才。而资金、技术能否引进根本在人才。因此,人才准备是关键,必须优先考虑,优先安排,抓紧做好选拔、引进、培训和管理工作。

一、挖掘人才潜力,认真选拔人才

人才奇缺,是开放区遇到的一个突出问题。人才从哪里来?首先要立足现有人才,认真做好人才的发掘和使用工作。要坚持选拔标准,通过考试、考核等多种形式,从经过专业训练和管理科学教育的现有干部和企业中具有一定文化知识和技术水平的技术人员中选拔一批党性强、政策水平高、有事业心、通晓业务、精明强干的领导干部和精通国际经济、贸易、金融、法律、科学技术和外语等方面的人才,从事对外开放工作。为了做好人才的选拔工作,组织人事部门要随时掌握人才信息,抓紧做好人才的登记、了解工作,摸清每个人才的特点、长处,使人才的选拔有可靠的基础。

二、拓宽人才渠道,大力引聘人才

拓宽渠道,引进人才是解决开放区缺乏人才的一个重要措施。引进人才的工作要面向世界,扩大视野,坚持质量,注意政策,多渠道、多形式、多层次,聘天下之英才。

1. 引进人才要从过去偏重一般性工程技术人员过渡到以高级科技人才和国际经贸人才为主。

2. 有领导、有计划地从国外引进一些高水平、高技术的急需开放人才。

3. 从全国大城市招聘一批有较高水平的急需开放人才。

4. 省、市选派一些领导干部和管理人才。

5. 聘请一批海内外知名人士担任顾问。

6. 引聘工作要实行开放式的,认真做好宣传工作。引聘中要特别注意坚持质量,引聘一批熟悉国际经济、贸易、金融、法律、现代化管理和科学技术、外语等中高级专业科技人才。凡是愿来苏锡常城、镇、乡工作的,要待之以礼、委之以任、施之以惠。

三、重视智力开发，大力培养人才

又多又好地培养开放人才，是解决开放区人才缺乏的根本措施。有领导、有计划、有组织地加强领导，统筹兼顾，合理布局，增加智力投资，改革教育体制，提高教育质量是关键。

要有远见。远期、中期、近期三个时期、三个层次的智力开发一起抓。既要看到目前人才急需的状况，又要看到今后5年、10年、20年对开放人才的需求。要预测到今后开放发展的方向、趋势和新变化、新情况对人才的需求。要正确处理远期、中期、近期智力开发的关系。抓好远期的智力开发，这是在远期起作用的，就是要抓好中小学基础教育，抓好二十一世纪初进入社会的儿童教育，未来的开放人才。苏锡常要作为一个整体，合理调整布局、调整教育结构。中小学教育的培养目标、内容、方法要与开放相适应。要加强国际知识、经济、科技知识、外语的教育。抓好中期智力开发，这是中期起作用的。就是要抓好现有大、中学生的教育，要及早采取措施，围绕开放进行教学，使他们10年之后成为开放区的栋梁之才。还要抓好近期智力开发，这是当前起作用的。抓好在职干部、科技人员和职工的继续教育特别重要，因为他们在开放区各种岗位上负有一定的责任，是搞好现在和今后开放工作的关键。加强在职干部、科技人员和职工的继续教育，知识更新，所起的作用最大。所以各市、县、乡镇和企业，都要特别抓紧搞好在职干部、科技人员和职工的智力开发工作，要教育广大干部、科技人员和职工，不仅要看到我们经济上与发达国家的差距，看到个人文化知识和技术水平上的差距，更要大大激发自己刻苦勤奋、好学上进的精神，掀起一个学科学、学技术、学管理、学外语的热潮。开放工作的速度规模将取决于上述三个时期、三个层次的智力开发，决定于各级领导干部对智力开发重视程度，投资的速度和规模以及下工夫的大小。

要采取多规模、多渠道、多形式培养开放急需的人才。综合国内开放区人才培养的经验和做法，可以采取以下措施：1. 聘请外国专家、行家、学者来开放区讲学、传授技术，聘请外籍华人来开放区兴办大学；2. 在合资或独资的企业中，通过外商请来的外籍技术人才和管理人才，推动我方科技人员和管理人员的培训，提高业务水平和管理水平；3. 选拔优秀、有培养前途的科技人才、经贸人才到国外系统地进修、提高；4. 选拔一批优秀大学毕业生，送国内有关院校进修、提高；5. 选派领导干部、专业科技人才到国外短期参观、考察；6. 选派有关人员到国外和香港的企业，用工读办法培训；7. 有计划地委托全国有关高等院校培养急需专业人才；8. 尽快选拔一批具有大专文化程度、有外语基础，35 岁左右的青年干部和科技人员，委托高等院校，举办学习班，进行专业培训，培养管理经济、技术开发区的干部和合资企业的经理、董事长、会计师；9. 举办外语学习班，加快外语人才的培养；10. 积极采取措施，继续抓紧厂长、管理干部和科技人员和工人的在职培训，全面提高干部队伍的科技、管理素质。

四、改革人事制度，搞活人才管理

开放区的人才，需要开放型的人才管理。它要求人才管理更加科学化、现代化，更加具有活力。因此，改革现有的人事制度，是搞活开放区人才管理的保证。

1. 简政放权，减少中间环节。根据开放要求进一步精简机构、精简人员，减少不必要的中间环节，扩大企业自主权和用人权。市、县人事部门主要管人才管理的大计方针、政策；局或公司一级的人事权应该下放，使人才管理更加灵活。

2. 实行灵活政策，及时做好人才动态平衡。既要注意长期的人才需求，制订人才长期规划，为今后的发展培养人才，又要在情况变动下，采取灵活措施，培养急需的人才。当某个专业人才过剩时，要及时加以调整；当发现某些专业人才短缺时，要及时补充，加速培养。因此要及时捕捉、掌握国内外、省内外、区内外的人才信息，了解人才供需情况，随时加以调节，使开放区人才系统处于动态平衡之中。

3. 积极创造条件，逐步实行干部选拔、聘任制，科技人员聘任合同制。

4. 因需施用，因才施用，实现更加合理的人才流动。开放区人才管理的活力，就在于用人的合理、灵活、高效，积极地、主动地实现人才合理流动是重要一环。要因需、因才合理使用人才,不断加强交流,促进人才结构的更加合理化,活而不乱,管而不死,真正做到人尽其才,才尽其用。

5. 根据贡献大小,实行奖励政策。开放意味着国际上的竞争,同样不可避免地在开放区、在国内也有竞争。回避竞争不符合客观规律,而且会陷入被动,失去活力,甚至会被淘汰。在开放竞争的过程中,对于贡献较大的领导干部、科技人员和职工,要给予奖励,实行荣誉奖和物质奖相结合。竞争出人才,重奖出人才,实行奖励必然涌现一批又一批优秀人才。

6. 打破地区、城乡分割,实现人才管理一体化。要根据开放区经济需要,既有分工,又有协作,实行一体化的人才管理。三市十二县之间要建立人才协作网络,互相帮助,互相支持,互相调节,高效率地使用和管理人才。

7. 实现人才管理现代化、科学化。要运用系统方法,把人才作为一个整体系统进行预测、规划、设计和评价,从中提出最佳方案,以便实行人才的最佳管理和最佳使用,达到最大限度地发挥人才的作用。

总之,只要我们实事求是,解放思想,认真贯彻党中央的人才发展战略思想和知识分子政策,采取灵活措施,大力发掘,积极引进,认真培养,大胆启用,苏锡常开放区城、镇、乡的人才一定会兴旺发达。人才的兴旺发达,一定会带来开放区的日益繁荣,让苏锡常这块小金三角更加璀璨耀眼!

(原载《社会学研究》1987 年第 5 期,与沈进合作)

“苏南模式”与苏南智力开发

长江三角洲苏(苏州市)、锡(无锡市)、常(常州市)三市十二县,自党的十一届三中全会以来,城乡社会主义精神文明建设和物质文明建设发展很快,工农业总产值不仅为全省之冠,而且也名列全国的前茅。它的发展格局,被人们誉为“苏南模式”。现在很多人都在探讨苏南起飞的奥秘所在。促使苏南起飞的因素固然很多,但我们觉得,重视智力开发,以人的质量取胜,则是它的关键所在。本文着重探讨其智力开发的特点及其在苏南腾飞中的作用。

1. 城乡智力开发一体化

苏、锡、常地区向来教育事业较发达,基础较好。1983 年 3 月 1 日实行“市领导县”体制以来,中心城市的智力不断向农村梯度推移,有力地推动集镇和农村的教育事业,城乡智力开发一体化日趋明显,已经形成了以苏、锡、常三市为中心,县、乡、村集镇为纽带,广大农村为基础的城乡教育一体化。

以苏州市为例。该市现辖四个市区、六个县(市)。至 1985 年底,全市各级各类学校学生 70 多万人。每万人口中学生人数达 1320 人,比 1949 年增加了 1.35 倍。广大农村普及了小学教育,学校儿童入学率达 99.64%;市区和沙洲县已普及初中教育。全市普通中学 544 所,在校学生 23.5 万余人,比 1949 年增加 14.58 倍。中等职业技术学校在校学生 2.3 万人,比 1949 年增加 7.5 倍。全市高等学校发展较快,现有高校 10 所,在校学生 1.2 万多人,比 1949 年增加了 13.4 倍。成人教育发展也很快,全市参加各种成人文化、技术学校(班)学习的学员有28.8万人。全市已办起20所职工高校、一所电大学校和34所职工中专。绝大多数乡镇建立了成人教育中心。

2. 智力开发能力强

苏、锡、常和江苏北部的徐州、淮阴、盐城、连云港只一江之隔,可是经济差距较大。以工农业总产值来看,苏、锡、常为524.20亿;徐、淮、盐、连为274.06亿,苏、锡、常的工农业总产值是苏北四市的一倍。每人拥有工农业总产值,苏、锡、常平均为9750元;徐、淮、盐、连平均为1904元,苏、锡、常的每人拥有工农业总产值是苏北四市的五倍。

苏南、苏北的经济差距,其本质是智力开发、教育水平、人员素质之间的差距。这从下列各表中可以见到。

(1) 全民文化程度(每千人口中各种文化程度的比例)

	大专以上	高中(中专)	初中	小学	文盲
苏、锡、常	8	82.5	243.2	357.6	203.9
徐、淮、盐、连	3	55.8	175.5	308.9	312.0

(2) 每万人中的在校学生

	大专以上	高中	初中
苏、锡、常	12.8	84	417.6
徐、淮、盐、连	3.5	58.9	372.5

(3) 平均升学率

	小学升初中	初中升高中	每万人口中年高校招生数
苏、锡、常	85.72%	37.61%	4.64人
徐、淮、盐、连	60.93%	21.03%	1.56人

(4) 专门人才所占人口的比重

苏州	无锡	常州	小计	徐州	淮阴	盐城	连云港	小计
1.4	1.93	1.69	1.67	0.92	0.64	0.74	0.93	0.8

(5) 在全民企业中拥有的各类专业人才(指具有中专以上学历或取得技术员级职称的人员)占职工的比例:苏、锡、常三市为74.9%。

3. 人民素质不断提高,人才的密度比较高

无锡市1980年人口75.93万人,人口自然增长5.56‰。同1964年相比,大学文化程度的由1.9%增加为2.94%;高中程度的由1.12%增加为17.82%;初中程度的由19.1%增加为35.84%;小学程度的由48.58%下降为28.3%;识字500～1500字的由3.73%,增加到4.02%;识字不足500个的,由19.57%下降为11.08%。中专、技工学校和职业中学在校学生占全市中等学校总数的10.2%。上述人员中,就业人口(包括农业劳动者)45.5万人,占全部人口的60%。

人才密度请看1984年苏锡常地区人才密度与上海经济区人才密度比较表。

苏、锡、常与上海经济区人才密度比较表

项目 地区别	人才数	面积		人口	
		总数(公里)	人才与面积比重(人/公里)	总数(万人)	人才与人口比重(人/万人)
上海经济区	1735136	498786	3.5	19732.49	87.9
其中					
上海市	512071	6186	82.8	1194	428.0
江苏省	658317	102600	6.4	6135	107.3
浙江省	203836	100060	2.2	3933.1	51.4
安徽省	224269	130000	1.7	5056.39	44.4
江西省	136643	160.000	0.9	3384	40.4

续表

项目 地区别	人才数	面积		人口	
		总数（公里）	人才与面积比重（人/公里）	总数（万人）	人才与人口比重（人/万人）
苏州市	63361	8488.42	7.5	531.63	119.2
无锡市	61924	4650	13.3	287.00	160
常州市	43433	4211	10.3	304.26	142.7
苏锡常小计	168718	17349.42	9.7	1122.89	138

上表说明：① 上海经济区人才与面积的比重平均为 3.5 人/公里；人才与人口的比重平均为 87.9 人/万人。苏锡常则分别为 9.7 人/公里与 138 人/万人。人才的密度高于上海经济区的平均密度。② 苏锡常的人才密度虽然低于上海，但高于浙江、安徽、江西等省。苏锡常人才与面积的比重，是江西省的 10 倍，是上海经济区平均水平的近 3 倍；人才与人口的比重，是江西省的 3.5 倍，安徽省的 3 倍多，浙江省的2.5 倍，高于上海经济区的平均水平。

4. 科技人员在职工队伍中的比重不断增加，工业企业全员劳动生产率较高

苏、锡、常与上海经济区科技人员与职工的比重表

项目 地区别	科技人员数（人）	全民职工数（万人）	科技人员占职工数（%）	工业总产值（亿元）	工业企业全员劳动生产率
上海经济区	1725136	1591.44	10.9	1773.93	1599
其中					
上海市	512071	377.52	13.6	678.58	28684
江苏省	658317	455.78	14.4	569.45	16197
浙江省	203836	237.61	8.6	259.55	14824
安徽省	224269	274.81	8.1	160.15	11898

续表

项目 地区别	科技人员数（人）	全民职工数（万人）	科技人员占职工数（%）	工业总产值（亿元）	工业企业全员劳动生产率
江西省	136643	245.66	5.6	106.20	8353
苏州市	63361	42.61	14.9	109.94	20274
无锡市	61924	43.27	14.3	110.07	21930
常州市	43433	27.17	15.9	70.93	24741
苏锡常小计	168718	113.05	14.9	290.94	20194

上表说明：① 在职工队伍中的科技人员，苏锡常的比重明显高于上海经济区的平均水平，是浙江省的 1.7 倍，安徽省的 1.8 倍，江西省的 2.7 倍。② 全员劳动生产率，苏锡常地区高于上海经济区的平均水平；比安徽高 1.7 倍，比江西高 2.4 倍。③ 在苏锡常三市中，全员劳动生产率常州市最高，其科技人员占职工数的比重也最高，苏、锡两市全员劳动生产率相近，其科技人员占职工数的比重也相接近。充分显示了科技人员的拥有量和质量对于提高劳动生产率，发展城乡经济关系多么密切。④ 苏锡常的全员劳动生产率比上海市低，这反映了苏锡常在科技人员的素质和管理水平方面不如上海。

5. 农村人口素质的提高，人才队伍的不断壮大，有力地推动了农村经济的繁荣和教育事业的发展

农业经济发展速度与农业系统专门人才发展速度是息息相关的。如 1980—1984 年江苏省农业系统专门人才平均增长率为 13%，而农业总产值平均年增长率就为 14%。

1984 年江苏省农业总产值为 323.7 亿元，其中苏南地区为 131.91 亿元，占 40.8%；苏北地区为 191.8 亿元，占 59.2%。而在全省农业系统共有专门人才 32841 人中，苏南地区有 10924 人，只占 33.3%；苏北地区有 21917 人，却占 66.7%。

1984 年，江苏全省平均每一农业劳动力生产粮食 4116 斤，其中，

苏南地区平均每一农业劳动力生产粮食 5180 斤；苏北地区 3790 斤。全省平均每一农业劳动力创造农业产值 1986 元，其中，苏南地区平均每一农业劳动力创造农业产值 3455 元；苏北则平均产值为 1537 元。全省农业系统专门人才在全省农业劳动力中的比重为 2.3‰，其中，苏南地区农业系统专门人才在农业劳动力中的比重为 2.8‰；苏北地区为 1.8‰。

上述数字告诉我们，地区农业劳动生产率的高低与地区农业系统专门人才在农业劳动力中比重的大小也是密切相关的。苏南地区整个农业总产值在全省农业总产值中的比重虽然不及苏北地区，但因农业系统专门人才在农业劳动力中的比重高于苏北地区，其人均粮食年产量与人均农业年产值皆高于苏北地区。

6. 乡镇工业的发展和繁荣，有力地促进了农村的智力开发、人才培养；农村智力开发、人才培养的加快发展，又反过来推动了乡镇工业的进一步发展和繁荣

现以无锡县经济与人才的发展状况为例来说明。

无锡县各项产值与人才增长比较表

年　　份	1982 年	1983 年	1984 年	1985 年
工农业总产值(亿元)	17.05	20.55	31.42	46.82
工业产值(亿元)	13.76	17.31	27.47	43.32
农业产值(亿元)	3.29	3.24	3.96	3.50
财政收入(亿元)	1.32	1.60	2.06	2.88
人均产值(元)	1664	2006	3067	4565
工程技术人员(人)	525	682	931	1677
农牧技术人员(人)	298	278	312	313
每万人口中拥有工程技术人员(人)	5.12	6.65	9.09	16.33
每万人口中拥有农牧技术人员(人)	2.90	2.71	3.05	3.05

由表可知,无锡县工程技术人员数 1982—1985 年四年间均递增 48.89%,而工业产值就年均递增 47.40%;无锡县农林牧副渔技术人员数 1982—1985 年四年间均递增 1.95%,而农业产值就年均递增 3.03%。

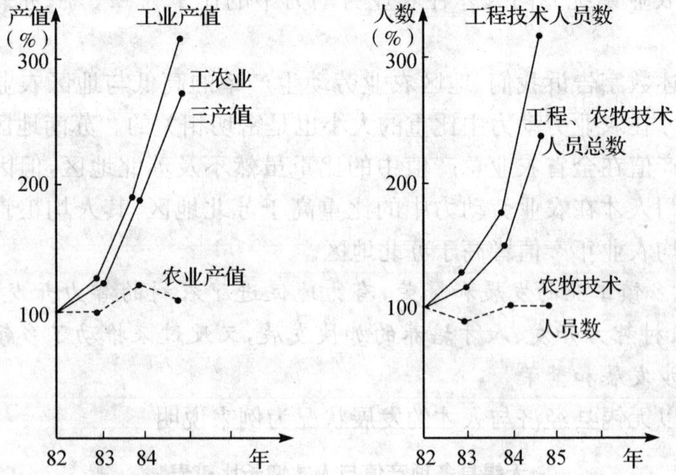

无锡县经济与人才曲线图

由图可见,无锡县 1982—1985 年间,经济发展与人才发展完全是同步的,相适应的。这种同步性,反映了当今经济发展的一条普遍规律:任何地区的经济,只有加强了智力开发、人才培养,提高了人的素质,有了人才,才能改变落后面貌,才能起飞,才能走向兴旺发达;反之,无智、无人才,要改变面貌、经济起飞只是一句空话。而要发展经济,必须从实际出发,改变经济结构,在发展农林牧副渔业的基础上,发展工业,发展第三产业,同时相应地调整智力开发、教育和人才结构。

(原载《科学管理研究》1988 年第 2 期)

人才现代化是苏南现代化的首要目标

中共江苏省第九次代表大会提出的到2010年全省基本实现现代化，像和煦的春风，吹遍江苏大地。经济、社会较发达的苏、锡、常三市率先响应省委号召，分别提出在本世纪末基本实现现代化。张家港、无锡、江阴、武进、昆山等县市决心在本世纪力争率先步入现代化行列。这标志着苏南地区经济、社会发展进入了一个新的历史阶段。实现苏南地区现代化的关键是什么呢？我认为关键在于确立以人才为主体，以人才现代化为首要目标，以人才资源开发为第一任务的战略思想，加大力度，采取相应的对策措施。

苏南现代化首先是人才的现代化

现代化是社会整体的变迁过程，是政治、经济、文化的变迁过程。人，特别是人才，是变迁发生的主体因素。一切变迁都要归结到人的活动的结果，特别是那些在社会活动中占主导地位的人才（其中包括各级领导人才）的活动的结果。苏南现代化的发展内涵，可以概括为：以邓小平社会主义现代化理论为指导，以人才现代化为主体，以经济现代化为中心，以科教文化现代化为先导，以实现社会全面现代化为目标的综合发展过程。

人才现代化是推动社会现代化的决定力量。人民的幸福，经济的繁荣，社会的文明和进步既是现代化的出发点，又是现代化的归宿，而推动这个过程的一个重要动力因素是人才现代化。没有人才特别是各级领导人才思维方式、价值观念与行为方式的变化，经济、社会、科教文方面的现代化是不可能的。因此，苏南现代化首先意味着人和人才的现代化。

现代化的实质是人脑加电脑。“人脑”指的是劳动者（包括体力劳动者和脑力劳动者）的积极性、创造性和智慧。没有电脑化（高级技术、新兴产业）就没有现代化。但是“电脑”是“人脑”创造出来的，并由“人脑”控制和管理的，“人脑”始终是第一位的。现代知识劳动者加上现代科技，就是社会经济的现代化。从这个意义上说，人的积极性、创造性和智慧的开发，是现代化的决定因素和首要目标。人才资源开发是加工、创造“人脑”的产业。在实现现代化过程中，人才资源开发将成为各国和各地区求生存、发展和争雄的第一位战略任务。

人才现代化的内涵，包含着以下有机联系、辩证统一的三个层面：

第一，人才个体现代化。要求：1. 人才个体的各种技能必须适合现代化社会活动中的实践需要，并且在技能方面具有强烈的创新和学习意识。2. 人才个体应当具有与自己所从事的社会活动所需要的相关专业知识、文化修养，具有强烈的创新意识和能力。3. 最根本的是人才个体应当有以社会发展规律为依据的崇高理想和高尚的道德情操，有适应现代社会经济和科学技术发展要求的科技知识和科学的思维方式、行为方式以及现代价值观念。

第二，人才群体现代化。在现代化过程中，首先要求人才群体中的大多数个体达到上述人才个体现代化水平。其次，人才群体应当具有合理的结构，其要素的联系是紧密的，功能是最优的。三是人才群体应当是开放、进化的，能够自动地吐故纳新，始终保持群体的生机和活力。四是现代化的人才群体之间存在着合理的联系，形成科学的生态结构，实现人才资源的最优配置，并使其运行机制良性化。

第三，人才社会环境的现代化。现代化的社会应当成为人才生长、发展的肥沃土壤，应当给人才的成长、涌现和发展提供良好的环境。国家和地区应当通过一切手段（经济、政治、行政、文化等）使社会形成尊重知识、尊重人才，精心培养、大胆选拔、合理使用人才的社会新风尚，人才辈出、群星灿烂的新格局。

人才资源开发面临的机遇和挑战

苏南地区的经济、社会基础较好，比较发达。党的十一届三中全会以来，其发展速度和质量一直走在全省的前列。邓小平同志南方谈话和党的十四大以后，苏南地区经济和社会出现了新的发展和变革，苏南地区现代化的推进，对人才现代化和人才资源开发又提出了新的、更高的要求。

苏南地区是吴文化的发源地，人文荟萃，教育和文化事业比较发达。长期以来，苏南文化形成了“精细”的气质特点。新中国成立以来，特别是党的十一届三中全会以来，苏南地区适应改革开放和现代化建设的需要，从本地区的实际情况出发，努力探索社会、经济和人才资源开发的规律，着力构建适应社会主义市场经济的整体优化的、开放而富有活力的人才资源开发体系。人才资源开发事业蓬勃发展、蒸蒸日上，各项指标均高于全省和全国的平均水平，为推进现代化提供了较好的智力资源。

苏南地区的人才资源开发有许多优势，但也面临许多问题和困难。主要表现是：

第一，从领导思想上来说，对人才资源开发的战略意义、战略地位还认识不足，影响人才资源开发的力度，影响智力开发的投入。

第二，从教育思想上来说，不少传统的教育观念仍在起作用，严重影响教育的改革。对学校的任务、教育的功能的理解比较片面，只见分数不见人。片面强调认知目标，片面强调传授知识，而忽视学生的全面发展，忽视学生多方面的需求，严重忽视创造性教学，造成了当今教育的最大浪费。

第三，人才资源开发水平仍不适应经济建设和社会发展的需要。苏南地区高中阶段教育对同龄人的覆盖不足30%，还没有形成覆盖广大新就业人口的职业技术教育网络。农村的差距更大。苏锡常地区普通高校和成人高校每万人口中的在校学生，仅为19.7人和13.6人，还不及宁镇扬地区的66.8人和39.7人。

第四，教育结构和人才结构不合理，仍不能适应产业结构和就业结构的需要。苏南地区每年有50%左右的初中毕业生和大部分普通高中毕业生直接就业。职业技术培训虽有一定的发展，但还不普遍，还没有规范化。

各类人才，特别是各级领导班子的年龄结构存在严重断层。31岁至35岁的仅占9.5%；36岁至45岁的仅占12.9%；而50岁以上的占了近20%。

各类人才，特别是领导人才的学历结构偏低，不适应经济社会的发展，与先进地区相比有一定差距。该地区各类人才中高校毕业的只占1/3，各类人员的职称结构呈尖宝塔形，中级专业人才比例偏小，占21.3%；高级专业人才紧缺，仅占2.78%；中青年高级人才更缺，特别是缺少中青年学术和技术带头人。

苏南地区根据经济社会发展的需求，急缺高新技术、国际贸易、金融、外语翻译、厂长经理、营销、公关、信息等十类人才。苏州市与新加坡合作创办工业园，急需高新技术和管理人才2000名左右。至2000年苏南地区缺高新技术和管理人才5000名左右。现有的人才素质和能力与国际市场接轨很不适应。建筑师由于没有国际公证书，不能承接国际工程项目；会计师不通晓国际财务，在与国际的经济合作中难以发挥作用；厂长经理能按照国际惯例从事生产经营活动的不足1/10。加快发展教育，强化人才开发，提高人才素质已成为当务之急。

第五，人才资源开发的经费投入仍不适应超前发展的需要。苏南地区教育经费占国民生产总值的比例偏低。1985—1989年期间，教育经费占国民生产总值的比例浮动在1.1～1.3%之间；占国民收入实际使用额的比例浮动在1.5～1.6%之间；教育投资的增长低于同期财政支出年均增长速度。

第六，师资队伍不稳、数量不足、素质不高已成为苏南地区人才资源开发的瓶颈。突出的问题一是高中教师紧缺；二是农职业中学师资的学历构成和实际教学能力较低，亟待充实加强和提高；三是普通高校发展较快，教师队伍很不适应，正副教授总数少，比例低。特别值得注意的是教师队伍不稳定，一些骨干教师外流，严重影响教学质量。

实施人才现代化工程的对策

加强领导，解放思想，实事求是，抓住机遇，采取积极有效措施，实施人才现代化工程，是一项长期的战略任务。

第一，确立超前发展的战略思想。

如果总是认为经济发展到哪一步，人才资源开发才能走到哪一步，人才资源开发就只能跟在经济后面被动地发展。这种认识已经落后于时代发展，落后于苏南地区现代化提出的新需求。人才开发的超前性，是经济社会现代化的客观要求。为此，首先要求投资超前，即适当超前于经济的增长。人才资源开发是一种超前的长期行为。它对未来社会和经济的发展具有决定性意义。在人才资源开发投资上的近视与短期行为，意味着日后经济、社会发展缺乏后劲，缺乏基本的人才储备。要维持持久的、稳定的、协调的经济增长是不可能的。同时，要求人才开发与社会、经济的发展相协调，以保证人才开发超前的科学性。

第二，树立现代教育、人才新观念。

当今，世界科学与技术正在超速发展。电脑、机器人、激光技术、生物工程、航天技术、新型材料等已经广泛应用。因此，人类的大脑以及人体的各种功能，再也不能停留在目前的水平上了。现代人类的智慧，要有新的升华。为了适应当代高效率、高节奏以及高度分工和高度综合的生产方式和生活方式，必须培养人们具有坚定的理想、信念，坚强的意志、品德，以及美好的性格、感情。其中包括十分重视发现和培养那些拔尖的、超常的、才华横溢的人才。

人类社会任何一个新的历史时期都是以新的生产力的出现为标志的。现代教育、人才资源开发就是用新的科学与技术培养出新型的现代知识劳动者及其优秀的人才，因而是新的生产力的标志，是社会繁荣的基础。

第三,充分发挥社会主义现代化城市和城乡一体化的基本功能。

社会主义城市和城乡一体化的主体是人、是劳动者。社会主义城市和城乡一体化的基本功能,就是联合、教育和锻炼出全体劳动者的积极性、创造性和智慧。

现代城市、现代城乡一体化,要有一套完整的现代人才资源开发体系,这是一个巨大的社会系统工程。在现代大经济(社会化大生产)与社会主义市场经济的条件下新的完整的人才开发体系,应包括三个层面:学校教育系统、专业培训系统、社会文化系统。

第四,明确社会主义现代化新人和人才的培养目标和素质要求。

苏南地区要建成一个现代化的先进地区,就要有一代又一代的社会主义新人。这种新人应当是:既有为社会主义奋斗终身的崇高理想,又有为社会主义奋斗终身的卓越才能;具有适应于现代化建设需要的思维方式、思想观念和知识结构,又有崭新的生活习惯、意志性格和道德情操;有宽阔的眼界、求实的态度、锐敏的效率感、旺盛的求知欲、顽强的进取心,以及为真理而斗争的大无畏的气魄,成为集体主义的共性和个性发展高度统一的社会主义新人。培养这样的新人,是各级各类学校和全社会的共同责任。

第五,进一步深化教育体制与人才管理体制改革。

进一步解放思想,实事求是,加大力度,坚决改革不适应现代化教育、人才资源开发的体制、制度,逐步建立起现代化的教育、人才的管理体制、发展机制和制度体系,以利于多出、快出、出好人才,提高人才的整体素质,发挥人才的整体效益,全面推进苏南地区的现代化。

第六,抓住重点,加快发展,提高水平。

在未来发展中,苏南地区人才资源开发的重点,需要抓好三个方面,这就是:普及 12 年教育,大力发展高中阶段教育,尤以发展职业技术教育为重点;加快建设地方高等学校,各类高校在校学生占同龄青年的比例达 15%左右,相当于中上等发达国家 80 年代末的水平;十分重视和加强在职党政领导人才、经济管理人才和科技人才的继续教育,特别是要重点培养 45 岁以下的各类人才。

第七，加快实现师资队伍现代化。

人才开发的焦点是教师问题。这是苏南地区人才现代化急需解决的首要问题。没有师资队伍的现代化，就没有教育的现代化。各地需根据教育现代化对教师提出的要求，制订师资队伍建设的具体规划，提出对策措施。尤其要逐步理顺教师队伍管理体制，引进竞争机制。提高教师待遇，强化培训体系，培养和形成一支堪称教育家的校长和教师队伍。

第八，增加投入，实施人才现代化工程。

各级政府要积极统筹解决实施人才现代化工程的经费。要继续实行多渠道筹措教育经费，用足用好现有的政策，根据财税体制改革后的新情况，研究增加教育经费的途径和方法。加快发展校办企业和教育产业。增强自我发展的能力，要集中资金，突出和保证重点。

总起来说，苏南现代化的优势在人才，苏南现代化的问题在人才，苏南现代化的关键靠人才，苏南现代化的希望取决于人才。把人才现代化作为苏南现代化决定因素和首要目标，是唯一正确的战略选择！

（原载《江南论坛》1997 年第 2 期）

苏南的现代化与人才现代化

一个国家和地区的现代化，首先是人的现代化、人才的现代化。苏南地区在我国率先实现现代化，必须更加重视和突出人才的现代化。人才现代化的基础是教育现代化。确定和实施苏南地区人才资源开发现代化工程，是苏南地区现代化的根本，具有重大的战略意义和实践意义。

苏南地区现代化首先是人才的现代化

现代化是社会整体的变迁过程。人，特别是人才，是变迁发生的主体因素。一切变迁都要归结到人的活动的结果，特别是那些在社会活动中占主导地位的人才的活动的结果。人才现代化是推动社会现代化的决定力量。人的幸福、文明和进步既是现代化的出发点，又是现代化的归宿，而推动这个过程的动力因素是人才现代化。所以现代化首先意味着人和人才现代化。

现代化的实质是人脑加电脑。“人脑”指的是劳动者（包括体力劳动者和脑力劳动者）的积极性、创造性的智慧。“电脑”是指高级技术、新兴产业。没有电脑化就没有现代化，但是“电脑”是“人脑”创造出来的，它是由“人脑”控制和管理的，“人脑”始终是第一位的。现代知识劳动者加上现代科学技术，就是社会经济的现代化。从这个意义上说，人的积极性、创造性和智慧的开发，是现代化的决定因素和首要目标。

人才现代化的内涵，包含着以下的三个层面，即人才个体现代化、人才群体现代化和人才社会环境的现代化。

苏南地区人才资源开发面临着新的机遇和挑战

苏南地区的经济基础较好,比较发达。党的十一届三中全会以来,其发展速度一直快于全省平均水平。苏南地区经济和社会的新发展和新变革,苏南地区经济、社会现代化的推进,对苏南地区人才资源开发提出了更高的要求。苏南地区天时地利,得天独厚,交通发达,人、财、物、能和信息流通便利、迅速,是吴文化的发源地,人文荟萃,教育和文化事业比较发达。目前,这一地区已有10个县(市)完成了实施九年制义务教育的任务,其他少数县(市)也即将完成;普通高中教育、职业技术教育、成人教育和地方高等教育都有较大发展;涌现出一批管理上水平、办学条件上档次、教育质量较高的学校。苏南地区每万人中拥有的大学文化程度、高中文化程度、初中文化程度的人数,各类专业人才的数量和质量,都高于全省、全国的平均水平,为经济社会发展提供了较好的智力资源。

苏南地区的人才资源开发有许多特点和优势,但也面临许多问题和困难。主要表现在以下几个方面:

1. 从领导思想上来说,对人才资源开发的战略意义、战略地位还认识不足,认为教育的发展、人才资源开发不能超过经济,经济不发展,没有钱,教育、人才资源的开发怎能发展?这种认识必然影响人才资源开发的力度,影响智力开发的投入。

2. 从教育思想上来说,不少传统的教育观念仍在起作用,严重影响教育的改革!对学校的任务、教育的功能的理解比较片面,只见分数不见人;片面强调知识目标,片面强调传授知识,而忽视学生的全面发展,忽视学生多方面的需求。这种用同一个尺度来要求和衡量所有学生的做法,造成了当今教育的最大浪费。

3. 人才资源开发水平仍不适应经济建设和社会发展的需要。苏南地区高中阶段教育对同龄人的覆盖率还不足30%,还没有形成覆盖广大新就业人口的职业技术教育网络。农村和市区高中教育事业规模差距较大。苏锡常地区高校 15 所，在校学生 26991 人，而宁镇扬地区 41 所，100583 人；苏锡常地区中等技术学校 50 所，在校学生 32779 人，宁镇扬地区为 41 所，39630 人。普通高校和成人高校每万人口中的在校学生苏锡常地区为 19.7 人和 13.6 人；宁镇扬地区则为 66.8 人和 39.7 人。上述情况说明苏南地区现有人才资源开发水平还不能适应其经济、社会的发展，需要加快发展。

4. 教育结构和人才结构不合理，仍不能适应产业结构和就业结构的需要。各类人才的年龄结构存在严重断层，31 岁至 35 岁的仅占 9.5%；35 岁至 50 岁的仅占 12.9%；而 50 岁以上的占了近 20%，到 2000 年将全部退休。

各类人才的学历结构偏低，不适应经济社会发展。与先进地区相比有一定差距。

各类人员的职称结构呈尖宝塔形，中级专业人才比例偏小，占 21.3%；高级专业人才紧缺，仅占 2.78%；中青年高级人才更缺，特别是缺少中青年学术带头人。

5. 人才资源开发的经费投入仍不适应超前发展的需要。

苏南地区教育经费占国民生产总值的比例偏低，1985—1989 期间，教育经费占国民生产总值的比例浮动在 1.1%～1.3%之间；占国民收入实际使用额的比例也偏低，1985—1989 期间，教育经费占国民收入实际使用额的比例浮动在 1.5%～1.6%之间。在教育投资结构中，财政预算内投资企业在 1985—1989 年期间增长 15.6%，低于同期财政支出年均 16.9%的增长速度，财政预算内教育经费占财政支出的比例浮动在 18%～20%之间，一些县、区人均占有财政预算内教育事业费、中小学生人均预算内教育事业费以及公用经费比例低于全国水平。

6. 师资队伍不稳，数量不足，素质不高已成为苏南地区人才资源开发的瓶颈。

苏南地区的师资，突出的问题：一是高中教师紧缺。以无锡县为例，现有高中教育事业总量比八十年代中期正常水平低20％。如果从现在起恢复正常水平，现有高中教师就不敷安排。现有高中教师年龄结构也偏高，无锡县从1992年至1995年间，全县有121名高中教师将先后退休，而近两年高师能分配给无锡县的本科毕业生很少，远不能满足发展的需求。二是教师队伍不稳定，一些骨干教师外流，严重影响教学质量。

实施苏南地区人才现代化工程的对策

实施苏南地区“211”人才现代化工程的目标：一、近期目标，到本世纪末达到亚洲“四小龙”八十年代末的人才资源开发水平；二、长期目标，到下世纪中叶接近发达国家的人才资源开发水平。

（一）确立超前发展的战略思想

人才资源开发是一种超前的长期行为，它对未来社会和经济的发展具有决定性意义。在人才资源开发投资上的近视与短期行为，意味着日后经济、社会发展缺乏后劲、缺乏基本的人才储备，要维持持久的、稳定的、协调的经济增长是不可能的。其次，人才开发超前行为要求确立的教育观和人才观，培养合乎现代化需要的人才。第三、人才资源开发的超前行为，要求人才开发与现代化过程协调起来，即人才开发的超前必须与社会、经济的发展相协调。树立这种新观念将使现代化进程获得一种根本性的推动力量。

（二）树立现代教育、人才新观念

现代社会经济正在急剧变化，为了适应高效率、高节奏以及高度分工和高度综合的生产方式和生活方式，必须培养人们具有坚定的理想、信念，坚强的意志、品德以及美好的性格、感情等。这是现代教育学、人才学以及人才现代化的重大任务。

人类社会一个新的历史时期就是以新的生产力的出现为标志的。现代教育、人才开发就是用新的科学与技术培养出新型的现代知识劳动者及其优秀的人才。可以说，现代教育、人才开发是新的生产力的标志。

(三) 充分发挥社会主义现代化城市和城乡一体化的基本功能

在现代大经济(社会化大生产)与社会主义市场经济的条件下,新的完整的人才开发体系,应包括四个层面:

——学校教育系统。(即从幼儿园、小学、中学到大学,主要任务是进行基础知识教育。)

——职业教育系统。

——全社会教育系统。

——海外教育系统。

(四) 明确社会主义现代化新人和人才的培养目标和素质要求

面向21世纪,面向未来,我们要着力培养现代化人才,他们必须具有以下几方面的现代化素质,即现代化的思维方式素质、现代化思想观念素质、现代知识结构素质和现代化能力素质。

(五) 进一步深化教育体制改革

解放思想,实事求是,加大改革力度,逐步建立以政府办学为主,部门、企事业单位、社会团体和个人共同办学的体制。在鼓励、支持发展民办学校的同时,积极进行将公办学校的所有权和办学权分离的改革试点。要增强地方政府对教育的统筹权和决策权。在农村,继续完善"政府统筹、三级办学、两级管理、社会参与"的体制,推广建立校董事会和社会教育委员会的经验,增强村一级和社会各界参与教育的能力,学校在政府宏观调控下实行自主办学。要大力推进职业技术教育、成人教育和地方高等教育的社会化、产业化,推动教育事业向产业化方向发展,运用市场机制合理配置教育服务活动。学校内部管理也要借鉴、引进企业化管理中某些合理的机制。各地要从实际出发,确定一批学校积极进行社会化、产业化试点,逐步使这类学校形成自主办学、自我发展、自我约束的运行机制。

(六) 抓住重点,加快发展,提高水平

在未来发展中,苏南地区人才资源开发的重点,主要抓好三个方面:

第一、大力发展高阶段教育。它以发展职业技术教育为重点，普及12年教育，从而使区域内国民素质从整体上提高一个档次。

第二、加快建设地方高等学校。苏南地区各类高等学校（含成人高校）在校学生应占同龄青年的比例达15%左右，相当于中上等发达国家八十年代末的水平，初步形成了各类教育结构、层次结构、专业结构合理的、门类齐全的、具有地方特色的教育体系，使本地现代化建设的主要人才都能培养，使每个人都能在这个体系中找到成才之路。有条件的县（市）可积极创造条件试行建立社区学院，统筹普通高等教育、高等职业教育和成人高等教育，实行职前、职后教育沟通，形成多功能办学局面。

第三、十分重视和加强在职的经济管理人才和科技人才的继续教育，要切实改变目前滞后的现状，使之有新的突破和发展。

（七）加快实现师资队伍现代化

人才开发的焦点是教师问题。这个问题不解决，什么战略方针和政策都会成为一堆空话。各地要根据教育现代化对教师提出的要求，制订师资队伍建设的具体规划，提出对策措施。逐步理顺教师队伍管理体制，增强地方政府和学校管理教师的自主权。要采取积极措施，提高教师待遇，稳定教师队伍，特别是稳定骨干教师队伍。鼓励各地制定地方性优惠政策，提高教师的社会地位和工资待遇。

（八）增加投入，确保“211”人才现代化工程的实施

各级政府要积极统筹解决实施“211”人才现代化工程的经费。要继续实行多渠道筹措教育经费，用足用好现有的政策，加快发展校办企业和教育产业，增强自我发展的能力。

总起来说，苏南现代化的优势在人才，苏南现代化的问题在人才，苏南现代化的关键靠人才，苏南现代化的希望取决于人才。把人才现代化作为苏南现代化决定因素和首要目标，是唯一正确的战略选择！

（原载《江南论坛》1995年第3期）

科技现代化是苏南现代化的关键

科技现代化必须先行

苏南地区实现现代化意味着城市和农村，工业和农业都要实现现代化。实行现代化必须认真地解决城乡差别、工农差别，产业结构调整、劳动力转移等问题。在改革开放过程中，苏南地区的科技发展一直处于国内领先水平。依靠科技进步不仅较好地解决了诸如农业剩余劳动力的出路等一系列的重大问题，而且还极大地推动了经济的发展，增强了竞争实力。但与发达国家相比科技水平还有很大差距。80 年代，发达国家在国民经济增长中科技进步贡献率已达到 60～80％，1994 年苏南地区县、市只有 50％左右。如何进一步发展科技，提高经济增长中的科技含量已成为苏南地区保持经济优势、实现现代化、参与国际竞争的决定性因素。

我们必须清醒地看到，一些国家和地区对科技给予了前所未有的高度重视，急迫地调整着科技发展战略，成立了专门科技管理机构。新的科技竞争与“冷战”时期不同，其目的不是为了军事，而是为了促进经济发展。由于科技竞争激烈异常，迫使各国协调使用人力、物力、财力并进行合作，各自为政的现象已大为减少，扬长补短，保持科技均衡发展，提高综合竞争力是新的科技竞争的最大特点。党中央提出“科教兴国”战略有力地推动着全国性的科技热潮，各地依靠科技求生存谋发展的期望将成为共同的选择，而一般性的科技进步、低附加值的科技成果已不能成为竞争的优势。苏南地区要率先实现科技现代化,保持国内的竞争优势,参与国际竞争,就必须向高科技领域发展。这样既能充分发挥现有的经济科技优势,又能进一步增强竞争实力,占领科技和经济竞争的制高点。

我们还必须清醒地看到,苏南地区的科技水平需要有很大的提高。从苏南经济发展模式及其发展趋势来看,苏南地区的现代化进程将朝着经济运行市场化、产业发展高级化、农村发展城市化、人口发展现代化等方向发展。

1. 经济运行市场化最根本的特点是实现生产要素配置市场化。在市场经济条件下,企业在生产过程中所需的一切生产要素都通过市场进行配置。直接表现是由供求关系决定,随价格涨落改变流向。其背后反映出企业对生产要素的利用率,因为企业在市场面前是平等的主体,生产要素配置给出价最高的买主,故企业在生产要素成本上不可能获得好处和优势。

2. 产业发展高级化,主要是指产业结构高级化。苏南以电子、激光、生物工程等为主的高科技产业在国民经济中占主导地位,其创造的价值在国民生产总值中占有较大的份额。这是科学技术长入经济以后,产业结构升级换代的必然,也是提高经济增长质量,改变传统粗放式经营的结果。由于当今世界高新技术升级换代快,产业结构的调整也必然随之加快,但是实现现代化后有一点不会变,即以高新技术产业为主的产业结构将取代以传统工业为主的产业结构。与这一趋势同步的是第三产业尤是与科技相关的第三产业将得到很大发展,在经济总量中所占份额将超过50%。目前只有发达国家才能达到这一指标,因为第三产业发展程度通常与经济发展发达程度相关。苏南地区现有第三产业在国内生产总值中的比重还不足1/4,差距是明显的。

3. 农村发展城市化。主要表现在以下四个方面:一是人口就业非农化,这是生产力发展的必然产物,也是农业现代化、农业劳动生产率的提高和乡村工业发展的结果。二是人口居住集聚化,这是农业人口就业非农化的必然要求。三是乡村建设城镇化,随着人口聚居、工业的发展和集中，客观上要求像城市一样进行规划、建设和管理。四是一批中心城镇将发展成中小城市。这是乡村建设城镇化的成熟形态，小城镇的繁荣和迅速发展，为中小城市的形成提供了基础条件，这也是经济发展所引起的结果。农村城市化需要解决农业的生产力问题，农业剩余劳动力转移问题等，在农业资源比较缺乏，单产已经很高的情况下，只有借助科技进步才能使农业生产力有新的突破，才能使农业向现代化迈进，乡镇工业是就地消化、吸纳农业剩余劳动力的最好方式，但在激烈的市场竞争条件下，失去各种优惠政策保护后的乡镇工业要生存和发展必须求助于科技的力量。

4. 人口发展现代化。主要表现为：一是人口再生产的现代化，它与现代化科学技术为基础的社会化大生产相适应，其特点是低出生率、低死亡率和低自然增长率。目前整个苏南人口再生产现代化与发达国家相比存在着明显的差距。二是人口素质的现代化，即人的总体身体素质、科学文化素质及思想道德素质要与现代化相一致，我们要实现的是有中国特色的社会主义现代化，它不仅包括物质的现代化，还包括精神上的现代化。人口素质中与现代化最直接相关的是科学文化素质，它是核心，因为人们认识改造世界，主要依靠科学文化知识。目前苏南地区人口现代化方面与现代化的要求有很大的距离，这是正常的。人口现代化的速度与质量与经济社会发展水平有着紧密的联系。

由此可见，苏南地区的现代化，决定于科技现代化，必须把科技现代化放在苏南地区现代化的首要战略地位。为了实现现代化，为了今后长远的发展，苏南地区科技水平还必须有一个大的发展和提高。科技与经济结合应向高技术、高效益方向发展。

科技现代化的主要目标

1. 思想观念的现代化。科学观念是产生科学实践活动的先导。科技要实现现代化，首先要实现思想观念的现代化。党的十一届三中全会以来，苏南地区干部和群众的思想观念得到了很大解放和更新，推动了科学技术和生产力的发展。但仍有不少观念滞后于新的形势，滞后于生动活泼的科技实践活动。要实现科技现代化，首先要实现思想观念现代化。

第一，要树立科学技术是第一生产力的意识。这个“第一”意识不仅是指科技生产力已深深地渗透到劳动对象、劳动工具及劳动者等诸生产力要素之中，科技的改善和进步能有力地推动其它要素的改善和提高。同时也是指其它要素与生产的发展是加法效应，而科技与生产力的关系是乘法效应乃至指数效应，是倍增关系。

科技“第一”意识应扎根于公众的科学意识和科学素养。我们面临世纪之交，跻身于世界科学技术发展的前沿，公众的科学意识和科技素质已成为制约科技现代化和促进经济发展的基本因素，决定着科技发展的后劲，也制约了人才培养和成长的速度。公众缺乏一定的科学素养，社会对先进的科技成果缺乏接受能力，影响公众对科技的参与能力和贯彻科技政策的自觉性。因此，公众科学意识的提高已是一个迫切的问题。

第二，要树立法制意识。科技的现代化，应该有相应的法制予以保证。没有法制及条例的规范，科技也难以有序高效地发展。这个意识反映在重视科技法规的完备和制订。对于现有立法中一些不适应时代的部分，不适应苏南地区具体情况的部分，应及时予以更新；把一些适应需要的政府规章或具体政策及时上升为法律和法规，使之具有更大的权威性。还应当重视现有法律的实施和监督工作，切实保护知识产权、技术专利及科技人员的合法权益。

第三，开放和国际意识。苏南地区处于经济发达的上海经济区，经济在加速国际接轨，外向型经济发展势头迅猛，中外合资企业发展到了七千多家。当前国际科技发展十分迅猛，计算机等电子产品的更新已由五年缩短到了三年，现在已是一年一代新产品。信息高速公路、多媒体技术、光缆通信技术，原来还是学术领域的课题，现在已变成付诸实施的有巨大投入的工程技术，更不用说自动化、机电一体化技术的发展和推广了。强化国际意识，就是要积极开展国际间的学术交流、技术交流，要不断应用和嫁接国际新技术；加速科技机制、科技体制与国际接轨的步伐，增加科技发展的内动力。要借鉴日本的先进经验，先当学生，后当老师，引进技术后，在消化吸收的基础上，能举一反三，不断创新，变技术进口为技术出口，使科技真正成为强国支柱。

2. 工艺、技术、装备的现代化。苏南地区对于技术、装备的改造是重视的，取得了显著成绩，在科技进步的贡献率中有40%是通过技术改造取得的。没有大量的技术和设备的更新改造，不可能取得工农业总产值连年大幅度上升，也不可能取得对外出口大幅度增长的好形势。但与科技基本现代化的要求相比，还有很大差距：一是装备的优势不明显。二是工艺、技术的改造与创新，滞后于装备的改造。一些引进高、精、尖设备的企业，劳动生产率仍然提不高，产品质量仍然上不去。原因是重视了硬件，而没有重视软件，工艺、技术与设备不配套。工艺、技术的滞后，已经影响了投资效益的发挥，也影响经济的进一步发展。三是科技进步的贡献率离科技基本现代化有较大差距。苏、锡、常三市目前的科技进步贡献率分别达到45～48%，比"七五"规划的贡献率提高了10～11个百分点。而美国1964年至1976年国民生产总值的年均增长率为3.61%，其中科技进步增长的份额为2.6%，占增长率中的71%；前苏联1965年至1975年经济年均增长率为8.18%，其中科技进步增长因素为5.03%，占增长率中的63%；日本从1952年至1968年国民生产总值年均增长率为9.5%，其中科技进步贡献率为65%。这是发达国家六十年代及七十年代的水平。

从苏南地区工艺、技术、装备现状看，在以往经济的增长中有52～55%是通过投资增大及外延扩大取得的，经济的发展还没有脱离开劳动密集型和粗放经营的轨道。经济发展要转到科技进步和提高劳动者素质的轨道上，这是经济进一步增长的需要，也是科技现代化的需要，因此要进一步加大技术改造和技术创新的力度。

3. 产业结构要实现高度化。传统产业和高新技术产业在经济总量各占什么比重及人均国民生产总值达到什么水平，既是工业发展阶段划分的一个尺度，又是科技实现基本现代化的重要内容。世界发达国家工业结构的演变大体上分三个阶段:即轻纺工业主导阶段;机电工业主导阶段;高新技术工业主导阶段。机电工业主导称之为工业化时期,高新技术工业为主导称之为后工业化时期。工业化中期人均国民生产总值在600美元到3000美元。1994年苏南地区人均国民生产总值为1.2万元,处于工业化中期阶段。实现科技基本现代化,基本的条件应是完成工业化中期阶段,开始迈进后工业化时期,人均国民生产总值应达到3000美元以上,高新技术产业的产值率应达到20%以上。因此,要大力发展高新技术,要有一批产值超亿元的高技术的拳头产品,产生新的名牌产品,形成高技术的企业群体,形成高新技术的产品优势、规模优势和竞争优势。要真正发挥高新技术产业的支柱作用,成为财政收入及利税的大户。

4. 管理及科技体制实现高效化。有了先进的设备、技术,再加上科学的管理,才能变成现实的生产力,转化成经济成果。管理的科学化是科技实现基本现代化的重要组成部分。管理科学化不仅是指科技工作本身的管理,还包括了工业、商业、金融、城市及社会事业的管理,都应有相应现代化的目标要求。管理科学的发展已经经历了由适应手工业生产的传统管理;到十九世纪二十年代以泰勒为代表的实施劳动定额的科学管理;二战结束,又进入到以数理统计、价值工程、网络技术及运筹学为特征的现代化管理三个阶段。近年来现代化管理内容有了新的发展,增加了行为科学,信息技术和计算机技术,还有称为“四A”的自动化管理技术,即:CA为通信自动化、OA为办公自动化、BA为管理自动化、MA为综合信息管理自动化。根据当今世界管理科学化的发展趋势,结合苏南地区的具体情况,管理科学化的重点,主要是:一是实行决策的科学化。要认真听取群众意见,充分发挥各类专家和研究咨询机构的作用,加速建立一套民主的科学的决策制度,不论是微观决策,还是宏观决策,都对社会及经济产生重大影响。为避免决策失误,要重视决策前论证及决策民主化。要重视发展专业研究机构,咨询机构及专家们的作用,以及发挥学术团体的作用。二是要加快实行自动化管理的速度,应把普及电脑技术,实行办公自动化,信息管理自动化,通信自动化，作为“九五”期间的一个重要目标。

合理的科技体制是科技实现现代化的有力保证。重点要把产、学、研相分离的体制，逐渐改变成为产、学、研相结合，及科、工、贸一体的体制。苏南地区高等院校、科研所、科技人才力量雄厚，已成为科技现代化的主力军。通过十年科技体制改革，地方科研所已摆脱了依赖国家养活的局面，走上了经济自立的道路。但出现了任务不足、资金不足的新问题。一方面企业和社会要解决的技术问题很多；另一方面科技人员或是把主要精力放在“挣钱吃饭”上，没有精力搞科技水平较高的项目，或是干脆没有事情干。因此，要发挥大院、大所主力军作用，把科研所的积极性调动起来，要促使“产、学、研联手，科、工、贸协力”。从项目的立项、科研、中试到工业化大生产，产、学、研三方心往一处想，劲往一处使，减少盲目性，加快科技成果向生产力的转化，形成高效的科技体制。

5. 人才优先现代化。苏南地区实现现代化，十分关键的问题是人才与劳动者的素质问题。据 1990 年人口普查结果显示：苏南具有小学文化以上人口占总人口的 80.25%，每万人口中有大专以上文化程度的人 198.53 人。1992 年苏南三市共有各类专业技术人员 41.4 万人，每万人拥有 314 人，其中高、中级专业技术人员占 18%。科技人员的不足已严重地制约了科技现代化的进程。二是高级科技人才比例低，高、中、初级科技人员的比例为 1∶7∶21。而现有高级职称的科技人才中大部分是教师、医务人员，工程技术类的项目带头人及学科带头人更少。三是年龄结构不平衡。因此，要高度重视和重点抓好各层次、各类人才中的跨世纪人才的培养提高。要强化激励机制，落实科技人员政策，稳定科技人员队伍，调动科技人员的积极性、主动性。苏南地区率先实现现代化，关键在实现科技现代化，实现科技人才现代化，这是当务之急。要从战略高度和长远目标认真切实抓好。要进一步解放思想，认准目标，抓住机遇，三管齐下。

第一是加快培养人才。要着力从五个层次上落实培养措施：(1) 是加快培养市县党政领导人才、乡镇领导人才和企业家队伍；

(2) 是加快培养一批参谋、咨询、智囊人才;(3) 加快培养各类专业技术人才,特别是重视培养高新技术人才;(4) 是加快培养经济管理、营销人才;(5) 是加快提高工人、农民的素质。

第二是加大引进力度,加快从国外引进人才。要像引进外资一样引进高科技人才。美、法、德等国经济所以发展快,有多方面的原因,但大力引进人才,借别人的"脑袋"发财是一条重要经验。

第三是积极创造条件,吸引在国外学成的留学人员回苏南地区服务。苏南地区教育发达,人才素质较高,出国留学的较多。他们既了解国内情况,又掌握世界先进科学技术,他们又都热爱祖国,强烈要求回国作贡献。我们要充分利用这一优势,采取积极措施,创造条件,吸收优秀科技人才回苏南工作。

(原载《科技管理研究》1996 年第 1 期)

乡镇企业开发人才的一个创举

——沙洲职业工学院的调查

一九八四年7月，我国长江南岸——江苏省沙洲县诞生了一所专门为乡镇企业培养人才的县办大学——沙洲职业工学院，它是我国农村经济发展中出现的新生事物，是教育体制改革的一个尝试。

必然要求

沙洲职业工学院的诞生，是四化建设进程中的必然产物，是农村经济发展的必然要求。

党的三中全会以来，沙洲县贯彻执行党中央制定的一系列富裕农村的方针政策，乡镇企业有很大发展。到目前为止，全县乡镇企业已发展到九百三十多家，各类产品达二千四百多个。乡镇企业的产值占了农村三级农副工业总产值的78.4%，成为全县农村的主要经济支柱，有力地推动了全县经济建设稳步发展，大大增强了经济实力，为智力开发、人才培养提供了雄厚的物质基础。近几年来，沙洲县和乡镇企业用于智力开发投资共六百多万元。

这个县的绝大多数乡镇企业兴办初期基本上是农民办厂，生产工人、管理人员几乎全是由农民"转行"，没有技术人员。相当一部分企业的生产与经营是低水平的，是"能做出来就行，能卖出去就算，能赚到钱就好"。可是，随着国民经济的发展和人民生活水平的提高，社会对商品的选择性越来越强，市场竞争越来越激烈。乡镇企业人才缺乏、技术落后的弱点越来越明显地暴露出来。一些企业的产品积压，效益较低，甚至亏本、淘汰，现实摆在面前，乡镇企业要生存发展就必须形成有较高水平的技术队伍，提高企业的素质，否则就难以立足。

技术力量从哪里来？靠国家分配大专院校毕业生，可能性很小。沙洲县和乡镇企业的领导，他们首先是挖掘和合理使用农村现有的技术力量。凡是六十年代下放的工人、近几年城市退休回乡的技术工人，以及农村中的能工巧匠，尽量吸收到企业，合理安排，充分发挥他们的特长。其次，采取了“借别人的头脑，上我们的水平”的办法，通过多种渠道，多种形式，引进外地的各种技术人才。近几年来，全县从外地调入各类科技人员三百五十五名。聘请四百多名大专院校、科研单位和大型企业的专家、学者、工程师当技术顾问。聘请四百九十名退休技术工人作技术辅导。大批技术力量的引进，对乡镇企业的发展起了很大的作用。广大科技人员用智慧、技术力量，“质量帮过关，设备帮配套，管理帮提高，产品帮推销”，使乡镇企业具有强大的活力。乐余乡洗涤机械厂聘请的技术人员对该厂所有图纸进行了标准化审核、设计计算审核，编制了关键工装、工艺技术文件，进行技术培训和技术指导，使这个厂生产的全自动干洗机、全自动烘干机、人棉精整等十三种产品，畅销全国二十多个省、市，并远销到新加坡等国家。类似这样的例子，不胜枚举。但是，许多乡镇企业感到靠这些措施保证了企业的生存，但并未真正形成自己的技术队伍。企业要发展就必须舍得花本钱，培养自己的技术人才，这已成为乡镇企业面前的一项紧迫的、刻不容缓的任务。

远见与气魄

农村经济的起飞，乡镇企业的发展，迫切需要大量人才。这是每个县、每个乡镇企业面临着的新的挑战。但是为什么在同样的时代背景下，为乡镇企业培养人才的大学首先在沙洲县诞生呢？这是因为除了沙洲农村经济的发展为智力开发提供了物质条件外，关键在于有一个远见卓识的县委领导班子。

在乡镇企业能够得以生存并有所发展的形势面前，沙洲县委和县人民政府清醒地认识到在激流勇进的年代里，乡镇工业面临着三方面的挑战：一是世界新的技术革命的挑战，二是全国城市经济体制的改革和国营企业"松绑"改革后的挑战；三是沿海城市开放的挑战。为了迎接挑战，在挑战面前，要进一步繁荣乡镇企业，唯一的出路就在于加强人才开发，但是这种开发从哪里着手呢？当县委正在酝酿讨论这个问题的时候，辽宁省委领导同志来沙洲访问，在与县委领导同志商讨如何进一步办好乡镇企业，发展经济时，建议县里自己动手办学，自力更生培养人才。不久，全国政协小城镇检查组来沙洲视察。费孝通、钱伟长教授认为能源紧张是沙洲县的短处，也建议县委重视智力开发，增加智力投资，自力更生办一所大学。这是县委和县政府曾经考虑过但未能下决心的一个设想，于是，县领导认真回顾走过来的路，看到几年来，尽管在智力开发和人才培养方面做了些工作，采取了一些措施，收到了一定效果，毕竟是权宜之计，各种人才，无论在数量、质量，以及在专业结构，尤其是经营人才、管理人才、信息人才缺乏的矛盾，比之能源缺乏的矛盾更为突出。因而对此不仅要有战略眼光，而且要有勇气和决心，为适应乡镇企业进一步发展的未来需要，县委很快接受了建议，决定创建沙洲职业工学院，并且成立了由县委和县人民政府领导同志参加的筹建小组，积极地开始了学院的筹建工作。

沙 洲 速 度

创办一所大学，尤其是靠一个县的力量的确是不容易的。可是，沙洲职业工学院从筹建到开学只用了五个多月的时间。如今这个学院已经拥有一幢三千三百六十五平方米的四层教学大楼，八百平方米的食堂，一千三百平方米的教工宿舍和一幢三百平方米专供聘请外校教师住宿的招待所。校园占地十五亩。目前学院设纺织、建工、电子三个专业，学生一百二十人，已有专任教师十五人，其中讲师 9 名、工程师 3 名、教员 3 名。现有图书二万多册和价值四百多万元的普通物理、化学实验设备。全院教学活动已经正常开展。

一个县创办大学仅用五个多月的时间,为什么有这样的速度?这速度来自以下几个方面:

县领导的切实重视。县委作出创办沙洲职业工学院的决定之后,采取了一系列果断的、有效的措施:1. 组建了沙洲职业工学院的领导班子。由副县长何志仁同志(曾毕业于扬州师范学院数学系)兼任院长。县委宣传部长钱德元同志(曾毕业于南京大学地质系)兼党委书记。2. 把创建职业工学院列为全县最大的投资项目。当年从县财政经费中拨出一百五十万元,作为本学年的筹建经费。转年将拨出四百万元,进一步加强各项建设。3. 将新落成的工业干校的教学大楼转让给工学院。4. 动员组织乡镇和企业大力支援工学院。这些具体有力的措施,为创办工学院准备了必不可少的条件。

各方面的热情关怀。全国人大常务委员会副委员长胡厥文,就亲自为沙洲职业工学院题写了校名。全国政协副主席费孝通不仅建议创建工学院,而且表示愿助绵薄之力。学院创办后,他十分赞赏这一创举,并写了信给在南京高校工作的老友,请他帮助沙洲办好工学院,还推荐著名教育家钱伟长当学院的顾问。对于创办并办好工学院是很大的鼓励。

党政领导的大力支持。沙洲县创办工学院的设想,首先得到了苏州市委、市政府的赞同。江苏省人民政府正式批准建立沙洲职业工学院。在开学典礼上,副省长杨永沂亲临该院,代表省委和省政府表示热烈的祝贺,就如何办好沙洲职业工学院提出了意见和希望。中央宣传部宣教局长陆钦仪同志特地赶来参加开学典礼,称赞沙洲职业工学院的筹建工作。

著名学者、教授的真挚帮助。为了办好沙洲职业工学院,县委遵照费孝通教授的推荐,向钱伟长教授发了聘书。钱伟长欣然受聘,并很快专程到沙洲,就办学方针、大计作了详尽的指导。学院举行开学典礼,钱伟长教授因去美国访问,未能参加,他特地给学院发了贺电。中国社会科学院顾问、著名经济学家许涤新亲临沙洲职业工学院给予热情的鼓励。

高等院校的无私援助。在筹建过程中,沙洲职业工学院院长曾拜访了上海、南京、苏州、扬州等地的有关大专院校,这些院校、院系领导无一不是真诚相待。苏州大学、苏州医学院各支援了两名教师。上海工业大学、同济大学、华东纺织工学院、上海纺织专科学校、交通大学等院校也派出了一批教师。华东纺织工学院顾问、教授严灏景,同济大学教授沈祖炎,交通大学教授徐俊荣分别受聘为该院纺织、建筑、电子专业教学顾问。

工学院的兴办在全县乡镇工业中引起强烈的反响。一些单位主动从物质上为学院建设提供条件;一些单位在学院建立初就向学院提出了本单位希望这个院培养某一专业人才的数字。

关怀、支持、鼓励、援助,体现了对智力开发、人才培养的重视,所有这些,促成了沙洲工学院得以在较短的时间内创办起来,开展正常的教学工作。

办出特色

沙洲职业工学院是一所专为乡镇企业培养专门人才的职业大学。该院坚持这一办学方向,从本县实际出发,贯彻择优录用、酌收学费、学生入学不转户口、毕业不包分配等原则。

专业设置,根据发展需要,由少到多,逐步增设,目前先设置纺织、电子、建筑三个专业。

根据名誉院长钱伟长提出的要求,在教学方面:一是加强基础课教学,使学生打下坚实的基础,以增加适应能力。三个专业课的比例都占40%左右。二是加强实验环节,增强学生的动手能力。各专业适当增加实验时间,同时,利用一部分寒暑假时间,组织学生下厂实习劳动,熟悉生产过程,加强劳动技能的训练,了解管理工作,在此过程中,给以适当的劳动报酬。三是课堂教学采取启发式,培养学生独立思考、独立工作、独立解决问题的能力。

为了培养乡镇企业需要的新型的专门人才，该院进行经常性的生动活泼的思想教育。有时，由县委领导介绍乡镇企业的变化和发展；有时组织师生到乡镇企业进行访问，了解乡镇企业对人才的渴求。有时由出国访问归来的人作报告。全校师生经过广泛讨论，确定以“勤奋、求实、开拓、进取”八个大字作为校风，激励学生勤奋学习，努力成才。

有待加强

沙洲职业工学院的创办，是农村智力开发和经济开发的长远大计，是教育体制改革的一个尝试。没有成熟的经验可借鉴，只能在实践中摸索。从目前状况看，还有待加强以下几方面的工作：

1. 抓好基础性工作。一项是在坚持专职教师与兼职教师相结合的前提下，重点选好专职教师。一项是逐步增加投资，添置仪器设备，充实实验室。

2. 从实际出发，逐步增设急需专业。目前，急需增设企业管理专业，培养乡镇企业的管理人才。为提高农业人口的文化素质，急需增设培养高中教师的师范专业。

3. 创造条件，扩大辐射面。现在许多县开始重视人才开发，舍得花智力投资。但是，要办好一所大学不仅周期长，而且人力、物力、财力花费较大。因此，已经创办的大学，视野要开阔，努力成为某一地区的教育中心。要与邻近的县合起来办，走联合办学的道路，集中人、财、物，确保教学质量，使更多的乡镇企业受益。

（原载《科学学与科学技术管理》1985年第7期。与沈进合作）

强化人力资源开发
是继续加快发展和提高乡镇企业的关键

乡镇企业人力资源开发面临的新挑战

乡镇企业是繁荣农村经济的战略重点。乡镇企业的兴起和壮大，是我国经济和社会发展的必然选择。江泽民同志在党的十四大报告中指出："乡镇企业异军突起，是中国农民的又一个伟大创造。它为农村剩余劳动力从土地上转移出来，为农村致富和逐步实现现代化，为促进工业和整个经济的发展，开辟了一条新路。"兴办和发展乡镇企业，是农民共同致富的必由之路，是实现农村工业化的必由之路，是提高农民素质、改变农村面貌、建设有中国特色的社会主义现代化新农村的必由之路。

江苏是我国乡镇企业的发源地之一。"九五"时期和2010年江苏省乡镇企业可以预见的发展趋势主要有：(一) 乡镇企业面临着经济体制从传统的计划经济体制向社会主义市场经济体制转变。(二) 企业生产逐步由劳动密集型向劳动密集型、资金密集型和技术密集型相结合的方向转变。(三) 经济循环方式逐步由国内为主的循环路径向国内国际相结合的两条循环路径转变。(四) 经济增长方式由粗放经营向集约经营的方向转变。这就要求继续加快发展和提高乡镇企业，争取规模经济与整体素质。

实现上述战略目标和任务，关键在于提高乡镇企业职工队伍的素质。从经济体制的转变来看,旧体制的弊端一定意义上与人的价值观念、能力素质、道德素质和心理素质的缺陷有关,同时旧体制的缺陷往往又造成人的素质的缺陷。所以,打破旧体制必须而且只能由具有时代素质的人来完成。换言之,人在改造旧体制过程中,首先必须改造和提高自己,实现由“计划人”向“市场人”的全方位转变。就经济增长方式、循环方式等的转变看,多年来,人们总是习惯于把发展理解为量的扩张,而质量和效益的重要、科技和管理的地位等,都还远远没有深入人们的头脑。乡镇企业如果没有全体劳动者素质由体力主导型向文化主导型和科技主导型的转变,领导管理人员没有由权力型向智能型转变,是根本无法实现经济增长方式由粗放型向集约型转变的。人力资源的开发已严重滞后于现代化事业的发展。针对这种情况,鲜明地提出加强人的建设,为 21 世纪提供高素质的人才,不仅很有必要而且显得十分迫切。

乡镇企业人力资源开发喜忧参半

乡镇企业职工队伍是一个庞大的群体。它由企业管理干部、工程技术人员、技术工人和普通工人四类人员组成。管理干部主要是企业的厂长、经理和党群组织领导人。工程技术人员包括高级工程师、工程师、助理工程师和技术员,技术人员中包括企业自己拥有和外聘的部分。技术工人包括技师和高级、中级、初级工。普通工人指从事生产操作的一般工人,据对江苏 106 个乡镇的调查,乡村两级工业企业中,这四类人的组成情况是:管理干部占职工总数的 7.92%;工程技术人员占职工总数的 2.28%;技术工人占职工总数的 24.95%;普通工人占职工总数的 64.85%。

通过调查分析,使我们清醒地看到乡镇企业劳动者素质方面与未来经济、科技、社会的发展要求很不适应,随着企业的发展和人力资源的开发,乡镇企业自身拥有的工程技术人员增加较快。还存在不少问题,主要表现为“四低四少”:

一是管理干部总体文化水平低，有业务和技术专长的人员少。管理干部中，知识型的、有专业职称的只占干部数的25%左右，初中和小学文化程度的接近一半。整个管理队伍的素质亟待提高。

二是工程技术人员比例低，高、中级专业人员少。全省乡镇企业工程技术人员占职工总数2%左右，加上外聘的占职工总数的3%左右，远远低于国有企业的比例（1985年全国国有企业中，工程技术人员占职工总数的8.7%）。企业自己拥有的工程技术人员中，初级职称和无职称的占75%左右，初中和小学文化程度占40%以上。这种状况很不适应企业发展的需要。

三是技术工人比例低，高中等级技术工人较少。全省乡镇企业中，技术工人占职工总数的25%左右。技术工人中，高级工占4%左右，中级工占22%左右，初级工占62%左右，有技术等级的共占88%左右，无技术等级的占12%左右。如果定高级工的平均技术等级为6级，中级工的平均技术等级为4级，初级工的平均技术等级为2级，那么，技术工人人均技术等级只有2.4级。实际上，名义上的技术等级与实际的技术水平等级至少要相差1～2级。这种状况很不适应企业的发展和提高。

四是外向型企业人员素质低，涉外专门人才少。外向型的乡镇企业在逐步增多，相当一批乡镇企业的产品已打入国际市场。全省乡镇企业自营出口额已达24亿元，占全省自营业出口额的26.7%。乡镇企业与国际经济接轨，迫切需要外经、外贸、外语、涉外法律、国际金融等方面的专门人才，而大部分企业这方面的人才还是空的。

江泽民同志在全国科学技术大会上指出："大大提高我国劳动者中科技人才的比例，提高劳动者队伍的整体素质，对于我国社会主义现代化建设具有重大意义。"对于乡镇企业来说，提高劳动者中科技人才比例和劳动者队伍整体素质的任务显得更加突出，更加紧迫和繁重。

根据乡镇企业职工队伍的素质状况和未来经济发展对职工队伍的素质要求，"九五"时期和2010年，乡镇企业人力资源开发的主要目标和基本任务是：切实加强领导，高度重视人力资源开发，把人力资源开发放到战略地位，强化改革。增加投入，努力提高职工教育的质量、效益和管理水平。

加强乡镇企业人力资源开发的新思路和新对策

为了实现上述目标任务，乡镇企业人力资源开发必须解放思想，实事求是，抓住机遇，加大力度，切实抓好以下几个环节：

1. 树立人力资源开发是首要任务的观念。观念层次的现代化，是现代化建设的思想基础和动力源泉，也是建立现代企业的思想基础和动力源泉。要以邓小平同志“科学技术是第一生产力”的思想为指导，利用报纸、广播、电视等宣传工具和舆论渠道，广泛宣传人力资源开发和职工教育的重要性、紧迫性。要使乡镇企业的广大干部职工特别是领导干部懂得，无农不稳，无工不富，无商不活，无才不发，无教不兴，人力资源是第一资源、战略资源、最重要的资源，只有强化人力资源开发，才能提高全体职工的素质。只有将知识形态的科学技术与劳动者结合起来，与劳动工具结合起来，才能使“第一生产力”转变成“现实生产力”，人力资源开发是实现这种结合的最强有力的黏合剂。在促进思想观念现代化的过程中，要针对企业的特点，着重树立人力资源是最宝贵的财富的观念，加强人力资源开发是首要的、战略任务的观念、全员教育的观念、全程教育的观念和终身教育的观念，将企业教育与企业的每一个职工联系起来，与企业的每一个生产环节联系起来，真正将企业教育作为企业发展的一个有机组成部分，使企业形成生产与人力资源开发互相促进的良性循环。

2. 积极推进体制建设。乡镇企业的人力资源开发是面向企业全员的一项智力开发工程，要求高，任务重，困难多，关系复杂，类别繁多，必须依靠各方关心、支持和努力。总结多年乡镇企业人力资源开发和职工教育的实践经验，在管理体制上必须合理分工，明确职责，实行政府领导，多方参与。教育部门侧重抓乡镇成人教育中心校，并负责乡镇企业职工教育的督导检查。乡镇企业管理部门侧重抓乡镇企业职工教育的组织和考核。在具体操作上,岗位技术培训以行业职工学校为主。适应性培训以企业职工学校为主。中等学历教育以县职教、成人中等专业(职业)学校及有条件的乡镇成人教育中心校为主。大专以上学历教育主要依靠普通高校、成人高校有组织、有计划地开展。要形成政策配套、奖惩结合的激励机制。乡镇政府及工业公司在落实企业承包合同时,要把职工教育作为企业法人的责任,写入承包合同。为激励职工参加学习,乡镇企业要将培训、考核、使用、待遇互相挂钩,使人力资源开发工作形成较强的动力机制。

3. 全面提高素质。人的素质包括生理素质、心理素质、思想素质、政治素质、文化素质和技术素质等。迎接21世纪的新挑战,关键在于全面提高人的素质。根据江泽民同志在十四届五中全会上的讲话精神,乡镇企业人力资源开发必须努力做到:一、着力提高全体职工的思想道德素质和文化技术素质。思想道德素质与文化技术素质的两个方面相辅相成,缺一不可。要克服只抓文化技术素质的提高,而忽视思想道德素质的提高。在社会主义市场经济条件下,提高思想道德素质具有特殊重要的作用,必须把思想道德教育放到重要位置。二、既要着重提高每个职工的素质,还要努力提高全体职工的整体素质,只有把两方面都抓好了,才能提高人力资源开发的整体效益,推进企业向更高水平发展。

4. 增加人力资源开发的投入。有投入,才能有产出。建立多方位投入保障机制,是发展乡镇企业人力资源开发的重要条件。乡镇政府、企业职工教育管理机构要按照国家及省的规定,将职工教育经费列入预算科目,并使人力资源开发经费随着经济的发展和财政收入的增长而不断增长。人力资源开发经费与职工工资总额2～2.5%的政策要用足用好。尚缺部分,划入企业开发新技术和研究新产品的技术培训费列支,并列入成本。为产品创优服务的培训费用(包括出国培训费用),在项目经费中开支。其它职工培训费用,在企业利润留成、包干、结余和税后留利中开支。大、中型乡镇企业要有相对独立的教育机构和教育阵地。小型乡镇企业可以走联合办学的路子,集中到各地成人教育中心校组织培训。无力举办职工教育或开展职工教育很差的企业,当地教育主管部门可按隶属关系,将这些企业的部分或全部职工教育经费集中起来统一使用。在增加教育投入的同时,要积极推进乡镇企业职工教育向规模化、集团化、集约化的方向发展,努力提高教育投资效益,提高办学水平和教育质量。乡镇企业人力资源开发要面向市场,可采用双线发展的策略:一是以企业内部职工为主要培训对象,由企业提供经费维持职工教育正常运行;二是面向社会,面向劳动力市场,开展就业培训和转岗培训,以班养班,以外养内。有条件的也可以以教(校)办企,以企助教,增加积累,发展自己。

5. 坚持多渠道、多样化的培训形式。要特别注意研究和探讨市场经济体制下人力资源开发的新情况、新问题、新模式、新趋势。实行自主培训和委托培训相结合。企业按岗位分工,分层次对各类人员开展岗位培训。对新工人进行适应性培训;对熟练工人进行在岗培训;对企业管理干部进行相应管理规范培训。与此同时,广开学路,利用中、高等学校师资和设备的优势,与这类学校联合办学历班、进修班,特别要重视对已走上工作岗位的大专院校毕业生进行继续教育,使他们能够不断补充、拓宽、更新专业知识和技术。要有重点地采用国内和国外相结合的培训方式。

6. 强化教育、劳动、工资制度改革。坚持先培训,后上岗。对新职工实行上岗前培训考核制度,变招工为招生,严格把好入口关,对岗前考核不合格者应解除劳动合同,合格者应同工资待遇挂钩。技术工种和关键工种必须持证上岗。坚持岗位培训的成绩与晋升待遇挂钩,使培训与生产、育人与用人密切配合。凡取得《技术等级证书》的工人。可享受相应的技术等级津贴,优先晋升工资。逐步实行技师和高级技师评聘制度,并享受工程技术人员相应等级待遇。对有突出贡献的中级工,经考核达到高级工等级标准的,可破格参加技师的考评。“五大”生一经录用,即享受国家有关待遇。

7. 加强乡镇企业教育管理的法制建设要立法建规,使乡镇企业职工教育有法可依。江苏省人大已颁发了《江苏省职工教育条例》。要以这个《条例》为依据，制定具体的实施意见。各市、县可根据本地实际情况，制定一些地区性规章或实施办法。要逐步实行“义务教育及以上学历证书”和“职业资格证书”双证制度。学历证书规定新职工文化知识的起码要求，职业资格证书规定职业知识和技能的要求。技术要求较高的企业要率先凭“义务教育及其以上的学历证书”和“职业资格证书”上岗，然后普遍推开。要制定乡镇企业职工教育评估标准，健全检查、督导、评估制度。

（原载《中国人力资源开发》1997年第2期）

论加强老年科技人才资源二次开发的战略意义

伴随着时代的发展，改革的深化，开放的扩大，加快社会主义现代化建设的步伐，加强老年科技人才资源二次开发的战略任务，已经摆到重要议程。解放思想，实事求是，打破传统观念，树立现代意识，从战略上而不是从战术上，从全局上而不是从局部上，从规律性上而不是现象上，充分认识老年科技人才资源二次开发的地位、作用、特点和重大意义，是实施这一重大工程的首要前提。

加强老年科技人才资源二次开发，是党中央实现跨世纪目标的战略决策

改革开放以来，党中央和中央领导同志十分重视和关心人才，特别是老年科技人才。邓小平同志在作出“尊重知识，尊重人才”、“科学技术是第一生产力”等重要指示的同时，十分关注老年科技人才资源的开发和利用。早在1983年2月邓小平同志视察江苏时，就充分肯定了江苏乡镇企业发展的成功经验之一，是依靠和发挥老科技人才和老技术工人的作用。邓小平同志在南方视察讲话中又反复强调加快改革开放，加快经济发展，关键在于人才，要充分发挥老专家的作用。邓小平同志的重要指示，对开发老年科技人才资源是个巨大的推动。

进入九十年代，我国面临着新的机遇和挑战。党中央从战略高度，确立了跨世纪目标和任务，江泽民同志十分重视人才，特别关注老年科技人才。1990年2月4日他给中国退休科技工作者联合会作了重要

题词:“团结广大离退休科技工作者,为科技进步,经济繁荣,社会发展和民族振兴再作贡献。”江泽民同志的题词,言简意赅,高瞻远瞩地为老年科技人才资源二次开发指明了方向,明确了要求和目标,意义十分重大。首先,江泽民同志充分肯定了老年科技人才是党和国家的宝贵财富,是整个科技人才队伍的不可分割的重要组成部分,有着独特的优势和作用。其次,指明了老科技工作者虽然离、退休,但仍然肩负着“科技进步、经济繁荣、社会发展、民族振兴”的光荣历史使命。这对老年科技工作者是个极大的鼓励和鞭策。第三,江泽民同志号召老年科技人才要组织起来。这就要求:(1) 各级领导必须高度重视,切实加强领导和宏观指导;(2) 各级老年科技人才群众组织要主动积极做好发动,大力推动老年科技人才组织建设,把广大科技人才团结起来。(3) 殷切希望老年科技人才适应时代需要,主动结合起来,形成合力。组织起来就是力量,组织起来才能群策群力,形成更强的开拓创新力量,才能再作贡献。在党的十五大上,江泽民同志进一步强调“人才是科技进步和经济社会发展最重要的资源”、“我国现代化建设的进程,在很大程度上取决于国民素质的提高和人才资源的开发”,并指出要十分重视人口老龄化问题,充分发挥老同志、老专家的作用。总之,江泽民同志的重要指示是加强老年科技人才资源二次开发的纲领,是组织广大老年科技人才再作贡献的指导思想和理论基础。

根据党的十五大精神和江泽民同志讲话精神,在国务院指导下,国家人事部经过深入研究提出了整体性人才资源开发,把老年科技人才资源二次开发列为重要组成部分。强调:老年科技人才是我国整个人才队伍的一个重要组成部分,是“银色人才”。充分利用这一智力资源是一件投入少、产出多、利国利民的好事。制定相应的老年人才开发政策,搞好第二次人才资源开发,是一件关系老有所为、人尽其才的大事。其根本任务是要建设一支老中青相结合的、高素质的宏大人才队伍。老年科技人才群体与中青年科技人才群体各有优势和不足。一般地说:老年科技人才的反应力、记忆力弱于中青年科技人才,但其智能储存和智力活动范围远胜于他们;老年科技人才的精力和体力逊于中青年科技人才,但其实践经验的丰富、专业造诣的精深是中青年科技人才难以相比的;老年科技人才对事物的观察和接受的敏锐性和进取创新精神不及于中青年科技人才,但其观察和对待事物的准确、全面、深刻性以及稳重、扎实、刚毅的品格方面优于中青年人才。建立老中青相结合的整体性科技人才队伍,可以优势互补,形成合力,共同促进。建立宏大的整体性科技人才队伍,其关键在于消除对老年科技人才的偏见,要真正把他们当作"精英"和"财富",而不要把他们视为"负担"或"包袱"。老年科技人才资源具有很强的时效性,必须在有限的时间内进行适时开发,否则势必造成人才资源的损失,直至完全消失。要从战略高度充分重视发挥老年科技人才,特别是高级科技人才对中青年科技人才的传帮带的特殊作用,形成老中青科技人才在年龄结构、知识结构上的优势互补,更好地推动和促进优秀中青年科技人才脱颖而出、健康成长,使老中青科技人才队伍并行不悖,协调发展。因此,落实党中央、江泽民同志关于加强老年科技人才资源二次开发的战略决策和任务,江苏理应走在全国的前面。

加强老年科技人才资源开发,是社会主义初级阶段发展生产力的需要

我们想问题,办事情,必须从实际出发,从我国的国情出发。加强老年科技人才资源二次开发,也必须从我国的国情加以考察和思考。我国的国情是:中华人民共和国成立以来,经过四十多年特别是近二十年的发展,生产力有了很大提高,各项事业有了很大进步。然而,人口多、底子薄,地区发展不平衡,生产力不发达的状况并没有从根本上改变,社会主义制度还不完善,社会主义市场经济体制还不成熟,社会主义民主法制还不够健全,封建主义、资本主义腐朽思想和小生产习惯势力在社会上还有广泛影响。概括一句话:我国社会主义仍然处在初级阶段。

我国社会的主要矛盾是人民日益增长的物质文化需要同落后的社

会生产力之间的矛盾。这个主要矛盾贯穿我国社会主义初级阶段的整个过程和社会生活的各个方面。根据社会主要矛盾，社会主义的根本任务是发展生产力。这就决定了我们必须把经济建设作为全党全国工作的中心，各项工作都要服从和服务于这个中心。必须实施科技兴国、兴省战略，加强整体性人才资源开发。尊重知识、尊重人才，加强老年科技人才资源二次开发正是根据我国社会的主要矛盾、主要任务和工作中心，集中力量发展生产力的战略举措之一。

1. 充分开发老年科技人才资源有利于增加劳动力资源，提高劳动资源率，促进经济发展。劳动力是发展生产力的最主要因素，劳动力资源是最重要和最宝贵的资源。从经济学的角度来看，一个国家的劳动力资源量的大小和劳动力资源率的高低，是反映这个国家经济实力的重要指标。劳动力、技术熟练劳动力，特别是高智能劳动力资源丰富则利于经济发展；劳动力资源率越高，表明可投入的活劳动越多，从而创造的国民收入也越多，人均国民收入也越高。在其他条件不变的情况下，劳动力特别是高智能劳动力资源率与人均国民收入成正比例。包括老年科技人才在内的劳动力参与率高，现实的劳动资源就多。尽可能地让老年科技人才继续发挥作用，再作贡献，使一部分潜在的劳动力资源转化为现实劳动力资源，是开发利用老年人才资源的最佳途径之一，也是促进经济发展的一项重大措施。

1987 年，据对全国九大城市 60 岁以上老年人口抽样调查，结果是：在离退休人员中要求继续发挥作用的动机中，属于社会发展需要的市为 28.07%，城镇为 36.55%，属于发挥专长的分别为 19.97%和 9.64%。两者相加市、镇分别为 48.04%和 46.19%。这一调查表明，老年科技人才继续发挥作用、再作贡献的动机的构成中属于工作需要的占 19.62%，属于发挥专长的占 12.60%。两者相加为 32.22%。这正是对老年科技人才“老有所为”、“再作贡献”是发展生产力的需要的印证。

2. 开发利用老年科技人才资源，有利于一部分老年人由消费人口转化为生产人口，减少福利支出，增创社会财富，为发展经济积累资金。

在社会主义初级阶段，发展社会生产力所要解决的历史课题，是实现工业化和经济的社会化、市场化、现代化。我国的建设，肩负着既要着重推进传统产业革命，又要迎头赶上世界新技术革命的双重任务。发展生产力，实现社会主义现代化，一靠政策，二靠科技，三靠投入。在投入方面包括人力资源的投入和资金的积累。

我国劳动年龄的上下限，是50年代根据当时的经济社会发展水平、人口健康水平和平均预期寿命等因素制定的，劳动年龄上限——男60岁，女55岁，也就是退休的法定年龄。现在我国人口的平均预期寿命已延长到70岁，原定的退休年龄偏低，已不能反映当前的客观现实，其结果是大量具有劳动能力的年轻型老年人，特别是老年科技人才，被人为地排出于劳动力资源之外，使他们过早地从“生产人口”转变为“消费人口”，既浪费了高智能资源，又增加了国家和社会的负担，影响经济发展。老年科技人才在任何时候都会存在，根本出路在于提高各级领导和社会上对这一问题的认识，把有高智能的老年科技人才纳入国民经济和社会发展计划，加以通盘考虑。

3. 加强老年科技人才资源开发有利于缓解高级科技人才短缺的矛盾，促进科学技术与教育的发展。纵观世界发展，越来越揭示了科学技术是第一生产力，科技进步是经济发展的决定性因素。我们要充分估量未来科学技术特别是高技术发展对综合国力、社会经济结构和人民生活的巨大影响，把加速科技进步放在经济社会发展的关键地位，使经济建设真正转到依靠科技进步和提高劳动者素质的轨道上来。

科学技术越来越成为直接的生产力。科学技术进步使劳动生产率提高，而劳动生产率的提高又必然进一步引起知识结构的变化，要求文化教育、科学技术发展。科技发展需要有高素质的劳动力资源，特别是高智能人才资源。但是，“文革”十年动乱却严重影响了我国劳动力资源质量的提高，造成科技人才队伍断层。目前，我国专业技术人员队伍的年龄结构、学历结构、学科和专业结构、职务和能级结构不尽合理，高级专业技术人才短缺，制约着科技进步的发展。据统计，全国现有高级专业技术职称的94.5万人员中，46～55岁的占72%，56岁以上的占

24%,而36～45岁的不到4%,35岁以下的仅2000人。我国50年代正规培养出来的专业技术人员,在90年代将绝大部分从工作岗位退下来。在这些退离休的高级科技人员中除约三分之一的人通过各种渠道继续发挥作用外,多数成为社会上的闲人,造成人才资源的极大浪费。这些宝贵的人才资源如能得以开发利用,将可以有效地优化人才队伍,缓解高级科技人才短缺的矛盾。

加强老年科技人力开发,是江苏经济社会发展再上新台阶的迫切需要

1. 江苏未来发展的艰巨任务,必须有雄厚的人才资本作保障。未来十五年,我省将全面完成"九五"计划,制定并实施"十五"计划,为实现2010年远景目标奠定基础。到2000年,基本形成社会主义市场经济运行机制,实现人均国内生产总值翻三番;全省全面实现小康,部分地区初步实现现代化。到2010年,人均国内生产总值在"九五"实现第三个翻番的基础上再翻一番半,全省基本实现现代化,成为经济繁荣、科学发达、生活富裕、法制健全、社会文明的省份。这是一个十分艰巨的任务。要完成这个艰巨任务必须进一步解放思想,紧紧抓住第三次发展机遇,主动迎接挑战,在激烈的国际国内竞争中争取主动,而其关键在于人才。目前我国还是一个人才缺乏、经济落后的发展中国家,据资料统计每1000人中拥有科技人员数我国7人,还低于发展中国家平均10人的比例,更与发达国家相距甚远;我省人才队伍总量虽在全国名列前茅,但每1000人中科技人员数仅列全国第14位。因此,中央和省委作出了实施"科教兴国"、"科教兴省"的战略决策,加速科技人才资源开发尤其是高级人才资源的开发,是亟待解决的重要问题。我们必须从战略高度,采取切实有效措施,充分挖掘和开发人才资源,一是靠教育培养科技人才,二是利用现有的人才资源。现有的科技人才资源既包括在职的科技人员,也包括有特长的、有专业技术的、有管理经验的老年科技人才。我省退离休科技人才有29.6万余人,其中高级老科

技人员3.8万余人，并以每年万人的速度递增，这是我们的宝贵财富。开发和使用好这支越来越大的老年科技队伍这一巨大智力资源，为实施“科教兴省”战略服务，是一件投入少、效益高、利国利民的好事，对我省经济社会发展、科技进步和社会稳定将起到重大作用。因此要加倍重视开发老年科技人才，特别是高级科技人才，延长这一智力资源的有效期，是解决我省人才紧缺矛盾的一个重要途径。

2. 正确解决江苏省经济、社会发展中的主要矛盾和问题，迫切需要加强老年科技人才二次开发。改革开放20年来，江苏经济突飞猛进，社会进步，变化很大，成绩显著，对党的事业和国家贡献很大。但是，我们必须清醒地看到，全省经济和社会发展中还存在不少矛盾和问题。主要是：经济结构不合理的矛盾仍然比较突出，国民经济整体素质和效益不高，部分企业活力不足，下岗和失业人员增多，就业形势比较严峻；农业基础脆弱的状况没有根本改变，抵御自然灾害和市场风险能力不强，农民增收难度加大，部分地区农民负担较重；新的经济增长点成长比较缓慢，第三产业规模、质量有待扩大和提高；南北区域发展差距明显，城乡部分群众生活比较困难；人口、资源、环境的压力增大，可持续发展任务艰巨；政府职能转变还不适应社会主义市场经济发展的要求，少数部门和工作人员中存在官僚主义、形式主义和浮夸作风，消极腐败现象仍然存在，有些问题还比较严重。

解决上述这些主要矛盾和问题的关键在于提高各级领导干部的素质，提高管理人才和专业技术人才的素质，提高全省劳动者素质。关键在于加强人才资源开发，加强科技开发，加快发展高新技术和知识经济。老年科技人才在这方面具有许多优势，加强老年科技人才资源开发，充分发挥他们的聪明才智，是推进江苏经济、社会发展的需要。

3. 江苏现有科技人才队伍的现状，更加迫切需要加强老年科技人才二次开发。江苏是经济大省，也是人才大省。新中国成立以来，特别是改革开放以来，科技人才队伍有了很大发展，特别可喜的是高级专业技术人才队伍也有了长足的发展。我省高级专业技术人才队伍是由中科院院士、中国工程院院士，具有较深学术技术造诣的博士生导师，在世界和全国科技前沿具有一定位置的重点实验室学科带头人,有突出贡献的中青年专家,有突出贡献,享受政府特殊津贴人员和具有高级专业技术职称的人员组成的。这支队伍在党的领导下,团结奋进,热爱党、热爱国家、热爱事业,执着追求、勤勤恳恳、孜孜不倦、埋头苦干、开拓创新、顽强拼搏,作出了很大贡献,是我省最宝贵的财富,是经济社会发展的最高层次的智力支持。

但如果我们冷静地分析一下,这支队伍存在的突出问题是老化,人才结构断层更加明显,退休高级专业技术人才越来越多,后继力量匮乏。这与党的十五大精神和省委、省政府提出的跨世纪发展战略目标相比,是很不适应的,是一个极为严峻的问题。解决的办法是要花大力气加强整体性人才资源开发,一是加快培养青年人才;二是充分发挥中年人才的桥梁作用;三是继续发挥老年科技人才的带头作用。这就必须转变人才开发战略,转变观念,大力加强老年科技人才二次开发。如果忽视这个问题,放松这项工作,在人才队伍建设方面就会造成重大失误,其后果是严重的。各级领导在这个问题上千万不能疏忽大意。

4. 江苏提前进入老年型社会,加强老年科技人才资源开发是缓解人口老龄化问题的重要举措。在江苏省经济和社会的发展过程中,人口问题始终是一个极为重要的问题。江苏省人口总量在全国排列第4位,而地域面积在全国省份中却排列倒数第4位。其中人口密度在全国各省区中列首位。人口基数大,增长速度快。从1949年到1997年这48年中,全省人口由3512万人增加到7148万人,增长了103.5%。农业人口比重大,约占总人口的70%。这是江苏人口状况的显著特点,也是对经济社会发展的严重制约因素。

值得注意的是江苏省于1986年已进入了老年型社会,比全国提前14年。人口老龄化的快速发展是社会进步的必然结果,但它也将影响社会的稳定和发展。1997年江苏省老年人口为873.89万人,占总人口12.23%。1997年比1996年老年人口增加了17.14万人。预计到1998年将达896万人,占全省总人口的12.48%。2000年达931.6万人,占全省人口的12.77%。2010年达12197万人,占全省人口的

16.03%。江苏老年人口现在每8个人中有一个老人，到2000年每4个人中就有一个老人，到2025年达到顶峰，每3个人中就将有一个老人。

时代的发展，向我们提出了一个严峻的问题，如何对待老龄化问题。传统的农业社会对待老龄问题，只注重对老年人的供养和照顾。工业化社会，对老龄问题赋予新的内涵，即发展问题和人道主义问题并存。信息社会又进一步提出老年人参与社会和融于社会发展的问题。迈向21世纪，要解决人口老龄化问题，加强开发老年人才资源，必须把它纳入解决社会持续发展的框架之内。江苏省人口老龄化快于全国，更需要深思远虑，及早制定长远战略规划，加快老年人才资源二次开发，以缓解老龄化社会带来的问题，以适应经济社会的快速发展。

加强老年科技人才资源二次开发，是科技人才成长规律的客观必然

1. 老年科技人才资源二次开发，是实现自我价值的有效途径。马克思、恩格斯从经济学角度提出人的需要理论，他们把人的基本需要归纳为生存需要、社会需要和发展需要。马克思关于发展的需要包括两层意思：一层是在资本主义条件下，工人有受教育、发展自身劳动力、提高文化与技能的需要；另一层是从深远的意义上说，每个人有全面而自由地发展的需要。这种高层次需要，也就是更深刻、更全面的自我实现。

确实这样，老年科技人才在其发展上，有较高的思想修养，较高的学术造诣、科学技术水平和文化水平；在其活动上，他们从事的工作不论其内容、性质和条件，已大为改观；在其需要上，变得更为广泛、更多样和更丰富，他们把精神需要和社会需要提到了首位。他们把二次开发，不是当作谋生手段，而是为社会主义现代化再作贡献，为人民造福，当作生活的第一需要。我们是社会主义国家，更应为老年科技人才再作贡献，实现自我价值提供机遇和条件，以满足他们的个人目标、愿望

和发挥潜力的需要。

2. 老年科技人才的潜能开发,大有作为。马克思在探讨人的素质理论时,对人的潜能要素进行了分析。他认为构成人的潜能要素是:社会性、意识、对象化、普遍性和自由。对老年科技人才来说,由于他们的年龄、阅历、知识和经验,使老年科技人才具有以下五个潜能和优势:

一是社会性潜能与政治优势。老年科技人才经过长期的社会实践,在社会化的过程中,他们具有强烈的社会责任感,拥有渊博的学识和丰富的社会实践经验。具体表现是:(1) 他们是本世纪历史发展和我党我国历史发展的见证人;(2) 他们植根于工农群众,知国情、民情、天下情;(3) 他们历经复杂、曲折、坎坷的人生路程,义无反顾,一心愿用所学的知识报效祖国。

二是意识潜能和思想优势。老年科技人才执着的社会参与意识构成这一群体的人生思想体系。由于年龄的增长,阅历的广博,老年科技人才对复杂的事物可以作出具体的分析和客观的评价,他们往往能够透过事物的表面现象,抓住事物的本质。同时,他们以自己的学识和经验,运筹帷幄,积极主动地参与改造客观世界的活动。特别是在科技人才聚集的单位,强烈的社会参与意识成为大多数老年科技人才的共同特点。

三是对象化意识和经验优势。老年科技人才的丰富经验取决于他们长期的工作实践,在经济、科技、教育、文化等战线上,他们的对象化潜能更为突出:(1) 具有丰富经验的老年科技人才队伍,是构成发展科技的智囊宝库。(2) 老年科技人才有综合性经验,可以成为一支积极参与科技、教育、经济发展一体化的队伍。(3) 发挥经济优势的关键是要选准方向,扬长避短。

四是普遍性潜能和智力优势。长期在科学、教育、经济、文化等领域工作的老年科技人才,毕生为研究和探索自然、社会、思维科学而辛勤劳动,当他们带有普遍性规律的成果应用于社会生产过程时,便体现出人类历史的进步。老年科技人才越具有这种普遍性,知识的潜能越是具有无限的广度和深度。在社会普遍性需要中,个人能力需要多方面发展。

五是自由潜能和时空优势。老年科技人才从工作岗位上退下来后，无论在时间和空间上，都占有得天独厚的优势，可以使自由潜能充分发挥。人的自由在于对必然的认识。老年科技人才可以更加自主地继续发挥创造性，继往开来，有所发现、有所发明、有所前进。能量需要释放，潜能需要发挥。大量的时间和广阔的空间，会使老年科技人才的智能达到最大程度的发展。

"大器晚成效应"是人的自由潜能发挥的产物，是时空优势的体现，是社会历史发展的产物。老年科技人才具有上述五个方面的潜能和优势，他们对社会主义现代化建设，有着十分重要的地位，具有不可替代的作用，还有"剩余价值"，还可以再作贡献。

加强老年科技人才二次开发，是发达国家经济、科技、社会发展的一个重要趋势

开发利用老年人力资源，特别是老年科技人才资源不是一个国家和地区的独有问题，而是一个带有国际性的、全球十分关注的重要问题。在世界范围内，伴随着经济、科技、社会的发展和人口老龄化的出现，一些发达国家越来越重视研究和加强老年人，特别是老年科技人才的开发。

发达国家在解决老年人，特别是老年科技人才开发的问题上主要从以下两个方面着手：首先是发挥老年学各学科的优势，全方位、多角度、多侧面地研究解决老年人、老年科技人才开发利用的理论认识问题。包括：(1) 正确认识和理解具有劳动能力的老年人属于劳动力和劳动力资源，特别是老年科技人才是最宝贵的劳动力资源。(2) 正确认识和理解老年人是人生最成熟的阶段，老年人，特别是老年科技人才理所当然地参与经济社会发展。(3) 正确认识和理解退休和参加劳动，再作贡献，是老年人，特别是老年科技人才享有的权利，应当受到尊重和维护。(4) 正确认识和理解退休后继续发挥作用，特别是老年科

技人才再作贡献理应取得相应的劳动报酬。其次,发达国家在研究解决老年人力资源开发理论认识问题的同时,还积极着手制订相关的制度和政策,使之法制化和规范化。主要包括:(1) 老年人力资源开发的原则;(2) 老年人力资源开发的制度;(3) 老年人力资源开发的政策;(4) 老年人力资源开发的法规;(5) 老年人力资源开发的管理等等。

开发老年科技人才资源,它被发达国家作为繁荣经济、稳定社会、挖掘人力资源潜力的重大举措来看待。“银发人才工程”、“第二次人才资源开发”等,正成为发达国家的热门话题和最新趋势。

总之,我们一定要从战略高度,充分认识老年科技人才资源二次开发的地位、作用、特点和重大意义,把加强老年科技人才二次开发提到重要议事日程,作为一项重大工程来抓。

(原载《行政论坛》1998 年第 4 期)

论开发老年科技人才资源的意义

加强老年科技人才资源二次开发，是党中央实现跨世纪目标的战略决策

改革开放以来，党中央和中央领导同志十分重视和关心人才，特别是老年科技人才。邓小平同志在南方视察讲话中反复强调加快改革开放，加快经济发展，关键在于人才，要充分发挥老专家的作用。在党的十五大上，江泽民同志进一步强调"人才是科技进步和经济社会发展最重要的资源"。"我国现代化建设的进程，在很大程度上取决于国民素质的提高和人才资源的开发"。并指出要十分重视人口老龄化问题，充分发挥老同志、老专家的作用。

根据十五大精神和江泽民同志讲话精神，在国务院指导下，国家人事部经过深入研究提出了整体性人才资源开发，把老年科技人才资源二次开发列为重要组成部分。强调：老年科技人才是我国整个人才队伍的一个重要组成部分，是"银色人才"。充分利用这一智力资源是一件投入少、产出多、利国利民的好事。制定相应的老年人才开发政策，搞好第二次人才资源开发，是一件关系老有所为，人尽其才的大事。其根本任务是要建设一支老中青相结合的、高素质的宏大人才队伍。老年科技人才群体与中青年科技人才群体各有优势和不足。一般地说：老年科技人才的反应力、记忆力弱于中青年科技人才，但其智能储存和智力活动范围远胜于他们；老年科技人才的精力和体力逊于中青年科

技人才，但其实践经验的丰富、专业造诣的精深是中青年科技人才难以相比的；老年科技人才对新事物的观察和接受的敏锐性和进取创新精神不及中青年科技人才，但其观察和认识事物的准确、全面、深刻性以及稳重、扎实、刚毅的品格方面优于中青年人才。建立老中青相结合的整体性科技人才队伍，可以优势互补，形成合力，共同促进。建立宏大的整体性科技人才队伍，其关键在于消除对老年科技人才的偏见，要真正把他们当作“精英”和“财富”，而不要把他们视为“负担”或“包袱”。老年科技人才资源具有很强的时效性，必须在有限的时间内进行适时开发，否则势必造成人才资源的损失，直至完全消失。要从战略高度充分重视发挥老年科技人才，特别是高级科技人才对中青年科技人才的传帮带的特殊作用，形成老中青科技人才在年龄结构、知识结构上的优势互补，更好地推动和促进优秀中青年科技人才脱颖而出、健康成长，使老中青结合的科技人才队伍并行不悖，协调发展。因此，落实党中央、江泽民同志关于加强老年科技人才资源二次开发的战略决策和任务，江苏理应走在全国的前面。

加强老年科技人力开发，
是江苏经济社会发展再上新台阶的迫切需要

1. 江苏未来发展的艰巨任务，必须有雄厚的人才资本作保障。中央和省委作出了实施“科教兴国”、“科教兴省”的战略决策，加速科技人才资源开发尤其是高级人才资源的开发，是亟待解决的重要问题。我们必须从战略高度，采取切实有效措施，充分挖掘和开发人才资源，一是靠教育培养科技人才，二是利用现有的人才资源。现有的科技人才资源既包括在职的科技人员，也包括有特长的、有专业技术的、有管理经验的老年科技人才。现在退离休科技人员迅速增长，全国已有 340 万人，其中高级科技人员 57 万人，并以每年 30 万人的速度递增；我省退离休科技人才有 29.6 万余人，其中高级科技人员 3.8 万余人，并以每年万人的速度递增。这是我们的宝贵财富，开发和使用好这支越来

越大的老年科技队伍这一巨大智力资源，为实施“科教兴省”战略服务，是一件投入少、效益高、利国利民的好事，对我省经济社会发展、科技进步和社会稳定将起到重大作用。当前一些地区和单位一方面不惜重金走出国门广招科技人才，另一方面却对具有智力优势、经验优势和政治优势的高级专业技术人才弃之不用，致使一些高级老科技人才被国外高薪聘走，这种舍近求远，造成人才资源流失和浪费的现象对实施“科教兴省”战略，迎接我省第三次发展机遇的挑战是不利的。

2. 江苏现有科技人才队伍的现状，更加迫切需要加强老年科技人才二次开发。江苏是经济大省，也是人才大省。新中国成立以来，特别是改革开放以来，科技人才队伍有了很大发展，特别可喜的是高级专业技术人才队伍也有了长足的发展，确实是我省最宝贵的财富，是经济社会发展的最高层次的智力支持。但如果我们冷静地分析一下，这支队伍存在的突出问题是老化，人才结构断层更加明显，退休高级专业技术人才越来越多，后继力量匮乏，这是一个极为严峻的问题。解决的办法是要花大力气加强整体性人才资源开发：一是加快培养青年人才；二是充分发挥中年人才的桥梁作用；三是继续发挥老年科技人才的带头作用。这就必须转变人才开发战略，转变观念，大力加强老年科技人才二次开发。如果忽视这个问题，放松这项工作，在人才队伍建设方面就会造成重大失误，其后果是严重的。各级领导在这个问题上千万不能疏忽大意。

从江苏看全国，实际上一场争夺高层次老年科技人才的大战，已经悄悄地打响。上海建筑人才高地，十分得力，已把老年科技人才二次开发列为重要任务。浙江省委、省政府几年前就作出决定：上海退一个教授、研究员，浙江就引一个。大连市在加强老年人才资源开发上已作出了全面规划，并加以实施。北京市改革开放以来就抓老年人才开发，做了大量工作，积累了宝贵经验。这对江苏是个严峻挑战，千万不能以为我们人才多，不要紧，事实上，一步跟不上，就会步步跟不上，贻误大业。

加强老年科技人才二次开发，是发达国家经济、科技、社会发展的一个重要趋势

开发利用老年人力资源，特别是老年科技人才资源不是一个国家和地区的独有问题，而是一个带有国际性的、全球性的重要问题。一个重要的标志是1982年维也纳老龄问题世界大会的召开，它要求各国政府“研究人口老化对经济发展以及发展对老龄化的影响，以便使老年人的潜力得以发挥”。大会所通过的《国际行动纲领》强调指出：“单以人们的年龄长幼来判断是否达到老龄阶段，同时人们一旦丧失了就业身份（包括退休）就可能被完全置于社会次要地位的做法，是某些国家社会——经济发展过程中可悲的矛盾现象。”大会指出：“把老年人笼统地划分为‘受供养者’的问题是一个首要的人道主义问题和人权问题，必须通过具体的政策和方案来解决。”决议与行动纲领的中心意图是强调老年人，特别是老年科技人才不都是依附于别人的消费者，应该尽可能地为他们创造条件，“老有所为”继续发挥作用，再作贡献，使之有利于经济和社会的发展。

发达国家在老年人，特别是老年科技人才开发上主要从以下两个方面着手：

首先是发挥老年学各学科的优势，全方位、多角度、多侧面地研究解决老年人、老年科技人才开发利用的理论认识问题。第一，正确认识和理解具有劳动能力的老年人属于劳动力和劳动力资源，特别是老年科技人才是最宝贵的劳动力资源。第二，正确认识和理解老年人是人生最成熟的阶段，老年人，特别是老年科技人才理所当然地应参与经济社会发展。第三，正确认识和理解退休和参加劳动，再作贡献，是老年人，特别是老年科技人才享有的权利，应当受到尊重和维护。第四，正确认识和理解退休后继续发挥作用，特别是老年科技人才再作贡献理应取得相应的劳动报酬。

其次，发达国家在研究解决老年人力资源开发理论认识问题的同

时，还积极着手制订相关的制度和政策，使之法制化和规范化。主要包括：老年人力资源开发的原则；老年人力资源开发的制度；老年人力资源开发的政策；老年人力资源开发的法规；老年人力资源开发的管理等等。

开发老年科技人才资源，被发达国家作为繁荣经济、稳定社会、挖掘人力资源潜力的重大举措看待，“银发人才工程”、“第二次人才资源开发”等，正成为发达国家的热门话题和最新趋势。

总之，我们一定要从战略高度，充分认识老年科技人才资源二次开发的地位、作用、特点和重大意义，把加强老年科技人才二次开发提到重要议事日程，作为一项重大工程来抓。

（原载《江南论坛》1998 年第 6 期）

加强老年科技人才资源二次开发的思路和对策

老年科技人才资源二次开发，是在新的历史时期的一项开拓创新事业，必须遵循党的十五大和全国九届一次会议精神，结合江苏的经济、科技、社会发展和老年科技人才开发的实际，以深化改革为动力，采取创新战略和对策，努力打开新局面，创造新水平。

第一，战略创新：进一步明确加强老年科技人才资源二次开发的指导思想，实现战略转变。

加强老年科技人才二次开发的战略思想是：以邓小平伟大理论为指导，坚持党的基本路线，贯彻落实江泽民总书记“二四”题词精神，紧紧围绕经济社会发展的战略目标，不断深化改革，推动两个根本性转变，妥善处理改革、发展和稳定的关系，在国家政策指导下，逐步建立起以社会需求为导向，以市场调节为基础，以开发高级老年科技人才资源为重点，各方面积极参与，离退休科技人员自愿量力参加，形成多层次、多渠道、多形式的老年科技人才资源的开发机制和管理体制，使实力雄厚的老年科技人才队伍成为整体性人才开发的重要组成部分，为实现“科教兴国”、“科教兴省”战略，促进经济社会发展和两个文明建设再作贡献。

加强老年科技人才二次开发必须遵循以下基本原则：

1. 同步性、协调性原则。必须与经济、科技、社会发展同步进行，协调发展。

2. 面向社会，面向市场原则。

3. 整体平衡发展原则。必须有全局观念，与整体性人才资源开发相适应和平衡。

4. 合理配置、分类指导原则。

5. 立法保护原则。

加强老年科技人才资源二次开发的目标任务是:以深化改革为动力,逐步建成比较完善的老年科技人才市场体系和老年科技人才二次开发管理服务体系,形成参与程度高,活动载体多,覆盖面广的老年科技人才开发新格局,动员和组织更多的老年科技人才,与全省人民一道,第一步,用五年时间,全面完成"九五"计划,再用五年时间实施"十五"计划,为实现2010年远景目标奠定基础而再作贡献。

为此,具体工作目标分两步进行:

第一步,到2000年初步建立起与我省经济社会发展相适应,与整体性人才开发相协调的老年科技人才资源开发机制、激励机制和管理体制。全省低龄健康高中级老科技人才开发率由目前的23%提高到25%。

第二步,2010年建立起与整体人才结构相适应的,比较合理的,适合当时经济社会发展的比较健全的开发机制、激励机制和管理体制,使全省低龄健康的高中级老科技人才开发率再由25%提高到35%。

第二,观念创新:进一步解放思想,实事求是,老年科技人才资源二次开发,在思想观念上要有新突破。

首先要树立从"一次开发"转变为"二次开发"的新观念。

其次,要破除一系列陈旧的观念,树立符合时代要求的新观念。具体地来说,要四破四立:一破"包袱论",立"财富""精英"论;二破单纯"养老"论,立"大有作为"论;三破"抢饭碗"论,立"再作贡献"论;四破"忙不过来"论,立"主动积极"论。

三是树立面向市场的新观念。

第三,模式创新:老年科技人才二次开发的模式,必须加快从"单纯养老"转变为"再作贡献"。

1. 从地位上,必须从过去老年人才开发"没有地位",向老年科技人才开发在经济社会发展中具有"重要地位"转变。

2. 从功能上，必须从单一的“老有所养”转变为“老有所为”、“献计献策，报国有门”。

3. 从体制上，逐步形成多层次、多形式的老年科技人才开发机制。

第四，规划创新：把老年科技人才二次开发，纳入整个经济社会发展和人才资源整体性开发规划。

我省丰富的老年科技人才资源潜力很大，缺乏宏观规划。必须将老年科技人才二次开发纳入全省和各市、县整个经济社会发展和整体性人才资源开发规划中去。

要抓紧建立老年人才信息库。

第五，机制创新：尽快建立和完善老年科技人才市场机制。

要尽快培育和建立老年人才市场。在一些基础条件较好的县、区可成立为老年人才开发服务的中介组织，一定时候也可以考虑建立老年人才的区域市场。老年人才市场要与在职人才市场有机地结合起来。

第六，形式和途径创新：紧紧围绕经济、社会发展新需求，寻求和开辟老年科技人才资源的新形式和途径。

在总结过去十几年老年科技人才二次开发创造的形式、途径的基础上，凡有利于上述任务完成的形式和途径要加以改进和完善。同时要及时引导、总结新鲜经验，创造新的形式和途径。

1. 进一步组织专家顾问咨询机构。

2. 积极鼓励、支持老教授老专家兴办促进国家经济和社会发展的各种民办大学、研究院所、咨询服务中心、出版机构等实体，并在政策上给予倾斜。

3. 坚持以乡镇区街工业和创办企事业实体作为离退休科技人员发挥作用的主要阵地，进一步抓好这方面的工作。

4. 采取切实措施，巩固发展由离退休科技人员举办的各种企事业。

第七，政策创新：适应市场经济需要，调整和制订老年科技人才二次开发政策。

认真检查党中央、国务院有关高级科技人才离退休政策的执行情况；建立和完善再作贡献的合理报酬和分配政策；责、权、利相结合的返聘政策；申报科研项目、成果享用政策；老年科技人才创办经济科技实体的工作条件（实验仪器、图书资料等）和税收的优惠政策；更新知识，进行继续教育的政策；以及出国进行访问政策等。在不断实践，积累经验的基础上，从长远考虑，建议制定《老年人才再就业保障法》，以立法形式维护和保障老年科技人才的有效开发和合法权益。

1. 允许离退休科技人员在有稳定的实体为依托和管理的条件下申报科研项目、申请科研基金，组织实施科研课题研究，并接受科研成果鉴定及专利申请。

2. 允许和支持离退休科技人员在有稳定实体为依托条件下，与有关部门、单位合作开展科研和项目攻关，其合作的程序、费用支出、成果享受均可按一般常规进行。

3. 支持和鼓励离退休科技人员个人或联合举办科技开发企业或其他企事业。

4. 科技人员个人从事科研活动，在经协商同意前提下，可无偿或有偿使用原单位或有关单位的图书资料和仪器设备。

5. 退离休科技人员有权享受在职时做出成果的合理利益（因退离休未享受）；在职时做出的成果，经与原单位协商同意，可推广开发，其效益按协议分享。

6. 允许和支持离退休科技人员应聘出国访问，从事合作研究。

第八，管理创新：加强老年科技人才二次开发的管理要突出重点，实施科学管理。

老年科技人才二次开发在工作对象上要突出开发离退休高级技术和管理人才。运用多种手段，采取一些特殊的办法和政策，如通过组织老年专家顾问团、兴办技术型老年实体、发展老年专业技术协会等办法，优先把这部分老年人才配置好。

要实行科学管理，抓好以下环节：1. 制订老年科技人才预测规划工作。2. 建立老年科技人才库。3. 采取多种形式、多渠道交流和推荐，如设立固定交流场所、举办大型交流洽谈会推荐，通过报刊、电视、广播等媒体发布人才信息等。4. 改进服务。努力做好信息服务、政策咨询、短期培训协调解决有关矛盾问题。

加强各级老科协建设,发挥纽带和桥梁作用。江苏省老科技工作者协会组织经过十多年的艰苦奋斗,目前已初步形成上下贯通的网络,对组织全省和各地老科技人才队伍进行二次开发发挥了重要的不可替代的桥梁和纽带作用,取得了明显成效。老科协的工作及所取得的成绩是在十分艰难的条件下获得的,遇到很多困难和问题,亟待解决,其中最主要的是:一是地位与其承担的历史使命不适应。二是缺少活动经费。三是没有活动场所。建议各级政府主管部门和各有关单位在可能的条件下尽力予以支持,帮助解决他们的实际困难,以充分发挥他们在老年科技人才资源开发中特有的优势,做好第二次人才开发工作。

建立人才资源二次开发基金,这是做好二次开发的重要基础,基金实行政府适当投入、社会资助、自我创收相结合的原则。建立基金目的不仅是资助人才资源二次开发工作,主要在于启动和资助那些科技含量高、效益好,但一时又无资金垫付的开发项目,以鼓舞和调动退离休科技人员的创造性和积极性。基金应按国家有关规定严格管理。

建议"老年大学"、"老干部活动中心"等"老有所学"场所,把它办成一个"老科技工作者之家",这样将大大地鼓舞老科技人员的积极性。

适当解决企业中退休较早的老科技人员退休工资偏低的生活困难,可以先解决50—60年代的企业中的高工和技术老总待遇问题,对他们实行定期生活补贴,使他们能老有所养,并能使他们有病可得到治疗,医药费可按规定及时报销。这样做虽只能解决一小部分老科技人员的生活困难,但影响是很大的。

第九,法规制度创新:积极慎重地建立和完善老年科技人才二次开发的法规和制度。

1. 制定江苏省老年科技人才二次开发工作条例。经省人大讨论,以省人民政府名义发至全省贯彻实施。

2. 建立和完善老年科技人才二次开发的制度,包括:老年科技人才的再培养制度、考核制度、工资制度、奖励制度、监督制度等。

第十，领导创新：进一步加强领导，加大力度，采取切实有效措施，争创老年科技人才资源二次开发的一流水平。

1. 把加强老年科技人才资源二次开发工作列为中共江苏省委知识分子领导小组的重要任务之一，加强宏观指导，确定大计方针和重大举措。2. 在省委知识分子领导小组统一领导下，由省委组织部、省人事厅、老干部局、计经委、科委、教委、老龄工作和退离休老年人才管理部门与老科技工作者协会主要负责人，组成老年科技人才二次开发领导小组，商讨规划、研究政策、制订工作计划，指导科技人才的二次开发。3. 在基层单位加强老年科技人才开发基础，各级领导和各级人事部门必须把加强老年科技人才二次开发列为重要任务之一，真正做到有领导抓，有专人管。

（原载《江南论坛》1998 年第 8 期）

第 二 编

智慧学研究

重视加强智慧开发和研究的战略意义

人类智慧的产生和发展，总是与人类本身的进化和社会文明同步前行，总是遵循着由低级到高级、由平常到创新、由后进到先进的规律发展的。不同时代智慧的发展、提升，都会引发智慧革命，推动着人类精神的解放和社会的更新。历史的车轮已悄然驶入21世纪，人类正迈向知识经济新时代。面对新世纪、新时代，整个人类智慧开发、提升遇到了千载难逢的好机会，也遇到了严峻的挑战。我国要从小康社会推进社会主义现代化建设，实现中华民族的伟大复兴，什么是最重要的大事？什么是首要任务呢？21世纪是个竞争的世纪，人才竞争的世纪，其实质是智慧的竞争。加强智慧开发和研究，提升全民族的智慧，是增强综合国力和竞争力的关键，是赢得新世纪智慧大角逐的锋刃利剑，也是抢占知识经济时代的制高点。重视和加强智慧开发和研究，精心研究和创建智慧学，是关系祖国的富强、民族的振兴和人民幸福的一项具有战略意义的任务。

知识经济时代呼唤加强智慧开发和研究

人类社会总是与日俱进，不断向前推进和发展。如果说200年前工业经济开始替代农业经济，那么今天，知识经济正在开始并逐步替代工业经济。当今，知识和信息的生产与应用，不仅提高了传统产业和现代农业的劳动生产率，而且加速了知识密集型制造业和服务业的发展。世界经济正朝着全球化、知识化方向转移，大量投入正流向高技术产业和服务业，尤其是信息与通信、教育与培训、研究与发展等方面。

知识经济的本质特征是什么呢？它是直接依靠知识和信息的生产、分配和使用的经济。它是依靠不断创新的知识并对这种知识的创新应用为主要基础发展起来的。它以新的发现、发明、研究、创新的知识为基础，是一种知识密集型的、充分体现人类智慧的经济。

21 世纪，知识更新加速，知识已经成为提高生产率和实现经济增长的驱动器。知识经济时代，信息、技术和教育在经济活动中成为决定性因素，是一种新的增长模式。知识经济将逐步占据国际经济的主导地位。知识经济的发展一方面改变着世界经济结构，另一方面也改变着人们的传统观念。不同的时代，人们有不同的需求。农业经济时代，人们要求占有土地；工业经济时代，人们期望拥有资本；在知识经济时代，人们则渴求掌握知识，特别是新知识。综观世界，创造和应用知识的能力与效率将成为影响一个国家和地区综合国力和国际竞争力的重要因素。知识经济作为一种崭新的、复杂的经济形态，更加依赖于知识的积累和应用，更加强调创新作用，强调创新思维，强调智慧。只有不断地创新，激发创新思维，开发和提升智慧，才能获得持续的竞争优势，弥补资源和资本上的不足，才能占领制高点，促进两个文明建设，推进经济、社会向更高、更强水平发展。在新世纪、新时代，创新、创新知识、创新思维、创新智慧，在知识经济中的地位越来越重要，提到了前所未有的高度。

知识经济时代最根本的特点是创新。21 世纪将是知识经济的时代，也是人类创新的时代。站在时代的高峰，江泽民同志郑重而精辟地指出："创新是一个民族进步的灵魂，是国家兴旺发达的不竭动力"；"大力弘扬创新精神，增强创新力，是关系我国 21 世纪发展的一个大问题"。创新时代迫切需要创新能力，而创新能力的提高首先需要开发创新思维。创新思维是智慧的源泉。人的创新力是受创新思维支配的，是理性的使者，是创造的火花，没有创新思维，就不可能有创新能力。"思维着的精神是地球上最美丽的花朵"，恩格斯说得多么精彩。一切创造的火花都在这里迸发。

21 世纪创新时代具有以下显著特点：一是创新成为知识经济的灵

魂，全民族的创新素质（创新人格、创新意识、创新思维和创新能力等），成为知识生产的动力与资本，创新素质水平的高低决定知识生产的速度和效率，决定知识生产的含金量。二是创新素质成为国民经济增长的重要因素，知识经济的发展主要靠知识生产水平和创新水平。三是知识生产和创新素质成为国家综合国力的重要资源，知识生产和创新素质水平决定综合国力的实力。国际间的竞争，是综合国力的竞争，其实质是创新思维、创新能力和创新素质水平的竞争。四是创新的成果，对人们的社会生产和生活方式将发挥重要作用。创新决定着一个国家和地区对人类的贡献和国际地位。创新决定着一个人对社会的贡献和社会地位，同时也决定着一个人所拥有的财富。

当今世界，科学技术突飞猛进，知识经济时代初现端倪。它已经向我们提出了严峻的挑战，像我国这样一个发展中国家，只有走创新之路，只有开发创新思维，只有开发和提升智慧，提高全民族的创新意识和能力，才能赶上时代发展的要求。如果没有创新，不开发创新思维，不加强智慧开发和研究，不提升全民族的智慧，就会落后、挨打，就会被淘汰。这并非危言耸听。

加强智慧开发和研究是振兴国家和民族的灵魂

全世界经济、社会发展的历史证明，哪一个国家重视和加强智慧开发和研究，哪一个国家就兴旺发达，就国强民富。日本民族的振兴与重视加强开发思维资源、智慧有着极其密切的关系。1952 年，日本的战争伤痕还十分严重，工厂倒闭，经济萧条，失业严重，物资奇缺，30%的粮食靠进口。而到了 70 年代末，日本却已成为举世瞩目的世界强国，它的电子产品和汽车工业开始超过美国。几年前，有关方面对 19 个国家的 10 岁到 14 岁的儿童进行了一次思维能力测试，名列前茅的几乎都是日本儿童。这与日本重视智力开发，加强创造教育有密切联系。2001 年，日本名古屋大学野依良治教授荣获诺贝尔化学奖，日本迄今已有 7 人获得诺贝尔奖。日本首相小泉纯一郎兴奋地称：“这次获奖说明野依博士的优异业绩得到了世界的承认。”日本文部科学大臣远山敦子称：“日本希望在 50 年内把诺贝尔奖获得者人数增加到 30 名。”目前正在以此为目标积极推进创造性研究活动。

美国更是重视开发智慧、发展创新思维和创新能力的国家。美国的基础科学在 19 世纪末 20 世纪初还处在落后于欧洲一些国家的状态。在第二次世界大战中，就吸收了一大批欧洲最出色的科学家。从 1949 年到 1972 年，美国提出原子能计划的 10 名教授中，9 名是外国人。获得诺贝尔物理学奖的 8 个美国人中，6 个是欧洲移民。当美国普林斯顿大学校长邀请到爱因斯坦去该校任教时，国际物理学界就预言：物理学的中心将转移到美国。从 1901 年至 1910 年的 10 年中，英国、德国等欧洲国家有 35 位科学家获诺贝尔奖，而美国当时只有一个人获奖。二战后，美国一方面强化基础科学研究；另一方面重视创新思维和能力的开发。当时担任美国国家科学研究发展主任的 V·布什提交了《科学——没有止境的前沿》报告后，美国科学技术便有了大发展。从 1943 年至 1996 年，全世界共有 313 位科学家获诺贝尔奖，其中美国籍科学家 166 人，占了 53%，成为诺贝尔奖人数最多的国家。

中华民族是一个勤劳智慧的民族。但是，近代科技进步未能率先在中国兴起，一个重要原因就是我国对智慧开发和研究重视不够，对蕴藏在民族中的智慧资源、创新思维和创新能力开发得不够，致使高素质、创新人才队伍青黄不接，现有的创新群体效率不高。

一百年来，全世界共有 28 个国家的 478 位科学家荣获了诺贝尔科学奖。诺贝尔本人在一百年前也许不曾想到，他设立的科学奖历经百年光阴，早已成为“科学界的奥林匹克”，有力地激励和推动了现代科学的突飞猛进，促进了人类智慧的开发和提升。当今世界，不少国家已经把获诺贝尔奖的人数多少，当成衡量一个国家、一个科研机构或一个大学科学水平高低的指标，把本国科学家获得诺贝尔科学奖当成自己国家的荣誉和骄傲。迄今为止，世界上还没有其他哪一个科学奖像诺贝尔科学奖一样，以它巨大的影响和声望，倾倒了千千万万的为科学事业而献身的人们。据我们初步统计，从 1901 年到 1999 年诺贝尔科学奖中,重大科学的发现占 58.7%;重大理论突破占 22.8%;重大技术和方法发明占 18.5%。它通过对重大科学成就的肯定和充分重视,体现了人类智慧的新水平,引导了科学研究的正确方向。

一百年来,在诺贝尔自然科学奖和经济学奖的众多科学家中,有亚裔学者 17 人(其中华裔 6 人,日本裔 7 人,印度裔 3 人,巴基斯坦裔 1 人),显示了亚洲人的智慧、才华,说明亚洲人有能力登上国际科学高峰。面对新世纪的挑战,我们更应该清醒地看到,虽然亚裔科学家有 17 人获奖,但仅占全部获奖者人数 2%多一点,与亚洲 20 多亿人口的情况极不相称;日本裔科学家虽有 7 人获奖,但与日本十分发达的经济相比,也很不相称。6 位华裔获得者(李政道、杨振宁当时是以中国科学家的身份走上诺贝尔奖的领奖台,结束了中国人无缘诺贝尔奖的历史),在全部获奖者中所占比例还不到 1%;更让国人感到羞辱和痛心的是,半个世纪以来,有着悠久历史的中国本土却尚未有一位科学家获诺贝尔奖。这就是所谓中国本土的"零诺贝尔奖"现象。

半个世纪以来,我国的科学事业有很大发展,科学研究水平有很大提高。先后授予吴文俊、袁隆平、王选、黄昆国家最高科技奖;还授予了一大批国家自然科学奖、国家技术发明奖……但是,国家自然科学奖、国家技术发明奖一等奖已连续四年空缺。2000 年,我国科技人员在国际上发表论文数量继续保持在世界第 8 位,而科技竞争力在 47 个国家和地区中却只排在 28 位。我国约有各类研究开发机构 5000 所,拥有科研人员 62 万 5 千人。但竟有 31 万人一年之中竟然没有写出一篇论文,85%的科研人员未创造一项科研成果,将近 1390 人一年中获得一项发明专利。

据我国第四次公民科学素养的调查(即公众对科学的认识程度进行打分),2001 年我国公民具备科学素质的比例为 1.4%,比 1999 年的 0.2%提高了 1.2 个百分点,在过去五年间,平均增长 0.24 个百分点,显示了我国公民科学素养水平较以往有明显进步。但总体而言,我国与发达国家相比尚有很大差距。美国从 1957 年首先在全国展开公民科学素养调查,每两年一次,1985 年公民基本科学素养水平比例为 5%,

1990年已达6.9%。我国具备基本科学素养的领导和干部比例有一定的提高，但与发达国家相比，科学素养水平仍亟待提高。为什么不少人，其中不乏干部和领导干部被“法轮功”邪教的异端邪说所蛊惑，值得深思。

半个世纪以来，我国的教育事业有很大发展，国民素质有较大提高。但是世界上不足10个文盲中就有一个中国人。在全球化文盲中，中国就占了8507万，文盲总数高居世界第二位，其中15岁至20岁的青壮年文盲有2000万。我国90%的文盲分布在农村，一半文盲在西部地区。更可怕的是，文盲的数量每年要增加50万。看到这些“刺眼”的数据，心里沉甸甸的，觉得不是滋味。

造成以上尴尬的原因很多，其中一个重要原因是对人才资源开发特别是开发智力、提升智慧重视不够，我国科技人才原创能力不强，科技人才缺乏独创性思维和创新能力。从文化传统来看，中国人的思维体系中缺乏逻辑和数学的传统，模糊而不求精确，缺乏对统一性的一致性的追求，而且功利主义比较严重，一向轻视基础研究，缺乏创新、求实和献身的诺贝尔精神。

科技竞争说到底是人才的竞争，这种竞争主要体现在创新思维和创造力上，体现在智慧水平上。谁想在激烈的竞争中占据主导地位，谁就得重视智慧开发，加强智慧研究，加快培养高素质创新型人才。这方面的工作越是重视和加强，发掘得越多越广泛，越是注重开发和提升全民族的智慧，则中华民族的振兴就越有希望，国家的繁荣昌盛就更有保障。进入新的世纪，我国的改革和发展已经到了深层次的、攻坚的阶段，面临的困难和问题大大超出了改革初期，也突破了现行改革的极限，解决起来比以往任何时候都需要依靠我们的智慧，依靠创新思维和创新能力。没有智慧，没有创新思维和创新能力，就出不了新谋略、新思路、新举措，也就不可能取得新突破、新发展。

加强智慧开发和研究是实现智力解放的必然要求

智慧是人类进步、文明的源泉。人类只有不断重视和加强智慧开发和研究，才能与时俱进，不断进步，不断推进文明。马克思曾经指出："任何人的职责、使命、任务就是全面地发展自己的一切能力，其中也包括思维的能力。"著名脑科学家潘菲尔德说过："如果有朝一日，有人完全理解他自己的脑和思想，这也许是他最伟大的征服。"大脑是智慧、思维的发源地，创新的花朵在大脑中开放，人类无数的艺术瑰宝、科学发现、巨大工程、宏伟事业，无一不在人的大脑里构思和孕育。达·芬奇在自己的大脑中构思出了蒙娜丽莎永恒的微笑，贝多芬在大脑中构思出了气势雄伟的第九交响曲，牛顿在大脑中构造出了经典力学的巍峨大厦，爱因斯坦大脑中诞生了相对论的灵感，马克思大脑中诞生了工人阶级的"圣经"——《资本论》。以毛泽东同志为核心的第一代中央领导集体和以邓小平同志为核心的第二代中央领导集体，带领我们党坚持马克思列宁主义基本原理同中国具体实际紧密结合，形成了毛泽东思想、邓小平理论。这两大理论成果，是中国人的马克思主义，既体现了马克思列宁主义的基本原理，又包含了中华民族的优秀思想和中国共产党人的实践经验，是党和人民实践经验与集体智慧的伟大结晶。

智慧、创新思维和创新力是点亮人类进步之路的明灯。在新世纪，它将对推进人类进步，促进世界和平和发展，发挥越来越重要的作用。随着科学技术的飞速发展，电子计算机、人工智能器虽然越来越先进，有人认为它将替代人的大脑。我们认为它们只能作为开发人类大脑的辅助工具，而不能替代人的大脑。人类一切文明成果都表明，唯有人类的智慧、创新思维和创新能力，才能推动人们能动地指导实践，有效地认识世界和改造世界，人的大脑和智慧具有任何东西不可替代的作用。

21 世纪将是人类智慧竞赛的世纪。人类的思维能力，特别是创新思维和能力将高速发展，得到更大开发。人类的智慧将进一步得到开发和提升。这种向智慧、思维科学的高山之巅开始伟大进军的发展新趋势，预示着人类智慧的大开发和提升，有可能导致一场新的智慧革命和技术革命的来临。如果说，在贫穷、愚昧的小生产时代，人们只能创造神来寄托自己精神上的期望的话，那么在今天，人们完全可以利用发达的思维科学和智慧科学，依靠人的自身智慧、创新思维和创新能力，发扬创新精神，通过创造来实现自己的期望——自己解放自己。

开发和提升智慧就是开辟现在和未来。智慧的创新开始了人类创造的历程。智慧是人类最宝贵的财富。它帮助人类认识了潜藏在事物背后的一个又一个规律，揭开了事物之间的一个又一个奥秘，建造了一座又一座巍峨雄伟的科学大厦，实现了一次又一次伟大的时代转换。我们今天拥有的知识无一不是创新思维、智慧进行探索、思考的结果，已成系统的各类学科无一不是创新思维、智慧独创性地洞察物质运动规律的结晶。在新世纪里，新的科技革命正以方兴未艾之势震荡着整个全球，深刻地影响和改变着当今社会的政治、经济、文化生活。挑战与机遇同在，机遇大于挑战；发展与困难并存，有利条件仍然处于主导地位。我们既需要改造旧思维，更需要开发新思维。但愿每个同志都来增值创新思维和智慧之花，真正做一名创新思维和智慧的开发者、培育者，为祖国的创新园地增添春色。更希望各级领导进一步解放思想、提高认识、增强自觉，把重视和领导开发智慧作为首要任务，争做积极开发、提升全民族智慧的促进派。

充分发挥智慧的功能是成就大业的巨大智力支撑

智慧资源是人力、人才资源的核心。列宁曾经说过："人的意识不仅反映客观世界，而且创造客观世界。"有了创新思维、创新智慧，不仅能认识资源，还能创造资源。美国石油地质学家普拉特活了96岁，晚年在总结一生成败时撰写了《找油的哲学》一书，书中有这样一句名言："真正找到石油的地方，还是在人们的脑海里。"这话初听起来有些使人费解，因为谁都知道人的大脑是不会直接流出石油来的。但是，人的智慧能发现石油生成和储存的规律，能从茫茫田野中找到储藏石油的地方。每个人都有智慧、创新思维，它深藏在人的大脑中，既是一种无形的资源，又是一种潜在的资源。由于它深藏不露，容易导致一些人只知道动手的劳动能够创造价值，不知道智慧大脑的思维能够创造更大的价值，因而使智慧、创新思维被忽视、被埋没、被压抑，得不到及时的开发和利用，发挥不出应有的价值，造成极大的浪费和人才向国外的大量流失。什么是最大的浪费？智慧资源的损失和流失的价值，是无法计算的，如果深究其后果更为严重。当代中国，最紧缺的是什么？有人认为是自然资源、金钱财富。自然资源、金钱财富是重要的，我们的自然资源有限，现在还比较穷，但相比之下，我们最紧缺的不是自然资源，不是金钱财富，而是智慧资源，是千百万富有创新思维、善于从事创造性活动的人才。从这个意义上说，开发智慧，发掘创新思维，就是聚集形成、开发人力和物力资源，成就大业的关键。

创新思维和创新能力是人类智慧的核心。人们为了取得对尚未认识的事物的认识，总要探索前人没有运用过的思维方法，寻求没有先例的办法和措施去分析事物，从而获得新的认识事物的方法，锻炼和提高人的认识能力和智慧水平。在实践过程中，人们运用创新思维和智慧提出的一个又一个新的观念，形成的一种又一种新的理论，做出的一次又一次新的发明和创造，都将不断地增加人类的知识总量，丰富人类的知识宝库，使人类去认识越来越多的事物，逐步掌握事物的发展规律，为人类实现由"必然王国"向"自由王国"和"幸福乐园"的飞跃创造条件。

"在我漫长的一生中，我确定做了许多工作，获得了我可以自豪的成就，但是，说句老实话，我有什么真正要归功于我自己的呢？我只不过有一种能力和志愿，去看去听，去区别与选择，用自己的心智灌注生命于所见所闻，然后以适当的技巧把它再现出来。"这是歌德在总结自己一生成就事业的深刻总结。它充分说明，人才之所以成为人才，人才之所以成就事业、作出贡献，就在于他们喜欢思维、善于思维，而且他们的思维富有创新，比较深刻、比较广阔、比较敏捷。古今中外，任何一个有作为的杰出人才，都是在顺应历史发展潮流的前提下，以自己的智慧、丰富的创新思维和超群的创造才能，为国家和民族的繁荣进步做出宝贵贡献的。因此，一个民族的智慧和创新思维能力的提高，将会促使人才倍增，发挥出无穷的力量。

创新智慧和创新思维是创新能力的前提。正是创新思维使哥白尼推翻了地球中心学说，建立了太阳中心学说。由于有很强的创新智慧和创新意识，爱迪生热切盼望发明照明工具来为人类造福，因此他才能在上万次实验失败后仍然坚持，最终取得了成功。在漫长的两千多年的岁月里，人们为了证明欧几里几何学的第五公设是个定理，不知耗尽了多少天才数学家的心血。数学家法·鲍耶(1775—1856)写信给儿子亚·鲍耶说："希望你再不要做克服平行线论的尝试，我熟知了一切方法直到尽头，并且我在这里面埋没了人生的一切亮光、一切快乐。老天呵！希望你放弃这个问题。"但是亚·鲍耶没有接受他父亲的忠告，仍然坚持工作。经过多次努力，仍无法证明第五公设，他在失败后，经过深入思考，终于意识到：除去第五公设外还可以建立一门新的几何学。经过自己的独创和艰辛的努力，这个创新意识极强的青年人，23岁时就创立了一门新的学科——非欧几何学。这件事的教训多么深刻啊！它无情地揭示了一个真谛：在同一问题上，缺乏创新智慧、创新意识的父亲耗尽终生精力毫无结果，而具有创新意识的儿子初出茅庐就建立了奇功。事实上，不少数学家费尽心血已经走到建立非欧几何学的边缘，但由于欠缺持续的创新智慧、创新意识未能取得最后的成功。无数生动的事例，深刻启示我们：创新能力很重要，而创新智慧、创新意识更重要，只有具有强烈的创新意识，才能激发出巨大的创新智慧和创新能力，才能成就大业，创造人间奇迹，为人类多作贡献！

依靠人民群众的智慧和力量是我们推进事业的根本路线

全心全意为人民服务，立志为公，执政为民，始终把体现人民群众的意志和利益作为我们一切工作的出发点和归宿，始终把依靠人民群众的智慧和力量作为我们推进事业的根本工作路线。中国共产党成立80年来的实践反复证明，我们什么时候坚持依靠人民群众的智慧和力量，党的事业就前进、就胜利，什么时候违背了人民群众的意志、利益和智慧，就遇到挫折，就失败。

中国共产党成立80年的实践，启示我们：在任何时候、任何情况下，必须坚持历史唯物主义的观点。人民是历史的真正创造者。人民是国家、社会和自己命运的主人。人民是推动我国先进生产力发展的基本力量。人民群众是真正的英雄。人民总是在社会矛盾的运动中不断开辟前进的道路。人民也总是从历史活动的实践和比较中，不断寻找、揭示和发展指导自己前进的真理，提高自身的智慧水平。我们党要始终代表中国最广大人民的根本利益，就是党的理论、路线、纲领、方针、政策和各项工作，必须坚持把人民的根本利益作为出发点和归宿，充分发挥人民群众的积极性、主动性和创造性。张家港人民，在改革开放进程中，创造了张家港精神，成为全国社会主义精神文明建设的先进城市。这是张家港市党和人民依靠和发挥张家港人的智慧和力量的结果。因此，我们要以先进地区为榜样，始终把体现人民群众的意志和利益作为我们一切工作的出发点和归宿，始终依靠人民群众的智慧和力量，不断推进我们的事业。

总之，我们必须十分重视开发和研究智慧，自觉地构建智慧学，并用以指导实践，不断提高全国各族人民的智慧，紧紧依靠人民群众的智慧，去夺取新的胜利，作出新的贡献！

伟大的中华民族是勤劳智慧的民族。13 亿人的大脑中蕴藏着宝贵的、取之不尽的智慧。这是中华民族在 21 世纪腾飞的最宝贵的资源。全面实现中华民族的伟大复兴，迎接 21 世纪知识经济挑战的根本战略就是以智取胜，慧民强国，开发头脑中的无形资产，开发头脑中的无形金矿，加强智慧开发，提升智慧水平，把 13 亿人头脑中的无形资产开发转化为有形资产，把 13 亿人头脑中的无形金矿开发成为有形金矿。为此，要加强智慧学研究，强化智慧开发，提升智慧水平，发挥智慧作用，再创辉煌。中华民族的伟大复兴一定能实现。

（原载《全国智慧学第一届学术研讨会论文集》，与陆瑛合作）

论智慧学的研究对象、任务与指导原则(摘要)

研究智慧学的首要任务，是通过全面、系统、深入的探索研究，构建智慧学的框架结构。构建智慧学的首要任务和要素是要科学地阐明研究对象和任务。因此，研究智慧学的研究对象和指导原则，明确研究任务，是智慧学首要解决的问题。

智慧学的研究对象

任何一门独立的学科，特别是探索孕育中的新兴学科，首先要明确它的研究对象，因为，对于某一现象的领域所特有的某一种矛盾和规律的研究，就构成某一门科学的研究对象。所以明确研究对象，明确该学科特定探索研究领域里的特殊矛盾或特殊规律，极为重要。

智慧学的研究任务

围绕智慧、智慧开发和利用这根主线，着重探索研究以下问题：

——智慧学的研究对象是什么？智慧和智慧开发能不能成为智慧学的研究对象？

——智慧学的研究范围包括哪些主要内容？

——智慧学的指导思维和方针是什么？

——智慧学的研究任务是哪些？它的根本任务是什么？主要任务是什么？

——智慧学研究运用哪些方法？运用哪些特殊方法？

——智慧学研究有哪些热点、难点问题？怎样解决？

——智慧学研究需要哪些基本概念、范畴和术语？

——智慧学研究，除了智慧学的基本理论外，是否包括开发智慧的技术？

——智慧学的性质、特征是什么？它是不是纯科学，是不是包含科学理论和技术两个方面？

——智慧学的框架结构，是不是包括导论、总论、分论？

——智慧学与哪些学科有密切关系？哪些是基础？哪些是交叉？哪些接近？

智慧学基本任务是什么呢？是否可从以下四个方面探索：

第一，纵向研究任务

人的智慧孕育、开发、发挥和利用，贯穿在其一生之中。因此，要以终身教育思想和终身学习理念来研究人一生智慧发展的全过程。纵向研究就是按照人的发育过程，分为以下五个基本阶段：1. 胎儿智慧孕育阶段。2. 学前婴幼儿早期智慧开发阶段。3. 青少年智慧开发阶段。4. 成人智慧开发阶段。5. 老年智慧开发阶段。这五个阶段是个整体，有机结合，相辅相成，密不可分。我们的首要任务是重点研究人的一生的智慧开发和利用，创建智慧学通论。同时，还要根据以上各阶段，建立相应的智慧学的各个分支学科，如胎儿智慧开发学、婴幼儿早期智慧开发学、青少年智慧开发学、成人与老年智慧开发学等等。

第二，横向研究任务

人和一切事物一样，是在一定的时间和空间中发生、发展的。研究人的智慧发展、智慧开发和利用，在纵向研究的同时，必须进行横向群体比较研究。主要包括以下五个方面：1. 男女性别智慧发展差异的研究；2. 智慧超常与智慧低常发展差异的研究；3. 同年龄人中不同文化水平的智慧发展差异的研究；4. 同一国家内不同地域、不同人们之间智慧差异的研究；5. 不同国家、种族、民族间智慧发展差异的研究。

第三，理论研究任务

智慧学研究同其它综合性学科一样，在长期研究和实践的基础上，逐步形成理论和应用两个部分。首先必须加强理论研究。即运用辩证唯物主义和历史唯物主义的原则，在整理实践经验材料的基础上，在理论和实践的结合上，进行全面、系统、完整的研究，逐步建立和完善以理论概括与实际经验相结合为主要内容的科学体系。智慧学的研究、产生和发展的根本因素是时代和社会实际对智慧学的需要。智慧学能否及时形成和产生，一方面决定于学科自身发展的成熟程度，即学科现有的知识量；另一方面决定于能否承担社会实践对它提出的要求。

十多年前，于光远先生提出加强聪明学问题的研究，并逐步创建聪明学，是很有远见的。他的《漫谈聪明学》一书，就建立聪明学提出了很好的设想。我在人才学的研究过程中，体会到创建一门智慧学，时机已经成熟，条件已经具备。前后经过十余年时间的艰苦努力，研究和撰著了这部《智慧学》。2002 年 4 月，于光远先生在全国首届智慧学学术研讨会上指出：研究创建智慧学是聪明学的发展。这对我们是个鼓励和鞭策。

第四，应用研究任务

智慧并不神秘，智慧学并不高深莫测。智慧和智慧学就在我们身边，在我们的生活和实践中。研究的任务，不是为研究而研究，研究的目的全在于应用。运用智慧学的基本原理，结合人的智慧开发的实际，搜集和总结古今中外人的智慧开发、发展和利用的实践经验。于光远先生指出我们不只是帮助人们了解和掌握聪明学、智慧学的抽象的道理，而是要在广大知识分子、干部和群众中提倡有效地学习聪明学和智慧学，把我们的国家建设得更好。这是一件大事，中国十三亿人口中，有一亿"积极人口"能够在做某一件事之前想一想自己这么做是聪明的还是愚蠢的，并且在做完了这一件事之后再想一想自己做的事究竟是聪明的还是愚蠢的，这就在我国历史上是一件了不起的事情。

因此，我们的任务，就是要将智慧开发、发展和利用的规律的理论、原理，运用推广到全社会，包括家庭、学校、机关、企业以及社会教育方面实践中,逐步建立和完善智慧学的各分支学科。

时代发展的需要,人类社会发展的需要,人对自身的研究,特别是对智慧的研究,更加迫切、更加自觉,已经进入了一个新的阶段。创建智慧学的任务,是我们义不容辞的责任。我们要以高度的敬业精神,担当起这个光荣而艰巨的任务。

智慧学是由哪些学科综合而成的呢?这是由智慧学的研究任务和内容决定的。

在智慧学研究中,我们要着重研究以下一些主要内容:1. 什么是人的智慧?它的内涵、特征、功能是什么?人的智慧是怎样形成的?是先天决定还是后天形成的?遗传因素、环境因素等在人的智慧开发中起什么作用?我们要研究回答这些问题,就需要学习和运用人类遗传学、环境学的原理和知识、实践等理论对智慧开发的作用。2. 人发育成长的不同阶段,如何开发智慧?有什么不同的要求、特点和规律,做到优生优育优教?这就需要学习和运用"胎教"、学前教育、普通教育、高等教育、继续教育和儿童、青年、普通心理学的理论与知识开发智慧。3. 随着老年社会的到来,提出了一个新的课题,如何加强老年人的智慧开发?这就需要学习和运用老年学、老年心理学、人才学、自学学等理论和知识开发智慧。4. 人的智慧开发与环境,特别与文化有着密切的关系。党和国家对智慧开发采取确定什么战略、方针、政策,对智慧开发有重要意义和作用。

根据上述研究的任务和内容,可以看出智慧学的研究涉及许多学科:优生学、人类遗传学、保健学、生理学(特别是脑科学)、心理学、思维学、教育学、社会学、人才学、创造学……既有自然科学,又有社会科学。它是与自然科学和社会科学相关的多学科的综合,有机结合,相互渗透,交叉而成的杂交学科。

智慧学研究的目的

我们研究智慧问题,创建智慧学,其宗旨在于科学地揭示智慧的内涵、本质特征、功能和作用，探索人的智慧开发和利用规律、原则、途径和方法，用以指导人的智慧开发和利用，使高深莫测的智慧，成为广大人民、青少年认识和掌握的武器，更好地开发和利用智慧，为社会主义现代化建设服务，为国富民强，对全人类多作贡献。

一是慧民。智慧学着眼于广大人民的智慧开发和利用。我们干革命，搞建设，根本目的是要让人民富起来，过幸福的生活。以智治愚、以智致富，是关系到中国13亿人民的大事，是一项伟大的智慧开发工程。我们要专心致志，坚韧不拔，克服一切困难，自觉地、有成效地进行探索、研究。

二是强国。智慧学着眼于振兴中华民族，实现社会主义现代化建设，把我国建设得更加文明、富强。大力加强智慧研究，创建智慧学，其目的就是要加强智慧开发和利用，全面提高全民族的思想道德和智慧水平，提高知识创新和技术创新能力，全面推进我国现代化事业，使我们的国家强盛起来，根本保证中华民族自立于世界民族之林。

三是奉献全人类。智慧学，着眼于学习全人类一切智慧开发和利用，以及研究的先进思想和成果，并为推进全世界开展智慧研究和开发智慧作奉献。毛泽东曾经号召我们：我们要有所发现，有所发明，有所创造。中国人民应该对人类作出较大的贡献。开发和利用智慧不是一个国家的事，而是世界的大事。世界智慧资源，全世界人民应该共同开发，共同享受。

总之，我们研究智慧学的根本目的，就在于大力开发和利用人民群众的智慧，提升和释放人民群众的智慧，使中国人民聪明起来，不再受穷，不再受气，过幸福的生活，使中华民族实现全面复兴，使中国真正富强起来，对人类做更多我们应该做的奉献！

智慧学在科学知识体系中的地位

智慧学在科学知识体系中处于什么地位？研究这个问题我们必须立足于整个时代和科学的发展。马克思在《一八四四年经济学哲学手稿》中曾经预言自然科学往后将包括人的科学,正像关于人的科学总括自然科学一样,这将是一门科学。

当今,自然科学和社会科学正逐步融合为一门科学,这个过程将是整个科学的一体化。智慧学在现代科学分类中,即科学一体化结构模型中处于什么样的位置,是由智慧学的学科性质、研究对象及其基本形态决定的。恩格斯在《自然辩证法》一书中,对物质运动发展过程做了分析,曾对机械运动到社会运动各种运动形态做过描述:从无机界发展到有机界,当有机界发展到高级形式时,便进入一个内容更丰富的领域——有机生命界。在有机生命领域中发展出脊椎动物,这时由神经系统中产生了脑组织,因此便有了发展到自我意识的可能。猿脑髓逐渐变成人脑髓,于是人类最终形成。随着人类的出现,又产生了新的因素——社会。由此可见,物质由低级形式向高级形式运动过程排列出这样的次序:无机界——有机界——生命界——人——社会。

时代和科学的发展,特别是脑科学的发展,使我们看到脑本身来源于有机生命运动形态,但又高于它,具有自身质的特点。而人正是有了人脑才成为人,大脑和其它物质运动形态比较,它的性质特点在于以自身所具有的认识能力,从而使自然界自身的发展产生了质的飞跃,即从自然人化的自为阶段,发展为人化自然的自觉阶段。大脑的运动规律,既不是社会运动规律,也不是其它运动形态的规律,它自身有其独特的规律——心理、智能和智慧活动规律。

智慧问题,可以从认识科学和社会科学两个角度进行研究。

1. 作为认识科学的智慧学,从认识论的角度看,智慧是真理的认识和服从。我们要深入研究智慧,研究智慧的认识规定性,研究智慧学在人的整个认识过程中起什么作用,具有什么意义?

一个人在世界上,生存是第一要务。不管他想多少问题,说多少话,做多少事,首先必须求生存;而且一般说来,想的说的做的结果,最后也直接间接都是为了生存。因此,人的智慧,总是在不断改善和提高自己的生存中真正表现出来的。

什么是人的生存?有的人认为,指个人的生存,也有的说是指整个社会的生存。我们认为生存是人的个人生存与整个社会生存的统一。

革命家、科学家、企业家的伟大，正是因为他们在改造客观世界中表现出了杰出的智慧。但是从整个社会和全部历史来说，我们首先就不能不赞叹和尊重广大劳动人民的智慧：因为正是他们，在积年累月、积世累代的社会生产中，在轰轰烈烈的社会改革中，是最伟大的力量和具有决定性的意义。广大劳动人民的认识真理和服从真理，不断积累经验，正是人能够认识真理和服从真理的根本和基础。

2. 从社会科学角度来看，着重研究智慧的社会规定性；研究聪明在社会生活和社会发展中起着怎样的作用、具有怎样的意义；研究智慧学的立身处世和善于对社会进步作出贡献的智慧。作为社会科学的智慧学，既要研究智慧的客观方面，也要研究智慧的主观方面。

一个人的聪明、智慧有一个立场问题，有一个聪明、智慧用在什么地方的问题，有一个聪明、智慧的社会内容问题。对于一心为私、不顾人民利益的人的聪明、智慧，就不是我们要的聪明、智慧。由于人的目的不同，对抱一种宗旨的人来说的聪明、智慧，对抱另外一种宗旨的人来说就会不屑一顾，甚至是十分厌恶的东西。比如上面所说的那种人会把损公肥私的聪明、智慧看作是自己的一种本领，而我们则对此深恶痛绝。我们今天所要的是有利于社会主义建设的聪明、智慧。

在现代社会中，事实上总存在一个对社会生活、社会发展起着引导作用或领导作用的组织和机构。在我国，这就是中国共产党和它的主要机关。他们的智慧发挥着巨大作用。广大干部、广大职工乃至整个民族智慧程度也具有伟大作用。因为历史归根到底是群众创造的。生产实践及各方面的社会实践的主体是群众，因此一个民族的聪明、智慧程度对社会生活和社会发展起着基本的作用。同时领导集团是从社会上选拔出来的，整个民族的聪明、智慧程度是领导集团智慧程度的基础。

智慧学与相关学科的关系

智慧学来源于哲学,脱胎于心理学,又由相关学科综合而成。因此,智慧学同许多学科有着密不可分的联系,并且成为这门新兴学科基础理论的重要组成部分。

1. 智慧学与哲学的关系

哲学源于希腊语(Philosophic),意即“爱智慧”。它是社会意识形态之一,是理论化、系统化的世界观和方法论,是关于自然界、社会和人的思维及其发展的最一般规律的学问。任何真正的哲学都是自己时代精神的精华,是文明的活的灵魂。哲学的根本问题是思维对存在、精神对物质的关系问题。古今中外所有的哲学派别根据这一问题的不同回答而分成唯物主义和唯心主义两大派别。

19 世纪 40 年代,马克思、恩格斯创立了马克思主义哲学——辩证唯物主义和历史唯物主义。这是哲学上的伟大革命。它是无产阶级的世界观和方法论。

哲学的一个中心任务,是研究人的智慧是什么,如何发展智慧,怎样使人聪明起来。由于哲学是多种多样的,哲学与智慧学的关系也是多种多样的。有的哲学是研究人的认识问题,有的是研究智慧问题,越是高层次的哲学,研究智慧的内容越多一点。

智慧学是一门哲理性很强的学科,在其研究的内容中,一个重要组成部分是探索智慧学中的哲学问题。同时,许多哲学原理、哲学知识对智慧学研究是很有好处的。从哲学和智慧学两个方面来说,它们有共同的地方,是分不开的。但是,由于哲学与智慧学有不同的外延,又具有不同的特点。哲学的外延中包括智慧学外延中没有的东西。而智慧学的外延不属于哲学。

因此,哲学与智慧学是两门独立的、相互交叉的学科,可以把智慧学视作哲学的一个部门,但是从智慧学的外延来看,智慧学不完全包括在哲学中,智慧学有它自身独特的研究对象和学科性质。

创建智慧学一刻也不能离开马克思主义哲学的指导。智慧学从根本上来说，是从哲学的角度来看问题，马克思主义认识论同智慧学之间，不仅存在着指导与被指导的关系，而且是不同角度同时研究培养和提高人的认识能力和智慧的科学。

辩证唯物主义认为，人的认识能力既是有限的又是无限的。恩格斯说："一方面，人的思维的性质必然被看作是绝对的，另一方面，人的思维又是在完全有限的思维着的个体中实现的。这个矛盾只有在无限的前进过程中，在至少对我们来说实际上是无止境的人类世代更迭中才能得到解决。从这个意义来说，人的思维是至上的，同样又是不至上的，它的认识能力是无限的，同样又是有限的。按它的本性、使命、可能和历史的终极目的来说，是至上的和无限的；按它的个别实现和每次的实现来说，又是不至上的和无限的。"人的认识能力的这种无限性和有限性的矛盾，是所有智力进步、智慧开发和利用的杠杆。开发和释放人的智慧也必须遵循这种有限与无限的辩证法规律。

人类的心理智力活动、感觉、知觉、思维智慧、智慧过程与认识过程，二者虽然有联系，但又不是一回事。马克思主义哲学认识论，讲的感性认识和理性认识代表了认识发展的不同阶段。不能认为感觉、知觉、表象就等于感性认识，思维就等于理性认识。应该说，无论是感性认识阶段，还是理性认识阶段，从人们的具体的认识活动来说，都是以脑中进行的感觉、知觉、表象、思维等具体的心理智力活动过程来实现的。而智慧与其它心理活动相比较而言，则是心理发展的高级形态，是对客观事物反映的最高形式。

2. 智慧学与脑科学的关系

智慧是人脑的功能。大脑是人类智慧聪颖的源泉，是大自然赋予我们藉以生存并改造社会的神妙工具。人脑是宇宙间一部最复杂、最精巧、具有创造性的生物机器。人脑，闪烁着智慧的火花。正是它使人具有理智，在纷繁复杂的社会生活中，开发利用智慧，解决各种问题。人脑的功能，就在于智慧。

人脑是一切智慧行为的物质基础。判断一个人的智慧离不开脑生理学,研究人的智慧必须同时研究人的大脑。一个人智慧的开发和释放的程度如何,主要取决于大脑的功能,所以,研究人的智慧必须研究人的大脑。因此,脑科学同智慧学有着极为密切的关系。

脑科学的发展要求我们把大脑、智慧和外部世界看作是辩证统一的相互联系着的完整的系统。没有人脑就不会有智慧,没有智慧也不会有正常的人脑和人类社会的发展,而没有社会的实践和发展,也就不会形成人脑和智慧。因此,考察脑与智慧的发展及其本身的规律性,首先应该把它看作是受自然规律所支配的自然界的产物。自然因素和社会因素的对立、统一和斗争是脑和智慧发展的动力。研究智慧与脑的关系,只能从智慧的自然属性和社会属性的复杂联系中,找出其内在的客观规律性,而不能任意割裂。客观世界在变化,人脑的自然结构也在相应的进化,人的智慧水平也在不断提高。归根结底,伴随时代的发展,人的创造思维、创造力也在不断发展和释放。几千年来人类社会的前进,以及当今新技术革命和信息社会的到来,都充分证明了这一点。我们既不能过低地估计自身智慧开发的潜力,也不能把人的创造性思维和智慧看得过于神秘。

人脑作为控制人们活动,调节人体内的各种功能,并作为产生心理、意识、智力和智慧的高级器官存在,已经是亿万年的事了。人类运用自己的脑,发挥智慧的作用,通过双手劳动,改造自然,改造社会,也改造自己,使社会的物质生活和人类文明得到了巨大的发展。没有人脑的发展,没有智慧,就谈不到人类社会的一切。是脑和智慧指挥着我们生气勃勃地致力于生产、科学、文化和社会事业等方面的发展和建设。因此,揭开人脑的奥秘,加快对人脑功能的研究,对深入研究智慧,进一步开发和释放智慧,具有划时代的意义。

3. 智慧学与创造学

这是两门有着密切关系的新学科,而且属于同一类型。于光远先生把它们称为“姐妹学科”。

创造是指做出前所未有的事情,如发明创造。创造力,是对已积累的知识和经验进行科学的加工和创造,产生新概念、新知识、新思想、新理论和能力。主要由感知力、记忆力、思考力、想象力四种能力所构成。创造学是研究人类的创造能力、创造发明过程及其规律的科学，兴起于20世纪中期。它以创造发明为研究对象，主要任务是揭示人类创造活动的规律，总结创造能力的培养途径，探索创造发明的方法，研究创造活动的组织和创造环境的形成，开发创造功能，以促进人们的创造性思维活动，提高创造发明的效率，推动整个社会的智慧开发提升和释放。

人类社会是有血有肉的无数个人的活动的总和，因此，从整个社会来说，智慧和创造问题都非常重要。智慧和创造涉及的面很广，几乎所有活动领域都同它们有关系，而且涉及的问题又非常复杂。因此，加强智慧和创造问题的研究，并创建这两个新学科是有着重要意义的，它们都是社会科学的重要分支。

4. 智慧学与教育学的关系

教育学与智慧学有着十分密切的关系，是性质上相类似的一门历史悠久的学问。教育，广义指以影响人的身心发展为直接目的的社会活动。狭义指由专职人员和专门机构进行的学校教育。教育随着社会的产生而产生，是作为个体的人与社会发展必不可少的手段，为一切社会所必需，又随社会整体及诸多方面而产生影响。教育还受制于个体的身心发展规律。原始社会的教育局限于年轻一代，在生活和生产实践中进行。奴隶社会出现独立的教育机械学校。在阶级社会里，一切统治阶段都利用教育来巩固其政权。社会主义社会的教育是建设社会主义和促进人的全面发展强有力的工具。现代社会经济和科学技术的发展，提出了教育终身化的要求，教育在社会发展中的作用日益重要。

人类社会发展的历史证明，在社会环境的各种因素中，尤以教育对人才成长、智能、智慧发展产生的影响最大。因为教育是以培养人才、开发智力为根本任务的社会活动，是有目的、有计划、有组织并且采取一定方式对人施加影响的专门活动。它集中的体现了社会条件对人才成才的制约作用。无疑，教育在人才成长中起着主导作用。所以，开发智慧、培养能力、造就人才，离不开教育。伴随着教育实践的发展，教育科学研究兴起，教育学就逐步形成和建立。

教育学是研究教育现象及其规律的一门社会科学。在西方，教育学来自希腊语(Pedagogue)，意为照爱儿意的学问。从1632年捷克教育家夸美纽斯的《大教学论》开始向学科化发展，以1806年德国教育家赫尔巴特的《普通教学》的发表为独立学科形成的标志。20世纪以来，教育学分学科涌现，教育科学体系形成。

面对新世纪、面对世界、面对现代化，教育学的研究要与时俱进，开拓创新，实行百家争鸣、百花齐放的方针，进一步开展教育学、教育思想的研究和探讨，既认真总结过去的成功经验，又总结吸取过去的教训，勇于创新，勇于实践，并提出多种不同意见，努力提高我国教育学的研究水平。

智慧学是以显示人的智慧为对象进行系统研究的学科。开发、提升和释放人的智慧的目的是为了更好地掌握知识，更好地掌握事物深层的规律，以指导独立的、创造性的实践。开发、提升和释放人的智慧，一方面要加强教育，另一方面要掌握教育学的原理和丰富的知识。教育工作要培养高素质、创造型人才，需要运用智慧学中的原理和方法，以不断开拓思路，启迪智慧，逐步形成和提高教育智慧。

因此，智慧学和教育学两者都是培养人才，开发提升和释放智慧，相辅相成的学科，可以互相学习，互相借鉴，以便把培养人才和开发智慧的工作，做得更好，发挥更大的作用。

5. 智慧学与人才学的关系

人才学与智慧学都是适应时代发展需要和加强人才与智慧开发的迫切需要应运而生的新兴学科，好比是一对“孪生兄弟”。

我在《最新人才学》一书中，全面、系统地论述了人才的研究对象和任务。人才学是透过人才现象研究人才的本质、特征、结构和功能，它存在的矛盾、它的产生和发展、运行过程以及社会调控的规律的一门学科。人才学主要研究人才的含义、本质特征、分类，人才的价值及其地位的作用，人才的成长发展，人才环境，人才素质，人才的知识结构，人才的创造力和创造性思维，人才群体结构及其功能，人才运动的规律，人才的宏观调控和科学管理，人才发展战略和运行机制，人才预测与规划，人才的培养教育，人才的运用和配置，人才流动与人才市场，未来与人才等等。研究人才学的根本目的在于面向现代化，面向世界，面向未来。研究人才现象，提示人才规律，指导人才实践，为导才（尊重知识、尊重人才）、富才（多出人才、出好人才，人尽其才，人才的宏伟目标）服务，为人类多做贡献。按其研究的内容和对象，可以分为多种关系学科。人才学与智慧学，一个是研究人才及其规律；一个是研究人才的智慧及其规律，都是具有战略意义的新学科。

人才学的研究对象是人才。人才一般来说是指有才识学问的人，或者说是德才能兼备的人。从其本质特征来说，人才是在人才素质结构、创造价值和所做贡献超群或超常的人。高度发展的智力——创造性的思维和能力，是人才的重要特征之一。而智慧学主要研究人脑的开发、智慧的开发提升和释放。智慧乃是人才的核心。因此，智慧学是揭示脑科学和人才学之间的桥梁。智慧是成长的必要条件，智慧又是大脑的功能。因此，研究人才学必须研究智慧学，研究智慧学必须研究人才学，两者必须有机地结合起来。如果研究人才学不研究智慧，研究智慧学不研究人才学，就不可能真正建立起人才学和智慧学。

现代科学的发展，为人才学的专门研究提供了必要的条件，特别是教育学、心理学、社会学、脑科学、优生学、管理学等等，都涉及人才问题，为人才的专门研究提供了启示。但它们还没有以人才问题为专门对象进行综合系统研究，还不能代替人才学。现代科学相互渗透的特点，决定了人才学必须从上述诸学科中吸取营养。但是，人才学无疑有它自己特定的研究对象和研究范围，其目的不是代替其它学科，而是对人的智慧作全面、综合的系统研究，从人的一生发育成长的实践活动中研究智慧的开发、提升和释放的一门专门学问。

智慧学研究的原则

科学的指导思想是创建智慧学的根本。智慧学和其他学科一样，都有一个完整的科学体系，是智慧的一系列概念、范畴、规律等运动、联

系和转化形式的体现。创建智慧学必须坚持科学的指导思想,遵循以下几个原则:

第一,客观性原则。

智慧从本质上说,作为人脑的功能,是脑的产物。它是不以人们的意志为转移的一种客观存在的事实。它不是脱离人的身体活动而独立存在的实体,也不是各种因素的凑合,而是人在活动中和环境相互作用的产物,是人体器官在一定情境中表现出来的行为效果。所以,研究人的任何智慧活动都必须依据别人可以观察并加以检验的客观事实,严格贯彻客观性原则,切忌根据研究者的主观愿望或猜测来分析人的智慧。

人与人的智慧,从本质上说是社会生活、社会实践造就的。人的智慧是在认识世界、变革现实和创造新事物的活动中表现出来的,是影响这些活动进程与效率的主观条件。因此,人的智慧的本源是与人的社会实践密切联系的。开发智慧,必须从客观实际出发,实事求是地加以研究。

第二,科学性原则。

智慧学是一门新兴的学科,它的本质特征就是科学性。智慧学研究不是凭个人的主观意志获得成功的,它必须由正确的指导思想,建立在科学的认识论的基础上,坚持辩证唯物主义和历史唯物主义的科学理论指导,经过对客观事物的细致观察和认真剖析,才能大胆地继承、创新。因此,智慧学研究的全过程都必须遵循客观事物的发展规律,符合客观实际,经得起实践检验,具有令人信服的科学性。缺乏科学根据的"求异",只不过是一种盲目的标新立异,甚至是异想天开。缺乏科学根据的"继承",势必良莠不分,真伪难辨,抱残守缺,固步自封,阻挠和推迟客观事物的发展进程。因此,坚持科学性,是在人类改造主观世界和客观世界的复杂社会活动中,衡量智慧学的一条重要标准。研究智慧学的根本目的是在智慧学的指导下开发人的智慧,发挥智慧的巨大功能和作用,推进伟大事业的发展,振兴民族,造福人类。智慧学研究的成果只有有益于人的智慧开发,有益于人类进步,才能被人们承认、接受。在智慧学研究的全过程中，必须发扬创新精神，始终坚持良好的创新动机和有益的创新成果和谐统一。确保创新获得有益的效果，往往要受到多种主客观因素的制约。评估创新的有益性时，应审慎地将内外在因素的干扰导致创新行为的失败所造成的损失，与创新行为不具有科学性而造成的损失严格区分开来。

第三，整体性原则。

智慧学本身是一个有机整体。在研究过程中必须自始至终贯彻整体性原则，就是把智慧作为由各个相关的组成部分构成的有机整体，全面、系统地研究其整体的构成及其发展规律。人是一个有机整体。首先人是由呼吸、消化、循环、骨骼、肌肉、神经等器官、系统组成的生物实体；其次，人又是德、智、体、美、劳全面发展的社会实体；同时人还是知、情、意、行具有主观能动性的思维和认识的主体。人体是上百亿神经细胞，在神经中枢指挥下，进行一系列高度复杂的活动和相互作用的协调整体。而人的认识能力、人的智慧，既不能脱离人体而存在，也不能离开客观环境和社会实践而存在。人不仅要通过感受器官获得信息，还要通过效应器官（如手、足）去变革客体，进行实践活动。同时，还需要把实践获得的信息，再反馈给思维器官，并且要经过反馈，再反馈，最后才能上升为理性认识。这就是实践、认识、感悟、再实践、再认识、再感悟的过程。人的智慧是认识主体的系统性、整体性的表现，也是人的心智活动的全过程。智慧是一个多层次、多因素的极其复杂的系统，影响智慧发展的因素也是复杂的。所以，在智慧学研究中，必须坚持整体性原则，通过各因素之间的相互作用去认识，从整体上开发智慧，提升人的智慧。

同时，我们还要注意进行综合性研究。综合性就是指善于选取前人智慧宝库中的精华，通过巧妙结合，形成新的成果，把大量的概念、事实和观察材料综合在一起，加以抽象总结，形成科学的结论和体系；对占有的材料进行深入分析，把握其中的个性特点，然后从这些特点中概括出智慧的规律。综合就是创新，没有综合，也就没有创新。创新思维的综合性，通常表现为“杂交能力”，经过合理杂交，形成富有创造性的新的智慧结晶;表现为“统摄能力”,把获取的大量概念、信息、事实、资料综合在一起,进行科学的概括整理,形成能够准确反映客观真理的概念和系统;表现为“分析能力”,即对客观事物经过细微观察之后,进行深入分析,准确把握最能反映其本质属性的个性特点,从中概括出智慧发展的规律。

第四,开创性原则。

创建智慧学是人们发扬开拓创新精神的结果。开创性是智慧的显著特点之一。因此,在智慧学研究的全过程中必须坚持开创性原则,力求在思路的探索上、思维的方法上和思维的结论上,能够揭示更深一层的智慧本质属性,从而提出智慧开发中的新问题。

最优化是自然、社会和人的发展的必然趋势。智慧学研究贯彻最优化原则,就是通过比较多种可能的途径,选择出智慧研究和开发最优的系统方案,使系统处于最优化状态,达到最佳的效果。

恩格斯曾经指出:“人类思维活动的规律同自然规律是完全一样的。”如果说生物通过“变异”和“适者生存”的自然选择过程,各自达到最优状态的突变而成为新种,那么,人类的产生同样也是一类生物在这一过程中发展变化的最优结果。所以,最优化原则的实质,就是自然系统的最优化、人类智慧发展的最优化规律在人们思想中的反映。

实际上,人的科学认识活动,智慧的发展,也是遵循着这个原则运动着的。在过去,由于当时的科学水平还不能提供研究手段,人们不能对脑的自身组织状况及其功能的关系进行深入研究。而当今,伴随着自然科学的发展,特别是系统论、控制论、信息论以及生理心理学、脑科学等学科的诞生和发展,人们从微观方面深入地研究大脑接受、储存、加工处理、输出信息的机理,从而科学地说明思维活动和开发、释放智慧最优化的规律。

贯彻最优化原则有三个有利:1. 有利于对人的智慧给以更具体、更准确的说明。这就要求人们在科学认识中,对自身怎样产生能动飞跃达到思维的变化,加以探索和研究,从而为挖掘大脑的潜力,创造产生智力活动最优化的条件,自觉地提高人类的认识能力,并寻找出一条可行的途径。2. 有利于科学地说明主体在认识客体的过程中，开发和释放智慧存在着一个最优化的途径。这就要求在智慧学研究过程中，对主体、客体、环境三者的关系及其相互作用进行深入研究，并给予更具体、更准确的说明。3. 有利于运用人以及系统相结合的现代化手段，来认识和实现智慧开发和释放的最优化。

智慧学研究必须根据智慧发展的特点和形式，进行多向性研究：一是纵向连动，发现一种现象后，立即深入探究其产生的原因。二是逆向连动，看到一种现象后，立即想到它的反面。三是横向连动，发现一种现象后，能联想到与之相似、相关的事物。要善于从若干个不同方向对智慧问题进行深入探求并有效地解决问题。在一个问题面前，能尽量提出多种设想、多种答案，以扩大选择余地；能灵活地变换影响事物的质和量的某种因素，从而产生新的思路；思维在一个地方受到阻碍时，能马上转向另一个方向；能用心寻找最优答案，保证问题的最佳解决。智慧探索通常依赖：一是发散机制，即在解决问题时，尽量使思路呈发散型，以扩大选择余地，拓宽认识渠道。二是换元机制，即审时度势地变换影响事物质和量的诸多因素中的某一个，使本来难以认识和解决的问题，忽然获得转机，变得易于认识和解决。三是重组机制，将似乎无用的决策方案中的诸多零件，进行重新组合，改变因果关系、改变速度、改变时间、改变模式、改变序列，使原先无用的决策方案变成一个最佳决策方案。四是变向机制，即思维在一个方向受阻时，立即改变方向，从另一个角度进行探索，从而确保多向探索获得成功的重要因素。

总之，我们要站在时代的最前沿，以战略的眼光，崭新的理论思维，更新的理念、原创和方法，构成一门新兴的、无愧于时代的智慧学！

（原载《全国智慧学第二届学术研讨会论文集》，与陈瑛合作）

中华民族智慧和犹太民族智慧的源头探索（摘要）

智慧，全世界最响亮、最闪光的名词。智慧问题，自有人类社会以来，是最首要的问题。它既是一个古老的课题，又是一个全新的、现代课题。智慧学，新世纪、新时代学林中崭新的、最年轻的学科。它们像地心引力一样，强烈地吸引着我，孜孜以求，不断学习、思考、探索和研究。

在世界范围内，由于不同背景、不同地域、不同历史、不同环境，不同的民族有其自身特点的实践、思维模式和创新活动，从而形成各具特色的文明、文化和智慧。东方人和西方人的智慧，各具特色，是没有交点的两条平行线，但他们又互相学习，取长补短，互相影响，融合共存。

在全球，中华民族和犹太民族，被誉为勤劳、勇敢、好学和智慧的两大民族。他们因对世界文明和人类作出了重大贡献，而著称于世界。这两个伟大的民族智慧，有着悠久的历史和深厚的文化渊源。那么它们的源头在哪里呢？各有什么特点呢？对人类社会的进步和人类智慧的开发有什么重要作用和意义呢？这是智慧学值得研究和探索的一个重要课题。

围绕上述问题，本文从三个方面进行探索和论述。

第一，中华民族智慧源头的探索

中华民族是全世界最古老的民族之一，历史悠久，源渊流长。中华民族有着独特的生存方式、劳动实践、思维模式和创新活动。历经长期的风雨和千难万险的磨砺和考验，形成了独特的、灿烂的文明，深厚的文化，超民族的智慧，对人类作出了重大贡献。因此，中华民族在全世界素称勤劳、勇敢、智慧的民族。

长期以来，人们通过实践和潜心研究，越来越认识到儒、佛(释)、道是中国传统思想文化的三大组成部分，是中华民族智慧的源头，它们在中国文化史、智慧学史上各有其特殊的理论贡献。因此，研究中华民族的智慧和中国智慧学史不能不研究儒、佛、道。即使是研究儒学，如果不研究，不了解佛、道，儒学也是研究不好、研究不深的。因为，儒、佛、道三教是密切相连，互相融合的，在一定意义上来说，它们决定汉代以来中国思想学术和中华民族智慧的特点及其发展方向。

由此可见，研究中华民族的智慧和中国智慧学史必须十分重视和认真学习、研究儒、佛、道，不能只重视儒学而忽视佛、道，同样的，也不能只重视佛、道而忽视儒学，必须三教并学，综合研究，而有所偏废。

经过最近几年的探索和研究，我认为中华民族是一个伟大的智慧民族。智慧指导、推动着中华民族的发展。中华民族的智慧有源，有根。儒、佛、道就是中华民族智慧的源头和根本。它们各具特色，发挥着各自不同的重要作用。中华民族智慧的源头，既有内源，又有外源。儒、道是在中国土壤中生长起来的，是中国智慧的内源；佛教发源于印度，两汉之际传入中国，得到了充分的发展，是中国智慧的外源。儒、佛、道三教并流，成为中国智慧的三个组成部分。儒学是中华民族智慧的主要源头、主流和基础。道学是中华民族智慧的重要源头、主干之一。佛学是外来文化和智慧，经过几千年的发展转化为中国文化和中华民族智慧，是中华民族智慧的重要源头，主干之一。

第二，犹太民族智慧的源头

犹太民族是一个古老的民族，又是多灾多难的民族。在人类文明史上占有极其重要的地位。

犹太民族虽然有自己的国家的历史并不长，但是犹太人却为人类文明做出了巨大的贡献。在中东,古代犹太人对人类文明的贡献仅次于古埃及人。近现代犹太人则给世界带来了商业的高度繁荣、资本主义浪潮的兴起。创立了马克思主义、古典政治经济学、相对论以及精神分析学等。

犹太人智慧的源头,是从《圣经》和《塔本德》里汲取了无穷的智慧和力量。

第三,探索中华民族智慧和犹太人民智慧源头的启示

以下是佛学中研究智慧的分类和作用的论述:

智慧的分类

由于诸法性相的穷深极广,因此能通达悟解的智慧,必然有浅深理事的类别。佛教经典中,对智慧的类别有两种归纳:一是三分法,即将智慧分成三种;二是两分法,即将智慧分成两种。

首先是三分法。三种智慧,有以下几种,而每种智慧又可分为好几类。

第一,"生得慧"、"加行慧"、"无漏慧"。这是常见的一种分类。

一、"生得慧",即与生俱来的慧性。每个人都有一些慧力。因为每个活跃有情的人,在他的现实生活中,对所知的境物,多少具有一点分别抉择的知能。对人来说,无论是愚和智,贤和不肖,生来都具有分辨抉择是非和可否的智能,这就是生得慧的表现。不过这种生得慧,还要靠后天的培养和提高,如父母师长的教育、社会实践的锻炼、文化的熏陶以及自己的生活经验等。有了这一切良好的底助缘,人的生得智才能充分发挥出来。

对于全人类来说,世界上任何民族都同样具备生得慧。只要重视智慧开发,有良好的教育、完善的环境、科学的方法,就可以普遍提高全民族的智慧。所谓民族性的优劣,都只是限于后天的因素。谈到生而成就的慧能,只是显发与不显发,并没有本质上的差别。

人们通过修学佛法，或听经闻法，或礼卷钻研，从而对佛法有所了解，甚至能够说空说有，说心说性，或高论佛法……这能知能解的慧力，一般来说乃属于生得慧，因为这是一般知识和能力所能做到的。这是修学佛法的第一步，也是深入佛法的基础，还不是佛教的特有慧力。

二、“加行慧”。它与“生得慧”大有不同。“加行慧”不但有高度的理解、思考、抉择等智力，而且是依靠坚定的信念，经过一番专精笃实行持，而后在洁净的心中，流露出来的智慧。这完全是由于佛法加行力的启发和开导，而不是世间一般知解所能获得的。

“加行慧”可分三个阶段，即“闻”、“思”、“修”三慧。

第一阶段，闻慧。本著与生俱来的慧力，进一步学习和掌握知识，多闻重习，逐渐深入佛法。以净信心，引发一种类似的悟境，于佛法得到较深的信解。这是依靠听闻所成就的智慧，所以叫“闻所成慧”，即“闻慧”。不要以为听听佛经，有了一些知解，就成为闻慧了。须知“闻慧”是通过一个人内心的清净的心念，而引发出来的特殊智慧。它对佛法的理解、感悟和抉择，非一般知识可比。

第二阶段，“思慧”。思慧是以闻慧为基础，而进一步去思考、考辨、分别、抉择，于诸法的基深法性及因缘果报等事相，有更深的体认，更高的解悟。这是由于思维所引生的慧解，所以叫“思所成慧”，即“思慧”。

第三阶段，“修慧”。本著闻和思所成的智慧，对佛法进一步的解悟，在与定心相应中，观察、抉择诸位实相，及因果缘起无边行相，止观双运而引发深慧。所以叫“修所成慧”。

上述三个阶段，环环相连，缺一不可，三慧之中“闻慧”是初步的，是基础，它离不开闻的名言章句的寻思和理解。“思慧”是在闻慧的基础上，渐进而为内心的。即对闻慧所得的义解，加以深察、思考、熟虑。“修慧”则要求更高，最为重要，是在“闻慧”、“思慧”的基础上与定相应，不再依文言张句而观于法义，是智慧的进一步提升。

闻、思、修成慧三个阶段，总起来叫“加行慧”。因为它还没有达到真正的实证阶段。因此，不能到此为止，而要继续努力修炼佛法。

三、“无漏慧”。是在“生得慧”、“加行慧”的基础上，再经过定慧相应,止观双运的修慧成就,更深彻的理解,进一步觉悟和抉择观照,终于引发"无漏慧"。"无漏慧"要求更高,断烦恼、证真理,这才是达到慧学的根本目标。

从一般修学的规律来说,人的智慧必须依赖于"生得慧",经过"闻忍修慧"的"加行慧"的程序,才能达到"无漏慧"的这个目标。

修习慧学的过程,无论大乘或小乘都是一样的。天台宗有"六即"(即理即、名字即、观行即、相似即、分证即、究竟即)说,"生得慧"是"理即"阶段;"闻、思、修加行慧",是"名字即"、"观行即"、"相似即"三位;"无漏慧"才是从"分证即"到"究竟即"。所以一个人的证悟深发性,达到较高的水平,必须具有"无漏慧",而欲得"无漏慧",既不能离开"生得慧",更不能忽视"闻、思、修加行慧"。这就是说,如果不以"生得慧"和"闻、思、修加行慧"为基础,"无漏慧"是根本不可能实现的。要断烦恼、证真理,自然也就无从谈起了。

总之,"生得慧","闻、思、修加行慧"和"无漏慧"是慧学的全过程必经的三个阶段。要达到"无漏慧",断烦、证真,要得到真正的智慧,必须经过"生得慧"和"闻、思修加行慧",千万不能轻视"生得慧"和"加行慧",忽略闻思重修的功行。

第二,"加行无分别智"、"根本无分别智"、"后得无分别智"。这是专约证入法性无分的分类,可分以下三种:

1. "加行无分别智"。经过修行而能证悟真如法性的方便,就是"加行无分别智",即前面说的"加行慧"。

2. "根本无分别智"。证悟真如法性,与法性相应的如实慧,就是"根本无分别智"。

3. "后得无分别智"。在"加行无分别智"的基础上,通过根本无分别智,而引发能照察万事万物的发展规律的,就是"后得无分别智"。

第三,"世间智"、"出世间智"、"出世间上上智"。这是从凡夫到佛果位的分类。

1. "世间智"。指一般凡夫及未证圣果的学者,所具有的一切分别、抉择的慧力。

2.“出世间智”。指二乘圣者超出世间智的，能通达苦空无常无我诸法行相的证慧。

3.“出世间上上智”。佛与菩萨所有的大乘不共慧，虽出世间而又二谛无碍、性相并照，超胜二乘出生的偏真，所以称“出世间上上智”。

以上说明一个凡夫要真正达到佛果位，必须经过“世间智”、“出世间智”、“出世间上上智”三个阶段，具有三种智慧，缺一不可。前两个智是后一个智的基础，后一个智是前两个智的发展和提升，不能轻视和忽略哪一种智。这种分类，与龙树智论的三种智，即：“外道离生智”、“二乘偏真智”、“菩萨般若智”，内涵意义极为相近。

第四，“一切智”、“道种智”、“一切种智”。《般若经》中将智慧分成这三种。它说明声闻、菩萨、佛三乘圣者智慧的差别。

1.“一切智”。声闻、缘觉二乘人，原也具有通达理性与事相的两个方面，称为总相智，别相智。但因厌离心切，偏重于能达普遍法性的“总相智”，所以称为“一切智”。

2.“道种智”。大乘菩萨亦具有二种智，即道智、道种智，但他们着重在从真出俗，一面观空无我等，与常遍通的性相应，另一面以种种法门通达种种事相。菩萨度生的悲心深厚，所以他要遍学一切法门，所谓法门无量誓愿学。真正的菩萨行，必然著着广大的观智，所以称为“道种智”。

3.“一切种智”。大觉佛陀，也可以分为二智，一切智和一切种智。依无量观门，究竟通达诸法性相，因果缘起无限差别，能不加功用而即真而俗，即俗而真，真俗无碍，智慧达到最极圆满，所以称为“一切种智”。

上述三种智慧，三种序列，代表了声闻、菩萨、佛三乘圣者智慧的不同特点和水平。要求一个比一个高。

其次是两分法，智慧可成以下两种：

第一，“法住智”、“涅槃智”。《先约声经》说：“要先得法住智，后得涅槃智。”

“法住智”，即安立缘起因果的善巧智慧。它要求必须在有情缘起事相的基础上，才能通达苦空无常无我的诸法实性，而证入涅槃圣地。

“不依世俗谛,不得第一义”。因为第一义谛,平等一如,无差别相,不可安立、思议、言说。唯有依世俗智,渐次修习,才能契证,达到“涅槃智”。因此,修学佛法切勿轻视因果缘起等事相底解了,而尊重超胜的第一义智。因为这样容易落空,或堕于执理废事的偏失。

第二,“真俗理事”与“智慧”。《般若经》把智慧分成“般若(慧)”、“温和”(方便)。《维摩诘经》则分为慧、方便。

“般若”与“温和”、“智慧”与“方便”,二者必须相互依存,相互摄导,才能发挥离解脱的特殊妙用。所以《维摩诘经》说:“慧无方便缚,方便无慧缚;慧有方便脱,方便有慧脱。”《般若经》把这两种智又称为“道智”、“道种智”。还有的称“根本智”、“后得智”,也有称“慧”与“智”,或“实智”、“摧智”,或“如理智”、“如量智”。

上述这些分类,在大乘菩萨学中,非常重要。诸法究竟实相,本来平等,无二无别,不可安立,不可思议,但依众生从修学到证入的过程来说,其所观所通达的法,总是一分为二:一是如所有性;二是尽所有性。如所有性是说一切诸法平等普遍的空性,或称寂灭性,不生不灭性;而尽所有性即尽法界一切缘起因果,依正事相的无限差别性。由此说菩萨的智慧,便有“般若(慧)”与“温和(方便)”之两种。

如上所述,大乘智慧具有两个胜用:一证真如法性,一照万法现象,如约自他觉证说,一是自证空性,一是方便化他。然而在绝对法性中,法唯是不二真法,或称一真法界,本无真俗理事的隔别相。所以智慧也唯有一般若,方便或后得智,都不过是般若后起的善巧妙用。般若好像真金,方便则像真金锻造成的庄严器具,二者是不二而二的。修学佛法,一到功行成就,即先得般若根本智,证毕竟空性;再起温和后得智,通达缘起,严净佛土,成就有情。此后,真智与俗智,渐次转进渐合,到得真俗圆融,二智并观,即是佛法最究竟圆满的“中道智”。

佛教经典中,对智慧的分类,除了以上列举的三慧、二慧之外,还有小乘学位的“八忍”、“八智”;阿罗汉位的“尽智”、“无生智”;大乘果位的“智慧”;唯识学系分为:“成所作智”、“妙观察智”、“平等性智”、“大圆镜智”;密宗又加上“法界体性智”:成为佛果需具五智(妙观察智、平等性智、通菩萨位等)。

总之,佛法依据一个人成佛种种不同要求、意义和不同阶段,安立种种智慧之类别。这些类别尽管多样、无量无边,但究其极,行者所证,唯一真如法性;能证智慧,亦唯一、如如之智;以如如智茹如理,直达圆满无碍的最高境界。

智慧的作用

佛教的根本目的是开启人的智慧。人有了智慧就能发生重要作用,就是使人“觉悟”、“大觉”。

佛教经典上指出“觉”有以下三类:

第一,自觉。就是人通过刻苦修炼,开启了智慧,自己觉悟了。

第二,觉他。在自己觉悟的基础上,还能帮助别人觉悟。

第三,圆满的觉悟。小乘阿罗汉、辟支佛等虽然他们自己觉悟了,但还没有发心,不能主动地去帮助别人觉悟。这是小乘人。只有大乘菩萨自觉之后,能够主动去帮助一切希望觉悟的人。

“希望觉悟”就是一个人觉悟的机缘成熟了,菩萨一定会主动地帮助他,使他从自觉到圆满的觉悟。一个人经过长期、刻苦的修炼,达到圆满的觉悟,就成了佛陀。圆满的觉悟就是圆满的智慧德能,“觉”就是它的德能,就是它发挥的作用。“一切众生本来成佛”,“一切众生皆有如来智慧德相”。如果失掉了智慧德能,就会失掉佛性,不能成佛。“本觉本有,不觉本无”。一个人有了“妄想、执着”(如生死轮回等)就会失掉智慧德能,就不能“证得”。妄想、执着确实是使人迷惑、灾难的病根。因此,要成佛就要去掉妄想、执着。妄想、执着去掉一分,就得一分自在,恢复一分智慧和觉悟;妄想、执着断得干干净净,佛性就会重新恢复,恢复到本来的佛。

(原载《新西兰联合报》2010 年连载)

第三编

徐霞客及其游记研究

徐学研究的价值

徐霞客及其《游记》的研究已有300多年的历史，无数有识之士，代代相传，连绵不断，在我国学术园地里，徐学——专门研究徐霞客及其《游记》的学问，已成了一门显学。我们已经跨入了新世纪、新阶段。时代的发展，人民的需要，对徐学研究提出了新的、更高的要求。

徐学研究的精神价值

一个民族、一个群体、一个人、一门学科总是要有点精神的。民族精神是一种巨大的精神力量，是一个民族实现共同的理想、目标的精神支柱。一个民族如果没有振奋的精神，没有昂扬向上的精神，没有高尚的品格，就不可能自立于世界民族之林，就不可能长盛不衰。一个民族是如此，一门学科的存在与发展也是这样。

时代造就了徐霞客，实践孕育了徐霞客精神。徐霞客是16—17世纪，中华民族精神的一种体现，一个典范，一面旗帜。徐霞客精神，是徐霞客的"灵魂"，是他为国家、为人民成就大业，作出杰出贡献的不竭动力。

徐霞客精神，首先体现在他热爱祖国的爱国主义精神。他毕生热爱祖国，考察、歌颂、描绘祖国的大好河山，为我们树立了一个热爱祖国的光辉典范。通过《游记》，神游和领略祖国的大好河山，从心底里引发人们无穷的遐想，无不为勤劳勇敢智慧的伟大中华民族在这块土地上艰苦奋斗，历久不衰，而感到无比自豪和荣光，激发起人们无比热爱祖国的深厚之情。徐霞客的爱国主义精神具有丰富的内涵和鲜明的特点。徐霞客热爱祖国的山山水水，热爱民族，热爱人民，是徐霞客精神的基础和核心。

徐霞客及其《游记》体现了强烈的献身精神。徐霞客早就立下游尽祖国佳山胜水的宏愿。特别在他的母亲逝世之后，以只争朝夕的精神，远征祖国的西南边陲。徐霞客坚定、豪迈地说："昔日以母在，此身未可许人也；今不可许之山水乎？"从此，他"不计程，亦不计年，旅泊岩楼，游行无碍"。"吾荷一钟耒，何处不可埋吾骨焉！"这是一种强烈的献身精神，它突现在一个"许"字、一个"不"字和一个"能"字上。"许"——许可，应许，许的最高境界就是奉献。徐霞客不惜以自己的聪明才智和生命奉献给旅游探险、科学考察事业，奉献给祖国的大好河山。"不"——徐霞客为了实现自己的崇高理想，"不避风雨，不惮虎狼，不计程期，不求伴侣。以性灵游，以躯命游……""何处不可埋吾骨焉"。徐霞客如此强烈的奉献精神，激励、鼓动着他不畏艰难困苦，不计个人的名利，全身心地投入到伟大的事业中去。"能"——徐霞客有了强烈的奉献精神，就特别能攀登探险，特别能吃苦，特别能坚持，特别能忍受一切艰难困苦。徐霞客的光辉实践告诉我们，为祖国、为民族、为人民、为事业的奉献精神，是徐霞客精神的最根本的精神基础，是他成就大业和作出杰出贡献的不竭动力。

徐霞客精神还体现在他永远保持开放的头脑和对任何事物采取一种批判的态度和怀疑的精神。这种精神就是今天大力提倡的解放思想，实事求是，与时俱进，开拓创新精神。旅游探险、科学考察，探索大自然的奥秘不仅是对人的意志、体力、心理等的考验，而且是对人的理性能力的最严峻考验。一方面，对于过去的传统概念、过时的观点，敢于提出质疑，敢于离经叛道；另一方面在预言将会发生的事件方面，为了避免犯错误，科学家必须排除各种假象，将自己的理论建立在严密逻辑的基础上。科学方法是建立在这样的原理的基础上的。观察实验是判断一项科学发现是否被证实的标准，这是科学方法中最根本的原则。

徐霞客在长期旅游探险和科学考察活动中，始终坚持尊重实践，坚持实践第一的思想，坚持用实践作为评判标准的原则。他在科学实践活动中各个环节上都保持严肃认真的态度，如实地记录考察结果，对它们进行严格的审查，因为揭示一个真理越具体详细它就越有说服力，越容易直接面对出现的反常情况，也越能引起人们检验它的兴趣，并且检验它也越有价值。

徐霞客的一生总是与疑难和不确定性打交道。当他不知道一个问题的答案时，他就是不知道；当他有了大概的猜测时，他的答案是具有不确定性的；即使他对自己的答案胸有成竹时，他也会给质疑留有余地。徐霞客对炭岩地貌(喀斯特)的考察研究，走在了全世界的最前列，就是他的献身精神和创新精神的结果。

世界上没有哪个民族、哪个群体和个人，不曾遭遇挫折、灾难和危机。但在遭遇到挫折、灾难和危机的时候，是否具有适应新环境，迎接新挑战的人格，是否拥有积极的姿态，健康的心态，这对于一个民族、一个群体、一个人的成长、发展、振兴，起着关键的作用。如果我们每一个人，都能像徐霞客那样化挫折为勇气，化灾难为新的希望，化危机为夺取新成功的机遇，将被动转化为主动，将躲避转化为积极应对，将应付转化为创造，直面挫折，直面灾难，直面危机，那么就能在挫折时、灾难里、危机中得到磨炼，增长勇气和智慧，更加增强坚韧的斗志和必胜的信念，掌握科学的规律，最终获得成功和胜利。任何时候，我们需要弘扬徐霞客精神。

徐学研究的文化价值

徐霞客是我国古代杰出的历史文化名人，《徐霞客游记》乃中华民族的文化瑰宝。以徐霞客为榜样，继承和发扬徐霞客的优秀文化，有利于推进中华民族的优秀文化，有利于丰富人们的精神世界，增强人们的精神力量，满足人们的精神文化需求。

文化的核心问题是价值观问题。徐霞客在旅游探险、科学考察的一生中正确地处理了以下四个关系：

(一) 个人与理想、信念的关系

徐霞客在一生中,在旅游探险、科学考察过程中,始终围绕着实现其高远的志向,具有独立的意志、自主精神和人格。不论遇到什么情况,如在遇到重大挫折情况下,在遇到盗贼抢劫、绝粮无餐的情况下,在遇到高山深谷,断崖残壁,无法前进的情况下……他都能坚持自己的崇高理想,坚持自己的意志,坚持做人的原则,保持自己的人格。

徐霞客在其一生旅游探险、科学考察过程中,经常会遇到生与死的问题。徐霞客认为人的生命价值是很重要的,但道德价值和人格价值更重要。他为了实现旅游探险、科学考察的宏大志向,为了国家、人民和民族,他勇敢地面对生死,一不怕苦,二不怕死,甘愿以自己的生命、智慧的力量来体现他的道德价值和人格价值。

徐霞客虽然死了,但是死而不朽。他的思想、精神和功业是永存的。"立德"——他为后人树立了高尚的人格道德榜样;"立功"——他为国家、人民、民族开创了旅游探险、科学考察的伟业,作出了贡献,建立了功勋;"立言"——他的《徐霞客游记》和诗文,提出了许多新思想、新观点、新言论,有利于人民素质的提高,有利于国家的繁荣,民族的振兴。

(二) 个人与他人的关系

徐霞客一生,与他人相处,能正确处理人际关系、人物关系、群体关系,为后人树立了榜样。"仁"——他尊敬长辈,爱护小辈,尊重朋友,宽以待人,助人为乐;"礼"——他能以礼待人,平等待人,遵守社会规范和道德规范;"和"——他以和为贵,与亲人、朋友和他人,和睦相处;"义"——他一生处洁清廉,处事公正;"信"——他待人处事讲诚实,守信用。

(三) 个人与民族和国家的关系

徐霞客是一个伟大的爱国主义者,他关心社稷民生,爱国爱民,维护民族独立,尊重、继承和发扬中华优秀传统文化。

(四) 人与自然的关系

一是坚持"天人合一"的理想,强调天道与人道、自然与人息息相通、和谐统一，因顺自然，回归大自然。二是“与天地参”。他承认自然是变化的并有其规律，人要参与自然界的变化，发挥人的主体能动来调节自然的变化，达到和谐统一。三是“天人之分”。他认为天和人是有区分的，并且各有其自然的发展规律，主张“知天命而用之”。

徐霞客研究要把重点放在研究他的思想，他的世界观、人生观、价值观，特别是人生价值观上，继承和发扬徐霞客的积极的人生价值观，有利于培养国民的精神品质，有利于增强国民智慧和道德、人格，有利于提高和完善国民的求真、求善、崇美的人格品质。

人们的人生观、价值观靠文化确立；人们的乐与苦、福与祸、崇高与卑俗、伟大与渺小等情感表现，靠文化赋予；人们的个性、素质、情怀，靠文化孕育和培养；人的进步靠文化教育；人类的文明靠文化进步。徐霞客与《游记》的文化价值，值得我们认真学习、发扬光大。徐学研究要坚持体现文化价值。

徐学研究的应用价值

研究的目的，全在于应用。理论的威力，全在于发挥。徐学研究的价值在于是否在实际中应用，并产生出良好的社会效果。学术研究是徐学的生命线。不坚持深入研究，徐学就不可能发展，就会失去生存的基础。时代在发展，徐学研究无止境。

徐学研究，有两种截然不同的研究思路：一种是为学术而学术，为研究而研究，远离社会，脱离现实；一种是与时俱进，发挥自身优势，坚持研究与当今社会发展的现实相结合，为现实服务，为社会服务，为大局服务，为改革开放和社会主义现代化建设服务。

徐学是一门新兴的综合性、边缘性学科。它具有时代性、开放性、科学性、实践性等特点。徐学研究的应用价值，主要表现在：

——以徐霞客的旅游探险的思路和光辉实践，大力推动旅游探险事业的发展，振兴中国的旅游事业；

——以徐霞客的科学考察的科学思想、科学内容、科学实践和科学方法，大力促进科学研究事业的繁荣，推动社会生产力的发展；

——以徐霞客的文学思想、文学方法和文学实践，大力推进文化事业和文学作品的创新；

——以徐霞客的爱国主义精神、献身精神、尊重实践精神、创新精神、求实精神、艰苦奋斗精神，哺育一代又一代新人。

总之，应以徐霞客为榜样，弘扬徐霞客精神，大力推进我国的社会主义物质文明、精神文明和政治文明。

（原载《江南论坛》2003年第11期）

徐学研究的新境界、新方向

——学习温家宝总理致纪念徐霞客诞辰420周年暨国际学术研讨会贺信的初步体会

最近，认真拜读温家宝总理致纪念徐霞客诞辰420周年暨国际学术研讨会的贺信(以下简称贺信)，深受启迪和教益。贺信高屋建瓴，言简意赅，是徐学研究的纲领性文献。他既充分肯定了徐学研究的成绩，又指明了今后研究的走势和未来发展的方向。这对广大徐学研究工作者和热心徐学研究的人来说是一个莫大的鼓励、激奋和鞭策。温总理的贺信，有以下三个鲜明的特色：

首先，表达了全国各族人民对徐霞客的景慕之情

徐霞客，江苏省无锡市江阴马镇人。这是江阴、无锡和江苏人民的无尚荣耀。徐霞客是中华文化滋养出的，根植在中华大地，历经千锤百炼锻造而成的一代历史伟人。纵观徐霞客的光辉一生，他是中国古代历史上极富传奇色彩的千古奇人。他布衣出身，但其经历很不平凡，是一位身兼"几杰"(不是一杰)的中外古代历史上罕见的非凡人物。全面、科学、历史地评价徐霞客，他是当之无愧的杰出的旅游探险家、地理学家、文学家，伟大的爱国主义者，有世界影响的科学文化名人，我国历史转折时期的一位承前启后的历史伟人。经全国著名专家一致评定，徐霞客是中华民族发展史上四十位杰出的历史文化名人之一。在北京世纪坛，徐霞客的铜像雕塑已于2007年10月12日落成。一个光辉的英雄形象永远昭示着中国人民和世界人民。《徐霞客游记》是徐霞客一生智慧、心血和生命的结晶，是中国古代文化的辉煌巨著，是自然科学

与社会科学结合的百科全书，是继承、发扬中华民族优良传统精神的瑰宝。经全国著名专家评定，《徐霞客游记》为代表中国文化的二十部经典著作之一。高山仰止，徐霞客的自强不息、艰苦奋斗、坚韧不拔、百折不挠的光辉一生和永载史册、实实在在的杰出贡献，赢得了中国人民和世界人民的崇敬、景仰和仰慕。温总理对徐霞客表达的景慕之情，是这样的热烈、真挚和深切，令人感动。同时，他也表达了我们江阴人民、无锡人民、江苏人民和全国各族人民对徐霞客的景慕之情。这是一种高境界的、强大的、不竭的精神动力。

第二，高度评价了徐霞客及其《游记》对人类文化的贡献

这是贺信的核心精神，是最重要、最有价值的部分。徐霞客的光辉一生及其事业是伟大的、贡献是杰出的、精神是崇高的、人格和品德是高洁的。主要有七大贡献：1. 摒弃功名利禄，坚持在实践中探索科学真理的新方向。2. 突破“休闲旅游”之风，开拓旅游探险和科学考察相结合的新模式。3. 发挥自身优势，独创纪实型、学术型和文学型相结合之新途径。4. 破除迷信权威，在科学考察中不断提出新观点、新思想，作出新贡献。他经过长期实地的考察，肯定金沙江是长江的正源，彻底推翻统治了一千多年的“岷山导江”的传说。5. 敢想敢干，率先重视和开拓中国西部地区。6. 以科学精神和科学方法，进行旅游探险、科学考察。他是中国山岳地理的开创者、世界洞穴学的奠基人、近代地理学的奠基者。7. 以考察自然、求知识、探规律为终身目的，毕生从事旅游探险、科学考察事业，自古以来徐霞客是第一人。特别是徐霞客一生跋涉千山万水，想尽千方百计，吃尽千辛万苦，在艰苦的实践中孕育炼就了徐霞客精神。他的爱国主义精神，创业、创新精神，吃苦耐劳、坚忍不拔、无私奉献精神，尊重实践、实事求是、一切从实际出发的科学精神，是给后人遗留下来的最宝贵的精神财富，这是徐霞客的最大贡献。

温家宝总理站在中国和世界科学文化史的高度，用新的视野，全面

总结、探讨徐霞客对中华文化和人类文化的杰出贡献;科学地论述了徐霞客精神与科学发展观,与中国特色社会主义经济建设、政治建设、文化建设、社会建设以及与社会主义“三个文明”建设的关系。贺信指出:“《徐霞客游记》运用人文精神的大文字与科学精神的真文字,将华夏民族赖以生存的山川大地予以逼真地描画;无论在人与自然、人与社会、人的自我意识方面,完成了他开拓性的全方位生态探讨与审美观照。”

观乎人文以化成天下。中华民族有着十分悠久的历史文化传统,从“百家争鸣”的春秋战国,到飞扬超逸的魏晋风流,到四方交融的盛唐气息,到精致内敛的两宋文化,再到屡兴文字狱,最后垂慕思变的明清时代,虽有一代代王朝更迭、气运起伏,然而中华民族的文化无与伦比,连绵不断,常盛不衰,创造出辉煌灿烂的古代文明,造就一大批有杰出贡献的文化精英,徐霞客就是其中的佼佼者,构筑着龙之传人的民族脊梁。中华文化是中华民族生生不息、团结奋进的不竭动力。

文化的概念和内涵随着时代的发展和使用者的角度而不断演进。战国末年的《易经》说:“物相杂,故曰文。”《礼记》则认为“可以赞天地之化育”。《易经》中又指出:“刚柔交错,天文也;文明以止,人文也。观乎天文,以察时变;观乎人文,以化成天下。”意即治国者观察天文,以察知自然界的变化;以礼仪风俗教化世人,使之行当所行,止当所止,进而化育天下。西汉刘向在《说苑》中说:“圣人之治天下也,先文德而后武力。凡武之不兴,为不服也,文化不改,然后加诛。”这里“文化”与“武力”相对应,是指以文德化之,文治教化。《文选·补亡诗》之六中有“文化内缉,武功外悠”,意即言以文化缉和于内,用武德加于外远也。孔子则认为诗、礼、乐构成了文治教化的主要内容。由此可见,中国古代文化的内涵侧重于“文”,以“文”化之,而“文”的概念则与“道德”、“礼乐”、“制度”等概念互换。

近代,我国学者对“文化”概念有了新的探索和概括。学者黄文山在《文化学体系》一书中认为文化是“人类为了满足生存的需要,凭借语言系统、技术发明、社会组织与习惯,累世承袭创建出来的‘工具实在’”。他侧重于物质文化。梁启超在《什么是文化》一文中认为“文化是包含人类物质、精神两面的各种业果而言”。“文化者，人类心能所开积出来之有价值的共业也。”蔡元培指出：“文化是人生发展状况。”梁漱溟在《中国文化要义》中则说：“吾人生活所依靠之一切……文化之本义，应在经济、政治，乃至一切无所不包。”

西方学者，对文化的内涵和概念的探讨与时俱进，不断发展变化。最早的意义是人在改造自然界使之适应于满足食住等需要的过程中，对土壤、土地的耕作、加工和改良。然后引申出对人性情的陶冶、教养等意义。古罗马政论家罗西塞，把文化概念发展为人在完善内心世界过程中，开发和培养人的素质，使之成为理想公民。欧洲文艺复兴时期，人文主义者为反对基督神学思想势力，提出了复兴古希腊罗马文化的口号，进一步把文化概念扩大化，包括农业、手工业、商业、教育、政治……17 世纪，德国法学家普苏多夫第一次把“文化”作为一个独立概念使用，他说：“文化是社会和人所创造的东西和有赖于人、社会生活而存在的东西的总和。”18 世纪，法国启蒙运动时期，伏尔泰等思想家把文化视为不断向前发展的、使人得到完善的、社会生活的物质要素和精神要素的统一。1871 年人类学之父、英国人类学家泰勒首先把文化概念引入到近代科学中。在他的《原始文化》中提出：“文化或文明，从广义民族学意义上讲，是一个复杂的整体，包括知识、信仰、艺术、法律、道德、风俗，以及作为社会成员一分子所获得的任何其他的能力和习惯。”

此后，西方学术界对文化研究兴起高潮，对文化概念的概括层出不穷：有的将文化视作为社会生产物的总和；有的将文化视作人类精神产物；还有的将文化视作为一个民族特有的生活方式……

19 世纪至 20 世纪，工业化进程的普遍展开，经济、社会、科学的迅速发展，给人类社会带来了巨大的希望。可是由于对自然资源的过度耗用，人类社会又面临着能源短竭和生态危机的威胁。联合国专家拉兹洛在《决定命运的选择》中提出了置人类于危险之地的“第五次浪潮”，它的主要标志是人口过剩、过分军事化、污染过多、能量和能源开发过量和持续不发达等过程。他强调把激活文化的创造力看作是学会控制引起全球紧张局势的第五次浪潮的关键，以防止它限制人类的发展和破坏自然。他提出,21世纪的文化是多元的,是相互依存、共同生活、互为补充,并且是可行的。

发展观下的文化研究,主要注视的是文化是如何促进或阻碍社会发展的,文化被视为一种影响因素。因此,这里文化更多地被视作为人类对自然界、对待他人、对待自我的态度、价值观和生活方式而言的。文化的存在,使得人类的生活经验和技术有可能通过学习而积累下来,文字和印刷品的出现,使得这一过程变得更为完整持久并且得以大范围地传播。因此,人类就有可能站在前人的肩膀上,不断地向前发展。

文化的价值、功能、作用是什么呢?一是文化为发展提供了方向。英国哲学家罗素曾说过:"人类自古以来有三个敌人:其一是自然,其二是他人,其三是自我。"人类为了战胜这三个敌人,相应地发展出物质文化、制度文化和精神文化。世界上各民族相应地发展和提供了适应自然、他人、自我的各具特色的文化。中华民族的"自强不息"、"人定胜天"、"天人合一"等为不同时期的发展提供了方向。二是文化为发展提供了动力。三是不同的文化加速或阻碍经济社会的发展。文化差异是导致社会和经济差异的决定因素。

中华民族自古以来就十分重视文化。中国共产党尤其重视文化。党的主要创始人之一、第一任中央局书记陈独秀在《新文化运动是什么?》一文中指出:"文化是对军事、政治、产业而言","文化底内容,是包含着科学、宗教、道德、美术、文学、音乐这几种"。革命先驱、党的第二任总书记瞿秋白认为"文化是人类在一定的时间,一定的空间之所作"。他特别指出:"任何先进文化都是一定时代社会精灵的结晶,也是时代精神的精华。"[①]党的三代领导人毛泽东、邓小平、江泽民对社会主义文化有许多精辟的论述,而且亲自抓文化。党的第四代领导人胡锦涛主席站在时代高峰,更加突出社会主义文化。他在党的十七大报告中,向全党全国人民发出推动社会主义文化大发展大繁荣的号召。他指出:

① 《瞿秋白文集》(政治理论篇)第二卷,人民出版社1988年版第20、298页。

“当今时代，文化越来越成为民族凝聚力和创造力的重要源泉，越来越成为综合国力竞争的重要因素，丰富精神文化生活越来越成为我国人民的热切愿望。”在当代中国，发展和坚持先进文化，就是发展和坚持面向现代化、面向世界、面向未来的，民族的科学的大众的社会主义文化。我们要弘扬中华文化，建设中华民族共有精神家园。要全面认识祖国传统文化，取其精华，去其糟粕，使之与当代社会相适应，与现代文明相协调，保持民族性，体现时代性。

在四百多年前，徐霞客继承发扬了中华民族的优良传统精神，特别是创新精神、人文精神和科学精神，在长达35年之久的艰苦卓绝的旅游探险、科学考察过程中，用他的心血、智慧、生命写下了中华民族的文化瑰宝——《徐霞客游记》。在《游记》的字里行间，充满着对祖国山山水水、对祖国人民深厚的热爱之情，用神来之笔，清新朴实逼真地记录和描画了中华民族赖以生存的山川大地、世俗人情、人文景观。他以开拓创新精神，对人与自然、人与社会、人的自我意识方面，进行了全方位生态探讨和审美观照。他精心探索研究地理，十分重视资源的考察和保护，特别是对水的关注和研究。毛泽东在1959年4月5日党的八届七中全会上讲话中，对徐霞客十分仰慕，语重心长地说：“我很想学徐霞客。徐霞客明朝崇祯时江苏江阴人，他就是走路，一辈子就是这么走遍了，主要力量用在长江。”徐霞客对水、水利的关注，对长江的精心考察和探究，启示我们要充分认识人类生存中水的要义、人与人之间鱼水和谐的要义、人的品性之上善若水的要义。

徐霞客是中华民族优良传统文化的杰出代表，《徐霞客游记》是中华民族优秀的传统精神的体现，中华民族优秀文化精神的象征，中华民族智慧的结晶。它像营养丰富的甘露和滋润的雨水，点点滴滴，潜移默化，沁入中华民族的心灵。对我中华民族的复兴、繁荣起着多么大的激励、鼓舞、振奋和推动作用啊！二十一世中华民族能创造奇迹吗？社会主义文化能大发展大繁荣吗？全面小康社会和社会主义现代化能建设能建成吗？

实践是检验真理的唯一标准。徐霞客、徐霞客精神、《徐霞客游记》

是经得起时间的检验、历史的审读和时代的召唤的,是不朽的。高度重视和学习徐霞客及其《游记》,进一步弘扬徐霞客精神,有着深远的历史意义和现实意义。这也就是我们为什么要永远纪念这位历史文化伟人以及我们对中华民族美好的未来充满胜利信心的根本所在。

第三,肯定了徐学研究的方向和成绩,指明了今后发展的方向

关于徐学的研究历程、成绩和经验,我们在《徐学概论》、《徐霞客评传》中,作了较全面的回顾和总结。

徐学研究历经明清时期、民国时期,中华人民共和国成立以来,特别是改革开放以来,徐学研究一浪高一浪,蓬勃发展,方兴未艾。徐霞客诞辰 420 周年,纪念、研究又掀起一个高潮,以温总理的贺信为标志,在贺信精神激励下,徐学研究将进入一个崭新的阶段。

温总理的贺信首先实事求是地肯定了多年来,我国徐霞客研究是在人文大基础与终极方向上不断深化的。这对我们是个极大的鼓励和鞭策。江苏省徐霞客研究会成立十多年来,始终坚持以学术研究为中心,坚持学习和研究徐霞客的光辉实践和《徐霞客游记》,坚持探讨徐霞客及其《游记》的文化价值、精神价值、科学价值和应用价值。2003 年 3 月,我在江阴徐霞客文化旅游节"徐霞客与中国旅游文化学术讨论会"上专门发表了《论徐学研究的价值》的拙文(登载在《论文汇编》):坚持全面科学评价徐霞客是杰出的旅游探险家、地理学家、文学家,伟大的爱国主义者,文化历史名人,坚持围绕上述几方面进行全面研究;坚持重点研究徐霞客及其《游记》的思想、人文精神和科学精神及其高尚的人格;坚持以徐霞客的思想和精神,教育鼓励广大干部、人民群众和青少年,为建设新江苏,全面实现小康社会,实现社会主义现代化建设,振兴中华民族而努力。我们要进一步回顾、反省和总结我们的工作,以利再战!

温总理的贺信站在时代高峰,为徐学研究指明新的方向。贺信充

分体现了党的十七大精神。他指出:“时代进展到今天,人类如何生存,如何与自然和谐相处,如何维护全球和平与发展,如何提高人类自身的人文与科学素质,依然是面临的重大问题。”温总理要求我们站在时代的高峰,在中华民族文化大背景下,对徐学研究要有崭新的时代意识,进一步深化徐学研究,立足人与自然、人与社会和人的自我表现意识;重视人类生存中水的要义、人与人之间的鱼水和谐的要义、人的品性之上善若水的要义,把这三方面圆融一体,以教育人、激励人、塑造人;紧密结合当代中国和世界在发展进程中的实际,以徐霞客为榜样,进一步弘扬徐霞客精神,积极推动社会主义文化大发展大繁荣,坚持社会主义先进文化的方向,兴起社会主义文化建设高潮,激发全民族文化创造活动,提高国家文化软实力,使人民基本文化权益得到更好保障,使社会主义文化生活更加丰富多彩,使人民精神风貌更加昂扬向上;努力坚持全面协调可持续发展,按照中国特色社会主义事业总体布局,全面推进经济建设、政治建设、文化建设、社会建设,促进现代化建设各个环节、各个方面相协调,促进生产关系与生产力、上层建筑与经济基础相协调;努力坚持生产发展、生活富裕、生态良好的文明发展道路,建设资源节约型、环境友好型社会,实现速度和结构质量效益相统一,经济发展与人口资源环境相协调,使人民在良好生态环境中生产生活,实现经济社会永续发展。

这就是温总理在贺信中指出的徐学研究的新境界、新方向、新要求。

温总理肩负重任,日理万机,十分景慕徐霞客,关心徐学研究,殷切期望新世纪的徐学研究,在继承开拓中,取得更深的启悟,创造更优秀的成果,发挥更积极的作用,作出新的贡献。

最近,读著名郦学专家陈桥驿教授致汤家厚先生的信,深受教益。他语重心长地说:“我原来希望‘徐学’也能像郦学那样,各地都活动频繁。开始我很抱希望。但后来就看出,我们走错了……我也赞同徐学研究可以促进旅游业的发展,双方相得益彰。但是,不能把徐学捆绑在旅游业上，一捆上去，就很难解下来……[1]”八十多高龄的陈教授从另外一个侧面，循循善诱，引导我们无论如何要坚持正确方向，深化徐学研究，提高徐学研究水平，像郦学一样成为一门国际学问。

徐学研究是社会主义事业的一部分，是一个伟大的工程。我们有缘相聚在一起从事徐学研究，我们需要进一步和谐地团结起来，发挥群体智慧，兢兢业业，扎扎实实地把徐学研究坚持下去。著名学者胡适教授于1929年在中国公学18级毕业典礼上的讲演中说：“我没什么礼物送给你们，只好送你们一句话：‘不要抛弃学问。’易卜生说：‘你的最大责任是把这块材料铸造成器。’学问便是铸器的工具。抛弃了学问便是毁你自己。”这就要求我们要牢牢把握方向，抓住学问，坚持徐学研究，终生潜心研究，为进一步繁荣徐学贡献出一切！

今后二年、五年、十年江苏徐学研究如何深化？我建议以毛主席关于高度评价徐霞客及其《游记》的两次讲话发表50周年为契机，以李先念主席的题词和温总理贺信的精神为指导，进一步深化研究徐霞客与中华文化、徐霞客与先进文化；努力完成徐学发展史的研究任务；进一步研究徐霞客的崇高精神与人格；继续研究徐霞客与长江等重大课题，使江苏徐学研究更上一层楼，以不辜负党、温总理和人民对我们的殷切期望！

以上是我的一点浅见，请各位专家、教授指正。

（原载《徐霞客研究》第16辑）

① 《徐霞客研究》第15辑。

徐学尚未列位　同志仍须努力

我于2007年12月从新西兰探亲回到南京，第一件事是积极参加江苏省徐霞客诞辰420周年纪念大会暨学术研讨会的筹备工作。第二件事是将我和潘凤英、顾永芝教授合著的《徐霞客评传》寄赠浙江大学著名郦学专家陈桥驿教授等雅正。

2008年2月21日，陈桥驿教授在百忙中给我来信。拜读大函，深受启迪和教益，现摘要如下：

"钧侃先生暨《评传》著者女士、先生：大函及惠赠大作(《徐霞客评传》)敬悉，并欣知尊处课题计划(即江苏省徐霞客研究会已将《徐学发展史》的研究撰写列为2008年研究重点课题)，十分钦佩，特致谢意和敬意。

"徐学确实需要大力发展。最近南大卞孝萱、胡阿祥二先生主编之《国学四十讲》[①]，其中内容精湛，但徐学尚未列位，说明徐学界还必须快马加鞭，先生等实有功于此也。"

拜读陈教授大函，百感交集。一方面深为陈教授对江苏省徐学研究的悉心关怀和指导，经常给予鼓励和鞭策，深为感激，我们深深地向陈教授致以谢意和敬意。另一方面陈教授站得高，看得远，经常指明徐学研究的方向。在大函中，他指出在《国学四十讲》中，徐学尚未列位，对此，我深感惭愧和内疚。

---

① 湖北人民出版社2008年1月出版。

读完陈教授大函，我急忙奔向山西路新华书店购买《国学四十讲》。该店服务员帮我在书柜上查找，未找到。又从电脑里查找。电脑显示："其他新华书店均没有，只有南京新街口新华书店有《国学四十讲》6部。"我向服务员道谢后，打的赶到新街口新华书店。一进该店，使我大吃一惊，书店里到处是铺天盖地的各色图书，深感现在知识爆炸时代的景象。我向书店文史书柜服务员询购《国学四十讲》。一位女服务员看我很认真，就停下手里工作，帮我找。约一刻钟，未找到。她于是在电脑里找，证实该店确有《国学四十讲》。于是她扩大范围找，一位男服务员也帮助找，他们找得很仔细，约半小时仍未找到。她们一方面安慰我不要焦急；一方面商量寻找，提出会不会藏在书库里？于是又到书库里找，半个小时后，仍不见书的踪影。书到哪里去了呢？我感到十分焦急。他们又发动所有的服务员一起找，又是半小时，终于被一位服务员找到了！此时此刻，大家，特别是我为找到这本《国学四十讲》感到高兴。我付了钱，向他们道谢后，一刻不停立即返回家中，打开《国学四十讲》，认真阅读起来。

首先我要弄清的第一个问题是：什么是国学？

南京大学著名教授卞孝萱在序中说：

"中华为文明古国，历史悠久，文化发达，学术辉煌，文献丰富，世所罕见。学术本无国界，为何出现'国学'一词呢？中华学术，自成体系，西洋学术东渐以后，为了有别于西学，中国人对本国的传统学术，采用了一个前所未有的名称。清末，张之洞提出'中学为体，西学为用'。一般人称西洋学术为'新学'，中华传统学术为'旧学'。又有《国粹学报》(邓实主编)、《国故论衡》(章炳麟著)之出版。所谓'中学'、'旧学'、'国粹'、'国故'等词，逐渐为'国学'一词所代替。上海成立'国学保存会'，章炳麟在日本主持'国学讲习会'。民国后，北京大学、清华大学、东南大学曾设国学研究机构，江苏省曾设国学图书馆，都出版刊物。'国学'成为中华固有的全部学术的专名和总称。"读到这里，使我明白了"国学"的内涵。

那么研究国学有什么重要意义呢？"国学是立国之本，民族之魂。

整理、发掘国学之精华，继承、弘扬其优秀传统，有助于推动我国现代学术之发展，是精神文明建设的一项基础性工作，意义极为重大。尊崇国学，绝不意味着自我封闭，而是使中国文化走向世界，并在研究国学的同时，吸取、融合东西方优秀文化，与时俱进，使国学精神与时代要求相适应。”卞教萱教授对研究国学的重要意义作了如此科学的概括。

第二个问题是卞孝萱教授等为什么要主编《国学四十讲》？

“国学博大精深，今编写《国学四十讲》，非敢班门弄斧，我们的用意是普及国学知识，帮助读者了解中华几千年来学术之真相及其变迁之大势，展现中华文化对于世界文化所作出的伟大贡献。进行爱国主义教育，启发年轻一代热爱祖国的感情，也为有志于治国学者带一段路，以便进一步地深造。”卞孝萱教授论述了主编《国学四十讲》的主旨。

卞孝萱教授又指出：“国学指中国固有的全部学术，门类繁多。我们编写的《国学四十讲》，不像目前市场上流行的那些国学概论、国学常识、国学要览等书，只有少数几门。而是汇集了四十门，其中有热门，也有冷门。有显学，也有绝学，约稿不易。”

第三个问题：《国学四十讲》编写了哪四十门？

它们是：版本学　本草学　避讳学　辨伪学　博物学　谶纬学　敦煌学　方志学　风水学　佛学　红学　辑佚学　校勘学　金石学　经学　老学　郦学　龙学　律学　名辨学　墨学　目录学　农学　谱牒学　尚书学　诗词曲格律学　书画学　术数学　数学　通鉴学　文选学　文字学　物候学　姓氏学　训诂学　音韵学　舆地学　职官学　诸子学　传注学

我睁大了眼睛反复看了几遍，只见红学、郦学、墨学……却不见徐学。

第四个问题：《国学四十讲》设置原则、排列标准是什么？

设置原则、排列标准如下：

1. 不能认为国学中无自然科学。李约瑟撰写了多卷本的《中国科学技术史》，证明中国古代的自然科学已经达到较高水平。本书既有人文科学，也有自然科学。

2. 清末至今，陆续发现殷墟甲骨、敦煌文书以及古代竹木简牍、帛书等，俱为中华之瑰宝，国学研究必不可缺之内容。本书既有传统学科，也有新兴学科（如甲骨学、敦煌学、简牍学等）。

3. 按传统的分类，《诗经》、《春秋》属于经部；按当今之分类，《诗经》属于文学，《春秋》属于史学。本书一律按汉字拼音顺序排列，以免搅扰不清。

4. 本书有大门类，如诸子学，学者不止一人，著作不止一种，本书作综合性的介绍。有小门类，如诸子学中之墨学、老学、庄学等，本书作专题性的介绍。

5. 书中有某些门类，内容互相关联，如目录学、版本学、校勘学等，本书之介绍，各有侧重，不相重复。

6. 国学中很多由一部书而形成一门学问，如春秋学以《春秋》为研究对象，通鉴学以《资治通鉴》为研究对象。这两部著作，都属于编年体史书，故本书春秋学、通鉴学涉及编年体的内容。由《资治通鉴》而产生了《通鉴纪事本末》，开创了纪事本末体，故本书通鉴学又涉及纪事本末体的内容。

第五个问题：每一学科介绍的内容是什么？

该书对每一学科的介绍，大致为：学科的定义，研究对象与范畴，学科发展史，研究内容与方法，研究现状与今后方向。视各学科具体情况，有话则长，无话则短。该书采用学术界公认的观点，对于说法不一者，作客观的介绍，由读者判断。第一批问世的四十门学科，归纳为以下几种类型：

1. 研究一部书而形成一门学问者，如郦学。本书郦学的作者（陈桥驿教授）指出：郦学以北魏郦道元的著作《水经注》为研究对象，故名。作者在介绍了郦道元的家世、生平及撰写《水经注》的动机之后，考论了《水经注》的内容，涉及自然地理学、人文地理学、地名学、文学、历史学与其他学科。最后，阐述了郦学研究中考据、词章、地理三大学派的形成与发展情况，并介绍了国外汉学家郦学研究动态。结语是：郦学研究长期以来成为学术界的一个“热点”而且还有“不断升温的趋势”。

2. 研究一类书而形成一门学问者，如方志学。本书方志学的作者指出：方志学的研究对象是中国的各类方志及其书目提要，历代有关修志的诏令、规章条例及其他文献，还有古今论述地方志书和修志诸问题的各种论著。方志的内容，大致包括天象、地理、政治、经济、军事、教育、文化艺术、科技、社会生活、名胜古迹、人物、少数民族、自然灾害等方面，主要具有地域性、连续性、广泛性、资料性、可靠性、实用性等特征。其性质当是"一方古今总览"或一地百科全书。作者对方志的历史渊源和发展，方志理论的萌芽、发展、成熟与方志学的形成，方志的收藏、整理和利用进行介绍。结语是：方志学是一门古老的学问、年轻的学科，因其悠久的文化历史和重要的使用价值而成为国学中的一个重要部分。

3. 研究一种文化现象而形成一门学问者，如避讳学。本书避讳学的作者指出：避讳学是史学的辅助学科之一。陈垣先生下的定义"研究避讳而能应用之于校勘学及考古学者，谓之避讳学"，已为学术界所接受。作者在介绍避讳的起源及发展之后，说明避讳分为国讳、圣讳、家讳、个人讳四大类，避讳法主要有改字、空字、缺笔三法，还有改音、拆字、覆黄、以官名或地名代替人名、不称名而改称字号等法，造成了名实上与文字上的诸多混乱。避讳学形成后，则可利用避讳知识推证历史真相。

4. 以一种治学方法而形成一门学问者，如校勘学。本书校勘学的作者指出：校勘学是研究校勘对象和历史，古籍讹误原由，校勘方法和学养的学问。作者在介绍校勘目的与原则之后，逐一说明古籍讹误的类型为：误字、脱文、衍文、误倒；校正术语分别有：改(正)、补(增)、删、乙(移)。在扼要分析古籍致讹的原因之后，申述了陈垣先生提出的对校、本校、他校、理校"四校法"，并有所发挥。理校法的依据为事理、文义、语言、典故、史实、制度、体例、历法等，'此法须通识为之'。对校、他校二法最为常用。四校法的运用，涉及目录学、版本学、古代小学以及其他古代文化知识，可见校勘者之学养至关重要。最后，列举校记写法，供读者参考。

5. 汇集多种研究对象而形成一门学问者，如金石学。本书金石学的作者指出:金石学以中国古代的青铜器和碑碣为主要研究对象,玉器、钱币、玺印、兵符、铜镜、砖瓦、陶器、明器等也在研究范围之内,可称为古器物学。金石学的研究意义,在于考订、文章、艺术三方面,与文字学、文学、史学、经学等学科都有关系。它接近于现代的博物馆学,与现代的考古学有一定的渊源,但有区别。考古学以田野考古为基础,而金石学不重视田野考古及地层关系。传统的金石学终于为考古学所替代。

6. 迷信与科学夹杂为一门学问者,如风水学。本书风水学的作者指出:风水学(堪舆学)是去除迷信成分后,一门关于环境选择的学问。作者在说明风水这个术语的定义,风水思想的萌芽与风水理论的发展之后,阐述了形法派与理气派两大流派的形成与特色,阳宅(活人住宅)风水与阴宅(死者葬地)风水两大类型的范围与规定。最后介绍海内外风水学的研究成果与现状:学者们运用历史学、地理学、民俗学、伦理学、心理学、美学、社会学、建筑学等知识,对风水进行综合性的研究,形成了景观风水、建筑风水、地理风水、学术风水、《易经》风水等流派,认为风水理论中确有科学成分,可以借鉴到现实社会中去。由于风水学内容艰深,往往难用文字表达,作者采用多种图表,一目了然。

弄清了以上几个问题后,再回过头来读一读陈教授的大函,正如他指出的“徐学尚未列位”,即徐学还没有列入《国学四十讲》。为什么呢?值得深思。我深感惭愧,徐学研究虽然做了一些工作,取得了一些进步,编写出版了一些著作,但是还很不够。一是我们的研究还缺乏深度;二是我们的学术水平还不高;三是徐霞客及其《游记》作为一门学问来研究,还有待进一步探索、总结和概括;四是徐学研究的学派尚未形成。总之,“革命尚未成功,同志仍须努力。”徐学正在走向成熟,但没有终结,需要进一步发展;实践无止境,徐学研究无止境,需要进一步加强深化研究;徐学研究在现有的基础上,需要再接再厉,快马加鞭,迎头赶上。只有坚韧不拔,坚持到底,才能善始善终,攀登徐学高峰。胜利一定是属于我们的!我愿与徐学界同志共勉!

(原载《徐霞客研究》第 18 辑)

第四编

社会学研究

丁文江在科学与玄学论战中的积极贡献

全面、客观、公正、科学地评价丁文江是我们的神圣使命

中华民族是一个自强不息、勇于开拓创新的伟大民族；是一个勤劳、勇敢、智慧的民族。在中华民族的发展进程中，造就和涌现出了一大批杰出人物。他们代表着时代和人民的利益，集中了人民的智慧，反映了人民的愿望。他们是时代的英雄，人民的骄子，民族的魂魄，祖国的脊梁。徐霞客、丁文江等就是其中的杰出代表人物。

全面、客观、公正、科学地、实事求是地评价丁文江，是历史赋予我们的神圣使命和职责。过去，人们认为丁文江长期从事地质工作，曾任北京大学地质系教授和中央研究院总干事，对开创我国地质事业作出了伟大的贡献，因此，称丁文江为我国著名的地质学家、教育家，是中国地质事业的先驱和开拓者，这个评价是很中肯的。但是，如果对丁文江从事的事业作一个全面考察，应该说他从事的事业和工作的领域和他的贡献是多方面的。最近读《百年潮》上刊登的《丁文江：一个未展军事才能的学者》一文，可以看出丁文江不仅是一个文才，而且是一位武才，他涉及军事甚深，他的军事才能和军事素养，一点也不逊色于那些在武备学堂或军事院校训练出来的科班将领。本文则是从丁文江在科学与玄学的论战中的积极贡献，论述丁文江的哲学思想。这些都说明，我们对丁文江的研究还很不全面和深入，在许多方面还没有作认真的研究，

这应该说是一个阙失。丁文江是20世纪30年代中国的杰出人才，是不可多得的人才，其事业是伟大的，贡献是杰出的，精神是崇高的。傅斯年说："中国若有丁同样人二十个，又都是扼要适宜的地位，二十年后，我们庶几可以成为第一等的近代国家。"我们伟大的祖国，是多么需要造就和选拔像丁文江这样的杰出的、现代化的、高素质的、创新型的人才啊！

科学与玄学论战的历史背景、过程和影响

（一）科学与玄学论战的概述

"科学与玄学"论战，亦称"科学与人生观"论战或人生观论战，是20世纪20年代中国思想界的一次著名论战。1923年2月，张君劢在清华大学作了题为《人生观》的讲演，认为人生观有不同于科学的特点，所以人生观问题的解决"决非科学所能为力，惟赖诸人类之身而已"。同年4月，丁文江首先在《努力周刊》上发表《玄学与科学》一文，针对张君劢的错误主张作了批判，张君劢的观点是错误的，是对青年大学生的误导。他认为人生观要受论理学的公例、定义、方法的支配，论战遂起。一批著名人士胡适、梁启超、王星拱、唐钺、张东荪、范寿康、吴稚晖、林宰平等人纷纷发表文章参战。

随着论战的逐步深入展开，形成了三大学派：以张君劢、梁启超等为代表的"玄学派"；以丁文江、胡适、吴稚晖为代表的"科学派"；论战后期，马克思主义者陈独秀、瞿秋白等也著文参战，主要支持了科学派反对玄学派，可称之为"唯物史观派"。

通过这场论战，中国现代哲学的三大思潮：现代新儒学、自由主义、马克思主义，初步展示了未来的发展方向，论战中提出的问题和一些观点时常出现在中国近现代哲学之中，可以说，论战的影响是深远的。

（二）引发科学与玄学论战的主要原由

这场论战的直接导火线是张君劢的讲演，但是，论战的产生及引起热烈持久的反响，却有着深刻的思想文化背景，有远因近因。远的且不

去追溯，就近因来说，我国新文化运动兴起之初，它的领袖陈独秀等人就在向西方学习方面，举起了民主和科学的旗帜，明确指出中国要发展，首先要解决民主问题，同时指出科学是新文化运动的基本目标之一。陈独秀等人积极主张并表达了一种用科学充实、改造人生观的强烈愿望："人生真相如何，求之古说，恒觉其难通；征之科学，差谓其近是。"①这说明，建立科学的人生观，成为时代发展的需要和从事新文化运动有识之士自觉进行探索的课题。

当陈独秀、胡适等人满怀信心鼓动向西方学习的运动时，西方近代文化却笼罩着阴影，第一次世界大战的爆发，使许多欧洲人对西方文化产生了危机感，西方人开始反思自己的文化，并试图到东方寻找克服文化弊病的良药，西方社会发生的一切以及思想界中悲观主义的出现，逐渐在中国引起了回响，这种回响在 1920 年前后达到了一个高潮。

1919 年初，以梁启超为首的一行人赴巴黎参加巴黎和会，张君劢也在其中。随后，他们在欧洲各大城市进行了旋风般的旅行。战后的欧洲，国民生计的困窘、思想界的混乱自不用说，梁启超更关心的是西方战祸及其他社会危机的根源。他认为西方自由主义固然推动了政制的革新和生产的发达，但社会上的祸根，也就从兹而起，他把这一切归结为"科学万能"论的影响，近代人因科学发达，生出工业革命，外部生活变迁急剧，内部生活随之动摇。科学昌明以后，宗教及旧的哲学失去了权威，"哲学家简直是投降到科学家的旗下了"，"这些唯物派的哲学家，托庇科学宇下建立一种纯物质的纯机械的人生观，把一切内部生活外部生活，都归到物质运动的'必然法则'之下"。②

梁启超认为，这样一来，就否认了人类的自由意志，意志既不能自由，也就没有善恶可言，什么乐利主义、强权主义等等，都建立在这种人生观的基础上。"当时讴歌科学万能的人，满望着科学成功，黄金世界

① 陈独秀：《今日之教育方针》，《新青年》1 卷 2 号。

② 《梁启超哲学思想文选》，第 260～261 页。

便指日出现,如今功总算成了,一百年物质的进步,比从前三千年所得还加几倍,我们人类不惟没有得着幸福,倒反带来许多灾难……好像沙漠中失路的旅人,远远望见个大黑影,拼命往前赶,以为可以靠他向导;那知赶上几程,影子却不见了,因此无限凄惶失望。影子是谁?就是这位'科学先生',欧洲人做了一场科学万能的大梦,到如今却叫起科学破产来。这便是最近思潮变迁的一个大关键了"。①

梁启超从西方社会危机的根源,想到了西方文明的未来,他所见到的西方人对西方文化的怀疑以及对东方文化的期望,这都给他以鼓舞和鞭策,使他相信,东方文化可以救助和克服西方文化的弊端。虽然,梁启超的旅欧观感是不系统的,但是,他回国后发表的评论是有影响的,成为当时的一个重要标志,标志着文化保守主义的崛起。由于梁启超是一位曾热心、热烈介绍过西方文化的人,此时他的言论自然更加引人注目。

我们在梁启超及其他文化保守主义者的论著中,不难发现其突出的一个主题是,西方战祸及种种社会危机导源于西方的人生观,而中国传统文化的优越,也正在于人生观。因此,1923 年 2 月,当张君劢以"人生观"为题向清华大学学生发表演讲时,可以说,把这一问题再一次突显出来。

(三) 张君劢讲演的核心及其对它的批判

"……人生观之特点所在,曰主观的,曰直觉的,曰综合的,曰自由意志的,曰单一性的。惟其有此五点,故科学无论如何发达,而人生观问题之解决,决非科学所能为力,惟赖诸人类之自身而已。……自孔孟以至宋元明之理学家,侧重内心生活之修养,其结果为精神文明。三百年来之欧洲,侧重以人力支配自然界,故其结果为物质文明。……"②

张君劢的讲演,从理论上来说,其问题是"人生观问题之解决,决非

① 《梁启超哲学思想文选》,第 286～287 页。

② 《人生观》。

科学所能为力”，而在问题的背后，却提出了一个现实问题：“科学专注于向外……其结果为物质文明。欧战终后，有结算二三百年之总帐者，对于物质文明，厌恶之论已屡见矣。”科学及其结果——物质文明——不只是“已成大疑问”的东西，并且是在欧洲已被“厌恶”的东西，青年人应该回到那些“侧重内心生活之修养”的孔孟以及宋元明理学家的立场。

很明显，张君劢对西方的人生观表示了轻视，而倾心于中国古代的“精神文明”，要用理学来维护传统的“礼教”，坚决反对功利主义。他认为，国家主义、工商政策、科学教育三者是欧洲文明为人类设置的“三重网罗”，“实为人类前途莫大之危险”，只有竭力提倡“内心生活修养之说”，破除功利主义，回到“均而安”的农业社会去，人类可以摆脱“阶级战争”和“社会革命”的痛苦，破除“种族（民族）之分立”，达到“德化之大同”。①

科学能否解决人生观？张君劢提出的问题成了早期论战的主题，而他的否定性回答，也成了丁文江等人批判的靶子和对象。丁文江最早察觉张君劢提出的谬误，敏感地、主动地参加论战和驳斥，连续写了三篇要文：《〈玄学与科学〉——评张君劢的〈人生观〉》、《〈玄学与科学〉——答张君劢和〈玄学与科学的讨论的余兴〉》。丁文江对张君劢的谬论进行了全面地、针锋相对地批驳，科学阐述了自己的科学观点。

（四）对这场论战的评价

当论战初开，尚只限于张君劢、丁文江之间的辩驳时，梁启超站在“局外中立”的立场，为这场论战制定了两条“战时国际公法”，其中之一就是希望把问题集中一点，“针锋相对，剪除枝叶”。梁启超的希望并未实现，随着论战的展开，论战的问题变得日益枝蔓纷繁，涉及很多问题：由科学能否解决人生观而涉及科学的分类、科学方法的定义、知识论、历史观等问题，“主旨所在，大家抛却，惟斗些学问的法宝，纵然工力悉

① 《再论人生观与科学并答丁在君》。

敌,不免混闹一阵”。①

胡适在为论战文章的结集出版所做的序言中,对论战的主题变奏也表示了遗憾:君劢的要点是“人生观问题之解决,决非科学所能为力”,我们要答复他,似乎应该说明科学应用到人生观问题上去,曾产生什么样子的人生观。这就是说,我们应该先叙述“科学的人生观”是什么,然后讨论这种人生观是否可以成立,是否可以解决人生观的问题,是否像梁启超所说的那样贻祸欧洲,流毒人类。“我总观二十五万字的讨论,终觉得这一次为科学作战的人——除了吴稚晖先生——都有一个共同的错误,就是不曾具体地说明科学的人生观是什么,却去抽象地力争科学可以解决人生观的问题。”②根据这一认识,胡适总括了吴稚晖提出的“漆黑一团的宇宙观”、“人欲横流的人生观”,再加上他的一点扩充,提出了“科学的人生观”或“自然主义的人生观”。

虽然胡适许诺要提供一套“科学的人生观”,但是,他列举的上述内容,与其视为科学的人生观,尚不如说是为科学影响人生观提供了具体的例证。在科玄论战中,丁文江、胡适、任鸿隽等指出科学不能为欧洲大战承担罪名,科学对人生观有积极的影响,都是充满力量的,他们渴望着通过科学的洗礼来实现人生观的“理智化”与“人化”。

从思想史的发展进程来看,科学的发展于人生观有很大的影响。但是无论如何,科学不能包办人生观的问题。事实上,科学与玄学论战一开始,科学派丁文江等人即泯灭自然界与人类社会的区别,表达了科学主义的信念。在科学主义信念的驱使下,科学派否认了人的自由意志,并拒斥形而上学(玄学),在人生观的建设上,最后走到了与初意相反的境地。

从 1923 年 11 月起,陈独秀、瞿秋白、邓中夏等马克思主义者先后介入了这场论战,具体分析了论战的性质和产生的根源,阐述了人生观及其决定因素、必然与自由的关系等问题。陈独秀、瞿秋白等站在唯物

---

① 吴稚晖:《箴洋八股化之理学》。

② 《〈科学与人生观〉· 序》。

史观的立场上，着重批评了玄学派一方，指出，张君劢列举的那些对立的不同的人生观，都可以从社会环境和历史的发展特别是经济的发展变化去解释，被玄学派说得神秘莫测的“意志”、“直觉”、“良心”、“情感”等等均是受环境决定的，“什么先天的形式，什么良心，什么直觉，什么自由意志，一概都是生活状况不同的各时代各民族之社会的暗示所铸而成”（《〈科学与人生〉·序》）。陈独秀、瞿秋白也批评了科学派一方，认为胡适的多元论历史观与马克思主义的一元论历史观是有根本区别的，胡适“坚持物的原因外，尚有心的原因——即知识、思想、言论、教育，也可以变动社会，也可以解释历史，也可以支配人生观”（《答适之》）。这就把物的原因和心的原因并列，不分主次了，并最终走向唯心主义。以陈独秀、瞿秋白为代表的马克思主义者，更多地支持了科学派的主张，宣传了唯物史观，提示了建立人生观的又一新方向。

丁文江在论战中的主要贡献

（一）理直气壮地批判玄学

首先，丁文江揭示了玄学的来龙去脉。玄学（Metaphysics）这个名词，是纂辑亚里士多德遗书的安德龙聂克士（Andronicus）造出来的。亚里士多德本来当它为根本哲学（Firstphilosophy）或是神学（Theology），包括天帝、宇宙、人生种种观念在内。所以广义的玄学在中世纪始终没有同神学分家。到了十七世纪天文学的祖宗伽利略（Galileo）发现地球行动的时候，玄学的代表是罗马教的神学家。他们再三向伽利略说：宇宙问题，不是科学的范围，非科学所能解决的。伽利略不听。他们就于 1633 年 6 月 22 日开主教大会，正式宣言道：

“说地球不是宇宙的中心，非静而动，而且每日旋转，照哲学上神学上讲起来，都是虚伪的。……”

从此向来属于玄学的宇宙就被科学抢去。但是玄学家总说科学研究的是死的，活的东西不能以一例相绳（与张君劢一鼻孔出气）。无奈达尔文又做了一部《物种由来》，张君劢把达尔文的生存竞争论归入他的人生观,证明活的东西也有公例。虽然当日玄学家的忿怒不减于十七世纪攻击伽利略的主教,真理终究战胜,生物学又变做科学了。到了十九世纪的下半期心理学也宣告独立,玄学于是从根本哲学,退避到本体论(Ontology)。他还不知悔过,依然向哲学摆他的架子,说"自觉你不能研究;觉官感触以外的本体,你不能研究。你是形而下,我是形而上,你是死的,我是活的"。在知识界内,都知道科学方法是万能,不怕玄学终究不投降。

其次,丁文江一针见血地指出玄学在中国的泛滥和危害。玄学真是个无赖鬼——在欧洲鬼混了二千多年,到近来渐渐没有地方混饭吃,忽然装起假幌子,挂起新招牌,大摇大摆地跑到中国来招摇撞骗。张君劢抛出其《人生观》就是例证。玄学是科学的对头。玄学的鬼附在张君劢身上,我们学科学的人不能不去打玄学鬼。

玄学的鬼是很厉害的,已经附在一个人身上,再也不容易打得脱,因为我们打他的武器无非是客观的论理同事实,而玄学鬼早已在张君劢前后左右砌了几道墙。他胡说人生观是"主观的"、"直觉的"、"自由意志的"、"起于良心之自动而决非有使之然者也"、"决非科学所能为力,惟赖诸人类之自身而已",而且"初无论理学之公例以限制之,无所谓定义,无所谓方法"。丁文江指出张君劢是不受论理学同事实支配的。

再次,丁文江剖析张君劢的玄学是中外合璧式的玄学及其流毒。张君劢的人生观,一部分是从玄学大家柏格森化出来的。

然而柏格森的主张,却没有张君劢这样鲁莽。张君劢说什么"良心之自动","自孔孟以至于宋元明之理学家,侧重内心生活之修养,其结果为精神文明"……可见得西洋的玄学鬼到了中国,又联合了高谈心性的一班朋友的魂灵,一齐钻进了张君劢的"我"里面。丁文江指出张君劢的人生观是玄而又玄的了。

丁文江谆谆引导青年朋友,不要上张君劢的当,对于宗教、社会、政治、道德一切问题真以为不受论理方法支配,真正没有是非真伪;须拿他所谓主观的、综合的、自由意志的人生观来解决他。果然如此,我们的社会是要成一种甚么社会？果然如此，书也不必读，学也不必求，知识经验都是无用，只用以“自身良心之所命，起而主张之”，因为人生观“皆起于良心之自动，而决非有使之然者也”。读书、求学、知识、经历，岂不都是枉费功夫？况且所有一切问题，都没有讨论之余地——讨论都要用论理的公例，都要有定义方法，都是张君劢人生观所不承认的。

丁文江指出，他做这篇文章的目的是要提醒没有给玄学鬼附上身的青年学生。证明不但张君劢的人生观是不受论理学公例的支配，并且张君劢讲人生观的这篇文章也是完全违背论理学的。若是我们相信了张君劢，我们的人生观脱离了论理学的公例、定义、方法，还成一个甚么东西。

（二）严正批判人生观同科学分家的谬论

首先，丁文江明确指出，张君劢假借人生观“天下古今最不统一”的理由，胡说科学方法不能适用是谬论。人生观现在没有统一是一件事，永久不能统一又是一件事。我们总有求他统一的义务。何况现在“无是非真伪之标准”，安见得就是无是非真伪之可求？不求是非真伪，又从哪里来的标准？要求是非真伪，除去科学方法，还有甚么方法？

其次阐明科学方法，是将世界上的事实分起类来，求他们的秩序。等到分类秩序弄明白了，我们再想出一句最简单明白的话来，概括这许多事实，这叫做科学的公例。事实复杂的当然不容易分类，不容易求他的秩序，不容易找一个概括的公例，然而科学方法并不因此而不适用。不过若是所谓事实，并不是真的事实，自然求不出甚么秩序公例。况且科学的公例，惟有懂得科学的人方能了解。若是你请中国医生拿他的阴阳五行，或是欧洲中古的医生拿他的天神妖怪，同科学的医生来辩论，医学的观念，如何能得统一？丁文江指出：难道我们就可以说医学是古今中外不统一，无是非真伪之标准，科学方法不能适用吗？玄学家先存了一个成见，说科学方法不适用于人生观。世界上的玄学家一天没有死完，自然一天人生观不能统一。但这岂是科学方法的过失吗？

学生物学的人谁不知道性善性恶和达尔文的生存竞争论同是科学问题，而且是已经解决的问题？但是他说他是主观的，是人生观，绝不能施以一种试验,以证甲之是与乙之非！只看他没有法子把人生观同科学真正分家,就知道他们本来是同气连枝的了。

丁文江指出:张君劢的《人生观》下半篇,是一无是处的。他说人生观不为论理学方法所支配;科学回答他,凡不可以用论理学批评研究的,不是真知识。他说:“纯粹之心理现象”在因果律之例外,科学回答他,科学的材料原都是心理的现象,若是你所说的现象是真的,决逃不出科学的范围。他再三地注重个性,注重直觉,但是他把个性直觉放逐于论理方法定义之外。科学未尝不注重个性直觉,但是科学所承认的个性直觉,是“根据于经验的暗示,从活经验里涌出来的”①。他说人生观是综合的,“全体也,不容于分割中求之也”。科学回答他说,我们不承认有这样混沌未开的东西,况且你自己讲我与非我,列了九条,就是在那里分析他。他说人生观问题之解决,“决非科学之所能为力”;科学回答他说,凡是心理的内容,真的概念推论,无一不是科学的材料。

(三) 坚持科学的智识论

丁文江指出,不但是人生观同科学的界限分不开,就是张君劢所识破的物质科学同精神科学的分别也不是真能成立的。因为智识论告诉我们,人们所晓得的物质,本不过是心理上的觉官感触,由知觉而成概念,由概念而生推论。科学所研究的不外乎这种概念同推论,有甚么精神科学、物质科学的分别？又如何可以说纯粹心理上的现象不受科学方法的支配？

科学既然以心理上的现象为内容,对于概念、推论,不能不有严格的审查。这种审查方法是根据两条很重要的原则:

(1) 凡常人心理的内容,其性质都是相同的。心理上联想的能力,第一是看一个人觉官感触的经验,第二是他脑筋思想力的强弱。换言之,就是一个人的环境同遗传。我的环境同遗传,无论同甚么人都不一样,但如果我不是一个反常的人——反常的人我们叫他为疯子痴

---

① 参见胡适之《五十年来世界之哲学》。

子——我的思想的工具是同常人的一类的机器。

机器的效能虽然不一样，性质却是相同。觉官的感触相同，所以物质的"思构"相同，知觉概念推论的手续无不相同，科学的真相，才能为人所公认。

(2) 天才豪杰是人类进化的大原动力。人人看见苹果从树上向下落，惟有牛顿才发现重心吸力；许多人知道罗任治的公式，惟有爱因斯坦才发明相对论；人人都看《红楼梦》、《西游记》，胡适之才拿来做白话文学的材料；科学发明上这种例子不知道多少。但是天才豪杰同常人的分别，是快慢的火车，不是人力车同飞机。因为我们能承认他们是天才，是豪杰，正是因为他们的知觉、概念、推论的方法完全与我们相同。不然，我们安晓得自命为天才豪杰的人，不是反常，不是疯子？

根据这两条原则，我们来审查概念、推论：

第一，凡概念、推论若是自相矛盾，科学不承认他是真的。

第二，凡概念不能从不反常的人的知觉推断出来的，科学不承认他是真的。

第三，凡推论不能使寻常有论理训练的人依所根据的概念，也能得出同样的推论，科学不承认他是真的。

用哲学的名词讲起来，可以说是存疑的唯心论（Skeptical idealism）。凡研究过哲学问题的科学家如赫胥黎、达尔文、斯宾塞、詹姆士（W. James）、皮尔生（Karl pearson）、杜威，以及德国马哈（Mach）派的哲学，细节虽有不同，大体无不如此。因为他们以觉官感触为我们知道物体唯一的方法，物体的概念为心理上的现象，所以说是唯心。觉官感触的外界，自觉的后面，有没有物，物体本质是甚么东西？他们都认为不知，应该存而不论，所以说是存疑。他们是玄学家最大的敌人，因为玄学家吃饭的家伙，就是存疑唯心论者所认为不可知的、存而不论的、离心理而独立的本体。这种不可思议的东西，伯克莱（Berkeley）叫他为上帝；康德、叔本华叫他为意向；布虚那（Buchner）叫他为物质；克列福（Clifford）叫他为心理质；张君劢叫他为我。他们始终没有大家公认的定义方法，各有各的神秘，而同是强不知以为知。旁人说他模糊，他自己却以为玄妙。

(四) 深入批判“科学破产”、“物质文明破产”等论调

丁文江指出:欧洲文化纵然是破产(目前并无此事),科学绝对不负这种责任,因为破产的大原因是国际战争。对于战争最应该负责的人是政治家同教育家。这两种人多数仍然是不科学的。

到了二十世纪,科学同神学的战争,可算告一段落。学科学的人,地位比五十年前高了许多,各人分头用功,不肯再做宣传的努力。神学家也改头换面,不敢公然反对科学,然而这种休战的和约,好像去年奉直山海关和约一样,仍然是科学吃亏,因为教育界的地盘都在神学人手里。全国有名的中学的校长,无一个不是教士;就是牛津、圜桥两处的分院院长,十个有九个是教士。从这种学校出来的学生,在社会上政治上势力最大,而最与科学隔膜。

社会上的人,对于直接有用的科学,或是可以供工业界利用的科目,还肯提倡,还肯花钱;真正科学的精神,他依然没有了解,处世立身,还是变相的基督教。这种情形,不但英国如此,大陆各国同美国亦大抵如此。

1921年伦敦举行优生学家嘉尔登的纪念讲演,改造部总长纪载士(Gedds)做名誉主席的时候居然说科学知识不适用于政治他们这班人的心理,很像我们的张之洞,要以玄学为体,科学为用。他们不敢扫除科学,因为工业要利用他,但是天天在那里防范科学,不要侵入他们的饭碗界里来。所以欧美的工业虽然是利用科学的发明,他们的政治社会却绝对的缺乏科学精神。到了如今,欧洲的国家果然都因为战争破了产了。然而一班应负责任的玄学家、教育家、政治家却丝毫不肯悔过,反要把物质文明的罪名加到纯洁高尚的科学身上,说他是“务外逐物”,岂不可怜!

(五) 科学对树立人生观的积极作用

丁文江深信“真正科学的精神”是最好的“处世立身”的教育,是最高尚的人生观,“科学不但无所谓向外,而且是教育同修养最好的工具,因为天天求真理,时时想破除成见,不但使学科学的人有求真理的能力，而且有爱真理的诚心。无论遇见什么事，都能平心静气去分析研究，从复杂中求简单，从紊乱中求秩序；拿论理来训练他的意想，而意想力愈增；用经验来指示他的直觉，而直觉力愈活。了然于宇宙生物心理种种的关系，才能确真知道生活的乐趣，这种‘活泼泼地’心境，只有拿望远镜仰察过天空的虚漠，用显微镜俯视过生物的幽微的人，方能参领得透彻，又岂是枯坐谈禅，妄言玄理的人所能梦见”。[①]

（原载《江苏省丁文江学术研讨会论文集》）

① 《玄学与科学》。

试论邓小平同志的中国社会现代化思想和模式

邓小平同志关于中国社会现代化思想和目标模式的论述，是有中国特色社会主义理论的重要组成部分，是中国社会现代化的根本指导思想，为中国社会现代化指明了方向。它具有以下几个显著特点：

中国社会现代化科学概括的独创性

中国现代化的内涵是什么？中国现代化追求的目标模式是什么？这既关系到现代化的方向，又是决定现代化事业成败的关键。邓小平同志高度重视这个问题，早在1979年10月30日，在中国文学艺术工作者代表大会上的“祝词”中，就明确指出：“我们的国家已经进入社会主义建设的新时期，我们要在大幅度提高社会生产力的同时，改革和完善社会主义的经济制度和政治制度，发展高度的社会主义民主和完备社会主义法制。我们要在建设高度的物质文明的同时，提高全民族的科学文化水平，发展高尚的丰富多彩的文化生活，建设高度的社会主义精神文明。”①邓小平同志的讲话创造性地概括了中国现代化的目标。此后，邓小平同志反复论述了这个问题。1980年在《党和国家领导制度的改革》一文中指出：“我们进行社会主义现代化建设，是要在经济上赶上发达的资本主义国家，在政治上创造比资本主义国家的民主更高

---

① 《邓小平文选》(1975—1982年)，第80页。

更切实际的民主，并且造就比这些国家更多更优秀的人才。”1983 年会见参加北京科学技术政策讨论会的外籍专家时，又明确指出：“我们搞的现代化，是有中国特色的社会主义。”邓小平同志的重要论述，使中国现代化的内涵越来越清晰，越来越明确。

对这一崭新的目标模式，邓小平同志在不同的场合进行了论述。1987 年 10 月 13 日会见匈牙利社会主义工人党总书记卡达尔时，主要论述了经济目标和经济体制的目标模式。随后又多次论述了政治体制的目标模式。

邓小平同志指出的我国社会主义现代化的奋斗目标，是一个全面的奋斗目标，富强、民主、文明，实际上包括了经济、政治、文化三个方面的要求。这是三位一体的现代化目标。

富强、民主、文明是有中国特色的社会主义的重要特征，既是社会主义本质的要求，也是中国式的社会主义实现的必要条件。富强，这是亿万中国人民的追求和根本利益所在，是社会主义优越性体现的物质基础。我国现阶段面临的主要矛盾，是人民日益增长的物质文化需要同落后的社会生产之间的矛盾。解决主要矛盾，要靠发展生产力，摆脱贫穷，摆脱落后，实现国家富强才能达到。

民主，是社会主义的一个重要的本质特征。社会主义应当有高度的民主，完备的法制和安定的社会环境。邓小平同志曾深刻指出，十一届三中全会以来提出的国内政策，“最重大的有两条：一条是政治上发展民主，一条是经济上进行改革”。没有民主，就没有社会主义。

文明，也是社会主义的根本要求，社会主义不但要有高度的物质文明，而且要有高度的精神文明。

富强、民主、文明三者都是社会主义必需的，社会主义是全面的，社会主义应当在经济、政治、文化各个方面都得到比资本主义更好的发展，缺少任何一个方面，社会主义就不是完整的，而且这三个方面是互相促进的。全面地把握奋斗目标，尤其认清三者的互促、互补的作用，尤为重要。在社会主义时期，物质文明为精神文明的发展、民主政治的建设提供物质条件和实践经验；精神文明既为物质文明建设和民主政治建设提供精神动力和智力支持，又为它们的正确发展提供思想保证；民主政治建设既为物质文明和精神文明建设提供稳定发展的政治保障，又是调动人们主人翁积极性去搞好两个文明建设的重要动力。三者缺一不可，也不可偏废，而更重要的是三者相互促进，这是社会主义本质的要求，是社会主义优越性的必然体现。

由此可见，邓小平同志的中国社会现代化思想和目标模式是一种崭新的观点和模式，是前人没有论述过的、创新的观点。它既不同于西方学者提出的现代化观和目标，也不同于十一届三中全会以前党提出的现代化思想和模式，而是创造性地发展了马克思主义的现代化理论。他坚持全局的观点，把社会看作一个整体，看作在较高的层次上，高效率协调、稳定、和谐运转的系统，包括政治、经济、文化等社会生活诸方面。同时，又坚持动态的观点，把社会现代化看作是一个随着生产力的发展而不断调适的过程。从体制上说，是要始终保持有利于促进生产力的快速发展和社会整体的高效率运转，始终能调动人民群众的积极性和使人民群众充分发挥创造力；从经济发展目标上说，是先富、后富到共同富裕；从民主法制上说，是从法制到民主制度化、法律化，到党和国家政治生活民主化、经济管理民主化、整个社会生活的民主化。总之，中国社会现代化的目标，是在发展中谋求中国社会的富强、民主与文明。

中国现代化逻辑进程的系统性

中国怎样才能实现这个崭新的现代化呢？它的逻辑起点、逻辑进程是怎样的呢？前进的动力又是什么呢？这些问题是在现代化目标确定以后，必须科学地作出回答的极为重要的理论和实践问题。

1. 思想解放运动是中国现代化逻辑进程的开端。邓小平同志深知社会发展的决定性因素是生产力的革命性变革，中国式的现代化必须也只能靠发展生产力来实现。但多年的经验使邓小平同志清醒地意识到，要把发展生产力作为头等重要的中心任务，在中国确定下来并真正贯彻到底,必须首先开展一次思想解放运动。邓小平同志在《解放思想,实事求是,团结一致向前看》的纲领性报告中,首先高度评价了关于“实践是检验真理的唯一标准”大讨论的意义;同时,着重论述了解放思想、实事求是的重要性、迫切性,实践证明,不打破思想僵化,不大大解放干部群众的思想,现代化就没有希望。只有思想解放了,才能正确地以马列主义、毛泽东思想为指导,解决过去遗留的问题,解决新出现的一系列问题。正确地改革同生产力迅速发展不相适应的生产关系和上层建筑,根据我国的实际情况,确定实现现代化的具体道路、方针、方法和措施。

思想是行动的先导。伟大的思想解放运动,作为中国社会现代化进程的逻辑起点,为实现党和国家工作重点向社会主义现代化建设的战略转移提供了思想基础,同时,也为把发展生产力确立为党的中心任务扫清了思想观念上的障碍。中国式的社会现代化从此进入了一个新的历史时期,步入了邓小平同志精心设计的未来中国宏伟蓝图的轨道。

2. 解放和发展生产力是中国现代化逻辑进程的中心。以经济建设为目标,努力促进生产力的迅速发展,是马克思列宁主义的一条最基本的原理,是邓小平同志的一贯主张。但是,在中国历史上,真正把发展生产力,把一心一意致力于社会主义现代化建设作为头等重要任务和目标确立下来并始终贯彻,奋力实行,只是在党的十一届三中全会和思想解放运动以后才在中国第一次实现。新中国成立以来,从生产力问题在中国发展的曲折经历中可以看出,在中国真正把生产力确立为我们始终不渝的中心任务,是何等艰难。如果没有思想观念的根本转变,要把发展生产力确定为党的中心任务是不可能的。即使在一定时期确立了,也不能始终如一地贯彻执行。因此,把思想解放运动作为我国社会现代化的逻辑起点,是中国特有的历史背景和现实环境所决定的。

3. 改革是逻辑进程的推动力。思想解放运动不仅使我们在指导思想和实际行动上实现了全党和全国的工作重点的转移,也使我们的现代化建设找到了动力源。中国式的社会现代化从此开始了它的逻辑进程。

社会发展规律揭示，生产力在社会自然发展过程中会自我开辟道路，但这却是一个极为缓慢的过程。要使中国的社会生产力得到迅速的发展，就不能被动地等待生产力的自我开辟道路，而必须有意识地扫除阻碍生产力发展的因素，寻求有利于促进生产力发展的因素。生产力与生产关系是构成社会的一对基本矛盾。解决阻碍生产力发展的因素，也就是解决生产关系中不适应生产力发展的东西，其实质是调整生产关系，促进生产力的迅速发展。但如果没有思想上的解放，思想僵化，迷信之风和教条主义盛行，就无法冲破原有的体制和模式，也就无法确立和实行改革的方针。改革既是思想解放的结果，又是促进生产力发展的手段、途径。改革要求重新确立有利于促进生产力发展的各种生产组织形式，并根据生产力发展的进程和水平，不断地扩展和加大生产关系的调整范围和程度，在改革中前进，在前进中改革，从而使生产关系一直处于有利于生产力发展的状态，推动社会由低级向高级的发展。思想解放使中国确立了改革的方针，改革推动了社会生产力的迅速发展，为中国社会整体发展不断提供动力，推动中国社会现代化不断走上新台阶。

由此可见，邓小平同志关于中国现代化的逻辑进程构成了一个完整的系统。这一逻辑进程的开端是思想解放运动，逻辑进程的中心是解放和发展生产力，这一逻辑进程的推动力是改革。改革的范围和程度是一个逐渐扩大和深化的过程。这一发展过程的必然结果是人们新的心理状态、思想观念和价值标准等的形成；反过来，这些新的思想观念、心理状态、价值标准等又为深化改革作了思想和心理上的准备。因此，邓小平同志关于中国社会现代化的逻辑进程是一个内在联系、相互推动的螺旋式上升的过程，这一过程既是马克思主义历史唯物主义理论的现实表现，又是社会历史发展规律的内在要求的必然结果。

中国现代化发展的时序性和结构性

社会是一个有机联系的整体，是一个完整的结构，改革必然引起社会结构的变迁。局部的改革，必然影响、冲击整个社会。改革确实是一个艰巨复杂的系统工程。因此，在选择突破口及以后的进程中，必须有序地进行。邓小平同志十分注意从中国的国情出发(他特别强调一是底子薄，生产力发展水平低；二是人口多，耕地少)，紧密地依靠群众，密切联系群众，随时倾听群众的呼声，代表群众的利益，作出正确决策。中国的现代化，是从农村到城市；从单项到全面；从经济体制到政治体制；从体制外到体制内的改革。

实践证明，这一发展思路是正确的，符合中国实际情况的。它不仅彻底改变了中国的面貌，也使中国的社会结构发生了巨大的变迁。主要表现在：首先是第三产业的蓬勃发展，随着中国现代化进程的深入，商品经济迅速发展，从而导致以服务业为主的第三产业的迅速崛起，改变了过去第一产业和第二产业独霸天下的局面。二是乡镇企业的发展使大批农民从土地的束缚下解放出来，融入乡村工业的行列。纯粹务农者在农村劳动力中所占比例迅速下降，使生产力结构发生了革命性的变迁。与此同时，城市经济的发展使企业、公司吸收了大批高科技和高学历的人才，人才流动出现了多渠道、多方位的局面。三是改革的全面展开出现了利益多元化，人员从行政部门向企业、公司流动形成一股热潮。利益多元化为充分发挥人的才智和创造力提供了各种可供选择的机会。既调动了人们的积极性和主动性，又为实行公务员制度，提高行政效率创造了有利条件和时机。四是现代化的全面展开使政治、经济、文化、心理、思想意识等发生了重大变化。人们的思想观念、行为方式和社会文化观念发生了前所未有的变迁，从而使社会生活呈现出丰富多彩、生动活泼的局面。中国社会现代化的时序性和由此而引起的社会结构变迁，使中国跨上了一个新的台阶，走上了良性运行的轨道，出现了一个农业和工业、农村和城市、政治和经济、改革和发展互助互动的生动局面。

中国现代化的渐进性和逐步完善性

中国的现代化建设事业是极其复杂和艰苦的事业，是一项前无古人和先例的事业。因此，现代化模式不可能一蹴而就，必须经过反复的探索、试验、总结和修正。早在 1978 年邓小平同志就指出："在实现四个现代化的过程中，必然会出现许多我们不熟悉、预想不到的新情况和新问题。尤其是生产关系和上层建筑的改革，不会是一帆风顺的，它涉及的面很广，涉及一大批人的切身利益，一定会出现各种各样的复杂情况和问题，一定会遇到重重障碍。"①实践证明了邓小平同志的科学预见。改革开放以来，我们虽然初步探索到一条中国式的现代化路子和模式，但它还很不完善。现代化的进程也不是一帆风顺，出现了不少问题和困难，这是在改革中和前进中出现的，因此，只能靠不断地改革来加以解决。通过改革和渐进地调整，抛弃不适宜的东西，保留适宜的成分，使"具体章法""在试验中一步步立起来"。邓小平同志指出："恐怕再有三十年的时间，我们才会在各方面形成一套更加成熟、更加定型的制度。在这个制度下的方针、政策，也将更加定型化。"②中国式的现代化模式、框架就是在摸索中逐步完善的。

怎样才能逐步完善这一模式呢？邓小平同志强调必须坚持正确的策略原则，一是要坚持总的方向和总的原则。坚持总的方向，就是要坚定不移地坚持以发展社会生产力为中心任务，一切以是否有利于加速中国社会现代化为根本标准，评判是非。坚持总的原则，就是实现共同富裕。社会主义的主要任务是发展生产力，使人民生活一天天好起来，社会物质财富不断增长，通过发展生产，达到共同致富。二是要有秩

---

① 《邓小平文选》(1975—1982 年)，第 142 页。

② 《邓小平文选》第三卷，第 372 页。

序。就是既大胆又慎重，及时总结经验，稳步前进。“所谓胆子要大，就是坚定不移地搞下去。步子要稳，发现问题就赶快解决。”[①]否则，遇到这样那样的干扰就停滞不前，遇到这样那样的问题就不敢去触碰，改革就不会深化，中国的社会现代化就不会有进展。同时，为了在探索和前进中不出现大的问题，在具体工作上又要小心谨慎，及时总结经验。“对的就坚持，不对的赶快改，新问题出来抓紧解决。”[②]三是要勇于试验，勇于创新。中国正在进行的这场现代化运动，实质上是一场深刻的革命。而这场革命又没有先例可循，一切行动、措施、办法都是一种创新。因此，从另一个意义上来说，我们现在做的事都是一个试验，既然是试验，一切都必须靠我们自己去摸索，在摸索中前进。这就要有一种勇于探索、勇于试验、勇于创新的精神。实践反复证明，没有一点闯的精神，没有一点“冒”的精神，就走不出一条好路，走不出一条新路，就干不出新的事业。

邓小平同志不愧是当代杰出的马克思主义者，中国社会现代化的总设计师，他关于中国社会现代化问题的一系列探索、主张和论述，形成了具有中国特色的现代化模式，这一模式使中国在短短的十几年时间内，迈出了可喜的步伐，获得了巨大的发展。实践证明邓小平同志关于中国社会现代化思想和目标模式，是中国现代化的指路明灯。

（原载《行政论坛》1996 年第 1 期）

① 《邓小平文选》第三卷，第 118 页。
② 《邓小平文选》第三卷，第 372 页。

社会发展战略若干理论问题简论

党的十一届三中全会以来,我国进入了一个崭新的历史时期。坚持一个中心,两个基本点,建设具有中国特色的社会主义,对经济、社会的发展、繁荣和进步提出了新的要求。我们不仅需要研究制订经济发展战略,还需要研究制订社会发展战略。社会发展战略是更高层次的战略,有它自身的客观规律和特征。本文拟就社会发展战略的一些基本理论问题作些探讨。

社会发展战略是社会发展全局性、长远性、根本性的总体谋划

关于战略的研究,是一个不断认识、发展和深化的过程。战略一词源于军事术语,常常与总策略、总谋划、总的行动部署相联,而与战术相对称。毛泽东指出:"战略问题是研究战争全局的规律的东西","凡属带有照顾各方面和各阶段的性质的,都是战争的全局"。[①] 这是战争的战略。第二次世界大战以后,许多饱经战祸的国家需要重建和恢复,许多新独立的国家迫切要求发展本国的民族经济,因而产生了以较长时期的经济发展总体方案选择为研究对象的发展经济学,经济发展战略这一新的用语也就随之出现。从研究军事战略到研究经济发展战略,

---

① 《中国革命战争的战略问题》。

这是战略研究发展史上的第一次转变。

长期以来,人们强调的是经济发展。虽然关于经济发展与经济增长的讨论、关于经济发展的内涵及外延的争论一直都在持续着,然而人们的视线始终跳不出经济的圈子。到70年代以后,人们才开始注意到经济发展中的社会方面,但在习惯上仍沿用经济发展的概念。经济发展的一般定义包括:物质福利的改善,尤其是对那些收入最低的人们来说;根除民众的贫困,以及与此相关联的文盲、疾病和过早死亡;改变投入与产出的构成,包括把生产的基础结构从农业转向工业活动;以生产性就业普及于劳动适龄人口而不是只及于少数具有特权的人的方式来组织经济活动;以及相应地使有着广大基础的社会集团更多地参与经济方面和其他方面的决策,从而增进自己的福利。显然这个经济发展定义,内容是如此的繁杂,以致很难再称其为经济发展了。事实上,经济发展同教育、文化、人口、劳动就业、科学、城乡建设、环境保护等社会问题的解决密切相关。一方面经济发展是社会进步的基础,社会问题的解决有赖于经济的进步;另一方面,社会问题的解决也会对经济发展产生很大的影响,能够阻碍或促进经济的发展,因而经济发展不能离开社会的进步,经济发展战略应当包括社会发展的内容,这样就提出了经济社会发展战略。从经济发展战略到经济社会发展战略是战略研究的第二次转变。

现代社会经济的发展,使人们对发展有了新的认识,发展本身的观念有了革命性的改革,发展本身带来了发展概念的发展,因而许多国际组织及个人纷纷提出了新的发展观。这样,在管理实践上,有关发展战略的制定,从内容到形式也都有了巨大的转变。

一般地说,发展系指事物的扩大、扩张。扩大分作两个方面:其一是数量上的增加,包括事物的规模、物理量、性能状况等;其二是质量上的改变,包括内在构成、诸要素关系以及由此形成的功能。经济活动规模在数量上的扩张,常称之为经济增长,即意味着更多的产量、更高的劳动生产率。发展理论一般认为这是经济发展达到一定程度之后的表现。经济活动规模在质量上的改变,意味着经济结构的改变、管理体制的变革、技术构成的转变等等。总起来说，这就是指的经济发展。社会发展（非经济活动发展）的含义也同样如此。社会发展也就是非经济活动规模的扩大扩张。社会发展在数量上的增加表现为人民生活水平的稳步提高，各类社会活动在人员、经费、机构设置等方面的增加，以及社会过程的正常运转；社会发展在质量方面的改变体现在社会关系的相互调整、社会结构的合理变革，以及社会进步因素或代表社会发展未来的新质不断生长。二者综合起来，构成了社会发展的完整形象。经济发展战略是对经济发展上述内容的抉择，社会发展战略便是对上述社会发展内容的抉择。

从管理角度看，战略是在范围更大的空间和延续更长的时间内所作出的全局决策。发展战略便是对事物发展的全局所做的总体策划。社会发展战略概念提出的时间要晚于经济发展战略，但在此之前各国实际上已对社会发展作出过无数次的决策了。社会发展战略是随着社会发展的内容从经济发展中分离出来而提出的。这种相对独立于经济发展战略的分离，提高了人们对社会问题、社会关系、社会结构与社会过程的重视程度，也加深了对社会活动规律的认识，加强了人类对自身活动尤其是对非经济活动的管理。社会主义国家社会发展战略，指的就是国家根据对社会发展规律的认识以及对社会与经济发展相互关系的认识，针对一定时期的社会内部环境和国际条件，对社会发展做出的全局性、长远性、根本性的总体谋划。社会发展战略的提出，在宏观上为社会活动的发展指出明确的方向。从经济社会发展战略到社会发展战略，是战略研究的第三次转变，提到更高的层次，提出了更新的更高的要求。

社会发展战略的基本特征和主要功能

社会发展战略脱胎于经济发展战略，因此它带有某些与经济发展战略相似的特征。作为宏观的决策，社会发展战略像通常的发展战略那样，具有长期性、全面性、整体性等共性特征。然而，社会发展战略毕竟针对的是特殊的活动领域，在许多方面它具备自身的特征。

1. 更大的综合性。社会是一个复杂的系统，它是人们交互作用产生的各种社会关系的总和。它是由人组成的，人是社会的主体。组成社会的人，不是孤立的单个人，而是处在特定的社会关系网络中的个人。社会关系又是以生产关系为基础，社会又是历史的、具体的。社会是发展着的活的有机体。它包括生产力、生产关系、上层建筑以及其他一切社会要素的一个综合范畴。现代社会是一个规模大、层次多、变化快、牵制因素复杂的动态综合体，是一个复杂的大系统。社会发展战略与经济发展战略不同的明显特点在于具有更大的综合性。社会诸要素、社会活动的各个领域，都必须全面发展，统筹兼顾。这就要求社会发展战略的研究必须把系统设计的整体观、全面开发的综合观、协调发展的统筹观、加强联合的一体观作为基本指导思想。

2. 范围的广阔性。经济发展战略所涉及的领域是比较广阔的。社会再生产各环节、国民经济各部分都是广泛而又复杂的领域。社会发展战略涉及的范围则更为广阔，主要体现在两个方面：一方面，社会活动部门或领域之间的联系是较为松散的，科技、文化教育、卫生、体育等部门之间的确切联系不十分清晰，而工业部门与农业部门，轻工部门与重工部门之间的联系就显得明确得多。在社会活动的广阔领域中，人们目前对其活动相互间必然性联系的认识有待进一步提高，这就使得社会发展战略缺乏很强的系统性。另一方面，社会发展战略涉及了经济发展战略不可能涉及的内容，例如社会文化精神生活领域。社会文化精神生活的影响无处不在，渗透到社会过程的一切环节与领域，这使得社会发展战略的内容相应也要涉及这些领域，从而增加了社会发展战略的广阔性。实际上，现有的社会发展战略尚未充分地体现出这方面的特征，因为它与理论上的社会发展及其发展战略制订相差一段距离。总的来说，社会发展战略的广阔性特征受人的全面发展特性的影响。因为人的全面发展是十分广阔而复杂的，相应体现在社会发展战略上也同样如此。

3. 以人的发展为中心。经济发展把更多的注意力集聚在经济效益和物质财富的规模增加、速度增长、结构调整等方面。经济发展围绕的中心是经济总量,即国民生产总值或国民收入,或人均经济总量,如人均国民收入或人均国民生产总值。虽然经济发展的最终目的在于促进人类生活条件的改善,在于满足人类物质需要。但是,这一最终目的并不是直接地体现在经济发展战略里,而是隐含在经济发展战略的制订及其评价上。这样,经济发展战略有可能忽视最终目的。相反,社会发展战略将人的发展作为战略围绕的主题,旗帜鲜明地把人的发展问题列在战略决策的中心地位。人的发展不再是一个隐含在决策者脑海里的目的,而是直接通过文字说明与指标定量,通过具体的行动步骤来予以实现的主题。人的发展也不再是一个抽象的概念,通过社会发展战略,“人的发展”得到具体、生动、形象的表现。

4. 以直接满足人民的最终需要为内容。改革以来,许多人主张从最终产品出发制订经济发展战略,进行国民经济综合平衡,但是什么是最终产品则存在不同的理解。实际上,不管选择哪一种关于最终产品的理解作为出发点,对于满足人民的最终需要都是不够的。以最终产品为出发点制订经济发展战略,仍然是一种间接的形式,不能直接安排有关人的发展或人的需要的内容。

社会发展战略把经济发展的水平作为既定的前提条件,直接对国民收入再分配中用于社会发展需要的经济成果作出安排,规定了人均的收入消费水平目标,规定了用于社会事业活动发展的人财物投入比率。同时,对人民卫生保健、教育、文化、安全、福利、社会参与等作出重大的战略决策。社会发展战略直接提出并规划如何满足社会全体成员的物质文化各方面需要的问题,以满足人民的最终需要为内容的社会发展战略,更充分地显示了社会主义社会经济制度的性质。

5. 以实现社会的全面进步为根本目标。任何一个社会,不仅要实现经济繁荣,而且要实现社会的全面进步。在社会主义制度下,社会发展,更加突出实现社会的全面进步。在坚持四项基本原则的前提下,社会的全面进步主要表现在社会的现代化发展,表现在社会水平上。具体地体现在:① 科学技术带动经济发展和社会发展,同时也带动生产力的发展，促进社会精神生活、物质变革和人的全面发展。科学技术在整个社会发展中作用越来越大，地位越来越显著。② 教育是提高人的素质，培养人才的奠基工程，是推动科学技术发展的基础，是社会全面发展和进步的原动力。必须把教育的发展放在社会发展的首要位置，优先加以发展。③ 经济持续、稳定的发展，经济的适度增长，经济结构的不断优化，以及高度的经济参与和高度的商品化。④ 社会组织日益发达和政治民主化；社会组织逐渐向专业化、功能互补方向发展，使更多的社会成员参与国家管理。⑤ 社会价值观念和生活方式的现代化。⑥ 城市化和城乡一体化。⑦ 交通、通讯和大众传播媒介系统的高度发展。因此，社会发展战略必须立足于社会现代化，把提高社会的水平，实现社会的全面进步为根本目标。

6. 社会发展战略的主要功能。社会发展战略在社会计划管理中居于首要地位，其功能主要体现在两个方面：一是制订社会发展计划的依据。社会计划管理的活动是通过不同期的短、中、长期国家计划以及各种社会事业的部门计划来进行的。各项计划的制订各有其一定的对象与任务，但它们都离不开社会发展的总的指导思想和方向。各项具体计划的实现必须服从总的发展战略。如果离开了社会发展战略，社会计划就会失去方向和目标。因此，社会发展战略成为各项社会发展计划的根本依据。二是社会管理的行动纲领。社会管理的活动是广泛的。社会管理活动主要通过社会发展计划体现出来，但社会发展计划并不就等于社会管理。社会政策、社会立法等一系列社会具体事务管理活动都属于社会管理的范畴。因而要使各种领域不同、管理特性不同的社会管理活动取得良好的效益，必须把它们纳入到一个统一的战略之中考虑，以社会发展战略统一各项社会活动管理行动。

社会发展战略的依据、目标和重点

从根本上说，社会发展战略制订的依据是具体的国情。制订任何时期的社会发展战略，都必须考虑如下基本要素或依据：

1. 国际环境。国际环境是一个值得十分重视的因素。国际环境是制约着各个国家社会变化和发展的条件。它对社会发展的性质、特点、方向、规律、结构、模式、效益等均给予显著影响。

考察现代国际环境，透过纷繁复杂的现象，可以清楚地看到支配其发展趋势的有四股潮流：第一，科技革命潮流；第二，改革的潮流；第三，竞争与合作的潮流；第四，和平演变与反和平演变的潮流。这四股潮流交错构成十分复杂的态势。现代社会蕴涵着新的特点：第一，系统性、整体性日益加强；第二，变动性和变革性继续加剧；第三，科学管理逐步深入人心。社会发展战略的研究，必须深入研究国际环境的发展新态势、新特点，弄清它们对社会发展提出的新要求，以此作为制订社会发展战略的宏观背景。

有比较，才能有鉴别，才能发现差距，取得制订社会发展战略的参照系。国际环境对一个国家的社会发展影响主要表现在历史、现状及未来三方面。特别是社会发展较落后的国家与社会发展较先进的国家进行比较，了解先进国家社会发展的历史过程对落后国家力争摆脱落后赶上先进有特殊的参考价值。通过了解先进国家的发展经验，从中吸取教训，尽量避免重蹈覆辙，少走弯路。社会发展现状的比较可以使落后国家与先进国家的差距一目了然，从而提出社会发展的起点与重点。国际社会发展的趋势是每一个国家作为国际社会成员必须重视的发展方向。尽管各国的实际发展道路和方式因国而异，把各国的社会发展如果统一到一个更大的范围上来看，不过是地球这个人类村落的社会发展的一小部分。因此，顺应国际社会发展的潮流，也应当体现在社会发展战略中。

2. 社会活动发展的内在规律性。制订社会发展战略的目的是对社会活动的计划管理提供一个轮廓性的指导。显然，不了解社会活动内部的规律性，或者违背这些活动的规律性，都不可能实现社会发展战略。社会活动的规律同自然规律、经济规律一样都是不以人们意志为转移而客观存在着的。人们只有使自己的认识水平尽可能地与客观实际接近，才能保证人们的行动，包括社会管理活动不发生大的失误。社会活动的必然性，如社会发展和经济发展的不平衡与相互协调、相互促进的关系，教育活动在整个社会经济活动中的超前发展，一些社会活动与经济的同步发展，而另外一些社会活动与经济的滞后发展关系，以及一些在目前尚未被人们深刻地把握与理解的各种错综复杂的关系等，都应当成为在制订社会发展战略时慎重考虑的问题。

3. 经济发展的实际水平与预期水平。社会发展从根本上说受制于经济发展的实有水平。因此以满足人的全面发展及需要的战略谋划，应当以满足这些发展及需要的物质基础水平为前提条件。但如果仅仅局限于现有的经济水平是远远不够的。因为经济发展是动态的，社会发展也应当采取与此相适应的步伐。对未来经济发展水平的预期，也应当包括在制订社会发展战略的依据中。只有如此，才能体现出社会发展与经济发展的相互协调关系。另一方面，经济发展也对社会发展提出了相应的要求，社会发展战略也应充分体现如何满足经济进一步发展要求的内容。

4. 科技进步的水平和发展趋势。科技活动是一个特殊的社会活动领域。科技的进步是社会发展的重要因素。现代社会发展的特点是，科技进步越来越频繁地影响社会生活。科技进步一方面促进社会生活结构的改变及其发展，同时也使社会活动的内容与形成焕然一新，改变社会精神生活与各种社会观念、价值观、人生观等等。社会发展战略的制订，必须考虑到科技进步与革命给社会带来的冲击及其新的要求，在社会发展战略的内容上体现出日新月异的科技革命产生出的新观念、新思想及新的社会活动发展形式。

5. 正确选择社会发展目标是社会发展战略研究和制订的核心。社会发展目标的定性规定，是目标选择的首要任务。在长期社会经济管理实践中，已经形成了一些固定的发展目标，如宏观经济发展目标有经济增长、稳定物价、充分就业、保持国际国内收支平衡等等。由于长期以来不重视社会发展战略的研究，使得现成的社会发展目标不多，并且居于不重要地位。因此，有关社会发展目标的研究首先应当进行的是定性研究。社会发展目标主要包括以下六个方面：① 反映社会生活环境发展的内容、目标是改善人们生活居住及生息的条件；② 反映社会生活主体发展的内容，目标是抑制人口的过快增长（这是针对人口负担过重的中国而言，针对别的国家如西欧和东欧一些人口再生产呈下降趋势的情况，目标就是相反了），提高人口的质量；③ 反映社会经济生活发展的内容，目标是经济的持续、稳定、协调发展，提高经济效益；④ 反映社会物质生活发展的内容，目标是提高生活消费水平，缩小贫富差距；⑤ 反映社会精神生活发展的内容，目标是扩大精神文化生活享受范围及提高其质量；⑥ 反映社会生活管理的内容，目标是提高管理效率，降低社会不稳定因素。上述六大目标，构成了社会发展目标的宏观目标体系。这是基本的目标，每个基本目标，还可以相应细分为更具体的目标，构成社会发展目标的子目标体系。从中国的社会发展及管理实践观察，上述目标已经体现在党和国家的有关方针政策之中。今后的任务是将其逐步分解成相对独立的发展目标体系，用以作为社会发展战略的基本内容。

目标的定量规定要求的上述发展目标都要选择出具体的指标及其数量界线。指标的多寡及数量界线的大小，取决于多种因素，是历史、现状及未来的综合产物。目标的定量要体现出如下特点：第一，定量先进性。即数量界限应当代表社会发展的方向及国际国内的先进水平，指标的筛选也要体现优选。第二，定量的可行性。定量一定要符合国情，切合实际，能在实际管理中予以实现。第三，定量的可比性。社会发展目标的可比性，有一些内容是比较明显的，但有一些内容可比性有一定局限，因此，要注意坚持社会发展目标的可行性方向。

社会发展的重点选择，是社会发展战略制订时必须加以解决的。没有重点，也就无从下手。社会发展重点选择，既要考虑重点在社会发展中的一般重要性，也要考虑到重点在社会发展一定时期内的特殊重要性。因此，重点的确定，是由历史与现实的因素共同决定的。具体来说，重点的选择如同战略的制订一样，仍然需要考虑到经济发展水平及预期水平、科技进步状况、社会活动的内在规律性，以及国际环境因素等。重点的选择实际上就是给社会活动发展列出了优先发展的先后顺序。

一般而言,当经济处在现代工业化初期时,经济发展对社会发展提出了更为紧迫与更为具体的要求,因此,围绕经济发展这个中心,社会活动中与经济发展联系较为密切的部分应当作为社会发展战略选择的重点。同时,社会活动内部各项活动之间的联系,也决定了超前发展的部门应当列为发展的重点。同时,整个经济发展是处于外延扩张、粗放经营阶段,因而与之配合的社会发展重点也将带有适应这种性质的特点。当经济发展处在现代工业化的成熟期之后,经济发展处于内涵增长与集约化经营阶段,它对社会发展的要求相应也带有这个特点,因而社会发展重点应当转向有利于经济发展内涵增长及其集约化经营的社会活动部门。与此同时,社会发展也达到了相当的水平,社会活动内部形成了相对独立的领域,并诞生出新的活动部门与领域,这些新的活动部门代表着社会发展的未来,应当成为社会发展的重点。现阶段,我国社会主义现代工业化处于由中期向成熟期过渡的阶段。因此,首先,社会发展的重点应当放在教育、科技两个方面。人口问题在我国居于突出地位,计划生育的开展,应当与教育和科技发展处于同样受重视的地位。其次,还应当逐步发展文化、卫生保健、社会保障、环境保护、旅游、体育等活动部门。

社会发展战略的评估标准和内容

社会发展战略是否科学、合理,有赖于对战略的制订和实施作出一系列评估。它能帮助社会管理决策者改进其决策内容、方法,同时也使其更加符合实际的需要,更加符合社会发展同经济发展相互协调的要求。评价的标准,体现在以下几个方面:

1. 社会经济协调发展。社会发展战略在于正确地指导社会发展同经济发展的关系,因此,社会与经济二者是否协调一致地发展,可以作为衡量某项社会发展战略是否科学合理的标准。进一步说,协调发展应当具体体现在与经济发展相对而言的超前、同步、滞后发展三种关系上。如果破坏了这种关系，社会发展战略就需要重新考虑。

2. 人的素质优化。社会发展战略在于人的发展，其表现就是促使人的素质提高即优化。人的素质优化可以通过三方面来反映：一是人的文化技术知识的增加，全体人民中受教育人数比重提高，平均受教育年限的延长。二是人的精神道德修养的提高，形成良好的社会风气。三是人的身体素质的提高，平均期望寿命延长，疾病发生率下降，身高、体重等方面的有利变化趋势。社会发展战略达不到这样的要求，就需要重新加以研究。

3. 社会生活环境改善。社会发展战略一方面使人的素质优化，另一方面也加速社会生活环境的改善与净化。人们生息的环境对人的发展至关重要，也是同人的素质优化相联的。若社会发展战略对社会生活环境的恶化束手无策、无能为力，那么也就表明了社会发展战略的不足，需要重新研究拟订。

根据社会发展战略的性质、特点，评价工作的重点应放在发展战略实施过程及完成之后。主要内容如下：① 发展战略是否全面实施并予以达到。② 突出的社会问题是否得到了解决。③ 还存在哪些新问题。④ 实施的措施是否得当，手段是否合理，实施的组织是否严密，战略目标的定量是否科学等等。鉴于社会发展战略涉及较广的领域，既同客观的社会发展活动相关，又同主观的精神活动及社会主体满足程度有关，因而不能单纯采用客观的评价方法，还必须引入主观评价方法。就目前的社会计划方法而论，适用于社会发展战略评价的方法有两类：第一类，客观评价方法，即通过综合评价指标的设计与测算，来显示社会发展战略实施的实际效果；第二类，主观评价方法，有专家调查法与民意测验法。这两种方法都是采用设计问卷的形式，由被问及者按问卷格式和提问内容进行填写，然后经过统计分析，最后归纳总结，得出倾向性意见。

（原载《河北学刊》1991 年第 6 期）

论社会主义市场经济体制下加强党风廉政建设

在社会主义市场经济体制下，加强党风廉政建设是加强党的建设和政权建设的大事，是进一步改革开放，加快经济建设的重要保证，是加强社会主义精神文明建设的根本核心。加强党风廉政建设，坚定不移地开展反腐败斗争，关键在于科学地分析它的实质和根源，从而从根本上采取医治这种社会病症的有效对策。

邓小平同志关于反腐败的论述，是加强党风廉政建设的根本指导思想

邓小平同志以无产阶级革命家和政治家的深刻洞察力和远见，在改革开放之初，就针对刚出现的种种腐败现象，明确提出了坚持“两手抓”作为建设有中国特色的社会主义长期方针，强调必须加强党风廉政建设，反对和防止干部腐败，把反腐败斗争提到党和国家会不会改变面貌的高度，及时向全党敲响警钟。十多年来，邓小平同志对这个问题一直极为关注，作了一系列重要论述。在1992年春天视察南方的重要谈话中，邓小平同志在号召全党同志解放思想，抓住机遇，加快改革开放和建设步伐的同时，又一次强调了加强党风廉政建设，开展反腐败斗争的重要意义。

邓小平同志关于加强党风廉政建设、反对腐败的论述内容十分丰富，是建设有中国特色社会主义理论的重要组成部分，为我们在改革开放过程中和社会主义市场经济体制下，加强党风廉政建设，深入开展反

腐败斗争提供了宝贵的理论指导。邓小平同志从社会主义现代化建设全局的战略高度,阐明了加强廉政建设、反对腐败的意义和作用,科学地分析了腐败现象产生的原因,鲜明地提出了反腐败斗争的根本方针。他尖锐地指出腐败现象的严重危害性,提出要把廉政建设作为大事来抓,“在整个改革开放过程中都要反对腐败”。邓小平同志一以贯之地强调要坚持两手抓,一手抓改革开放,一手抓打击犯罪活动,这两手抓都要硬,“两个文明都要搞好,这才是有中国特色的社会主义”。在关于党风与社会风气的关系上,党内一般党员的作风与领导干部的作风的关系上,邓小平同志反复指出:端正党风是端正社会风气的关键;为了整顿党风,加强廉政建设首要的是抓领导机关、领导干部。他反复强调搞好党风,“特别是要求党的各级领导同志以身作则”;整顿党风,“先要从我们高级干部抓起”,“越是高级干部子弟,越是高级干部,越是名人,他们的违法事件越要抓紧查处,因为这些人影响大,犯罪危害大”。在加强党风与发展经济的关系上,邓小平同志强调必须把握大局,坚持为经济建设中心服务。开展反腐败斗争,加强党风廉政建设,要站在全局和贯彻党的基本路线的高度,紧紧围绕经济建设中心,以保证改革开放和经济发展;但如果对消极腐败听之任之,“风气如果坏下去,经济搞成功又有什么意义?会在另一面变质,反过来影响整个经济变质,发展下去会形成贪污、盗窃、贿赂横行的世界”。关于反腐倡廉的手段,邓小平同志指出重在建设,要从教育入手,应保持艰苦奋斗的传统。提倡艰苦奋斗的精神,有助于克服腐败现象。领导干部一定要在艰苦创业方面起模范作用。邓小平同志强调,廉政建设,要靠教育,更要靠法制。要加强党政组织和人民群众对干部的监督,建立有效的监督机制。对于违反党纪的,不管是什么人,都要执行纪律,做到功过分明,伸张正义,打击邪气。

邓小平同志上述重要论述是建设有中国特色社会主义理论的重要组成部分,是我们进行反腐败斗争、加强党风廉政建设的强大思想武器。在当前反腐败的斗争中,我们要认真领会和全面把握其精神实质,特别要深刻领会邓小平同志关于反腐败斗争与改革开放,经济建设的辩证关系的思想，正确认识并妥善处理改革开放、发展经济与反腐败斗争的关系，在发展社会主义市场经济的过程中，把反腐败斗争卓有成效地坚持下去，更好地为改革开放和现代化建设服务。实践证明，在新时期加强党风廉政建设，开展反腐败斗争，是坚持以经济建设为中心、不断改革开放的必要条件和重要保证。

加强党风廉政建设的极端重要性、紧迫性

坚决反对腐败，加强党风廉政建设，是党中央提出的当前要抓好的大事之一，也是目前人们十分关心的一件大事。因为这件大事无论对于我国改革开放和社会主义现代化建设，还是对于党和国家的命运和前途，都关系极大。

首先，廉政建设对于党和政府能否有效地行使职权，履行职责，实现社会主义事业的美好前途关系极大。我们知道，各级党政机关，各级干部都是社会主义事业的领导者，肩负着人民委托的重任，应该正确地对待和使用权力。如果在领导机关工作的党员、干部把自己掌握的权力当作谋私的工具，就会使恶风盛行。一些地方、部门和单位，存在着各种各样的不正之风，关键就是那里的党风建设没有搞好。如果再任其蔓延，就会葬送掉社会主义事业。

其次，廉政建设对于党和国家政权的性质关系极大。我们党是工人阶级先锋队组织，是中国各族人民利益的代表，我们的各级国家机关是为人民服务的机关。党和国家机关这种性质，又不是不管怎样做都不会改变的。如果党政机关不廉洁，搞权钱交易，那么，党和国家机关的性质就改变了，党的干部就会成为脱离人民、欺压人民的“老爷”，党政机关就会变成旧社会的衙门机关。早在 1982 年，邓小平同志就指出：“现在是什么形势呢？我们自从实行对外开放和对内搞活经济两方面的政策以来，不过一两年时间，就有相当多的干部被腐蚀了，卷进经济犯罪活动的人不是小量的，而是大量的。犯罪的严重状况，不是过去‘三反’‘五反’那个时候能比。”“要足够估计到这样的形势。这股风来

得很猛。如果我们党不严重注意，不坚决刹住这股风，那么，我们的党和国家确实要发生会不会‘改变面貌’的问题。这不是危言耸听。”①一些地区、部门和单位中的少数领导干部严重腐败、堕落成为犯罪分子的事实，已经证明了这种“变质”存在的现实危险。

再次，党政机关和党政领导干部是否为政清廉，勤俭为民，对于人心的向背、党的生死存亡、社会主义制度的巩固关系极大。中国共产党建党初期只有几十个人，之所以能够由小到大，由弱到强，主要是因为她代表了人民的利益，她的党员以为中国人民求解放的可歌可泣的献身精神赢得了人民群众的衷心拥护、信任和爱戴。相反，在旧中国，国民党反动派貌似强大，有几百万军队，有美帝国主义的支持，但由于它只代表大地主、大资产阶级的利益，由于它的官员腐败而丧尽了人心，因而很快灭亡了。可是这些年来，在有的地区、部门和单位，群众的意见那么大，群众与领导干部感情格格不入，重要的原因是因为那里党风不正，党员、干部为政不廉。正如江泽民同志指出的那样，腐败问题已成为一个政治问题。如果这个问题解决不好，就会成为国内外敌人煽动群众、反对党的领导和社会主义制度的借口。如果任其泛滥，我们党也就会失去群众，被群众所抛弃，其后果是不堪设想的。

总之，只有坚定不移地开展反腐败斗争，加强党的廉政建设，党的建设和政权建设才能不断加强，社会主义事业才能不断取得成就；党和政府才能赢得群众，在广大人民群众中具有强大的吸引力、凝聚力和号召力，才能保证我们的事业永远立于不败之地。

充分认识社会主义市场经济体制下加强党风廉政建设的长期性、复杂性、艰巨性

社会主义市场经济体制的建立和机制的启动运行，给经济的繁荣

---

① 《邓小平文选》，第 357～358 页。

和发展带来了生机和活力,促进了社会主义现代化建设的进程,也给党风廉政建设提出了新问题,带来了双重影响。一方面,市场经济的发展,对于社会的物质和精神文明与发展有着积极的推动作用。从经济领域讲,它有利于提高整个国民经济效益,促进生产力更好更快地发展。从精神领域讲,它有利于消除封建特权思想,完善民主政治,推动思想、文化建设;有利于克服现行政治体制上的某些缺陷;有利于促进对外开放和树立开拓创新、奋发进取的新风尚。另一方面,社会主义市场经济具有商品经济的一般属性,它不可能完全消除商品拜物教和货币拜物教的影响,不可能完全消除盲目性和自发性。特别是在社会主义初级阶段商品经济不很发达,市场机制尚未形成、市场行为缺乏规范的条件下,商品经济所固有的特征,极易诱发某些消极现象,成为产生社会经济生活中不正之风和违纪行为的一个重要原因。

1. 社会主义市场经济是在打破地域界线,敞开大门(市、省、国门)向市场、社会乃至世界开放的情况下进行的。这就使得从事和参与经济活动的党员、干部与社会接触的范围急剧增大。社会上某些不健康的思想和西方资产阶级腐败思想、价值观念、道德观念,更加直接地影响党员、干部的思想、观念、作风。

2. 等价交换是商品经济条件下一切经济活动必须遵循的基本原则。但是在现实生活中,这个原则不能不对政治领域产生影响。如果疏于防范,就会使党内政治生活带上功利化、商品化的色彩。如一些党员、干部做了点工作,或工作中做出了点成绩,就向党讨价还价,伸手要官、要地位、要待遇等;又如一些党员、干部在处理同志关系时丧失原则,不是在政治、思想、生活上真诚地互相帮助,而是互相利用,彼此谋利;还有一些掌权的党员干部,不能正确对待和使用手中权力,搞权钱交易,以权谋私,贪污受贿,走上了经济犯罪的道路。

3. 在发展社会主义市场经济过程中,由于经济利益的"企业化""个人化",使一些党员、干部片面追求和强化局部与个人利益,产生"一切向钱看"思想,陷入"理想、理想,有利就想;前途、前途,有钱可图"的泥沼中,把赚钱谋利、发财致富作为自己唯一的目的来追求,从而把党和人民的利益，党的宗旨、党性原则、党员干部应有的形象统统抛到一边，对政治、理想、前途失去兴趣，这是一种很危险的思想倾向。

4. 竞争是市场经济的最大特点。在社会主义条件下，所有商品生产经营者都是相对独立的经济法人和竞争主体，具有各自的经济利益。一些人为了获取最大限度的盈利，就有可能在市场竞争中不择手段，“八仙过海、各显神通”，搞歪门邪道、弄虚作假、损人利己、违纪违法。

5. 社会主义市场经济，就其计划性一面而言，是自觉的，但就市场调节一面而言又不可避免带有一定的盲目性和自发性。搞得不好，就有可能为无政府主义、小团体主义的滋长提供土壤。在经济活动中，一些生产经营者，往往只顾局部利益和眼前利益，而不顾全局利益和长远利益；在执行政策上，往往借情况特殊，而搞所谓“通权达变”，上有政策、下有对策，有令不行、有禁不止。这种无政府主义、小团体主义对社会主义现代化建设有极大的破坏性。

由此可知，腐败现象的产生有其社会历史原因。反腐败斗争既有现实紧迫性，又具有长期性、复杂性和艰巨性。腐败现象，违背了社会主义市场经济竞争原则；违背了社会主义市场经济的分配原则；违背了社会主义物质利益原则。因此，必须把反腐败斗争作为一项重大政治任务，坚定不移、坚持不懈长期地开展下去。

反对腐败，加强党风廉政建设的根本对策

面对党内出现的严重腐败现象，有些人认为这一切都是司空见惯的正常现象，是经济改革与市场取向的必然产物，不必大惊小怪。而另一些人则愤懑不平，指责证券、房地产市场的开放，甚至市场经济的目标都是错误的。腐败是一种毒害社会气氛、损害大众利益的有害行为，必须与之进行坚决的斗争。那种认为腐败是现代化、市场化过程中的必然产物而不必大惊小怪的观点是不正确的。而要制止腐败现象的蔓延，光有一股义愤也是不够的。反腐败必须抓根本，重在建设，深化改革，抓教育、抓防范，从体则、机制、法制等方面探索党风廉政建设的新

路子,逐步建立和完善惩腐倡廉的监督制约机制。

(一)增强党性,提高抵御腐败现象的能力。长期以来,由于我们一直搞计划经济,否认市场经济,因此对改革开放和发展市场经济中出现的一些党员干部放松了世界观的改造,拜金主义、享乐主义、极端个人主义思想滋生蔓延等问题,缺乏充分的思想准备和理论准备,加之宣传上的某些片面性,造成了人们思想认识上的模糊。有的同志没有看到我国的社会主义市场经济是跟社会主义制度联系在一起的,认为经济活动中的消极现象,是发展社会主义市场经济过程中必然的"合理"现象。还有的同志对市场经济的两重作用认识不足,低估了发展社会主义市场经济过程中消极因素的影响。因此,只有加强思想教育,认真学习社会主义市场经济理论,才能辨证地看待社会主义市场经济过程中出现的消极现象,增强市场经济条件下抓好党风廉政建设的信心和自觉性,提高自觉抵制消极腐败现象的能力。实践证明,在改革开放和发展市场经济的大潮中,要使党员、干部永远立于不败之地,最根本的环节是抓好思想教育,提高政治思想素质,增强免疫力。当前要突出抓好党性教育,党纪法规教育,反腐倡廉教育,社会主义职业道德教育,使广大党员、干部特别是高级领导干部在思想上、政治上和精神状态上有显著的进步。在经济活动中,既按价值规律办事,又时刻牢记自己是人民的公仆,既执行现行经济政策,又坚持党性原则;既重视经济效益,又重视社会效益。自觉端正党风,严以律己,以身作则,廉洁奉公,从严治政。

(二)加强法制建设,从制度上保证党风廉政建设。邓小平同志指出:"制度可以使坏人无法任意横行,制度不好,可以使好人无法充分做好事,甚至会走向反面。"由于在改革开放中,经济行为多样化,法规、政策相对滞后的矛盾更加突出,对一些行为的是与非,违纪与非违纪,合法与非法,往往在认识上很不一致。立法工作滞后于改革和建设发展的状况会在相当长的时间内存在。这既给以权谋私的人以可乘之机,也给反腐败和党风廉政建设带来了许多困难。因此,必须针对当前产生消极腐败现象这一深层次原因,大大加强立法,围绕加强党风廉政建设和反对腐败，建立必要的制度和法规，做到有章可循，按章办事，违章必究，充分发挥法制建设在分清是非，划清政策界限，规范党政干部，特别是党员领导干部的行为，预防违纪，保护干部，克服消极腐败现象等方面的重要作用。

（三）建立健全约束机制，加强民主监督和管理。这是在新情况下，搞好党风和廉政建设的一项根本性措施。各级党政组织要依据党的路线方针和国家的法律法规，结合本地区、本部门、本行业、本单位的特点，按照严肃性、规范性、操作性、可行性的原则，对掌握人、财、物的重要部门和行业，要建立防范以权谋私、权钱交易的约束机制。同时，还要依靠群众，加强民主监督和管理。充分发挥各级纪检、监察、检察机关和经济监督部门的作用，严格执纪执法，扶正祛邪，为改革开放和经济建设创造良好的社会环境；充分发挥各级人大、政协的监督作用，组织人大代表、政协委员检查市场和企业的销售活动，监督政府经济部门的作风；在企业内部，还应该重视发挥工会、职代会的民主监督作用。此外，还必须加强对个体经济和私营经济的管理与监督。

（四）从严治党，严格执纪。江泽民同志在党的十四大报告中明确指出："在改革开放的整个过程中都要反腐败，把端正党风和廉政建设作为一件大事，下决心抓出成效，取信于民。"我们的党员、干部绝大多数是好的和比较好的，真正腐败的只是极少数。但是，这极少数产生的危害却是很大的。如果容忍腐败分子留在党内，就会使整个党腐败变质。因此，对经不起执政、改革开放和发展商品经济考验的党员、干部，要满腔热忱地进行教育帮助。但经验证明，仅仅靠教育不能完全解决问题，必须严肃党的纪律。党的纪律是铁的纪律，对于明知故犯、屡教不改者，应该严肃执行党的纪律；对于败坏党和人民事业的腐败分子，必须采取坚决清除的方针，决不能姑息养奸。纪律松弛，姑息迁就，只会助长不正之风，破坏党群关系，损害党的形象和威信。为此，我们一定要认真贯彻落实党的十四大精神，坚持两手抓，做到两手硬，坚决克服消极腐败现象，为加快改革开放，加速社会主义市场经济的发展作出应有的贡献。

（五）加快市场化的过程，完善竞争秩序。要医治腐败现象，必须科学地分析它的实质和根源。事实上，想强化行政权力对经济活动的干预去解决问题，从现代政治经济的“寻租理论”的观点看，就是强化了腐败行为的基础。寻租理论是20世纪七十年代西方政治经济学的一项重要发展。它的倡导者之一J·布坎南还因与此相关的贡献获得了1986年度的诺贝尔奖金。

按照寻租理论，一切由于行政权力干预市场经济活动，造成不平等竞争环境而产生的收入都被称作“租金”；同时，依靠这种权力大发横财的行为则被称为“寻租活动”。“寻租”实质是就是指权力与金钱的变换：以权换钱，以权谋私。

“寻租”带来的后果十分严重，一方面败坏了社会风气，影响了干群、党群关系；另一方面，从经济的角度看，则是对社会资源造成了极大的浪费和破坏。“寻租”使人们不愿把精力、心思用在真正提高效益，提高利润，为社会创造财富上，而是通过拉关系、走后门、疏通、游说等等不正常的办法和手段，去争取和获得巨额“租金”。我们常常听到一些经理、厂长抱怨“婆婆”太多，上级管束太严，要用大量时间和精力去对付上面的种种要求。同时，我们又看到他们主动地进行“政治”活动，东奔西走，请客送礼，跑“部”“钱”进。为什么会发生这种很矛盾的现象呢？就是因为在“寻租”活动普遍存在的情况下，谁要不主动为争夺“租金”而奋斗，就意味着自身利益的损害。这里还不说那些人们为之瞠目的“大倒爷”，凭他们在权力圈子里的关系，别人买不到的东西他有，几桩买卖到手，转眼间成为赫赫“大腕”。

深入地、具体地分析一下目前中国社会里的腐败现象，就可以清楚地看到，腐败现象不是市场取向的改革造成的，而是改革不彻底造成的；不是市场经济的产物，而恰恰是由于尚未真正建立起平等竞争的市场机制。当前党内出现的比较严重的腐败现象的原因，在于在长期计划经济的影响下，行政力量仍然管制和干预市场；或者某一方面的经济活动已经货币化、商品化了，但却没有按照平等竞争的原则处理当事人之间关系，在那里，实行的仍然是行政审批的办法。比如，前一个时期，经济在部分价格开放、部分仍由行政机关控制的"双轨制"下运行。在这种情况下,那些能够依靠行政权力取得低价买进或高价卖出的特权的人们,便能大发横财。所以,二重或多重的价格,包括商品的差价、外汇汇率差、信贷利率差等,一方面扰乱了企业与企业之间的平等竞争;一方面则为官商以权谋私、贪污腐化制造了温床。据有关的学者统计,在1981年至1988年间,上述差价的总规模已达到占国民生产总值20～25%的惊人程度。面对如此巨额的收入来源,面对转瞬之间就可能成为百万富翁的巨大诱惑,只要有权力可以借用的人们自然会趋之若鹜,而且合理合法。正因为这样,一时间,倒卖"批文"和"额度"成风,"官倒"腐败成为群众议论的热点,也成为社会不安定的一个重要因素。后来,由于商品市场经济逐渐放开,也由于"双轨价格"差价有所缩小,通过审批权力干预赚取差价牟利的基础被削弱,倒卖"批文"等做法才有所收敛。但是,问题并未根本解决。拿最近人们议论纷纷的房地产倒卖来说,又出现了同样的情况。本来,土地由过去无偿划拨到现在通过批租有偿使用,应当说是一个进步。而目前情况是,在有些地方,土地批与不批、租给谁使用以及价格多高等问题,均由当地官员决定,而不是通过市场程序拍卖。这样,就给某些掌握行政权力或能够接近这种权力的人留下了营私舞弊的条件和机会。

对于目前出现的寻租问题,千万大意不得。实事上,严重的腐败将拖住一个国家现代化进程,使之难以起飞。就中国目前的情况来看,寻租现象的广泛存在已给现代化事业造成了诸多不利的因素。一是寻租培养和助长了社会上的"炒"风,造成了工不如商,商不如"炒"的环境。二是由于仍未形成公平竞争的市场,投资环境不理想,工商业者在观望,不少外商仍然不敢轻易地踏入国门。

当然,在一种体制向另一种体制转化的过程中,总会出现这一类的问题,但这一转化过程不可能拖得太长。西方学者和印度学者对印度寻租盛行研究所得出的结论是:印度从统治经济向市场经济的过渡过于缓慢,因此给寻租留下了广大的空间。作为前车之鉴,我们必须加快缩短这一过渡时期。因为,双重体制下的种种弊端,使经济不可能具有较高效率。这种状态久拖不决，即使出现了经济繁荣也难以保持。克服腐败现象，关键在于消除多轨的弊端，完善市场平等竞争秩序。在已经迈出了市场化的第一步的那些领域，要使市场更加规范。今后，向市场经济迈进的每一步，都要把放开市场和建立平等竞争的市场规则结合起来考虑。过去一段时间，曾经企图用加强行政管理的办法治理经济秩序的混乱，进行肃贪反腐。例如撤销一批公司，加强对企业设立、投资、贷款等等的审批，对紧俏物资实行专卖等。然而经验证明，这种在短期内表面上似乎有效的办法，不但并未从根本上解决问题，相反由于强化行政管制本身，就是一种“设租”行为，它创造了新的寻租环境，并为新一轮的寻租打下了基础。至于那种头痛医头、脚痛医脚的应急措施，就更难以奏效。所以，根本的出路还在于加快市场化的过程和完善市场竞争秩序。

总之，开展反腐败斗争，加强党风廉政建设，说到底是要在新形势下巩固和加强党同人民群众的联系，巩固我们党的执政地位，使我们党更好地担负起领导改革开放和社会主义现代化建设的历史重任。反腐败斗争要深入持久更有成效地进行。

（原载《学海》1994 年第 2 期）

中国步入高速铁路时代

5月4日12点整，“呜……”随着一声汽笛长鸣，一列“和谐号”动车瞬间提速，风一样地驶离上海，奔向南京。上海到南京原来要四五个小时，现在仅两个小时就到了。不仅仅车速快了，而且坐在窗明几净、洁白净静的车厢里，感到特别舒适畅快。环顾上海——南京铁路两旁，高高的水泥桥上正在铺设铁轨。这里正在进行两大工程：一是以上海为中心的城际高速铁路，已经竣工。7月1日上海至南京仅一小时十三分。二是北京至上海的京沪高速铁路，正在加紧施工，预计2010年11月建成。啊！中国的高速铁路建设正在迅猛发展，中国已经进入了高铁时代！

走进坐落于上海世博会浦西片区、黄浦江畔的中国铁路馆，是世博会18个企业馆之一，与台湾震旦馆、上海企业联合馆左右相邻，与浦东的中国馆、主题馆隔江相望。它共设高速铁路、青藏铁路、动车组之旅、现代化新型客站、重载运输等26个展项。馆前，一组中国自主设计制造的时速380公里新一代高速动车组实物模型，格外引人注目，许多参观者目睹这些新成果，无不为此感到自豪，感到扬眉吐气。面对这一切，确实令人感慨万千，浮想联翩。

回顾一百年前，世界列强蓬勃发展，铁路建设快速前进。中国落后了，怎么办？中国有识之士，不甘落后，提出了加速发展铁路，加快国家建设的设想。铁路救国成为中国人的梦想。1911年12月20日就任中华民国第一任临时大总统的孙中山，制订了建国大纲，把铁路建设列为重要任务之一。“中国铁路之父”、总工程师詹天佑，排除种种阻力，自强不息，亲自设计并建筑了中国第一条铁路——京（北京）张（张家口）铁路，揭开了中国铁路建设史的第一页。可是，由于历史的原因，中国铁路建设困难重重，步履维艰，仍处于落后状态。新中国成立以后，百废待举，把加快铁路建设列入了“五年计划”，铁路事业有了长足进步。

改革开放的春风吹拂神州大地，要想富先筑路，公路、水运、民航快速崛起。而在交通运输中占骨干地位的中国铁路，却一直处于低位徘徊。列车平均时速仅为 62 公里，人均铁路只有 5.5 厘米。朋友，5.5 厘米什么概念？那还不足一根香烟长呀！一边是铁路运速慢，常亏损；而另一边是老百姓买票难，运货难。再看看世界，德国、法国、日本铁路迅猛发展，高速铁路已经逐步成熟。当时日本新干线时速已达 210 公里。中国铁路事业大大落后了！怎么办？

第一次攻关

穷则变，变则通，通则达。在党中央、国务院的关心领导下，有志的中国铁路人开始反思，开始猛醒，开始奋起。经过近 10 年的调查研究，反复讨论，有时甚至是激烈的辩论，终于取得了共识。2004 年 1 月国务院讨论通过了历史上第一个《中长期铁路网规划》，大手笔绘就了超过 1.2 万公里“四纵四横”快速客运专线网。确定了“引进先进技术，联合设计生产，打造中国品牌”的方针。中国南方青岛四方、中国北车和唐车公司先后从加拿大、日本、法国和德国引进技术，联合设计生产高速动车组。技术复杂、时间紧迫，任务十分艰巨。可是难不倒中国铁路精英团队。经过三年的艰苦创业，刻苦钻研，由中国人自己设计生产的第一批动车组首次闪亮登场。2007 年 4 月 18 日，全国铁路第六次大提速：140 对、时速 200 公里的“和谐号”动车组在神州大地奇迹般地飞奔。一位旅居英国的老华侨郑德润闻讯后特于 2007 年 6 月从伦敦飞回北京，乘坐开往河南的动车组“和谐号”，亲身体验高速火车。他深情地说：“过去我常在欧洲乘高铁，今天我终于乘坐我们中国人自己设计和制造的高速动车组,太自豪了!我的梦想终于实现了。”

第二次攻关

按照国际铁路联盟的规定,时速 200 公里以上就可以称为高速铁路,中国第 6 次提速已经达到。国内外不少人建议,公开宣布实现高速铁路。可是,谦虚谨慎的中国铁路人没有打这个旗号。因为中国人高铁之梦不会因此而停步,还要向更新目标前进。当时,不少外国人认为中国人在这个平台上消化、停步至少要 10 年时间。他们的估计错了,中国人等不及了,马不停蹄,旋即启动时速 300 至 350 公里动车组的研制任务。这是一个高难的任务。因为一般技术可以通过引进来掌握,然而核心技术是你钱再多也买不来的。但是它难不倒中国人。牵引机上的高压端子瓷瓶,原计划从国外进口,但存有戒心的对方,竟以无货拒绝。进口不了,就自己动手干。找遍了全国相关企业,终于与温州市一家企业联手进行国产化攻关。中国人利用国内技术,靠自己攻关,一个一个地突破难题,取得了一百多项成果。仅用两年多时间,中国从时速 200 公里一跃登上时速 300 公里的平台。这充分说明:中国人是有志气的,有智慧和能力攀登科技高峰的。

2008 年 8 月 1 日,京津城际铁路开通运营。几位外国高铁专家登上首趟高速列车。当中方人员向客人介绍:列车运营时速达到 350 公里。客人却说:能行吗?当稳定在时速 350 公里的列车飞速向前时,几位专家不敢相信自己的眼睛,到达天津后,他们仍沉浸在迷惑中。

第三次攻关

事实是最好的明证:中国动车组时速 350 公里,追赶上了世界先进水平。那么,任务到此就为止了吗?不,向时速 380 公里挺进。

2008 年 2 月 26 日,铁道部和科技部签署了《中国高速列车自主创新联合行动计划》,共同研发运营时速 380 公里的新一代高速列车的重大工程又启动了！朋友，时速 380 公里是什么概念？它将比德国、法国的高速列车快 60 公里，比日本新干线快 80 公里，节能环保和综合舒适性也高人一筹。它将标志着中国登上世界高铁的制高点。

2009 年初，46 岁的赵明花，一个文弱的朝鲜族女子、有 20 多年工龄的长客股份公司副总工程师，接到铁道部要求研制时速 380 公里动车组任务时，她彻夜难眠。她一辈子梦想制造中国的高速列车。1998 年，她主持设计了国内首辆动力分散型动车组“春城号”。她有过成功的欢笑，也有过失败的泪水。当她想到祖国和人民对自己的信任，想到实现梦想就在眼前，她下决心大胆放手一搏。第二天，刚投入研制就碰到一个难题：如何增加牵引电机动力？她带着一个几十人的团队，日夜痴迷地奋战了一年多时间，不知经过多少个不眠之夜，不知经过多少次失败，有时眼看就要成功，可是一仿真试验，又过不了关。大家流泪了。但一想到肩上的重任，大家擦干了眼泪，继续干。她和大家一起，认真分析失败教训，找到问题的症结，用尽智慧和力量，终于将电机功率提升了 25 千瓦，达到了世界顶尖水平。这是多么大的激励啊！他们稍加休整后，再接再厉，继续奋战。又成功地研制了网络控制系统，中国动车有了“中国芯”。接着绝缘栅双极型晶体管研制、突破，有了“中国脑”。通过改造车体，有了“中国身”。全新设计动车头型，有了“中国面孔”。这样由中国人自主设计研制的、崭新的“和谐号”动车组集合而成。

中国铁路人靠自己的聪明才智、靠自己的双手、靠艰苦奋斗完成了一个又一个艰巨任务。中国动车组已取得累计 900 余件专利权。新一代时速 380 公里的动车组已经下分线。引进先进技术消化吸收，完全国产化时速 200 至 250 公里的高速列车。自主设计制造的时速 350 公里动车组。自主打造的时速 380 公里动车组，成为中国铁路人的集大成之作。

这是一个创新、一个突破。这是“中国名片”、“中国品牌”。这是中国人的智慧、胆识、心血的结晶。这是自强不息、自力更生、自主创新精神的体现！

中国的高铁事业的发展，震惊世界。中外许多有识之士认为：这是时代发展的需要，是中国和平崛起的必然，是中国人的百年梦想。它的突破、创新、发展、起飞，是历史的必然。可是也有些人认为中国缺乏人才，科学技术水平落后，只能慢慢来，发展不可能快，有的甚至认为是不可能的事。

可是，中国人创造成功了：5 年＝40 年，3 小时＝11 小时，1 种＝4 种……这是什么概念？就是说，中国人 5 年，走完国际上 40 年高速铁路发展的历程。3 小时，跑完武汉市到广州市 11 个小时的路途。它集世界上最先进的技术于一身。中国人用智慧和心血，创造了中国高铁发展模式。

美国总统奥巴马对此感慨地说："我们没有理由让欧洲和中国拥有最快的铁路。"

中国高铁的发展道路，记录了中国人奋力创新的心路历程，彰显着社会主义凝聚的团结合作、联合攻关的力量，发扬着中国高铁精神，演绎着铁路人报效祖国，忠诚无悔的坚强信念。

中国高速铁路在前进，拥有一代，投放一代，研发一代，一代接一代，永无止境。中国人的梦想不是已经结束，而是新的起步！

（原载新西兰《先驱报》2010 年 7 月 16 日）

团结进步是西藏跨越式发展的不竭动力

近读中国全国人大代表、西藏自治区人大常委会主任向巴平措接受《先驱报》的专访——《告诉你一个真实的西藏》。他带着西藏人民的深情厚意向新西兰华侨华人代表致以亲切问好，毫无保留地回答大家的疑问，全面介绍了西藏的真实情况。读了感到非常亲切、实在，使我进一步了解西藏、认识西藏，更加热爱西藏。我们新西兰华侨华人虽然身居海外，但心系祖国，关注西藏，日夜思念西藏人民。西藏的每一个进步，每一个成就都是对我们海外华侨华人的鼓舞。我们热烈祝贺新中国成立以来西藏取得的巨大成就，热烈赞颂西藏民主改革以来发生的翻天覆地的变化。

西藏，美丽可爱的地方。中国有史以来西藏一直是中国领土的一部分，地处祖国西南的重要边陲。西藏人民是勤劳勇敢智慧的人民，是中华民族的重要组成部分，是56个民族大家庭里的重要一员。以史为鉴。中国历代西藏稳定安定，全国就稳定安定，反之就不稳定不安定。因此，新中国成立以后，中央人民政府一直殚精竭虑内稳边安。特别值得注意的是：新中国成立以后，西方帝国把中国视为敌人，软硬兼施不择手段，妄图把新中国扼杀在摇篮里。改革开放以来，中国抓住机遇，快速发展，和平崛起。西方帝国为了实现他们独霸天下的黄粱梦，险恶地推行遏制战略，千方百计、不择手段遏制中国，不让中国强大起来，人民富起来。几十年来西方帝国亡我之心不死。其中重要一手是推行地缘战略，妄图控制西藏、分裂西藏，以此为颠覆中国的突破口。西方帝国与达赖集团互相勾结，狼狈为奸，肆无忌惮地进行种种见不得人的分裂活动。

我们伟大的祖国，地大物博，人口众多。新中国成立以来发生了举世瞩目的历史性巨变，改革开放使中国强起来了，人民富起来了。在新的历史发展阶段，努力团结西藏人民，从西藏的特点出发，建设好西藏、发展好西藏、稳定安定好西藏，是关系到中华民族的复兴大业，关系到中国加快步伐迈向现代化的大事。具有重要的战略意义。西藏尽管有很大变化，但是仍然处于农耕社会和游牧民族的生产方式和生产力。西藏传统的农耕社会需要加快向现代社会转型，传统的游牧民族向现代化民族转变。56 个民族都共同进步、共同繁荣了，全中国才能进步和繁荣。千重要、万重要，把西藏的事做好，把西藏建设好最重要。西藏实现跨越式发展，是一个有历史意义的伟大转变，是新的历史使命，是一项光荣而艰巨的任务。国家兴亡，人人有责。西藏实现跨越式发展，西藏人民有责，我们每一个中国人都有责。

西藏实现跨越式发展，首先必须坚持团结，反对分裂，维护祖国统一。我们新西兰华侨华人清楚地认识到西藏实现跨越式发展首要问题是维护国家主权问题。国家主权是中国人民的核心利益，不可侵犯。但境内外分裂分子不断挑衅，制造事端，妄图捣乱。达赖集团是旧西藏政教合一封建农奴主、地主阶级残余势力的代表，是破坏西藏地区发展稳定繁荣的根源。达赖集团企图破坏祖国统一，破坏民族团结，阻挠西藏改革开放和发展。因此，中国人民同达赖集团的斗争，是反对分裂、维护祖国统一和民族团结的重大政治斗争。达赖集团是逆历史发展趋势而动，注定是要彻底失败的。

西藏实现跨越式发展，还必须坚持改革，迈向进步，反对复辟，反对倒退。西藏要实行生产方式的转变，要提升生产力，这是一场深刻的变革，它涉及经济、政治、社会、文化等领域的改革。变革的航船已经起航，发展正在加速，社会面貌焕然一新。但这仅仅是开始，路程还很远、很艰苦。变革必然会引起矛盾。改革必然会触动既得利益者，还必然遇到保守派的反对和阻挠。民族分裂主义者、宣示宗教极端主义势力会千方百计、不择手段利用矛盾，挑起事端进行破坏活动。因此，我们必须坚持改革,改革才有出路,才能进步。我们必须反对复辟,反复就会倒退,倒退是没有什么出路的。

中央十分重视西藏,全国人民十分关心西藏。中央第五次西藏工作座谈会为西藏未来发展指明了方向:坚持走中国特色、西藏特点的发展路子,紧紧抓住发展和稳定两件大事,确保西藏经济社会跨越式发展,确保国家安全和西藏长治久安,确保西藏人民物质文化生活水准不断提高,确保西藏生态环境良好。这一条路子、两件大事、四个确保,讲得多么科学、多么周到、多么完整,充分体现了党和人民对西藏人民的无限爱护和关怀。我们新西兰全体华侨华人坚定不移地支持中国政府为维护统一、制止分裂所采取的行动和措施,坚决反对达赖集团的分裂言论和恶劣行径。

"促进民族团结,实现共同进步,是中华民族的生命、力量和希望所在。"温家宝总理的讲话多么好啊!点明了问题的本质,寄予无限的希望。

团结就是力量,改革就是进步。我们新西兰华侨华人衷心祝愿西藏人民进一步团结起来,沿着党中央指引的方向,进一步深化改革,满怀信心地向着全面建设小康社会的目标奋勇前进,努力推进跨越式发展,确保长治久安,把西藏建设得更加美好,使人民生活更加幸福!

(原载《新西兰联合报》2010 年 3 月 12 日)

第五编

瞿秋白研究

坚持以“三个代表”重要思想为指导 大力推进瞿秋白研究工作

江泽民同志在党的十六大所作的报告，是一篇马克思主义的纲领性文献。通篇贯穿了“三个代表”重要思想，充分体现了理论创新对实践创新的指导作用。“三个代表”重要思想是十六大报告的灵魂，也是贯穿报告全篇的一条主线。江泽民同志集中全党智慧提出的“三个代表”重要思想，坚持、丰富和发展了马克思主义、毛泽东思想和邓小平理论，科学地总结了党成立以来的历史经验，特别是改革开放以来的新鲜经验，反映了当代世界和中国发展的新变化、新要求，是进一步加强党的建设，全面建设小康社会，推进中国社会主义现代化建设的强大思想武器。同时，也为不断开拓瞿秋白研究的新境界，大力推进瞿秋白研究，开创瞿秋白研究的新局面指明了方向。

坚持以“三个代表”的要求统领瞿秋白研究工作

进入新世纪，开辟新阶段，瞿秋白研究既遇到了前所未有的发展机遇，又面临着严峻的挑战。摆在我们面前的光荣而艰巨的任务，是要进一步解放思想，实事求是，与时俱进，开拓创新，知难而进，进一步深化瞿秋白研究，创造优秀成果，充分发挥瞿秋白研究在社会主义现代化建设中的积极作用。

进一步深化瞿秋白研究，最根本、最关键的是要坚持以“三个代表”要求统领瞿秋白研究的全部工作。

在推进社会主义现代化建设和实现中华民族伟大复兴历史进程

中，江泽民同志明确指出哲学社会科学担负着认识世界、传承文明、创新理论、资政育人、服务社会的光荣职责。这就为深化瞿秋白研究指明了方向。瞿秋白研究是党史研究的重要组成部分，是哲学社会科学的重要组成部分，也是社会主义文化建设和精神文明建设的重要组成部分，是为推进社会主义物质文明、政治文明和精神文明服务的一项伟大事业。时代呼唤深化瞿秋白研究，党和国家未来发展要求瞿秋白研究成为弘扬革命精神，正确认识和改造世界，推动理论创新和先进文化发展，促进党和国家决策的科学化、民主化，推进改革开放和现代化建设，培养“四有”新人的一支新生力量。

在新的历史时期，瞿秋白研究的性质和历史使命以及在建设有中国特色社会主义实践和理论探索中所处的重要地位，要求有一个科学的指导思想，有一个统领瞿秋白研究工作的指针。在当代中国这个指导思想和指针，就是江泽民同志提出的“三个代表”重要思想。实践证明并将进一步证明，必须自始至终坚定不移地把“三个代表”重要思想作为指导思想和方针，瞿秋白研究工作才能坚持正确的方向，树立明确的目标；各项研究工作才能与时俱进，围绕全局性、战略性、前瞻性的重大理论和实践问题，调集力量，合理组合，为国家发展和民族振兴提出真知灼见和积极建议；才能不断探索新世纪瞿秋白研究的发展规律和趋向，营造民主、和谐、严谨、求实的学术氛围；瞿秋白研究队伍才能团结一致，振奋精神，开拓创新，勇于探索，进一步创造优秀成果和精品力作，推进社会主义物质文明、政治文明和精神文明建设，发展社会主义先进文化，为弘扬中华民族的优秀学术传统，开拓瞿秋白研究的新境界，创造新成果，做出无愧于时代的新贡献。

瞿秋白研究工作者肩负的光荣使命

“三个代表”重要思想同马列主义、毛泽东思想和邓小平理论一脉相承，反映了当代世界和中国发展变化对党和国家工作的新要求，是我们党的立党之本、执政之基、力量之源，是加强和改进党的建设、推进我国社会主义制度自我完善和发展的强大理论武器。

坚持以“三个代表”重要思想统领瞿秋白研究工作，就是要把“三个代表”重要思想贯彻到全部瞿秋白研究工作中去；就是要把是否体现“三个代表”要求作为衡量瞿秋白研究工作的根本尺度；就是要按照“三个代表”要求观察新形势，分析新情况，研究和解决新问题。广大瞿秋白研究工作者要以高度的事业心、责任感，充分认识肩负的光荣使命，在深入学习和全面贯彻“三个代表”重要思想，深化瞿秋白研究进程中，充分激发献身伟大的社会主义事业的勇气和热情，进一步发挥积极作用，作出新的贡献。

当前摆在我们面前的首要任务，是要进一步认真学习和深刻领会“三个代表”重要思想的科学内涵和精神实质。江泽民同志的“七一”重要讲话、“5·31”重要讲话和党的十六大报告提出了许多新思想、新观点、新概括，丰富了“三个代表”重要思想的科学内涵。明确提出，全面贯彻“三个代表”要求，关键在坚持与时俱进，核心在保持党的先进性，本质在坚持执政为民。这“三个一”(一个关键、一个核心、一个本质)，是“三个代表”的根本要求，深刻地揭示了“三个代表”重要思想的精神实质。我们要紧紧抓住这“三个一”，联系实际，反复学习，深刻领会，充分认识“三个代表”重要思想的重大意义，坚持用“三个代表”这一发展着的马克思主义指导瞿秋白研究工作，开创瞿秋白研究的新局面，把瞿秋白研究推向新阶段。

学习的目的在于应用。我们不但要自觉学习好“三个代表”重要思想，同时要把“三个代表”重要思想，全面贯彻落实到瞿秋白研究工作中去。一是要坚持用马克思主义的立场、观点和方法来指导瞿秋白研究工作。要不断增强贯彻落实“三个代表”要求的自觉性、主动性，自始至终以是否贯彻落实“三个代表”作为衡量瞿秋白研究的性质、方向和水平的根本尺度。二是进一步明确瞿秋白研究在建设中国特色社会主义事业，加强新世纪党的建设和培育“四有新人”中的地位和作用。把搞好瞿秋白研究工作，多出优秀成果，推进社会主义物质文明、精神文明和政治文明建设，作为贯彻落实“三个代表”重要思想的具体体现。三是深刻认识新世纪、新挑战、新任务对加强瞿秋白研究和理论创新的新要求。努力开辟瞿秋白研究的新境界,发扬新学风,拓展新领域,运用新方法和新手段,创造新成果。

牢牢把握瞿秋白研究的正确方向

“三个代表”重要思想,是毛泽东思想、邓小平理论的继承和创新。江泽民同志关于“三个代表”重要思想和一系列讲话,指明了瞿秋白研究的正确方向,使广大瞿秋白研究工作者,增强了进一步做好瞿秋白研究工作的自觉性,鼓舞了斗志,激励了创新精神,必将有力地推进瞿秋白研究的繁荣和发展。

牢牢把握瞿秋白研究的正确方向,首先要坚持以马克思主义为指导。党的十一届三中全会以来的实践,充分证明坚持以马克思主义为指导,是搞好瞿秋白研究的根本保证。坚持以马克思主义为指导,我们的工作就有明确的方向和目标,我们的各项工作就能沿着正确的轨道运行。我们就能与时俱进,不断深化研究瞿秋白的生平、思想和贡献,弘扬瞿秋白精神,推进马克思主义的发展,坚持用发展着的马克思主义指导瞿秋白研究。

瞿秋白研究与其他研究的不同点,在于它的政治性很强,它既是政治问题,又是学术问题。因此,瞿秋白研究要自始至终坚持政治方向,决不可脱离政治。同时,又要兼顾其学术研究的特点,不能把学术研究政治化。在当代,我们要坚持瞿秋白研究的正确方向,就是要坚持“三个代表”重要思想,加强研究当今社会发展的现实问题,加强对全局性、前瞻性、战略性重大理论和实践问题的研究。在学习“三个代表”重要思想的基础上,江苏省瞿秋白研究会提出了今后学术研究的重点是“瞿秋白与先进文化”。有关领导和专家一致认为这个题目出得好,它既坚持了“三个代表”重要思想,又体现了瞿秋白研究的特色,还紧密结合了加强社会主义先进文化建设的实践。广大瞿秋白研究工作者围绕“瞿秋白与先进文化”这个主题,经过认真研究,撰写了一批有质量的论文,成功地举行了第一次"瞿秋白与先进文化"学术研讨会。这是一次有益的尝试。

在坚持政治方向的同时,还要坚持学术研究的方向。多年来瞿秋白研究的实践告诉我们,坚持学术研究方向必须坚持马克思主义辩证唯物主义和历史唯物主义,深入贯彻"双百"方针,解放思想,实事求是,努力做到:第一,以我国的现实问题为中心。瞿秋白研究涉及中国和世界的许多方面,但应以我国的现实问题为中心,为建设中国特色社会主义服务。第二,在研究中发扬继承和创新精神,勇于坚持真理,善于修正错误,不断追求真理、探索真理、发展真理。第三,适应时代的要求,与时俱进,开拓创新,不断总结经验,不断开辟新方向,不断研究新课题,百尺竿头,更上一层楼。第四,在研究中要坚持走群众路线,从群众中来,到群众中去,扎根于群众的实践,以群众的实践为准绳,虚心汲取群众的智慧。

以秋白精神深化秋白研究

秋白同志的崇高精神,时时刻刻鼓舞着我们的信心和勇气,激励着我们开拓创新,知难而进。以秋白精神研究秋白,是江苏省瞿秋白研究会对广大研究工作者提出的新要求,很有意义。

什么是秋白精神的灵魂?秋白同志沉着而热情地说:"我总想为大家辟一条光明的路。"秋白同志满腔热情地高呼:"我是江南第一燕……"辟——开辟,是什么精神?第一燕,是什么精神?一句话,秋白同志崇高精神的灵魂就是与时俱进的精神。以秋白精神研究秋白,就是要弘扬与时俱进、开拓创新的精神,深化瞿秋白研究,创造优秀成果,为社会主义现代化建设服务。

与时俱进是推进瞿秋白研究的强大动力。时代在前进,实践在发展,我们的思想认识应当与时俱进,瞿秋白研究工作也应当与时俱进。广大瞿秋白研究工作者应该永不自满,永不懈怠,永不停步,根据时代和实践的要求勇于和善于不断创新,使我们对客观世界的认识不断深化,对马克思主义基本原理的运用不断进步,不断开拓瞿秋白研究的新境界，拓展瞿秋白研究的新思路，开创瞿秋白研究的新局面。

与时俱进是瞿秋白研究的强大生命力。在新的历史阶段，我们要深化瞿秋白研究，就是要自觉坚持理论联系实际的原则，就是要紧密与时代结合，与中国的实际结合，与中国的政治、思想、理论、文化结合。坚持马克思主义的科学原理和科学精神，善于把握新变化、新情况、新问题，深入开展研究。实现这种结合，需要与时俱进，坚持这种结合，必须坚持与时俱进。

与时俱进是瞿秋白研究工作者的精神状态的具体体现。实践发展无止境，社会进步无止境，人的认识无止境，瞿秋白研究也是无止境。因此，解放思想、实事求是、与时俱进、开拓创新就永无止境。弘扬与时俱进的精神，就是要解放思想、实事求是，在党的基本理论指导下，一切从实际出发，自觉地把思想认识从那些不合时宜的观念、做法和体制中解放出来，从对马克思主义的错误的教条式的理解中解放出来，从主观主义和形而上学的桎梏中解放出来；就是要用马克思主义的宽广眼界观察世界，用当代最新的科学知识丰富自己，站在时代的前沿，不断攀登新的高峰。

贯彻落实“三个代表”要求，深化瞿秋白研究是一个与时俱进的过程，在秋白精神哺育下成长起来的瞿秋白研究工作者将始终保持奋发向上的蓬勃朝气，反对无所作为的暮气；始终保持开拓进取的昂扬锐气，反对封闭保守的死气；始终保持立党为公的浩然正气，反对以权谋私的邪气。

与时俱进的精神，生生不息，充满生机、活力；与时俱进的瞿秋白研究事业，欣欣向荣，蓬勃兴旺；与时俱进的瞿秋白研究工作者，永葆青春，永远开拓奋进！

大力推动瞿秋白研究的理论创新

“三个代表”重要思想是新时代马克思主义理论创新的典范。它根据当代世界发生的一系列新变化，深入地研究并正确地回答了时代提出的新课题，从而使马克思主义理论得到了丰富和发展。广大瞿秋白研究工作者要充分认识理论创新的重大意义和作用，深刻认识理论创新是时代赋予我们的历史任务，自觉地以江泽民同志为榜样，从“三个代表”重要思想中汲取力量，推进理论创新。

坚持以“三个代表”重要思想为指导来回答重大理论问题，就要深刻认识和把握《共产党宣言》发表150多年来世界发生的重大变化，深刻认识和把握国际形势和我国社会主义建设发生的重大变化，深刻认识和把握广大党员和人民群众工作、生活条件和社会环境发生的重大变化，了解和研究当今社会发展的现实问题，以创新精神着重研究现实生活中出现的新情况、新现象，及时对出现的新问题作出马克思主义的回答。

“三个代表”重要思想，是当代中国科学世界观、人生观、价值观的核心内容。广大瞿秋白研究工作者要不断增强贯彻“三个代表”要求的自觉性和坚定性，把对重大理论问题的回答放在推动当代中国先进生产力和先进文化的发展中去考察，放到维护和实现最广大人民根本利益的奋斗中去考察。瞿秋白研究的理论创新是否正确，是否有价值，归根到底，必须经过实践的检验，我们在从事瞿秋白研究和创新的时候，必须通过实践检验，看看我们提出的理论和观点是否符合“三个代表”要求，凡符合的就毫不动摇地坚持，不完全符合的就加以改进，不符合的则实事求是地改正。创新，理论创新，是瞿秋白研究的灵魂！我们要以秋白同志为表率，坚持追求真理和探索真理，进行创造性的学习和研究，不断创造原创性的学术成果。

奋发努力，多出精品力作

时代对瞿秋白研究提出了新要求，党和人民对瞿秋白研究提出了殷切期望，广大瞿秋白研究工作者自觉要求在新时代有新的开拓。按照“三个代表”要求，深化瞿秋白研究，提高瞿秋白研究水平，唯一衡量的标准就是要看创造出多少真正体现“三个代表”要求的优秀成果、精品力作和传世之作。要努力避免平庸之作和低水平重复。

为此，江苏省瞿秋白研究会经过多次征求意见，制订了一个今后几年内深化瞿秋白研究的规划。这是一个很好的规划，具有导向、示范、组织和凝聚作用。

今后几年，研究瞿秋白的重点课题是：

1. 瞿秋白对毛泽东思想形成的重要贡献；

2. 瞿秋白与先进文化；

3. 瞿秋白年谱；

4. 瞿秋白传；

5. 瞿秋白研究发展史。

为了更好地完成上述研究任务，一是要动员、组织广大瞿秋白研究工作者全面落实规划中的各项任务。二是要加强研究项目的评审工作。凡是课题有前期研究成果，提出创新理论和观点，能联系实际，解决实际问题的课题，才能立项，反之不能立项。三是加强成果鉴定工作。凡是立项的课题成果，都要组织专家进行评审。要坚持高标准，严要求，不符合要求，质量不高的，不能通过。四是加强项目管理，对立项课题，特别是重点课题，有希望出精品力作的项目，要从头至尾加强指导和管理，尽可能创造有利的工作环境和条件。五是改进评奖工作。通过评奖可以发现优秀成果和人才，可以激励广大瞿秋白研究工作者刻苦钻研，创造优秀成果。省瞿秋白研究会组织专家进行的第一次评奖工作，认真、严肃，坚持高标准，宁缺勿滥。这要坚持并不断加以改进。

进一步提高研究质量和水平，是我们今后努力的方向。首先要突出一个“新”字。我们的研究和撰写论文、著作要有新意，努力克服炒冷饭等现象。其次要突出一个“深”字。我们的研究和撰写论文、著作要有深度，努力克服缺乏深度等现象。再是要突出一个“实”字。我们的研究和撰写论文、著作要紧密联系实际，努力克服不接触实际的现象。要真正做到坐下来，深下去，研读《瞿秋白文集》，扎扎实实地进行探索和研究，把瞿秋白研究推向新的阶段。

（原载《常州工学院学报》2003 年第 5 期）

瞿秋白研究的回顾与展望

加强学习，深化研究，弘扬瞿秋白精神，推进社会主义现代化建设，是对瞿秋白同志百年诞辰最好的纪念。

半个多世纪来，瞿秋白的战友和一大批专家、学者积极从事瞿秋白研究，不论是研究中国革命史和党史上的瞿秋白，或是研究文学史、新闻史、思想史上的瞿秋白，都经历了曲折的发展历程，取得了可喜的成果。中华人民共和国成立以来，特别是党的十一届三中全会以来的瞿秋白研究，冲破了“左”的禁锢和“现代迷信”的影响，有了新的开拓，出现了全面发展的新局面，呈现出一片兴旺景象。纪念瞿秋白诞辰100周年活动的深入展开，又把瞿秋白研究推进到一个新的阶段。

瞿秋白研究的演进

纵观70年来瞿秋白研究的历史，可以分为以下六个时期：

(一) 前奏时期：20—30年代的瞿秋白研究

瞿秋白在“五四”时期，便从事文学创作和理论研究，30年代参与指导了左翼文艺运动，发表了大量理论文章与文学作品。因此，在他生前，主要是文化界人士对他的作品进行研究和评论。早在1922年王统照(署名剑三)就写了《新俄国游记》一文，在《晨光》杂志第一卷3期发表。热烈地赞扬这本书是“一个奋勇的少年人的人生观的自述”，“在游记中为最富感动的文学兴味的作品”。王统照撰写此文，“乃是为了引导当时的青年去阅读和深入理解《俄乡纪程》，希望他们思考和深悟人生。"从此揭开了研究瞿秋白的序幕。先后发表了10余篇文章。

这一时期的瞿秋白研究,虽然是初步的,仅限在文学创作、大众文艺和大众语方面的评述和研究,但这是前奏性的,它奏响了瞿秋白研究的乐章,揭开了瞿秋白研究的序幕,是整个瞿秋白研究的重要组成部分,具有奠基性的意义。

(二)开拓时期:瞿秋白英勇就义后的瞿秋白研究

1935年6月18日,瞿秋白在福建长汀英勇就义。

1935年4月,瞿秋白的亲密战友鲁迅确信瞿秋白被俘,且深知必将被害。5月22日,他在致曹靖华信中沉痛写道:"它(瞿秋白别号之一)事极确,上月曾得确信,然何能为。这在文化上的损失,真是无可比喻。"鲁迅高度评价了瞿秋白,说:"中国人先在自己把好人杀完,秋白即其一。……中文俄文都好,像他那样的,我看中国现在少有。""瞿若不死,译这种书[①]是极相宜的,即此一端,即足判杀人者为罪大恶极。"出于火一样的革命友情,鲁迅于6月11日拟好译文篇目,定名《海上述林》。鲁迅之所以决定先编印瞿的译文,意在求快。他说:"我把他的作品出版,是一个纪念,也是一个抗议,一个示威……"称赞秋白的译文"信而且达,并世无两","路以益人,足以传世"。

1935年6月18日,瞿秋白英勇就义,在中国和世界引起了极大震动。中国共产党领导人和日本、英国、美国、德国、加拿大、越南等国共产党曾发表过纪念悼文。1935年9月1日左联机关刊物《文艺群众》创刊号上,发表了《悼瞿秋白同志》一文(署名"本社同人"),它以昂扬的革命激情,高度评价了瞿秋白的一生。

1936年6月20日,党在巴黎创办的《救国时报》第37期,刊出了纪念瞿秋白殉难一周年纪念专刊,发表了纪念文章和第一篇《瞿秋白先生略传》(南田)。该略传正确分析了瞿秋白走上革命道路的历程,高度评价瞿秋白的革命精神和功绩。同年7月3日,《救国时报》第40期又

---

① 指《死魂灵》之类——引者。

以《旅英侨胞纪念先烈瞿秋白》为题，发表了伦敦解放社同人作于6月18日的《纪念民族英雄瞿秋白烈士宣言》。同年10月30日，《救国时报》为追悼鲁迅逝世，发表了史平(陈云同志)的《一个深晚》，追述1932年11月底的一个深晚，陈云第一次到鲁迅家通知在那里避难的秋白转移到"另一个地方去"的情景，文中生动地描述了鲁迅与瞿秋白的亲密崇高的友谊和鲁迅对瞿秋白的关切。

1937年3月，莫斯科外国工人出版社出版了中文版《殉国烈士瞿秋白》。发表了杜宁(杨之华)的《纪念我们亲爱的战友瞿秋白同志》及《瞿秋白同志传》。她指出：瞿秋白被害"是一件震动全中国、全世界的事件，这是中国革命乃至世界革命的一项莫大的损失"！这篇传记扼要评述了瞿秋白的一生，肯定了他对中国革命所作的贡献。

1938年6月9日和10日，《文汇报》连载了鹰隼(钱杏邨)《关于瞿秋白的文学遗著》一文，回顾了瞿秋白自"五四"以来的文学活动，指出其文学著译是十分丰富的。

1939年3月10日《文献》第6卷，刊载了《瞿秋白全集》发行预告一则。预告说："瞿先生从事政治文化运动，前后凡二十余年，所作文字，不下六七百万言，在政治文化上，所起之影响极大，此伟大之历史里程碑，时至今日，实不能再听其湮没。"同年9月，李何林编著的《近二十年中国文艺思潮论》，书前刊有鲁迅和瞿秋白(称宋阳先生)像各一幅，并称为"现代中国两大文艺思想家"。在序言中，说："在近二十年中国文艺界中，除鲁迅以外，瞿秋白也站着很重要的地位。""他二人的学识、思想、文章，在现代的中国实在可称'双璧'！"

这一时期共发表43篇纪念、评述、研究瞿秋白的文章，可以看出这一阶段瞿秋白研究的重要特点是高度赞誉秋白的革命精神、牺牲精神和崇高人格，初步肯定了瞿秋白在我党早期的领导人地位，并且敏锐地注意到，瞿秋白在新文学史上的开拓性、奠基性的建树与贡献。

(三) 深化时期：40年代的瞿秋白研究

进入40年代，更多的专家、学者进一步回忆、研究瞿秋白在政治理论方面的重大贡献。

40年代中期,瞿秋白评述和研究出现了新的突破和发展。

1945年4月20日,中国共产党第六届中央委员会第七次全体会议通过了《关于若干历史问题的决议》。决议充分肯定瞿秋白所主持的"八七会议"在党的历史上是有重要作用和功绩的。"它在中国革命的危急关头坚决地纠正了和结束了陈独秀的投降主义"。对瞿秋白做出了正确结论,指出:"所谓犯'调和路线错误'的瞿秋白同志,是当时党内有威信的领导者之一。他在被打击以后继续做了许多有益的工作(主要是在文化方面)。"他的"无产阶级英雄气概,乃是永远值得我们纪念的"。

党的六届七中全会的决议这个重要历史文献,第一次正确地评价了瞿秋白,给瞿秋白研究指明了方向。

1946年6月16日,重庆《群众》周刊第一卷第七期发表淡如的《瞿秋白最后的话》。同年7月1日,新华书店晋察分店印行了《乱弹及其他》一书,以纪念瞿秋白光荣牺牲十一周年。

1947年2月5日,上海《新文化》半月刊第三卷第三期发表了朱年的《关于瞿秋白二三事》。该文认为"中国近代大思想家中,瞿氏与鲁迅二人,堪称双璧"。

同年7月5日,胡绳在《秋草》第四期发表了《读秋白遗文》。首次提出瞿秋白1923年写的《政治运动与知识阶级》,1926年写的《最近中国之中央政府问题》和1925年的《义和团运动之意义与五四运动之前途》等文都表现出瞿秋白的政治远见和深邃的洞察力,因此希望理论和学术界引起重视和认真研究。这是很有远见的。

1948年1月,王士菁的《鲁迅传》由新知书店出版。这是中国人写的第一本鲁迅传记。传中写到鲁迅与创造社、太阳社论争革命文学问题时,指出瞿秋白《〈鲁迅杂感选集〉序言》对这个问题的分析,"有极精确的见解,首先指出了'革命文学家'的阶级根性",又指出了这些'革命文学家'们的错误"。

这一时期的瞿秋白研究是非常重要的时期,通过纪念、研究、评述,特别是党的六届七中全会决议,充分肯定了瞿秋白在中国共产党历史上的重要地位、作用和功过；瞿秋白的文学思想、作品和地位作用，更为人们所重视和肯定，并开始注意到对瞿秋白的政治理论思想研究不够，急需加强这方面的研究。

（四）崭新时期：新中国成立后17年的瞿秋白研究

中华人民共和国成立以后，瞿秋白研究进入了一个崭新的时期。新中国成立后17年间，广大党员和人民群众一直以仰慕钦佩的心情，追念为共产主义、为建立新中国献出生命的先烈们，并以此激励自己为更美好的未来而奋发进取。瞿秋白永远活在人们心中，而且具有十分突出的地位。每逢6月18日，报刊上都发表大量纪念瞿秋白的文章，叙述他的革命事迹，颂扬他的革命精神。对瞿秋白的研究，不断加深，尤其是对他的文学活动方面，有更多的研究和评论。特别是1955年6月18日，党中央在北京八宝山革命烈士公墓举行了瞿秋白同志遗骨安葬仪式，这是全国第一次正式悼念瞿秋白的活动。陆定一同志代表党中央做了《关于瞿秋白同志生平的报告》，称瞿秋白是"中国共产党卓越的政治活动家和宣传家"，"中国无产阶级的无限忠诚的战士"。党中央并决定出版《瞿秋白文集》（四卷本），极大地推动了瞿秋白的研究，先后发表了近300篇回忆文章和论文、资料，并有专著出版，呈现一派繁荣景象。

1953年10月，《瞿秋白文集》第一册（含第一、二卷）由人民文学出版社出版，有力地推动对瞿秋白文学思想的深入研究。

这一时期，瞿秋白的研究有以下显著特点：

1. 革命前辈尤其是秋白的战友和亲人撰写了大量亲身感受和史料性的回忆文章。杨之华陆续发表了《一个共产党人——瞿秋白》、《忆秋白》、《〈鲁迅杂感选集·序言〉是怎样产生的？》等回忆、研究文章，评述了秋白多方面的革命活动和贡献，并编写了《瞿秋白同志著译年表》。吴玉章、茅盾、冯雪峰、郑振铎、曹靖华、夏衍、许广平、李伯钊、赵品三、郑伯奇、瞿独伊等在文章中回忆了秋白各个时期的感人事迹及留给他们的深刻印象。辛民的《瞿秋白同志年表初稿》和修订稿、温济泽的《瞿秋白同志革命史略》相继发表。他们都满怀深情追念秋白"不顾环境怎样困难、不问身体怎样衰弱”，始终不渝地坚持为革命而勤奋工作。即使在受到“左”倾错误的打击后，在他身上“仍找不到牢骚、委屈之类的个人主义情绪”。他们称赞秋白高洁的为人和学者风范。在他们眼中，秋白始终是一位正直的革命者、坚定的共产党员、无私无畏的战士和肝胆相照的挚友。这些都为瞿秋白思想研究和史传研究提供了丰富可信的史料。

2. 研究者目光集中于瞿秋白的文学活动及其在文艺战线上的贡献。这方面的研究，在50年代初步建立了基础。《瞿秋白文集·序言》首次全面评价了瞿秋白对无产阶级文学的贡献。报刊上发表的论文，几乎都是论述他的文艺思想，评价他的散文、杂文和译文，研究他和鲁迅的战斗友谊。引起人们重视的研究成果要数丁易的《文艺第一次和工农兵结合》，曹靖华的《瞿秋白同志为介绍苏联文学所进行的斗争》，吴伯箫的《重读〈乱弹及其它〉》，夏衍的《追念瞿秋白同志》，丁景唐的《瞿秋白同志在上海紫霞路的时候》，史莽的《中国革命文学的不朽丰碑——介绍〈瞿秋白文集〉》，陈涌的《继承瞿秋白同志的文艺理论遗产》，温济泽的《瞿秋白同志在文学上的贡献》，周述曾的《瞿秋白的文艺思想》，刘泮溪的《瞿秋白的〈俄乡纪程〉和〈赤都心史〉》等。1958年出版了丁景唐的《学习鲁迅和瞿秋白作品的札记》，1959年又出版了他和文操合编的《瞿秋白著译系年目录》。曹子西编著的《瞿秋白的文学活动》主要论述了瞿秋白对马克思主义文艺理论的宣传和他的文学评论。上官艾明编写的《瞿秋白与文学》，则较多地论述了瞿秋白的马克思主义的文艺思想和文学创作。50年代高等院校讲授的现代文学史，大都比较全面地介绍、评价了瞿秋白作为马克思主义文学理论家、批评家、翻译家和革命家的成就和地位。李何林、王瑶等最早编写的《〈中国文学史〉教学大纲》、王瑶的《中国新文学史稿》、丁易的《中国现代文学史略》中的有关章节，都是颇具影响的。当然，当时的几本《现代文学史》评价瞿秋白也存在不同情况。如有的对秋白早期的《俄乡纪程》和《赤都心史》未多加评论；在论述同“民族主义文学”及“新月派”的斗争中，没有论及瞿秋白；对《鲁迅杂感选集·序言》的评价也有差异。

3. 注重瞿秋白的革命实践的研究。许多文章论述瞿秋白是中共早期“最重视革命理论和理论联系实际”的革命者之一。他曾引用列宁的名言“与其写革命,毋宁做革命”,来勉励自己,投入很大的精力从事革命实际活动。学者们撰写了不少有关瞿秋白在艰难险恶的环境中,从事艰苦卓绝的革命活动的文章。

4. 瞿秋白研究的范围比以前有所拓展。部分研究工作者已对瞿秋白的翻译工作,瞿秋白与《热血日报》,瞿秋白的笔名、别名,瞿秋白1927年起草我党最早的《文件处置办法》,瞿秋白早年的诗和画,瞿秋白与音乐,瞿秋白与戏剧,瞿秋白与《子夜》,瞿秋白与李大钊,瞿秋白与郭沫若,瞿秋白与高尔基,瞿秋白与胡适等,也都作了研究,取得了初步的成果。

瞿秋白是一位伟大的革命活动家,也是一位杰出的革命理论家。运用马克思主义探索中国革命理论,是秋白一生中“不可一日或缓”的任务。他留下了500多万字的著述。然而这一时期,研究这方面的文章很少,只有少数同志开始重视研究,撰写了《瞿秋白同志在介绍马克思列宁生平及理论上的贡献》的论文。十分遗憾的是瞿秋白革命理论贡献的研究基本上是一片空白。同时,对秋白推动第一次国共合作、领导“五四”运动、指导上海工人武装起义、大革命失败后力挽狂澜、纠正李立三错误,以及在共产国际开展工作等重大政治活动还缺乏深入研究。

总之,新中国成立以后十七年瞿秋白研究进入了崭新的时期,广度和深度都超过了过去任何时期,充满生机和活力。但还没有全面深入展开。一是研究范围窄,侧重文艺建树和革命活动的回忆;二是研究表面化,缺乏深层次的理论探讨;三是缺乏阶段性、整体性的综合研究;四是未形成专门研究队伍。特别是1963年以后,对瞿秋白的研究已经受到影响。

(五)干扰破坏时期:“文化大革命”中的瞿秋白研究

在“文化大革命”内乱中,在革命先烈中,瞿秋白是首当其冲的受诋毁者。“五一六”通知公布不久,在林彪、江青两个反革命集团的指使下，瞿秋白就被公开称为“叛徒”，长达十年之久，讨瞿的浊浪一浪接一浪。这时期，瞿秋白被批判为“机会主义路线的头子”和“老叛徒”。瞿秋白被置于与鲁迅相对立的地位。1967 年 1 月、5 月北京师范大学、北京政法学院等造反组织出版了《讨瞿战报》，共 20 期(半月 1 期)，流毒甚广。它发表了许多署名和不署名的文章，大肆污蔑瞿秋白，声称“《通知》是讨瞿工作的指针”，污蔑《多余的话》是叛徒的自白书。1963 年戚本禹的《评〈李秀成自述〉》，提供了新“论据”，并给瞿秋白戴上“大叛徒”、“老牌机会主义者”、“帝国主义的应声虫和辩护士”、“假革命”、“奴才”等种种反革命的帽子。1974 年至 1976 年，适应“批林批孔”的需要，在一些大学学报上，陆续发表了“批判”瞿秋白“歪曲”、“贬低”鲁迅的文章。以极端简单片面、形而上学手法，指责瞿秋白在鲁迅研究中宣扬“天才论”、“直觉”论，贬低了鲁迅前期思想的革命内容，延迟了鲁迅世界观转变的时间，取消了马克思主义对鲁迅的指导等等，胡说瞿秋白用唯心主义观点歪曲了鲁迅。十年内乱，使已经深入开展的瞿秋白研究遭到了严重的破坏和干扰，在党内外、国内外造成了极坏的影响。

(六) 黄金时期:党的十一届三中全会以来的瞿秋白研究

党的十一届三中全会胜利召开，标志着我国进入了社会主义现代化建设的新时期。在实事求是、解放思想的思想路线指导下，在党的领导下，大量冤假错案得到平反，学术界开始出现百家争鸣的民主空气。在社会各方面包括党史界、文艺界、教育界、新闻界、出版界等的关心和支持下，经过学术界新老专家学者的艰苦探索和创造性劳动，瞿秋白研究的春天来了，研究工作进入黄金时期，开创了前所未有的局面，创造了一大批具有科学价值和社会价值的学术成果。据统计，到 1997 年止，共发表研究瞿秋白的论文 1870 余篇，出版专著、文集 70 种以上。许多论著坚持实事求是，充分肯定瞿秋白的历史功绩，颂扬瞿秋白的崇高精神，重塑瞿秋白的高大形象，在学术界内外，党内外和国内外产生了深远影响。

这一时期的瞿秋白研究首先集中在“文化大革命”中置瞿秋白于“死”地的两大问题:一是推行“左”倾盲动主义路线;二是所谓变节投降

的《多余的话》。因此,新时期瞿秋白研究首当其冲的问题就是如何认识和评价《多余的话》和“左”倾盲动主义问题。

1979年1月,《历史研究》第一期刊载的《打破党史禁区》一文,提出了应当重新评价瞿秋白的问题。陈铁健同志于1979年3月在《历史研究》第三期最早发表《重评〈多余的话〉》,以坚定的革命立场和无可辩驳的事实,打响了迈入新时期瞿秋白研究的第一声号炮。《重评》是对“文革”期间给《多余的话》错误定性的挑战和否定。作者有胆有识,运用科学分析的方法,对《多余的话》提出了基本肯定的观点:“光辉是主要的,灰暗是次要的。”《重评》的主要观点获得了茅盾、丁玲等人的支持。新时期瞿秋白研究的序幕终于揭开了。

专论“左”倾盲动主义问题的文章,首推李维汉同志在《中国社会科学》1983年第3期上发表的长篇论文《对瞿秋白的左倾盲动主义的回顾和研究》。该文坚持马克思主义、坚持实事求是,对瞿秋白“左”倾盲动主义产生、形成及其被纠正的曲折过程,进行了具体客观的考察和透彻的分析研究,认为所谓瞿秋白“左”倾盲动主义,是“执行‘八七’会议总方针过程中所犯的错误,主要是认识问题”,责任不是他一个人的,主要责任在“国际”代表。这不仅是关于瞿秋白“左”倾问题的公正而权威之论,而且对整个瞿秋白研究产生重大影响和思想启导作用。

这一时期,可分以下三个阶段:

1. 1979年3月至1985年6月,新时期瞿秋白研究的第一阶段。这一阶段研究的中心任务是推倒强加在瞿秋白头上的诬陷不实之词,匡正是非,恢复瞿秋白真实的历史形象

这一阶段有两个高潮。

第一个高潮是1980年6月,中国文联、中国作协、中国社科院联合举办纪念瞿秋白同志就义45周年的大型座谈会,周扬同志作了《为大家开辟一条光明的路》的报告,许多革命前辈、老革命家,即席发言,为瞿秋白研究作了思想发动并确定了基调。同时,烈士家乡常州市也举办纪念会、报告会,加强了舆论宣传和研究。

第二个高潮是同年7月,中共中央通过了中纪委为瞿秋白的“叛

徒”罪名平反的报告，10月向全党发出指示，恢复瞿秋白的名誉，为新时期的瞿秋白研究指明了方向，创造了极为有利的条件。江苏省社会科学院与中国作协江苏分会于1983年举办了“江苏省第一届瞿秋白研究学术讨论会”，成立了瞿秋白研究组；1984年江苏省社会科学院、徐州师范学院、徐州文联联合举办“江苏省第二届瞿秋白研究学术讨论会”，交流了成果，组织了队伍，对瞿秋白研究产生了重大的推动作用。

2. 1985年6月至1989年10月，新时期瞿秋白研究的第二阶段

这一阶段的中心任务是把具有鲜明特色的瞿秋白研究深入下去，系统地研究和阐述瞿秋白所处的时期、他的思想、著作、生平事迹和艰难复杂的社会环境，以求对党史和革命史的研究，对党的思想传统、民族精神和新时期精神文明建设，对社会主义现代化和人的现代化，提供珍贵的思想财富和人格典范。

这一阶段有两个高潮。

第一个高潮是1985年6月18日，中共中央在北京举行的“瞿秋白同志就义五十周年纪念大会”和在常州举办的全国瞿秋白研究学术讨论会，以及在重新树起纪念碑的瞿秋白烈士殉难地福建长汀召开的学术研讨会。这是第一阶段瞿秋白研究成果集中展示和光辉总结。杨尚昆同志代表中共中央的长篇讲话，对瞿秋白作出了历史性的科学评价：瞿秋白同志是“中国共产党早期的主要领导人之一，伟大的马克思主义者，卓越的无产阶级革命家、理论家和宣传家，中国的革命文学事业的重要奠基者之一”。

第二个高潮是1989年10月在常州召开的全国“纪念瞿秋白诞辰90周年暨学术讨论会”。

这一阶段的特点是研究工作趋向深入化、系统化和学术化，致力于从整体联系和内在逻辑上对瞿秋白进行开放式探讨和深层次研究。对作为伟大的马克思主义者、革命家、理论家、宣传家、文学家、翻译家和“人”的瞿秋白的综合研究。力求运用唯物的、辩证的、历史的，甚至形象的方法，从学术高度和美学眼光审视论证，在主体与客体、外在与内在、个性与共性、史学与人学的结合上追求整体美，追求真理，追求永恒

的时代精神。

3. 1989—1999 年,新时期瞿秋白研究的第三阶段

这阶段贯通整个 90 年代。将以迎接和纪念瞿秋白诞辰 100 周年为中心,把瞿秋白研究提高到一个新的水平。

研究的主要任务是分析综合,拓展提高,更注重重大问题的开掘研究,更注重学术研究与发扬革命传统、推进两个文明建设相结合。其主要特点如下:

(1) 分学科研究有了新拓展。这一阶段对瞿秋白的思想著作进行了分门别类的研究,把政治理论、文学、哲学、美学、史学、佛学、社会学、教育学、新闻学、语言学、翻译学、社会文化观等专题,作为瞿秋白完整思想体系的组成部分一一加以探讨;科学地阐明其基本内容、文献、特色、地位、作用,以及纵向的形成发展轨迹和横向的辐射联系影响等;写出了一大批有较高水平的文章,论证了瞿秋白在中国无产阶级思想史上作为前驱之一的功绩和一系列首倡、独创之绩,闪耀着智慧和真理的光彩。丁景唐等的《瞿秋白研究文选》、陈铁健等编的《瞿秋白研究文集》、瞿秋白纪念馆编的《瞿秋白研究》(10 集)中的许多重要论文就是这方面成果的反映。

(2) 综合研究有了新水平。对瞿秋白的思想著作进行综合研究,以专著形式的最终成果奉献给党和人民。其中总体研究的代表作当推丁守和的《瞿秋白思想研究》。丁著突出论述瞿秋白对中国革命理论的重大贡献,同时也比较全面、深入地探讨了瞿秋白思想贡献的其他内容,比如马克思主义基本理论和方法论、哲学理论、文艺理论、世界观和人生观等等,还包括他的错误思想。其鲜明特色是秉笔直书,重在分析,把瞿秋白思想放在现代思想史的大背景中加以认识,概括了二三十年代中国思想界的风貌,开拓的深、广度前所未有。专题思想综合研究的代表者和代表作是王铁仙和他的《瞿秋白文学评传》,既论文又评人,史论结合,情理交融,把社会性、必然性与特殊性、个性有机结合起来,把握准确,结论服人,在瞿秋白文艺研究方面独领风骚。此外,韩斌生的《瞿秋白与中国现代文化》,邓中好的专著《瞿秋白哲学思想研究》等

各有特色。

(3) 理论思想的研究有了新的突破。这一阶段的重要特点是专家、学者开始注重瞿秋白革命理论思想的研究。包含:瞿秋白早期的社会主义思想;瞿秋白的无产阶级领导权思想、统一战线思想、农民和土地革命思想、武装斗争思想及党建思想等方面。这说明,我国瞿秋白研究的专家、学者开始重视研究瞿秋白革命理论思想,承认瞿秋白是中国共产党早期探索革命理论和革命道路的伟大先行者之一,赞扬他善于总结经验、勇于承认错误,为毛泽东思想的形成和中国革命的发展作出了重大贡献。

(4) 革命实践活动的研究逐步深入。不少文章论及瞿秋白与鲁迅、瞿景白、蒋光慈、茅盾、冯雪峰、郭沫若、胡适、蔡元培、布哈林、普列汉诺夫、列宁、孙中山、毛泽东、周恩来等的密切交往和关系。大量文章生动地叙述了瞿秋白的革命实践活动,对瞿秋白与五四运动、瞿秋白与第一次国共合作、瞿秋白与"五卅"运动、瞿秋白与"八七"会议、王明集团对瞿秋白的迫害、瞿秋白的被捕与就义等,都作了深入研究。

生平事迹研究有了新发展。学术界为此付出了大量艰苦细致的劳动,不断地回忆采访,挖掘开拓,整理考辨,分析论证,许多信实宏富的新材料、新判断、新论述陆续问世。瞿秋白平生业绩的容涵丰厚而透明化了。这方面的研究成果大致有如下几类:

第一类是回忆文章,多系熟悉和敬仰瞿秋白的革命前辈和亲友所提供的史实和立论,大多是第一手,具有权威性,是新时期瞿秋白研究兴起以来最有影响的成果。由人民出版社结集出版的《忆秋白》一书,其中茅盾、羊牧之、丁玲、瞿独伊等的新作,成为读者阅读、学者引证的重要文献。

第二类是年谱,以周永祥 1983 年出版的《瞿秋白年谱》为代表。周作"承乏催生",历时三载,读书二百,访老问贤,第一次完整地客观地记述了瞿秋白一生的基本史料,为瞿秋白研究提供了一部系统而翔实的参考书。1992 年修订后的《瞿秋白年谱新编》又获专家推荐得到上海市学术基金资助出版。姚宁中、耿易、马光仁编著的《瞿秋白年谱长编》

于1993年2月由江苏人民出版社出版，受到了专家们的好评。

第三类是考证性的研究成果。瞿秋白的家庭、父母、世系、笔名、交往、亲友、赴俄、入党、被俘、就义，以及不同历史时期的光辉足迹，都有专题文章考释析论，许多文章史论兼优，信而且达，对所考证的问题作了令人信服的解答。

第四类是专论。即对瞿秋白生平重要事迹或问题进行充分的考察论述，如无产阶级革命家的瞿秋白，党报党刊主编的瞿秋白，“五四”运动中的瞿秋白，“左联”领导的瞿秋白，鲁迅知己和战友瞿秋白，以及作为散文家、杂文家、诗人和“囚犯”的瞿秋白等等。这些专论大多出自名家之手，指深论宏，透辟而有力度。

第五类是传记或评传。先后出版的传记类专著有6部。作者都怀着深厚感情，坚持实事求是，深入调查研究和思考，旨为瞿秋白立传，全面、系统地反映瞿秋白的真实全貌，包括生平、业绩、思想、著作等，树立崇高形象。

陈铁健的《从书生到领袖——瞿秋白》，第一次全方位而简练严整地再现了瞿秋白从天香楼到罗汉岭的伟大一生，恢复了瞿秋白作为共产党领袖的光辉形象，成为党史研究的一项意义重大的卓越的科学成果。王观泉的50万言巨著，运用时间与空间交错，抽象与具象交融，传主与时代照映的恢宏构思和多重奏手法，表现了一个威武雄壮的时代和这个时代所造就的、又推动这个时代前进的瞿秋白的史诗般的人生，还提出了马克思主义学说和十月革命经验从莫斯科经由远东进入国境的“红色丝绸之路”，这在马克思主义东渐史研究和瞿秋白研究中是一个重大突破和新的开拓。王士菁著的《瞿秋白传》、鲁云涛的《瞿秋白评传》、史洪的《革命先驱瞿秋白》和叶楠的《瞿秋白评传》等也都各具特色，是这一时期的重要成果。

(5) 重点研究有了新进展。党史界和学术界对《多余的话》展开了较长时间和充分的研究和争论，取得了新的进展。

首先是对《多余的话》的真伪问题，经过反复研究，取得了共识。《多余的话》虽然到目前为止，尚未见到手稿，但从大量事实和内容、文风来看确系瞿秋白所写,而不是伪造。但其中是否有被国民党当局篡改之处,仍难以断定。故作为附录编入 1991 年 10 月第 1 版的《瞿秋白文集·政治理论编》第 7 卷。

其次是对《多余的话》的评价问题,经过大量调查研究,彻底否定了“叛徒的自白书”的谬论。1980 年 10 月 19 日,中共中央办公厅转发了中纪委《关于瞿秋白被捕就义情况的调查报告》的通知。报告明确指出:瞿秋白同志被捕后,“拒绝劝降”,“坚持了党的立场,保持了革命的节操,显示了视死如归,从容就义的英雄气概。他是一位值得尊敬的可歌可泣的革命先烈”。至于《多余的话》,文中“一没有出卖党和同志;二没有攻击马克思主义、共产主义;三没有吹捧国民党;四没有向敌人乞求不死的意图”。“客观地全面地分析《多余的话》,它决不是叛变投降的自白书”。“由此而推翻了‘文革’对瞿秋白同志的诬陷之词,平反昭雪”。

同时,对《多余的话》科学价值有了新的认识。主要有这样几家之说:① 陈铁健的“光辉为主”说。② 林勃等人的“揭露王明路线”说。③ 康杰的“临终表”说。④ 以刘福勤为代表的“心忧”说。……

(6) 研究成果由逻辑形式和历史真实转化而成为文艺形式。如电影电视剧本《秋白之死》、《秋之白华》、《文坛双璧》,广播系列剧《永久的青年——瞿秋白》(冒昕著)、《人生难忘少年时》(郝赫等编),王保林编注、天津人民出版社出版的《怀霜诗钞》,梁衡发表于 1996 年第 8 期《中华儿女》上的散文《觅渡,觅渡,渡何处?》,冒昕的传记文学《瞿秋白·杨之华》(中国青年出版社 1995 年版)以及书联、美术作品等。由史学到人学再到美学,借助艺术形象使学术思想向社会辐射、普及,具有艺术观赏和历史文献的两重价值。

21 世纪瞿秋白研究的历史机遇

我们正在以崭新的姿态,满怀信心地迈向 21 世纪。21 世纪是人类的新纪元,是经济科技发展的新时代,也是瞿秋白研究的新时期,面临着千载难逢的历史机遇。瞿秋白研究在新世纪里将有新的突破、新的开拓、新的发展、新的提高，将以更加丰硕的成果，更加辉煌的业绩，谱写新的篇章。

新世纪对瞿秋白研究提出了新的、更高的要求。瞿秋白研究工作者肩负着新的历史使命——更加深入、全面、系统地开展研究，繁荣瞿秋白研究，拓展瞿秋白研究，进一步弘扬瞿秋白精神，以瞿秋白的革命精神塑造人，提高全民族素质，是社会主义精神文明建设的重要任务和内容。瞿秋白研究工作者肩负着光荣、艰巨的历史重任。

在迈向21世纪进程中，瞿秋白研究将出现以下新的发展趋势：

1. 瞿秋白研究的科学化

瞿秋白研究的科学化，是在马克思主义、毛泽东思想、邓小平理论指导下，作为一门独立的学科深入研究瞿秋白的科学体系、科学知识、科学方法及其科学价值，使之更为系统、全面、完善。

首先要求对半个多世纪以来瞿秋白研究的成果进行全面、系统的梳理、研究概括、总结，在此基础上，构建新的瞿秋白研究理论体系、概念和观点，说明新时代瞿秋白研究的总体面貌和观念，使之更为科学化。

第二，运用系统论的理论，进一步全面地探索瞿秋白的思想、理论、精神、人格和贡献，揭示其本质，全面深入地论述其科学性和系统性，完善其系统的结构。

第三，深入探讨瞿秋白研究的科学方法，使研究工作不断发展，不断更新，不断完善。

2. 瞿秋白研究的学科化和综合化

在新世纪，瞿秋白研究将沿两个方向向纵深发展：

其一是学科化。

瞿秋白的伟大实践和《文集》是中国和世界科学文化宝库中的瑰宝，内容丰富，涉及众多学科，要在已有的基础上，进一步从多层面、多层次，加强研究，逐步建立学科分类，形成多种分类学科，使研究向纵深发展。同时，要进一步加强各学科之前的横向联系和协作。

其二，综合化。瞿秋白研究是统一的整体，是一个多层次、多结构、统一和完整的系统。随着对瞿秋白研究的不断深化，分类学科的建立和发展，瞿秋白研究的综合化、总体化越来越明显，需要我们团结协同，以“立体作战”的形式，对瞿秋白进行综合的研究。

3. 瞿秋白研究的国际化

瞿秋白研究，必须面向世界，走向世界，加强国际交流与合作。要收集、整理、评价世界范围内瞿秋白研究专家、学者的研究成果，取长补短，共享成果，共同进步。要有计划、有组织地举行国际学术讨论会，有准备地邀请国内外专家，共同交流，互相探讨，进一步繁荣瞿秋白研究。

4. 瞿秋白研究的普及化

加强瞿秋白研究，要两手抓：一手抓提高，进一步加强系统性、理论性、学术性研究，使之在理论上、学术上不断提高，不断升华。同时，一手抓普及，运用各种形式和手段，进一步学习、宣传《瞿秋白文集》，使瞿秋白的革命精神、思想、知识和方法，在广大干部、群众中，特别是青少年中产生广泛而深刻的影响。要积极出版故事及连环画等普及读物，运用新闻媒介、文艺刊物、电影电视、戏曲小说进行广泛深入的宣传，使更多的人了解瞿秋白。

加强瞿秋白研究的重要举措

1. 全面规划

需要制订一个长期研究的总体规划。包括指导思想、任务、目标要求，分门别类，有步骤、有序地开展研究工作，按地区、分时期、有组织、有领导地推动瞿秋白研究不断深化。

2. 建立健全组织机构

瞿秋白研究会已在常州成立。江苏省也正在积极筹建。

瞿秋白生前工作和活动的地方，要积极创造条件，建立瞿秋白研究会，使他们在全国或区域性研究中发挥更好的作用。

进一步加强学术研究机构与基地建设。徐州师范大学已建立了专门研究机构，其他有条件的高等院校，要积极筹建，建立研究基地。

切实加强已建立的瞿秋白纪念馆(室)的建设，并在有条件的地区创建瞿秋白纪念陈列馆(室)，使其在瞿秋白研究中发挥重要作用。

3. 加强基础工程建设

搞好瞿秋白研究资料基础工程，建立瞿秋白研究资料中心。

进一步加强海内外瞿秋白研究工作者的联系与交往。

4. 建立瞿秋白思想理论教学体系

在有关高等院校相关专业开设《瞿秋白思想》、《瞿秋白文艺思想》等选修课；在中小学中通过第二课堂活动，讲述瞿秋白献身革命的精神和故事。

5. 出版更多更好的瞿秋白研究著作和刊物

要集中力量办好《瞿秋白研究》学术刊物，成为瞿秋白研究的总汇，为全国瞿秋白研究专家、学者提供一个学术交流园地。通过这个刊物，也可以加强海外学术界的联系与交流。

有关刊物要常刊登瞿秋白研究的信息动态和重要文章。

6. 瞿秋白研究要同现代化建设结合

瞿秋白研究要贯彻古为今用，利于当代的原则，面对现实，讲究实效，与社会经济发展密切相结合，因而要善于发挥瞿秋白研究中对现代化建设有用的东西，进一步面向实际，加强同现实的联系，拓展研究范围与视野，使瞿秋白研究更有生命力。

7. 加强瞿秋白研究队伍的建设

瞿秋白研究在未来发展中要有新的突破、新的开拓、新的发展、新的提高，关键在于进一步加强瞿秋白研究队伍的建设。

在瞿秋白研究的实践活动中，进一步吸收有识之士，不断扩大瞿秋白研究队伍。努力建设一支德才双馨、老中青三结合和专业队伍、业余研究相结合的瞿秋白研究队伍。充分发挥老一辈瞿秋白专家的传帮带作用；发挥中年瞿秋白研究者的中坚、承上启下的作用；满腔热情地培养、支持青年瞿秋白研究人才，积极创造条件，让他们健康成长。积极倡导和创造条件，在高等院校培养瞿秋白研究的硕士生和博士生。认真贯彻“双百方针”，倡导学术民主，形成瞿秋白研究的学派。

8. 建立瞿秋白研究基金、设立瞿秋白研究奖

要积极创造条件，开辟渠道，多形式、多方面筹集研究经费。

建立瞿秋白研究奖，每两年一次，奖励从事瞿秋白研究取得成就的单位与个人。

9. 把瞿秋白研究与加强党的优良传统教育和爱国主义教育紧密结合起来

要通过各种生动活泼的形式，广泛、深入、持久地加强瞿秋白革命精神和爱国主义教育和宣传。要发扬浩然正气，保持民族气节，自觉地维护国家尊严和民族利益。一句话，要像瞿秋白那样，无限热爱祖国，献身祖国，献身共产主义事业，要把全国各族人民的爱国主义热忱，转化为推动改革开放和现代化建设、振兴中华的强大力量。

瞿秋白研究的过去基础坚实，瞿秋白研究的现在充满活力，瞿秋白研究的未来任重道远！

（原载《学海》1999 年第 1 期）

新时期南京教育名城内涵的研究

教育名城建设的研究属于区域教育发展研究的范畴。随着知识经济的到来，人力资本的开发越来越受到广泛的重视，区域教育发展研究也日渐成为国内外教育研究的一个新的热点课题，如美国教育名城波士顿的教育发展战略研究、江苏省苏南地区教育发展战略研究、北京市"新北京、新教育"研究、上海市"一流城市、一流教育"研究等，提出了许多新的理念、思路和对策。教育名城建设在 2006 年也研究过，提出过一些基本内涵、主要标志和建设目标和任务。

伴随着时代的发展，教育研究在不断深化。根据时代发展和南京市教育实践，经过认真调查研究，2006 年南京提出了"创一流教育，建教育名城"的战略思想，并将其作为市委市政府城市发展和功能定位的战略部署。随后，市委市政府制定下发了《关于建设教育名城的决定》，提出了教育名城的内涵定义、建设的思路、目标和任务。经过全市教育工作者两年的努力，《决定》中所确定的阶段性目标已基本完成，教育名城建设业已取得阶段性成果。随着南京经济、社会、文化、教育的迅速发展，特别是党的十七大对教育提出了更高要求，有必要对"南京教育名城建设"进行深入研究。全面回顾和总结教育名城建设两年的实践经验，进一步深化和丰富教育名城的内涵，理清教育名城建设的思路，明确新时期教育名城建设的目标和任务，积极探索教育名城建设的规律，从而加速推进南京教育名城的建设，实现南京教育名城的可持续发展。

2006 年，南京市曾提出过教育名城的基本内涵："历史积淀深厚，质量水平一流，名校名师众多，风格特色鲜明。”它为南京教育名城建设指明了方向。两年的实践也发现，要构建南京教育名城的框架，其内涵必须具有原本性、本土性、独特性和排他性，只有这样才能建设具有南京特色的高水平的教育名城。教育发展水平高不一定是教育名城，教育名城教育发展水平必然高。

南京教育名城的内涵植根于南京悠久的教育历史，发育于南京深厚的城市文化，成长于新时代南京教育发展。南京教育名城内涵的核心概论，拟从历史的视角，教育的属性，文化的品位去提炼。通过内涵的研究，理清教育名城概念的外延，把握教育名城的相关特征，提出南京教育名城新时期的建设思路、目标和任务。

加强对南京经济文化、教育的本地研究与比较分析，特别要加强对世界著名的教育城市的研究，以及对北京、上海、长三角和珠三角等城市教育发展特点的研究，提出南京教育名城的独具的特征，进一步丰富南京教育名城的内涵。通过比较分析，结合世界教育发展态势，从教育的本质属性及其发展规律，赋予教育名城建设的理论性，实现教育名城建设从实践到理性的飞跃，从而将教育名城建设从政府号召、行政行为成为南京教育实现又好又快发展的必然趋势和全社会的自觉行为，增加南京教育名城建设可推广性。另一方面注重实践性的研究，增强课题成果的可操作。通过一系列数据指标的设定，引导教育名城的建设水平的提升；通过制度和机制的研究，加速教育名城建设进程。

2006 年提出南京教育名城的基本内涵为“历史沉淀深厚，质量水平一流，名师名校众多，风格特色鲜明”。然而，基本内涵的 24 个字外显性强于内涵，南京教育特色彰显不足。基本内涵突出了教育名城的“名”，然而这种内涵概括缺乏南京独有的教育个性，缺乏与南京城市的联想与互动。我们认为，南京教育名城基本内涵应与南京城市的“博爱之都”相依存，博古通今——历史悠久，积淀深厚；博大精深——名师名校众多，底蕴浑厚；博爱——有教无类，学有优教；博采众长——兼容并蓄，海纳百川。

（原载《南京教育研究论文集》）

最是难忘长中情

2008 年是大喜年，我和所有长中的学子一样，满怀激情迎来了母校——长泾中学的 80 华诞。首先请允许我，向所有的敬爱的长中老师三鞠躬！向所有的长中校友问声好！在这欢庆母校华诞的美好日子里，我不禁回忆起长中的难忘岁月，心情久久不能平静……

岁月匆匆，1948 年夏天我从长中毕业离校，至今已度过了整整 60 个年头。人虽然离开了母校，可是我的心依然紧紧地系着长中，我的情深深地恋着长中，我的全部生命和长中深深地融为一体。

回忆长中的学生生活和昔日的良师益友，仿佛又回到了那充满青春气息、欢乐幸福的学生时代。长中的一切，历历在目，在我脑海中印下深深的烙印，永远抹不去。可是，历史无情。几十年的沧桑，时代在前进，学校大变样。而良师益友，早已星散。我们的恩师王栖霞、张明寰、夏伯瑜、宋赋凤、韦祖龄……由于年岁和健康等原因，早已离开了人世。我无时无刻不在深深地怀念他们。我的同班同学，离校后大多继续升入高中、大学，走上社会，成为社会主义建设的骨干力量，但都已步入七十古稀之年。有的依然保持着联系，聚会时总要深情地回忆长中生活；有的则阴阳两相隔；有的身体虽然健康，但少通音讯。然而我亲爱的同班同学，他们的音容笑貌却无不烙在我的记忆深处。

这段在人的一生中具有重要意义的生活，不可复制的人生体验，尤其是真挚、真诚、真实的师生深情，将伴我终生，直到永远。

在众多的恩师中，最难忘的是语文老师王栖霞。他脸庞俊俏，仪表堂堂，一表人才，服饰朴素整洁，平易近人，学识渊博，教学认真，讲课生动，内容丰富，旁征博引，深入浅出，引人入胜，听他讲课确实是一种享受。

一次，王栖霞老师在讲司马迁的名篇《报任安书》时，他简要地讲述了司马迁的生平、磨难，特别讲述了司马迁发愤著书立说的感人事迹和伟大成就，尤其是讲述了司马迁成就事业的崇高精神。司马迁之难能可贵，并不只是在他的博学，而尤其是他有过人的胆识。他善于识别、鉴定、判断，烛照到大处和深处。凭借这种胆识，使他统驭了上下古今，使他展开了“究天人之际，通古今之变，成一家言”的事业。当时，我听了十分感动，粗浅地感到司马迁的为人、精神和事业的伟大，暗暗地下决心要好好地学习司马迁，但还没有悟出更深层的人生真谛。现在想来，人才要有德、才、学、识，这都很重要。“才”不过使人成为一个人才，“学”不过使人成为学者，只有“识”才能让一个人成为伟大的文人、伟大的学者。“德”很重要，但一个人只要识大体，察根本之识，必然会有德。

又一次，王栖霞老师给我们讲述范仲淹的名篇《岳阳楼记》。他从多方面作了讲述，使我们懂得这是一篇传诵千古、脍炙人口的名作，其影响深远。栖霞老师特别是抓住范仲淹在文章中的名句“先天下之忧而忧，后天下之乐而乐”作了精辟、生动的讲述。这给我们很深的影响。范仲淹也成了我的学习榜样。我曾多次学习这篇名作，从中得到教益。特别是在写《徐霞客评传》过程中，我又学习了《新华日报》的好友严东离先生送给我的，由方健先生撰写的《范仲淹评传》，进一步认识到范仲淹可贵之处在于他的先忧后乐的崇高精神和风范，自强不息的可贵情操和意志，爱国忧民的坚定信念和立场，从政治军的丰富经验和智慧，淡泊廉素的优良传统和作风，博闻广识的精湛学问和志趣，成为中华文明史上的历久而弥远的精神财富。

在王栖霞老师的言传身教下，我逐渐对语文产生了兴趣和爱好，下决心要好好学。首先是集中思想听王老师讲课，其次是认真复习。王老师要求每篇课文都要理解和背诵。我就每天天不亮即起身，下工夫背诵。一般来说，我总是较早地到王老师办公室背书。每次背诵后，王老师总是满意地点头微笑，在书上打着“好”的符号。再是认真作文。

王老师批作文很严格,一般写得较好的,只打乙。因此,同学们都争着要写好作文,能批上一个甲。一次我根据王老师的要求,经认真思考和创作,写好了一篇作文,交给王老师。第二天语文课上,王老师进行作文点评,表扬了我的作文,说不仅立意、层次结构好,而且写得实在、自然、生动,读了有味。王老师给我打上了甲。一股热流涌上心头。这对我来说,是多么大的激励和鞭策啊!从此,我更加努力学习,精心写作。我后来上大学学的是化学,没有学中文,却能从事社科研究,写论文和学术著作,这与王老师给我的指点、引路是分不开的啊!

王栖霞老师,不仅书教得好,而且时刻关心人,关心学生们的学习、思想、进步、成长和事业。全班同学中,我是最幸福的,一生中我与王老师有三次难得的相遇,确切地说,是王老师对我的进步、成长三次令人难忘的指路。

第一次是一个星期天的下午,四点左右,我在老家读圩里草屋里做功课。忽然听得祖母讲,长中的老师来了!我喜出望外跑出屋去,在园子里迎着王老师,我叫了声王老师并说:"你来了!"王老师看着我家的周围和我,深情地说:"我是来看看你们的家。你们家是个耕读之家,祖父是个秀才,是长泾的名士。他很有见识,创办了长泾小学,又积极支持创建长泾中学。你们家周围是河,前有大树,后有竹园,还有一个荷花池,多幽静、美丽。不幸的是,你们的老家被日本鬼子烧毁了。"王老师讲到这里,严肃了起来,斩钉截铁地说:"这是日本鬼子欠下的债,犯下的罪,我们永远不能忘记。"王栖霞老师的这番话,对我是上了一堂深刻的教育。我对王老师说,我一定终身记住,好好学习,将来好好工作,重建家园,重振家业。王老师要回校了,我送了一程,他要我回家做功课。我用目光和深情送走王老师,直到他回到学校。

第二次是长中三年学习结束,我较认真、吃苦,取得了较好的成绩,全班第 10 名。毕业了,大家兴高采烈地向王老师感谢、祝福。王栖霞老师对全班同学讲了话,勉励、祝福!拿起粉笔在黑板上写了四个大字:"长无相忘。"这充满了浓浓亲情的题词,烙印在我的心中。在我的生活中,与亲朋好友分别时,我会借用这四个字!下课后,王老师特地找我和几个同学说:“你们几个同学,家中都较穷,但立志学习,肯吃苦,成绩较好,是否考师范学校,将来做个老师。”我们异口同声地说好的。于是我们回家,认真复习,去无锡学前街无锡师范报考。考试那天,我兴冲冲地走进无锡师范的校门,感到这个学校又大,又神气,在这里学习多好啊!非常巧,王栖霞老师来了!我和几个同学围上去,叫了一声王老师,并问他为啥来了?王老师深情地说:“一是我特地来看你们考试,祝你们沉着应战,考出好成绩。二是我来无锡师范会见一位多年相好的语文老师,谈心、叙旧。”听了这话,我们对王栖霞老师更加尊敬和钦佩他。在他的鼓舞下,我们走进了考场,可是王老师始终没有离开我们!

考试结束后,我们又见到了王老师,他希望我们都能录取,同时又叮嘱我们,如果考不取,也不要气馁,继续努力,再报考别的学校。王老师为人师表,他对学生如此关怀,深深地教育和影响着我。我在离开长中两年后踏上小学教师岗位,当毕业同学去无锡市和无锡县的中学报考时,我自觉地带着同学去送考。至今有不少同学记得这件事,作为我们师生的亲情友谊的佳话。这难道不是王栖霞老师的言传身教和潜移默化吗?

第三次,1953 年 9 月,我由组织决定以调干生身份去苏州江苏师范学院深造。是时代和党给我这样一个好的机会,我下定决心,并用实际行动,发愤学习,争取优秀成绩。一个星期天的下午三时左右,我出校去办事。非常巧,在校门口再次遇到了王栖霞老师。我们已有四年未见面了,在这里相遇都感到格外的惊喜。我问王老师是否在长中任教?他告诉我去怀仁中学教高中语文。他接着问我,你怎样到江师来学习的?我如实地作了汇报。王老师笑着深情地对我说:“这是多么好的机遇,一定要抓住不放,一定要好好学习,将来争取成为一个优秀的人民教师,实现你初中毕业时的梦想!”

王栖霞老师与我的这三次相遇,不是一般的相遇,而是特殊的,不平常的相遇。每一次相遇都是王老师对我的指路,指明前进方向;都是无穷的激励和鞭策。他时时刻刻给我以信心和力量!

一位哲人把教师比作太阳底下的最光辉的事业，比作引路人。长中的王栖霞老师和所有的老师一样，从事着太阳底下的最光辉事业，是引路人，而我们是沐浴着阳光温暖和在老师指引下成长起来的。

几十年的人生实践，使我悟出了一个道理：

老师是我们心中的母亲，是我们心中的太阳，是我们心中的灯塔。母亲之爱是世界上最伟大的爱，阳光之情是世界上最宽厚的情，灯塔之光是世界上最明亮的光。

师生之桥不断，水不断，情不断，缘不断，梦不断。师生之情是永恒的！

教育之树常青，教师万岁！

（原载《长泾中学建校80周年论文集》）

第六编

新西兰随笔

站在新的历史起跑线上

新西兰华文文化沙龙成立两周年了。这是一个喜庆而又有意义的日子。我作为文化沙龙的支持者和会员对文化沙龙的蓬勃向上、成长发展感到由衷的高兴,并致以热烈的祝贺,对文化沙龙的发起人、领导成员和工作成员为沙龙付出的辛勤劳动,表示衷心的感谢!

提到文化沙龙,我和《新西兰联合报》文扬社长兼总编辑有过一段佳话。还是文扬先生任《先驱报》总编辑的时候,我是《先驱报》的忠诚读者。由于读报、写稿,与文扬先生交往多了,结下了不解之缘,成了知心好友。一次在谈到如何进一步活跃新西兰文坛时,我对文扬先生说:“由您来牵头,组织成立一个编辑、读者、作者联谊会,把这三方面的力量整合起来,发挥大家的智慧和力量,进一步提高新西兰华文文化的水平。”他听后,思考了一下,对我说:“朱教授您的意见很好,很需要,但是我现在编稿、写稿、出报太忙,没有时间和精力,您来组织吧!”我考虑了一下,回答道:“由于我各方面条件不适应,还是待您有了机会发起较好。”

后来,文扬先生在《先驱报》离任后,时机到了。他很快发起、组织、推动,在一批有识之士的积极支持、参与下,新西兰华文文化沙龙应运而生。这是时代发展的需要,是新西兰华人的强烈愿望,标志着新西兰华文文化发展进入一个崭新的阶段。

两年来,新西兰华文文化沙龙做了大量工作,取得了显著成效。团结了一大批有识之士,开展了多次有益的专题讨论,不定期地举行沙龙成员的聚会、交流,广大沙龙成员写出了成千上万篇各式各样体裁的文章，活跃了新西兰华文文坛，丰富了广大华人的文化生活，推进了新西兰的多元文化。新西兰华文文化沙龙像一棵幼苗，在阳光雨露的孕育下，正在茁壮成长。它像磁石一样强烈地吸引着越来越多的人。

沙龙，这是一个外文名字，我们无需去查证其来历。提到沙龙，就使我想起中国龙。龙驹凤雏，龙飞凤舞，龙凤呈祥，龙腾虎跃，龙盘虎踞，龙章凤姿……多美的文字，多深厚的文化底蕴。

龙是中华民族的象征，龙文化是中华文化的重要组成部分，龙精神是中华民族精神的体现。传承中华优秀文化，弘扬中华民族崇高精神，是每个炎黄子孙、中华儿女的神圣使命，也是我们华文文化沙龙肩负的光荣职责。

在欢庆新西兰华文文化沙龙成立两周年之际，几位知心老友一起交谈，共同的话题自然是对华文文化沙龙的关切。借此机会，我对华文文化沙龙提三点殷切希望和一点建议：

一、我们是龙的传人，同根、同祖、同文、同心、同德，继续努力建设一个更团结、更和谐的文化沙龙，实现我们共同的心愿。

二、我们生活在海的世界里，无限宽阔的胸怀，海纳百川的大度，兼容并蓄的风格，探讨辩论，百家争鸣，求同存异，百花齐放，共同谱写新篇章。

三、我们有人才，有智慧，有能力，老中青三代人携手并肩前进，老年人发挥传帮带作用，中年人发挥骨干作用，积极创造条件，让更多的年轻人脱颖而出，充分发挥青年人的生力军作用。我们有信心、有能力把华文文化沙龙建设好，作出自己应有的贡献。

今年 2 月 6 日《新西兰联合报》正式公开出版，我即去报社登门拜访文扬社长。一是祝贺《联合报》出版。二是将我的拙文《中华民族智慧和犹太民族智慧的源头探索》送给文扬先生，以实际行动支持《联合报》。文扬总编辑一面向我表示感谢，一面决定在《联合报》全文登载拙文。我向文扬先生表示感谢。我对他说："经济是物质基础，文化是精神力量。只有经济的兴旺，文化的繁荣才能推进新西兰的发展。现在文化沙龙很活跃，您能不能再牵头发起成立经济文化沙龙？"文扬先生当即表示："这个意见很有意义，可以叫新西兰经济沙龙。我们来做一点酝酿和准备。"乘华文文化沙龙成立两周年之际，我再次建议文扬社长和有识之士一起，抓紧筹建，让新西兰经济沙龙早日诞生。

展望未来，新西兰华文文化沙龙任重道远，发展前景无限美好！

2010 年 8 月 22 日是一个有意义的日子。新西兰华文文化沙龙成功举办纪念大会。热烈、隆重，宾客满座，丰富多彩，这是一个圆满的纪念会。她给人们以欢乐、激励、启迪、信心。在新西兰华文文化沙龙发展史上，谱写了光彩的一页。

世界上一切事物的发展是无止境的。有起点，有终点，终点又变成了新的起点。新西兰华文文化沙龙不平凡的两年过去了。现在又站到了新的历史起跑线上。时代、社会、人们殷切期待我们的是：清醒、自信，坚定。

坚持正确的宗旨。文扬先生多次论述了这个问题。在纪念大会上他再一次重申：新西兰华文文化沙龙的宗旨是：开放、自由、民主、和谐、团结。两年来的实践证明是正确的。这五个元素都很重要，是一个完整的整体，缺一不可。而和谐、团结乃是核心、基础，是不可须臾离开的。实践证明是正确的，我们就要坚持下去，发扬光大。

坚持关注现实生活。我们是新西兰华文文化沙龙，生活在新西兰，因此要关注新西兰的改革、开放、发展。新西兰的发展正面临严峻挑战，变革是新西兰和平发展唯一的出路。在新西兰的华人，年轻人在创业上存在诸多问题，需要引导。老年人在健康、养老等方面有着忧虑，需要给予关怀。少年儿童的健康成长，需要更多的爱护。我们祖国的和平发展正处在关键时刻，需要多多关心。总之，现实生活给文化沙龙出了很多题目，我们要更加面对现实，面向生活，关心华人的生存发展，关心新、中两国的发展。

坚持以质取胜。两年来，文化沙龙创作了大批高质量的各类作品，赢得了社会和人民群众的好评。质量是我们的生命线。以质取胜是我们的法宝。现在大家创作的自觉性、积极性很高，作品很多，这是好事。沙龙在确保质量上，正在采取措施，这是必要的。我们每个会员要从我做起，坚持质量，多创作好作品，多作新贡献。

坚持扶持中青年。文化沙龙两年来取得很大成绩，大家认为最大的成果是在实践中锤炼和形成了一支有老中青三结合，多学科、有凝聚力、创新力的队伍。这是无价之宝。有了这支队伍才能有沙龙的一切，才有今天的沙龙。我们要特别爱护、关心他们。队伍还要壮大，素质还要提高，创新力还要发扬。我们几个老会员十分关心中青年的成长。现在中青年是我们的生力军、接班人，但人数不多，我们殷切企盼文化沙龙大力重视和加强中青年的培养提高，放手发挥他们的创造力，快快成长，快快成熟，让我们高兴地看到：新西兰华文文化沙龙后继有人！

让我们进一步携手并肩，开拓创新，谱写新西兰华文文化沙龙繁荣的新篇章！

（原载《新西兰联合报》2010 年 8 月 24 日）

美国总统奥巴马的一个重大失误

2009年7月22日,《今日美国》和盖洛普的民调显示:奥巴马上任六个月来,民众对他的支持率下降9个百分点至百分之五十五,比布什2001年的支持率还低一个百分点。美国广播公司等的联合调查显示:百分之五十八的受访者认为经济衰退还要持续一段时间,高于9月的百分之五十二,达到七月份的悲观状态。人民对国家走向的悲观看法,对于共和党的好感仍然远逊民主党。在被问到国会中期选举后,应该由哪个党控制时,民主党以百分之四十六对百分之三十八的优势领先。这两次民意调查传递了一个重要信息:美国人民对奥巴马的支持率大幅度下降。值得人们深思的是,为什么会出现这种严重情况呢?

我认为这绝不是偶然的,而是有着深刻的、多方面的原由的。其中一个重要原由是:奥巴马在口头上、在公开场合大讲坚决反对贸易保护主义,而在背地里、在行动上带头搞贸易保护主义,产生了很不好的影响,造成了严重后果。面对百年一遇的严重金融危机,面对十分严峻的全球经济,世界各国理应从全球经济的整体利益出发,坚持长远利益和国际道义,坚决不搞贸易保护主义,不仅在口头上,而且在行动上,这才是一个负责任的、守诺诚信的国家和领导人。

可是,美国奥巴马政府置全球经济整体利益、国家与国家之间的长远利益和国际道义而不顾,借助在市场发展程度、规则制定权和产品选择权方面的优势地位,在全球带头实施保护主义,而且首先集中对中国搞贸易保护主义。奥巴马一再承诺反对贸易保护主义,不与中国打贸易仗。就在9月底的20国峰会上和10月底在杭州举行的中美商联委员会上，中美双方一致承诺，共同反对贸易和投资保护主义，坚决表示不出台新的贸易保护措施。话犹在耳，可是美国却连续针对中国出台三项双反即反补贴、反倾销调查。在奥巴马访华前这样出尔反尔，波诡云谲。据统计，美国自2009年以来，对中国产品已发起十起双反调查、两起反倾销调查、一起特保调查，立案频率之高在全世界贸易经济史上实属罕见。

美国奥巴马政府这样做，在世界范围内煽动了形形色色的保护主义，其严重恶果是：

一、首先严重损害了中国人民的利益。中国是贸易保护主义的最大受害者。近期，中国的禽肉、轮胎、无缝钢管等一系列的产品出口都受到贸易保护主义的严重威胁。中国政府采取的合理产业政策更受到一些欧美国家的无端的、无理的指责。它们还打着维护国家利益、安全和促进环保的幌子，在企业并购和贸易领域设置重重障碍。美国对从中国进口的油进管征收高达百分之九十九点一四的反倾销税，是史无前例的。这是近期美方一系列针对中国的贸易保护措施公然的挑衅。这一切都已严重威胁和损害到中国和其他广大发展中国家人民的权益。

二、严重影响美国和中国以及其他发展中国家的正常贸易，必然严重影响美国的正常生产，增加失业人口，造成经济新的严重困难。

三、严重阻碍抗击金融风暴的整体步伐和进程。面对金融危机的严峻挑战，世界各国必须团结起来，携手前进，合力抗击金融风暴，共渡难关。这才是全球人民的整体利益。我们想问题、作决策、办事情都不能离开这整体利益。而那种以邻为壑，假借自身的利益，大搞保护主义，必将分散力量，增加内耗，分割整体，阻碍抗击金融风暴的整体步伐和进程。

时代在前进，人类社会在进步，人民在觉醒。在大发展、大调整、大变革的年代里，谁自私短视，为了自己的私利而损害别国乃至全球的整体利益而不顾后果的一切做法，不仅要遭到本国人民的反对，而且要遭到受害国人民的反对，甚至遭到全世界人民的反对。

面对保护主义，中国政府采取坚决反对的立场，坚持开放的原则，坚守承诺，说到做到，决不食言，决不阳奉阴违、口是心非。金融风暴爆发以来，尽管自身遭遇到出口严重下滑的困境，中国政府毅然决然组织企业团体赴欧美各国签订大额合同，并采取了一系列改革措施，以进一步促进开放市场，鼓励进口。中国相关部门和企业积极与相关国家和地区，通过磋商和对话，力图化解矛盾和误解，妥善解决双方贸易摩擦和分歧，尽力捍卫双方的合法权益。面对保护主义，中国采取一系列正确措施，以更开放的姿态从容应对。这充分说明，中国政府是一个负责任的、诚信的政府，坚持开放原则和长远合作，发扬国际道义，表现了极大的克制和忍耐，体现了勇于担当，顾全大局，友好相处，决不把困难转嫁于人的宽广胸怀，因而赢得了国际社会和有识之士的赞誉。

我们希望奥巴马总统以全球经济整体利益为重，坚持长远合作，发扬国际道义，坚守承诺，以实际行动带头坚决反对贸易保护主义，以取信于民！

（原载《新西兰先驱报》2009 年 8 月 14 日）

新兴经济体，前途无量

世界万事万物，总是不断地新陈代谢，新旧交替。就是说新生事物总是要替代旧事物，新生力量总是要战胜腐朽力量。

细胞是人体的基石，它总是在不断地分裂出新的细胞，而旧的细胞不断地死亡。

语言、思维和观点是人类交流的工具。它们总是随着历史的发展，产生新的语言、思维和观点，而那些不合时宜的语言、思维和观点随之淘汰。

人类社会总是不断地随着时代的发展，从低级向高一级转变，新的、高一级的社会总是要替代旧的、低一级的社会。一个比一个更高级更文明的社会。

工农业生产的发展也是这样。新兴工业和农业，总是不断替代旧工业和农业。夕阳工业和农业总是被朝阳工业和农业所替代。

经济的发展也不例外。在一定的历史阶段，旧的经济体逐渐衰落而被新的经济体所替代。新兴经济力量总是要顽强地排除旧的经济力量的阻挠脱颖而出。

在世纪之交，以中国为代表包括印度、巴西和俄罗斯等新兴经济体应运而生。这个新生事物一出现，立即引起全世界的关注。人们对于它的认识随着实践和探索而不断深化。

十年前，当人们高度关注全球经济将发生什么变革，走向如何，有什么新的发展趋势的时候，以中国为代表的新兴经济体向世人预示：它们在全球经济中是持续快速发展的国家，是全球未来最具投资机会的国家。事实正是这样，中国等国正日益受到世界许多国家和企业的重视，积极向中国投资。例如，对冲基金业，中国已取代伦敦成为最受欢迎的重点投资亚洲对冲基金的大本营，并已取代日本成为亚洲对冲基金的主要投资目标。

五年前，以中国为代表的新兴经济体迅速发展，在国际舞台崭露头角，在全球经济中发挥重要作用，向世人展示：它们不仅是世界上最具投资机会的国家，还是当今世界新兴经济的先驱，是全球经济发展中的一支重要的新生力量，也是重要的新兴市场国家。它们各具特色，举世瞩目。其中，中国和俄罗斯是安理会常任理事国，巴西和印度是有全球影响的发展中大国。它们的国土面积占世界的万分之二十六，人口占全球的百分之四十二，最近三年经济平均增长率为百分之十点七，外汇额占世界的百分之四十五，经济成本至少占到全球的百分之十五。它们的经济发展模式都各具特色，经贸合作的潜力巨大，经济互补性强。

以上这些显著特点，成为中印巴俄建立一个新兴的、新生的、强大的国际性组织的重要基础和条件。2009 年 6 月 16 日，中俄印巴在俄罗斯叶卡捷琳堡成功地举行了四国领导人首次会晤，发表了声明。这是金砖四国作为一个整体在世界上首次正式亮相，表明世界经济的结构已发生了很大变化，经济合作将更加趋向多变主义；标志着在当前国际金融风暴危机肆虐的情况下，正发挥着稳定世界经济的重要作用；展示着金砖四国的未来合作有着广阔的前景。

世界经济已经到了一个关键的转折点，以中国为代表的新兴经济体正在渐渐成为世界经济的主体力量，未来世界经济将依赖新兴经济体。据英国汇丰银行投资研讨会上的预测：明年世界经济有望获得百分之二点八的增速，其中新兴经济体，增速将高达百分之六。而发达经济体的增速仅有百分之一点八。特别值得注意的是以基础设施投资为主导的中国经济明年有望获得百分之九点五的高增长。美国高盛公司首席经济奥尼尔早就预测：中国将于 2041 年超过美国，成为世界第一大国。印度 2032 年的生产总值将超过日本。巴西 2005 年生产总值将超过意大利，2031 年将超过法国。俄罗斯的生产总值也将有大的发展，成为世界大国之一。中国社会科学院的专家预测，如果中国继续以每年百分之八的速度增长，欧美增长率仍不足百分之二，在2018年前，中国的经济总量有可能取代美国，成为世界第一大经济体。欧盟的著名经济学家告诫说：欧盟如果不努力的话，将落后于中国。

以中国为代表的新兴经济体含金量高，潜在竞争力强，初露头角，生机勃勃，充满强大的生命力，前程远大。虽然在它们的发展道路上是不平坦的，但是它们适应时代潮流，代表着世界经济前进的主流和方向，是不可战胜的，必将为推动建立更合理的国际经济新秩序作出更多努力，作出更大贡献。世界上一切有远见卓识的国家和仁人志士都要满腔热情地关心、支持它们，加强与它们的友好和合作。一切有良知的中国人要更加热爱中国、支持中国！

（原载《先驱报》2010年3月12日）

向一流大学目标奋进

五月的苏州，更加秀丽雅逸，五月的苏州大学更加生气勃勃。2010年5月18日是苏州大学110周年华诞。我们苏大新西兰校友会一行四人——王小选、朱钧侃、陈瑛、王昆华应朱秀林校长的邀请，于5月17日赴苏州会议中心，受到母校的热情款待。5月18日上午9时，全体代表乘坐专车，排成浩浩荡荡的队伍，前往苏大校本部。这里是我们学习、生活过的地方，教学大楼、宿舍楼、图书馆……一草一木，都无不饱含着无限的深情。

10时准，钟楼绿草坪上，响起了迎宾曲，放起了鞭炮，苏州大学110周年庆典开始了。党委书记王卓君主持，宣读贵宾的贺词、贺信。中共中央政治局原常委李岚清的题词是：治学无捷径，苦行方有来。全国人大副委员长陈至立的题词是：秉承东吴传统，培育世纪英才。全国人大副委员长蒋树声的题词是：读书富智，博学笃志。全国政协副主席孙家正的题词是：千秋基业育人为本，百年伟业树人以德。东吴大学老校友、诺贝尔物理奖得主李政道，特为母校校庆写了贺信：苏州大学历史悠久，基础雄厚，教书育人，桃李遍天下。我对苏州大学有着非常深厚的感情，一直保持非常紧密的联系。敬祝母校日新月异，源远流长。中共江苏省委书记、省人大常委会主任梁保华专门发来了贺信。中国国民党副主席蒋孝严也发来贺信。

全国人大常委会副委员长、民进中央主席严隽琪，著名作家王蒙，省委常委苏州市委书记蒋宏坤，省人大副主任李全林，副省长曹卫星，政协副主席许仲梓和省人大原主任陈焕友，以及中央和省市有关部门负责人、海内外兄弟高校代表，全国科技教育界部分知名人士，苏大历届校长到会致贺。

苏大校长朱秀林在庆典上致辞："今天，我们欢聚一堂，共同庆祝苏州大学110周年华诞。谨代表苏大五万余名师生员工向在座的各位领导和来宾表示热烈的欢迎。

"110年前的春天，在中西文化交流活跃的苏州，在这美丽的天赐庄校园，东吴大学大学应运而生，开创了中国和江苏现代高等教育的先河。在此后半个世纪里，东吴大学中西合璧、英才辈出，成为享誉中外的知名学府。新中国成立后，这所地处千年古城的巍巍学府，为民族振兴和社会发展作出了卓越贡献。从建国之初的群星璀璨，到院系调整时的坚守创业，从师范教育的独树一帜，到综合性大学的战略性转型，从四校合并的跨越发展，到新世纪的争创一流，我们走过了极不平凡的110年，谱写了一部波澜壮阔的办学历史。

"回顾过去，苏州大学取得的每一份成绩都凝聚着各级领导、社会各界、兄弟院校的关心和支持，我们深表感谢！继往开来，苏州大学取得的每一个进步都承载着历代前辈先贤、海内外校友的赤子情怀，我们深感自豪！

"展望未来，我们将认真贯彻2010至2020年《国家中长期教育改革和发展规划纲要》，努力将苏州大学建设成为国内一流，国际知名高水平大学。我们坚信：110年的文化积淀、民族伟大复兴的时代召唤、经济社会发展的强大支撑、30万海内外校友的热切期盼，为我们实现发展目标提供了不竭源泉！"全场响起了热烈的掌声。

苏州大学的前身东吴大学创办于1900年，是最早在中国建立的具有现代大学特征的高等学府之一。"养天地正气、法古今完人。"110年来，苏大始终以人才培养为根本，以服务社会为己任，锐意进取，开拓创新，在人才培养、科学研究、服务社会、国际交流等方面取得显著成绩，学校综合实力与社会声誉不断提升。目前，苏大拥有11大学科门类，

23个学院(部),20个博士后流动站,85个博士点,209个硕士点,105个本科专业。本科生22000多人,研究生12000多人,留学生近2000人。教职工4100多人,其中院士4名,“千人计划”入选者2名,“长江学者”4名,国家杰出青年基金获得者8名,教授、副教授1600余名。学校综合实力位居全国高校前40强。今天,一所古老而又年轻、历经沧桑而又自强不息、珍视传统而又开放创新的苏州大学正展现在世人面前。

全国人大常委会副委员长、民进中央主席严隽琪发表了热情洋溢的讲话,她指出:苏州大学是一所具有悠久办学历史的高等学府,近年来,苏州大学抓住机遇,解放思想,充分发挥综合优势,深化教育教学改革,学校各项事业实现了又好又快的发展。希望苏州大学,今后要不断提高办学水平和效益,积极探索改革和发展之路,为社会主义现代化建设作出更大的贡献。全场响起长时间的掌声。

台湾东吴大学董事会董事长王绍堉、校长黄镇台出席庆典。黄镇台校长在讲话中表示热烈祝贺。他说:苏州大学与台湾东吴大学同根同源,互相学习,并肩前进,一起进步,共同发展。

国家邮电总局特为苏州大学110周年校庆发行了邮资明信片和首日封。

12点整,苏州大学在苏州会议中心宴会厅举行盛大招待会。宴会大厅摆满100桌,1000多位贵宾、教师代表和历届校友代表,欢聚一堂。在迎宾曲声中,宴会开始。朱秀林校长致祝酒辞,全场举杯,为苏大110周年校庆干杯!在宴会中,我们夫妻特向苏州大学原校长、化学系著名教授陈克潜和夫人陆忠娥教授——我们的恩师鞠躬敬酒,感谢他们的培育之恩。

下午2点整,苏大校友总会和苏州校友会联合举办校友代表会议暨母校与地方经济社会发展研讨会。党委书记王卓君致欢迎词。王小选会长代表苏大新西兰校友会发言,简明地介绍苏大校友会成立的指导思想、经过和今后的打算,决心在苏大的关心和校友的支持下,为校友服务、为母校服务、为社会服务。接着,副会长朱钧侃满怀深情地在会上发言:我们苏大新西兰校友离祖国母校有一万里,今天为了恭贺母校诞辰 110 周年校庆,不远万里从新西兰回到苏州母校,有千言万语要对母校讲,并成一句话:心系苏大,感恩母校。特向母校献上近二十余册自己创作的学术著作。当王卓君书记接过献礼时,全场响起热烈的掌声。

晚上 7 点整,在苏大独墅湖新校区独墅湖影剧院举行盛大的校庆文艺晚会。母校的文艺活动团体演出了精彩节目,掌声阵阵,好评如潮。一个惊喜出现了,在最近两年中央电视台举办的春节晚会上,因表演精彩魔术而深受海内外华人喜爱的台湾魔术师刘谦,突然在晚会上出现,全场轰动,把文艺晚会推向高潮。刘谦为什么会在苏大校友会上出现?他与苏大有什么渊源?他是怎样成长的?他对母校的校友有什么希望?我将另写专文,与大家共享。

5 月 22 日上午 10 时整,朱秀林校长在苏州工业园区特地接见了苏大新西兰校友会代表王小选、王昆华。朱校长说:苏大为了建成为"国内一流,国际知名"高水平大学,计划引进国外高校著名教授在苏大开设实验室,加强与国外高校进行教学和科研交流,为苏大教师进行培训提高,与国外高校合作办学等。王小选、王昆华认真听取朱校长的谈话,根据新西兰的实际情况,就母校与新西兰高校合作事宜,进行了认真讨论,打算制订切实可行的计划,为母校未来发展作出应有的贡献!

6 月 6 日下午,苏大新西兰校友会在会长王小选主持下,举行全体校友大会。由王小选、朱钧侃、王昆华分别汇报出席苏大校庆的盛况、体会。校友们观看了校庆的有关影视资料、校庆专刊、《苏大校友》等文献。大家深受教益和启迪,一致认为母校 110 周年校庆隆重、热烈、内容丰富多彩,谱写了苏大发展史上光辉一页。母校、朱秀林校长对新西兰校友会给予特别关怀,寄予殷切期望。大家深感肩膀上担子很重。为了感恩母校,大家表示:一是要进一步加强团结,齐心协力,集思广益,把校友会办出特色办出水平。二是要发扬苏大精神,开拓创新,艰苦奋斗，尽心尽力，把自己的事业创办好。三是要把朱校长的重托作为校友会的重点工程，集中思想，集中力量办好，为母校建设“一流大学，国际知名高水平大学”贡献力量。

（原载《新西兰联合报》2010 年 6 月 26 日）

心系苏大，感恩母校

海外游子，永远思念自己的祖国。莘莘学子，永远记忆着母校。

1955 年，我毕业于苏州大学。我终身以苏大为荣，愿以实际行动为母校争光。

最大贡献

110 年前(公元 1900 年)的 5 月 18 日，我们的母校东吴大学——现苏州大学的前身，在富饶美丽的人间天堂——苏州市十梓街天赐庄诞生。母校的一切，清晰地留在我的记忆里。许多人和事，历历在目。高大、古色古香的校门上，镌刻着十个耀眼的大字：

养　天　地　正　气

法　古　今　完　人

这是苏大的校训，苏大的办学宗旨。她要培养和发扬天地之间的正气，学习和效法古今中外的完人。养正气，效完人，这是多么崇高的精神境界啊！这是苏大的灵魂，苏大就是在这个精神鼓舞和指引下度过了 110 个春秋。她的发展历经三个阶段：从学校成立到新中国诞生，东吴大学是全国最早建立的现代高等学府之一。新中国诞生以后，为了适应教育事业发展的需要，更名为江苏师范学院，以培养大学、中学师资为主要任务。改革开放以来，我国和江苏省的经济和教育事业有很大发展，为了加强高校建设，有多所院校并入，更名为苏州大学，成为一所拥有 11 大学科门类、基础雄厚、效益显著，在国内外具有一定知名度的国家“221 工程”重点建设高校和江苏省属重点综合性大学。人才是一个民族、一个国家最宝贵的财富。110 年来,她共为国家精心培养了 30 多万各类专门人才,特别是培养了一批中外著名的人才,雷洁琼、费孝通、赵朴初等都是苏大培养出来的。母校对国家和人民的贡献是重大而多方面的,而这方面的贡献是最大的贡献。

进入校门,在高大的绿树丛中,耸立着一幢红砖建筑的大楼。在灿烂的阳光照耀下,更显得灿烂夺目。大楼顶层是一个大钟,它准时地为师生们报时,时刻敲响珍惜时间的警钟。因此,这红楼大家亲切地叫它“钟楼”。这是母校的标志性建筑,已有 110 周年。它是苏大历史的见证人,它又是苏大的指挥中枢,母校的校长办公室、党委办公室等领导机构都设在这里。它是母校的指挥中心。学校的许多重要活动都在这里举行,许多重大决策都在这里作出。钟楼,我们母校的标志。每当我们看到钟楼,都会情不自禁地向她致以亲切的敬意。穿过钟楼,豁然开朗。一片大操场呈现在眼前。嫩绿色的芳草覆盖着大地,像是一块大地毯,惹人喜爱。每当旭日东升,成群结队的青年学子在这里跑步、晨操。每当下午课外活动时,成千上万个健儿,血气方刚地开展各种体育活动。我们还组织了篮球队、乒乓球队等,与兄弟系科开展友谊比赛。我们在校天天坚持,日日锻炼,不管是烈日当头,也不管刮风下雨。坚持、坚持、再坚持。现在,每当朋友问起健康长寿之道,我笑着回答道:在苏大学习期间,天天锻炼,炼就了钢筋铁骨,这难道不是健康长寿之道吗?

大操场的右侧是一幢红楼,这是文科大楼,文科各系科都在这里学习。左侧是一幢很有特色的西式大楼,这是理科大楼,我们化学系就在这里。内有教室、实验室……设备完善。理科大楼旁是体育馆,许多精彩的体育竞赛和表演都在这里举行。每年开学典礼、国庆节、元旦联欢会也都在这里召开。许多精彩节目还记忆犹新。全校老师合唱团唱“大渡河”,我系陈克潜老师高亢的一声吼:开船了!震动全场观众。他是我系有机化学的教授,教学经验丰富,科研成果水平很高,后荣任苏大校长。音乐老师和舞蹈老师合演的歌舞表演,常常引起经久不息的掌声，给全校师生带来难忘的欢乐！体育馆后面是游泳池，这里是学子们大显身手的舞台。

格致堂、子实堂在操场两旁，遥遥相对。这是我们的宿舍。我们班男生宿舍在子实堂。我和沈贵福、施广德、陈抱农等同住 207 室。这是我们的新家，大家互相尊重，互相爱护，亲密无间地在一起学习、生活，建立了深厚的友谊。

再过去是一幢新建的大楼。这是我校的图书馆，藏有各种图书几十万册，是信息和知识的宝库。这里是老师们从事教育科研活动的中心，也是同学们进行自修的好去处。当你走进图书馆时，就会感到非常整洁。各个图书室里虽然坐满了人，可是大家都很自觉，不讲话，轻手轻脚，鸦雀无声，一根钢针掉在地上，也能听到声音。

在学校的左侧，是一条河流，清澈的河水日夜不息地流淌着。河的两岸栽种各种高大的常青树。每当夕阳西下，霞光万道，鸟雀竞相归巢，鸟欢雀跃，唱响起各种声音，形成一曲夕阳交响乐。此时此刻，师生们在河畔，或散步、或谈心……充满着欢乐和幸福，成为母校一道亮丽的风景线。

这是一幅多么美丽、精巧、别致、不拘一格的画卷，是多么具有吸引力、凝聚力的培养人才的摇篮。她就是我们的母校——东吴大学的发祥地，我们就读的江苏师范学院，现在苏州大学的校本部。

时代召唤

新中国诞生以后，百废待兴。人才是一个民族最宝贵的资源，人才是一个国家立国之本。社会主义建设蓬勃发展，经济、文化、科技、教育等各方面急需人才。党中央、国务院作出了加快发展教育，大力培养人才的重大决定。其中一项重要措施是从工农干部中选拔一批优秀者进入高等院校培养，同时从小学教师中选拔一批优秀者进入高等师范院校培养。1953 年，我在江苏省无锡市安镇中心小学任教。6 月的一天上午，校长汤晋松约我交谈。他告诉我，经县政府教育局批准，选拔我去师范院校学习，要进行入学考试，并要我做一点准备。他问我有什么意见。我想了一想，回答说：感谢组织的关心，我一定把现在的工作做好，同时认真复习功课，作好入学考试的准备。7月的一天，我们集中在无锡市社桥头苏南社教学院进行入学考试。在考试前，各人要填报入学志愿和系科。我在读高中时，对化学最感兴趣，成绩最好。我们的化学老师徐渭彬，是上海交通大学的高材生。他教我们化学生动、简明。他还喜欢打篮球，与同学很融洽。我很尊敬他。因此经过慎重考虑，我就选定了化学专业。8月的一天，我收到了江苏师范学院的录取通知书。我手捧通知书，心中感激之情，无法用语言来表达。我们全家都为我而高兴。我们小镇上的亲戚朋友闻讯后都来向我祝贺。

母校定于9月1日开学。安镇中心小学全体老师开了欢送会，给我许多临别赠言。慈祥的母亲为我缝制衣被，为我送行。此情此景，终身难忘。提前一天，我乘坐轮船从家乡出发，到无锡后，再乘火车到苏州。一到火车站，站上挂着欢迎新同学的横幅，许多老同学热烈和我握手，表示热烈欢迎，帮我们把行旅搬上学校的欢迎车上，一直送到学校，住进宿舍，安排好食宿。晚上，我们同宿舍的同学开了第一次交谊会，互相介绍，共叙友情。深深地感受到母校是一个温暖的大家庭。

9月1日上午10点，在体育馆举行隆重的开学典礼。吴天石院长给我们讲话。他系统地讲述了新中国开展大规模有计划建设，教育事业大发展以及苏大的发展现状和远景。最后特别对我们新生讲了三点希望：(1) 忠诚教育事业，确立全心全意为教育事业服务的观点。(2) 尊敬老师，爱护同学，珍惜时间，专心致志，刻苦学习。(3) 努力争取成为一名德智体全面发展的优秀教师。我们听了很受鼓舞，开了眼界，提高了境界，明确了方向，增添了信心和力量。全场响起了热烈的掌声。吴天石院长后来荣任江苏省教育厅厅长。接着我们来到化学系大会议室，系主任程有庆教授又就学习化学专业的重要性、培养目标、要求、课程设置和学习方法等为我们作了具体指导，使我们今后的学习心里更有底了。

开学的这一天，是我新的学习生活的起点，也是我新的人生的起步,太有意义了。我记下了日记。并给在上海市工作的我的姊夫、姊姊写了信。他们俩很快给我写了复信。他们首先祝贺我考入苏大。并说:"侃弟,像我们的家庭经济情况,要上大学是很困难的。现在你能上大学,一是靠了党的好领导,二是社会主义好,三是学院的环境条件好。你是很幸福的,一定要为社会主义建设加倍努力学习。"读着这封信,热泪盈眶,促使我下更大决心,奋发向上,战胜困难,去争取胜利。

我就是在各方面的关心、爱护、激励下,开始了新的学习生活。

人生转折

当我们聚精会神地坐在教室里听课,专心致志地在图书馆或寝室里自学,一心一意在实验室里做化学实验的时候,我们像一群久渴了的孩子,像一块块海绵,多么自觉、专心、用功,尽最大努力,千方百计地吸收和掌握知识和技能。

我们的母校在专业设置和课程安排上,有一套完整、严密、科学的体系和结构。化学专业的课程有:无机化学、有机化学、分析化学、物理化学等。人文学科有:政治理论、教育学、心理学等。这对于我们形成新的知识结构和未来的工作和发展有多么大的价值和意义啊!

最值得我们回忆的是,我们母校有一支优秀的教师队伍。张式之教授是普通化学的主讲老师。他工作非常严谨、认真。这门课他已讲了几十年,但他每次讲课前,总要认真备课,提前到教室。他编写的讲义和讲课都很简明、精练。他力求抓住关键,提取精华,把最重要的知识传授给我们。他为人师表,为我们树立了榜样。后来,因长期积劳成疾,医治无效,与世长辞。我们失去了一位好老师,心情十分悲恸,为此更加努力学习和工作。潘家理教授是物理化学的主讲老师。这门课理论性较强,是最难学的。潘老师针对这一特点,在讲课时,特别注意深入浅出,多举实例,通俗易懂。在讲重点理论部分时,他适当放慢了进度突出重点,抓住要害,讲深讲透。一天下午,三个同学复习时遇到问题,就去他办公室请教。潘老师作了认真、透彻的辅导。当三个同学满意地向他谢别时，他要同学等一等，他说我来考考你们。他拿出一张纸，用笔画了一个圈。他问这是一个肥皂泡，应如何计算它的表面张力？A、B两个同学经过思考后先后回答是运用表面张力的公式来计算。而C同学边听边想，回答道：除了运用表面张力公式外还要乘2。潘老师接着问为什么乘2？C同学马上回答：因为粗看肥皂泡是一个，而仔细看，实际上是两个。潘老师听了很高兴，回答正确，表扬了C同学，并说：学习要独立思考，观察事物和现象时，要仔细、深入，透过表象看到实质。同学听了很受启发。在告别老师回宿舍的路上，大家议论说：潘老师要求很严格，教学方法与众不同。

苏大是培养人才的摇篮。她不仅给我们传授专业知识，帮助我们解答疑惑，更重要的是给我们指路、导向，加强道德品质修养，要求我们成为德智体全面发展的人才。在这方面我是深受其益，深有体会的。

苏大开学的那天下午，化学系秘书陆忠娥老师找到我，对我说：到苏大来学习，机遇很好，要倍加珍惜。首先要自觉学好，同时要为大家服务。我高兴地回答道：我一定努力做到。她就带我到图书馆领取了全班42册《普通化学》，然后我一一发到全班同学手上，大家拿到新书，皆大欢喜。这是我到苏大后第一次为大家服务，心情很愉快。接着各课要选课代表，我被选为课代表之一。我认真地收集同学们对教学的意见，及时向老师汇报，供老师改进教学作参考。不久，班上建立团支部，选举支委和支部书记，经过全班团员无记名投票，我被选为团支部书记。从此，围绕学习，团结和依靠广大团员，充分发挥大家的积极性开展各项活动，使广大团员更自觉地学习。一天，化学系学生党支部书记包祖乐找我谈心，畅谈学习经验，交流对党的认识。他诚挚地鼓励我，关心政治，自觉学习，进一步搞好团支部的工作，加强学习党的知识。这次谈心对我启发很大。后来又经过多次交谈，我向他表达了我要求入党的志愿。他听了很高兴，并告诉我要进一步提高对党的认识，增加自觉，正式向党提出申请。经过一段时间的学习和思考，我正式向党组织提出了入党申请报告。不久，党支部正式召开党员大会，慎重讨论我的入党问题，最后一致通过。江静同志代表院党委与我谈话，对我提出殷切希望。从此,我就更加努力学习,更加认真做好团支部工作。更加全心全意为大家服务,更好地为社会主义建设贡献青春和力量。

时间匆匆,1955 年 7 月我们要毕业了,学院召开毕业生大会,号召大家服从组织分配,到祖国最需要、最艰苦的地方去。我经过慎重考虑后,向学院打了坚决服从分配,到最艰苦的地方去的决心书。由于工作的需要,我被分配到江苏省省级文教部门工作,开始了新的生活。

我从一个小学教师到一名大学生,从一个共青团员成为一名共产党员,从教师工作到省级机关工作,这是我人生中的重大转折。我的进步、成长是与母校的培养分不开的,是与恩师们的教育分不开的,是与亲朋好友的帮助分不开的。他们的恩情,我永志不忘,我永远感谢他们,我要用最大努力为人民服务,为社会主义建设贡献一切。

共襄盛典

2000 年 5 月 18 日,是苏大一百周年华诞。这是百年一遇的大喜事。学校作出了隆重庆贺的决定。一年前,我闻此喜讯后,立即向学校写了祝贺信,并捐赠 200 册我的学术著作,其中有:《邓小平人才思想初探》、《最新人才学》、《现代人才管理学》、《现代人事心理学》、《乡镇企业人才管理学》、《人生哲学》、《改革大潮中的大学生》等。学校收到后,将我的祝贺信刊登在校庆简报上。周校长向我和陈瑛发出了邀请信。5 月 18 日那天,我们都穿了新衣服,满怀喜悦,出席在苏州体育馆举行的苏州大学建校一百周年校庆典礼。全校一万多名师生员工与中央、省和市里的贵宾,济济一堂,其乐融融。通过贵宾、校长和师生代表的讲话,使我对母校的价值有了新的认识。苏大对祖国社会主义现代化建设和人民的贡献主要体现在她的培养造就人才的价值、传承文明的价值、推进科学技术进步的价值、弘扬优良传统民族精神的价值和促进社会主义先进文化建设的价值。

十年过去了,母校又迎来了 110 周年华诞。为了迎接这个大喜事,我们苏大在新西兰的校友于 2009 年 12 月 12 日成立了苏州大学新西兰校友会。中华人民共和国驻新西兰大使张利民、驻奥克兰领事廖菊华和苏大朱秀林校长特派代表杭晓平主任等贵宾前来祝贺。朱校长对苏大新西兰校友会很重视，特致函王小选会长，对办好校友会提出殷切希望。母校定于2010年5月18日隆重举行苏大建校110周年庆典，朱校长于3月16日特给王小选、朱钧侃、陈瑛、王昆华发来了邀请函。当我满怀感恩之情，拜读邀请函时，一股暖流，涌上心头，幸福之感，催我热泪盈眶。我们决定准时参加。老校友金晓泉、范仕林、姚玫等很想回母校，但因故不能前往。但是他们和我们的心情是一样的。千言万语合成一句话：心系苏大，感恩母校。

寸草春晖。母校，永远属于我们；我们，永远是母校的学子。把母校建设成"国内一流，国际知名高水平大学"，是苏大全体师生员工和海内外校友的崇高目标，人人有责。在母校110岁生日的时刻，向母校献上我的心意：(1) 向母校献上我近几年来创作的学术著作：《徐霞客评传》、《徐学概论》、《徐霞客传奇》、《瞿秋白传》、《瞿秋白画传》、《瞿秋白书画集》、《智慧学》、《新西兰澳大利亚游记》等。(2) 尽力协助王小选会长把苏州大学新西兰校友会办好，成为校友团结和谐之家。(3) 在人才学、人才管理学、人力资源管理、人事心理学和智慧学等方面，可以为母校进行短期或长期的教学、科研服务。我愿用自己的一颗爱校之心和微薄之力，为母校灿烂的明天增添光彩！

（原载《新西兰联合报》2010年5月1日）

钱伟长精神鼓舞着我们前进

2010 年 7 月 30 日，中央电视台播放了闻名海内外的科学家、教育家、上海大学校长钱伟长逝世的消息，使我肃然起敬，沉浸在深切悼念之中。

钱老是我们江苏无锡老乡，是科技、教育界的老前辈，是我们学习的典范。

2003 年 10 月 3 日，是江苏省梅村高级中学建校 90 周年纪念。梅中前身是由钱老的父亲钱声一等参与创办起来的。钱老又是梅中的校友。因此，梅中特地邀请他出席校庆庆典，并作讲演。校庆那天，我也被邀请出席，有幸聆听钱老的演讲。他讲的是无锡普通话，有条有理，十分亲切动人。钱老说，他父亲为了振兴地方教育，创办学校，日夜奔波，筹集经费，物色优秀老师。在学校最困难的时候，变卖了自己的家产，使学校渡过难关，不断发展。他父亲对钱老管教既严格，又循循善诱。钱老学习很刻苦。在父亲的启发诱导下，他喜欢文科，特别是语文、历史。高中毕业时，叔父钱穆鼓励他报考全国著名大学。钱老经过思考后决定报考清华大学。在父亲的全力支持下，经过自己的艰苦努力，终于考出了好成绩：两个 100 分——语文 100 分，历史 100 分。打破了清华大学高考成绩的记录。

钱老带着全家的希望来到清华园，在名师的指点下，下苦功攻读文科。可是，1937 年 9 月 18 日日本帝国主义侵占我东北三省。钱老和清华爱国学子，个个义愤填膺。而有些人竟叫嚷：不抵抗。因为我们没有武器。钱老对此更加气愤。他满腔热血地说:没有大炮,我们来造。他毅然决定弃文从理。这对钱老来说是一个严峻的挑战。一是钱老的物理基础太差,高考时只得5分。二是当时清华物理系主任吴有训,对学生要求很严。一开头就拒绝钱老转学物理,钱老毫不动摇。一次又一次拜访吴主任,表达自己爱国和克服困难的决心。吴主任还是不同意。钱老毫不灰心,还是一次又一次拜访吴主任表达决心。吴主任看到钱老决心这样大,态度这样诚恳,终于被感动,同意他转读物理。讲到这里,钱老热泪盈眶。我们听了十分感动,全场热烈鼓掌。钱老说:这是我人生的一个重大转折,从此开始了我造大炮、抗击侵略者、走科技救国的道路。钱老立志报国的崇高精神,深深打动了我的心,留下了终身难忘的记忆。

梅中百年庆典的最后一项活动,是为五位梅中创始人的铜像揭幕。钱老等五位嘉宾一一上台,怀着崇敬心情把红布揭开,全场热烈鼓掌。之后,几位嘉宾一一下台,唯独钱老走到父亲铜像前,怀着十分敬仰的心情,久久注视着父亲慈爱的脸庞。见此情景,胡平校长特地上前问钱老,有什么想法?钱老默默不语。当校长第三次问及时,钱老才深情地说:我的进步成长,我的一切都是父亲尽心养育的结果。我想亲自为我父亲的铜像揭幕。胡校长听了感动地说:好啊!好啊!即刻把红布重新盖上。钱老说声"谢谢"!静默一下,虔诚地伸手把红布揭开,面对父亲的铜像三鞠躬。在场的人无不感动地为之鼓掌。这时钱老露出了笑容,从心底里感到欣慰。此情此景,使我终身难忘。钱老是一位伟大的爱国主义者,也是一位尊敬父母的大孝子。这种浓浓的亲情,是钱老生命不息,永葆青春的不竭动力。钱老爱国、爱父母的动人情景,在知识分子和人民中传为佳话,成为我们的学习楷模。

钱老的堂弟钱慈明,是江南大学(原轻工业学院)的党委书记。为了推动教育改革,提高教育质量,特地请钱老来校作学术讲演。当时我受聘江南大学教授,也到会聆听钱老的讲话。他鲜明地提出:改革是办好教育,提高质量,培养人才,传承文明的唯一出路。要改革首先要改革思想理念，要拆掉四堵墙：一拆掉学校与社会的墙；二拆掉学校与教师的墙；三拆掉学校与学生的墙；四拆掉教师与学生的墙。钱老的讲演震撼人心，对大家触动很大。江南大学开展了教育改革的讨论，学校采取了一系列改革措施，推进了教育改革的步伐。

当天晚上，我和我的学生丁鸣江去拜访钱老。向钱老请教了一些问题，他都一一作了回答。当我告诉他我祖父创办的江阴长泾小学90周年，请他题词时，他问：社会上有什么评价？我回答道：大家说我祖父乐育英才。钱老听了笑着说："好啊！乐育英才好！"他欣然命笔：

长泾小学创始人朱云扉

乐育英才

钱伟长

我把钱老的题词裱好，装在玻璃镜框里，挂在书房内。每当我看到这幅题词时就想起了钱老的音容笑貌和谆谆教诲。钱老的题词字简意赅，寓意深刻，发人深思。我经常想，教育乃百年大计、千年大计，是现代化建设的基础。人才是国家的宝贵财富，现代化建设的关键。只要各级领导重视教育，乐育英才；各级校长重视教育，乐育英才；全体教师重视教育，乐育英才；全社会重视教育，乐育英才；中国就一定能成为人才强国，一定能国强民富，一定能自立于世界民族之林，对人类作出较大的贡献！

听到钱老逝世的噩耗，我和丁鸣江怀着悲痛之情，给上海大学钱伟长治丧委员会发去唁电：

尊敬的钱伟长校长千古

您的事业是伟大的，贡献是杰出的，精神是崇高的，品格是高洁的。

您永远活在我们心中！
您的精神永远鼓舞着我们前进！

晚辈朱钧侃　丁鸣江
敬挽
2010 年 7 月 30 日

（原载《先驱报》）

提高警觉，力阻“货币战争”

——全球眼睛看美国

最近，世界大事频频发生：联合国先后召开千年发展目标高级别会议和联合国大会一般性辩论会。中国国务院总理温家宝在纽约与美国总统奥巴马举行会晤。为了积极推进中美合作全面关系，提高中美关系的水平，胡锦涛主席将于 2011 年 1 月对美国进行友好访问。美国中期大选即将开始，奥巴马忙着演讲拉选票。……这些大事引起世人的关心和瞩目。

美国自爆发金融海啸以来，经济状况如何？存在什么矛盾和问题？其根源何在？今后的走向如何？世界“货币战争”会不会发生？这是全世界人民所关注的。

美国人看美国经济

在国际金融危机下，美国虽然采取了救市措施，但是危机一波连着一波，美国的经济并没有根本好转。美国人对美国经济持有种种截然不同的看法：

第一种看法认为美国经济复苏，比其他发达国家快。

美国财政部长盖特纳认为尽管信贷危机和华尔街濒临崩溃，大大打击了许多企业和家庭的信心，但经济已经开始复苏，各领域正在逐步加强中。他预测今年和明年的全球经济增长会比预期的 4%来得快。美国的经济复苏将会比其他发达国家来得快、来得强。

第二种看法认为决策不慎会触发第三次大萧条。

诺贝尔经济学奖获得者、《纽约时报》专栏作家保罗·克鲁格曼认为现在不少国家都沉迷于抗击通货膨胀，而通货紧缩才是真正威胁。美、德、英等国都在号召财政紧缩，如果决策失误可能会触发经济史上第三次大萧条，数百万失业人员将会为决策失误付出代价。

第三种看法认为美国经济正处于“增长能动衰竭”时期。

2010年9月8日，美国联邦储备委员会发表的美国全国经济形势调查报告说：美国经济发展势头在今年夏末走弱，更多地区的增长放缓，与前一段时期相比，经济呈现出“广泛的减速迹象”。同月21日美联储在月度货币决策例会声明中说：受高失业率、家庭财富缩水、信贷紧缩等原因的影响，美国家庭消费支出增长缓慢，企业增加雇员意愿不强，企业设备投资出现放缓迹象，新房开工量不景气，银行信贷持续萎缩。过去十二个月，美国核心消费价格指数仅增长0.9%，1966年以来的最小增幅。一些经济学家认为，通货紧缩风险正在上升。不少分析人士指出：美国经济增长目前正处于“增长能动衰竭”的尴尬时期。一方面，美国经济未达到新的宽松政策的地步。另一方面，财政刺激政策的动能正在逐步衰减。

美国自2007年12月进入本轮经济衰退以来，总共有850万人失业。这是自第二次世界大战以来美国历次经济衰退中失业人数最多的一次。目前，美国失业人口达1500万，失业率接近10%。最新报道，美国赌博业失业率高达17%。影响失业率的诸多因素状况不佳，许多大企业大量囤积银行的低息资金。而政府部门也无法解决。因此，失业率已成为短期内难以治愈的顽疾。

最近，一位美国记者发表的《从露天汉堡摊看美国经济冷暖》报道说：美国宏观经济衰退，严重影响全食超市的经营。美国弗吉尼亚州阿灵顿郡一家全食店每周销售额从2008年的57万美元降至2009年的54.9万美元，降幅为3.7%。记者还报道：这个州的贫困率从2008年的8.6%增至2009年的10.5%。全美贫困率从2008年的13.2%攀升至2009年的14.3%，创1994年以来最高水平。

美联储会主席伯南克认为由于不确定因素增加，美国经济复苏不具可持续性，复苏之路举步维艰。美国西北大学教授贝赞可则认为美国经济虽然开始复苏，但仍处于弱势，复苏脚步缓慢，要到2011年中期或下半年才会出现强劲增长。

美国的未来走向如何？出路何在？引起许多美国人的关心和思考。2010年9月14日，美国《大西洋月刊》发表的《中国龙与美国梦》指出：

打开钱包，抽出1美元面值的钞票，上面印有1776年及意为"时代新秩序"的短语，那象征着美国时代的开始。如今，你可将这张钞票扔掉，因为一种新的时代秩序正在出现。这不是美国时代，而是后美国时代。

自美国登上世界舞台以来，这将是其首次面临新兴大国竞争对手。中国的崛起①挑战到美国最根本的信念之一：即历史总是往前走的。其结果可能导致一种深刻的国家认同危机。

美西战争为美国世纪拉开帷幕。当时，美德俄英法等国个个力争大国地位。接下来的几十年，美国的对手一个个退出舞台，唯有美国屹立不倒，美国成了大国竞争最后幸存者。但是，如今美国人要面临某种全新而深刻的变化，其作为超级大国很快就会有伴了。就在不久前，中国超过日本成为世界第二大经济体。当然，从人均角度讲，中国仍很贫穷，而且中国前进的车轮随时可能停下②，但中国若以当前的速度增长下去，不出一代人时间，中国就将成为与美国旗鼓相当的对手③。同样令人不安④的是，中国人走的不是美国政治、宗教和经济自由的模式⑤，但同样取得了成功。这还不算完，倘若印巴继续崛起，或欧洲和日本复

① 不是崛起，而是和平发展。——作者注

② 不对，中国前进的车轮不会停下来。我们中国人有信心、有决心、有智慧、有能力不断向前推进。——作者注

③ 是合作伙伴，不是竞争对手。——作者注

④ 为什么不安？为什么不高兴？——作者注

⑤ 对，中国人走的是有中国特色的社会主义道路。——作者注

兴，那么到2050年将是强国并立。

世界大国数量增多，美国怎么办？出路、前景如何？[①] 该文接着说：在美国世纪，我们的对手一个个被超越。现在历史开始朝相反方向前进，大国数量逐步从一个增至二个、三个甚至更多。中国的崛起将从根本上挑战美国的认同感。中国的崛起可启发反思和智慧。美国人或者寻求重塑美国，或者像以往面临类似处境的大国一样，猛烈打击新兴崛起者。也许美国人将效仿英国人，在相对衰落中找到一线希望。[②]

欧洲人看美国经济

欧洲要振兴，欧洲要团结。因此，欧洲人很关心美国的经济。一些有识之士，具有独特的眼光和思维。

2010年9月20日，德国记者戴尼尔·艾克尔出版了一本新书，书名叫《货币战争》。这引起了我的极大兴趣。

“世界正处于战争之中，它不是用装甲车，而是用货币；不是用战斗机，而是用价格。这场冲突将和第一次、第二次世界大战一样，左右21世纪。这场战争就是‘货币战争’。”这就是这本书的主题。[③]

该书认为当前这场“货币战争”的特点是世界各国政府（特别是美国、中国、欧盟）正尝试操纵货币的竞争优势。

该书指出：每个民族都有它的经济创伤。德国的经济创伤是两次世界大战后出现的通货膨胀，而美国的经济创伤是全球经济危机。上世纪30年代的经济大萧条，使美国工业生产下降50%。25年后美国

---

① 这是问题的关键，请看下文分晓。——作者注

② 现在时代不同了，面临新的挑战，美国怎么办？上中下三策，何去何从？——作者注

③ 戴尼尔以敏锐的目光，创新的思维，首先提出世界正在打一场货币战争。这种精神值得我们学习。——作者注

再次繁荣，并成为世界经济的领袖。本轮经济危机又让美国经济受到了重创。①

该书还提到一个发人深思的奇特现象：长期以来，中国人通过正常国际贸易，积累的外汇储备超过 2.5 万亿美元。哈佛大学历史学家尼尔·弗格森创造了一个新名词：中美国。这是什么意思？中国是美国最大的债权国。历史上很少有一个大国在经济上如此依赖另一个竞争的超级大国。② 该书认为由于美国的赤字融资，北京已经获得了巨大的权力地位。这不仅让美国害怕，也让世界其他国家害怕。中国将如何处理它的权力地位问题，将是二十一世纪的一个关键主题。

该书认为，欧盟在近年来"货币战争"中只取得虚幻的胜利。欧盟面临成员国离心力增加的难题，欧元前途未卜。

2010 年 10 月 2 日，国际货币基金委员会主席艾恩提出：有迹象表明世界"货币战争"已经开始。③

美国确实是一个负债累累的大国，它将如何维持美国的长久繁荣？如何保证人民生活富足？如何走出金融危机？又如何从危机中重新振作起来，继续走向繁荣？这一连串的问题，全世界人都关注着。另一位作者在他新出版的书中作了以下回答：

当代美国富强的根基，在于美国自觉不自觉地运用了"印钱购物原理"。当今世界，处于产能严重过剩的经济时代。任何一种产品，你要多少，我都能给你生产出来。消费不足则是经济瓶颈。美国印刷美元去购买全世界的产品，解决了全球产能过剩问题。美元的本质是废纸，没有任何价值。然而由于美国的综合国力，历史地导致了美元作为世界结算货币。这个废纸可以去交换任何一个国家的产品。美元这个废

---

① 这是历史事实。重创到什么程度？多少年后才能恢复？该书未提，请人家研究思考。——作者注

② 中国现在仍处于社会主义初级阶段，是一个实实在在的发展中国家。——作者注

③ 这是一个重要信号！大家要提高警觉啊！——作者注

纸由此成了一种可以无限持续下去的“庞氏骗局”。它有价值不是因为本身有价值,而是因为无数的人和国家接受它、承认它,有无数的下一家接手人,所以它有价值。

美国根本不需要再装模作样地在本国从事任何经济生产活动,只要不断地印刷美元,就可以维持全国人民的富裕生活。美国这样印钱购物不但不缺德,反而是所有相关方都获利巨大的事情。美国不知用了什么样的手段①,忽悠了中、日两国,让这两个国家接受美国人印刷出来的毫无价值的美元。美国人可以用这些废纸来换中、日两国的货物。

该书作者特别指出:美国其实已经是一个空壳经济。美国百分之八十的GDP来自服务业,这部分GDP不产生任何物质财富,它们的功能其实就是装模作样、想方设法印钞票发到美国人手中。美国什么时候破产?就是当中、日两国都认识到上述美国人印钱购物的道理的时候。不再让美国印钱购物,中、日和所有产能过剩的国家自己就可以印钱,美国会一夜之间变成一个仅能温饱的国家。②

中国人看美国经济

美国是世界上最大的发达国家,中国是世界上最大的发展中国家,美国与中国有着密切的关系。因此,中国人,从高层领导到人民群众,从经济学家到企业家,都十分关注美国,了解它、认识它、研究它,取得了以下共识:

国际金融危机给中美各自发展带来了巨大压力和挑战,也提供了

---

① 这值得中国人好好思考。——作者注

② 全美国的资产价值50万亿美元,而美国的债务73万亿美元,这种财政状况,放到其它任何一个国家,这个国家早就该破产了。可是,美国不仅不破产,而且能长久繁荣,这确实是个谜?感谢这位作者,为我们揭开了暗藏着美国富强的谜——逻辑。作者注

新的合作机遇。双方要增进政治互信和战略互信，坚持互利共赢，在多边和双边领域加强对话合作，妥善处理分歧，做携手并进的伙伴，而不是竞争对手。中国人对中美两国关系前景，充满信心。

美国目前的困难是暂时的。美国有着强大的经济基础和科技、人才优势。中国人民相信美国人民一定能克服暂时的困难，实现经济复苏和增长。这对中国有利，对世界有利。

中美经贸关系面临的问题，不是一般性矛盾，而是结构性矛盾，只有从整体上加以考虑，采取综合性措施，才能逐步得到合理的解决。

中国政府和人民真诚愿意与美国政府和人民，在相互尊重、平等相待的基础上，着眼大局，探讨开展大规模财政、金融、贸易、投资合作的方式，共同维护国际金融稳定，推动中美经贸关系平衡、可持续发展。同时，希望美国承认中国完全市场经济，放宽对华出口限制。中国坚定不移推进人民币汇率形成机制的改革。

国际金融危机爆发以来，我和几位朋友一起跟踪考察美国的经济运营状况。历史已经证明，这次国际金融风暴使美国受到了重创，美国经济陷入衰落时期，抗击国际金融风暴虽然采取了措施，但是不当、不力，使经济复苏步履维艰。现在的问题是要找到产生这些严重状况的根源。我们认为问题出在美国内部。首先这是资本主义危机周期性的必然。二是积极推行霸权主义的恶果。三是违背多边主义潮流，而大搞单边主义。四是经济结构不合理，经济发展严重失衡。五是民主党和共和党为了各自的利益，拉选票，相互攻击，相互闹分裂，分散精力，使金融危机雪上加霜。六是种族主义严重。七是用人不当。更严重的是美国不仅未能从自身找原因，相反的把责任推到其他国家身上。为了美国的私利，在贸易方面，大搞保护主义。在美元汇率方面，美国才是真正的操纵国，却长期误说中国是操纵国，又借口中国低估人民币汇率，不择手段对中国施压，逼迫人民币升值，妄图发动世界“货币战争”。请看：

美国为了本国私利，不惜损害别国利益，一方面再度启动数量宽松政策，货币贬值，制造通胀，美元印钞机再次开足马力，稀释大量外债。

美国采取杀人不见血的手段,剥夺大量债权国的财富,主要是中国、日本和新兴市场体国家的财富。

另一方面,美国施压逼迫人民币升值。2010 年 9 月 24 日,美国国会众议院筹款委员会投票通过了一项目的在于对所谓低估本币汇率的国家征收特别关税的《汇率改革促进公平贸易法案》。这项法案试图修改美国贸易法,以此赋予美国商务部更大许可权,使之能够在特定条件下,把所谓“货币低估”行为视为出口补贴,进而对相关国家输美商品征收反补贴税。

十分明显,此法案是针对我们中国人的。这是美国一些政客们所谓“人民币汇率被低估论”的立法体现,是发动世界“货币战争”的一个危险信号。这是美国利用其霸权他位,维护自身的优势和利益,遏止其它国家发展的惯用伎俩。欧洲国家和日本深受其害。近来,随着美国中期选举的日益临近,国内经济衰退,他们再次挑起人民币汇率问题,企图把矛盾和困难,转嫁给中国人,企图掀起“货币战争”,打压中国人,遏制中国和平发展。这显然是不明智的、短视的。

有良知的中国人和世界人民,一定要提高警惕,认清美国这样做的根本企图及其严重后果。美国这样做,不仅危害中美友好合作的大局,而且会危害中美两国的发展和两国人民的福祉;不仅破坏世界贸易自由化,而且破坏世界货币的正常秩序;不仅影响全球经济的复苏,而且严重影响美国的经济复苏。温家宝总理严正指出:美国逼迫人民币汇率升值,中国的企业要倒闭,无数人要失业,农民工要回乡,中国社会将发生动荡,这对世界是一个灾难!国际货币基金组织负责人艾恩慎重呼吁:如果爆发“货币战争”,这将是对世界经济复苏和增长的严重威胁!这是关系到世界经济和平和发展,关系到世界人民的福祉。对此,我们千万要清醒头脑,理性思考,提高警觉,团结一致,千万不要受美国的骗,上美国的当,打好货币汇率保卫战,全力阻止美国一手策划的世界“货币战争”的爆发。

世界潮流,浩浩荡荡。合作则赢,分裂则输。这是当今世界的潮流。正当联合国呼吁世界各国加强合作,亚洲首脑会议提出进一步加强合作，国际金融协会提出世界各国联手合作对付国际金融危机的时刻，美国如果一意孤行，大搞贸易保护主义，挑起“货币战争”，必将遭到中国人民、美国人民和世界人民的坚决反对。

世界上万事万物的运动都是有其内在客观规律的，世界经济的发展、金融的运营也有其内在规律。历史一再证明：按照客观规律办事者必胜，反之，违背客观规律者必败！

（2010 年 10 月 2 日初稿。2010 年 10 月 9 日定稿）

（原载《新西兰联合报》2010 年 10 月 12 日）

人生贵在创造和实现人生的价值

不知不觉，老之将至，今年我已 75 岁，从事教育和科研工作 60 周年了！回顾过去，是为了开拓未来。过去的已成历史，而未来将会更加美好。

人生究竟是什么？人生的真谛是什么？人生的价值是什么？又如何创造和实现人生价值？每个人都毫无例外地在探索、思考和实践……

这对我来说，一是有缘，我已度过了 75 个春秋，跋山涉水的艰苦旅途中，深深地获得了人生教益，懂得了人生的艰难和喜悦。二是有幸，我曾受江苏省教委的委托，研究和撰写过《人生哲学》，曾理性地学习、思考过人生，述说过人生的理性。三是有悟，在长期的有意义的社会实践中，初步悟到了人生的价值和它的真谛。因为人生最终的价值在于悟性、觉醒、思考和智慧，在于真正了解人生的价值，在于创造和实现人生的价值。

“翻阅历史的画卷，前天有金字塔，昨天有万里长城，今天有宇宙飞船，明天，人类将继续用自己聪慧的头脑和勤劳的双手去培育世界历史上最美好、最理想的创造之花。今天的人类，不是《圣经》所载‘伊甸园’内亚当、夏娃创造的那种初民社会，不是《天方夜谭》里那种‘魔人’，也不是《山海经》中女娲那样的‘神仙’，而是生活在崭新的社会，掌握着最新科学技术的现代人。回顾人类发展的漫长历程，总结人类无数伟大的创造，展望光辉灿烂的未来，我们心中自然为整个人类的成就和前景感到无比自豪！为自己能作为人类的成员而感到自豪！然而，人类乃至每个人,都必须回答一个紧迫而尖锐的问题:到底怎样才能以雄健的步伐迈向明天和后天?到底怎样度过自己的一生?如何更好地开拓人生之路,使自己无愧于我们所处的伟大时代?这就需要在自豪之余,科学地认识人类自身,科学地探索人生。”

这是1989年5月,我主编的《人生哲学》绪论中的卷首语。

(一)人生是一个大的历史舞台,人人都不可避免的在这个历史舞台上扮演各自的角色。

人生,有正在进行的人生,有已逝的人生,还有未开始的人生。

人生,有人热爱它,有人对它抱无所谓态度,还有的人厌恶它。

人生有积极人生,消极人生;有乐观人生,悲观人生;有喜剧人生,悲剧人生。

人生的实践,有进步的实践,有退步的实践,也有落伍的实践。有高尚的实践,有低下的实践,也有卑劣的实践。有智慧的实践,有平庸的实践,也有愚蠢的实践。

而不同的人生实践,却有不同的结果:或重于泰山,或轻于鸿毛;或为后人所传颂,或为后人所唾弃;……

然而,实践是检验人生的试金石。进步的人生与退步的人生,高尚的人生与卑劣的人生,智慧的人生与愚蠢的人生,伟大的人生与平庸的人生的区别在哪里呢?不在人的社会地位,而在于他自己是否认识了人生的真谛和价值,用积极态度和实际行动,在具体的人生实践过程中,创造一个有价值的人生,对人民和后世产生了影响,作出了贡献。

实践是实现和创造人生价值的必经之路。人生实践是一个自觉行动的定向流程。定向,你定什么向?有的人定在为公上,有的人定在为私上;有的人定在奉献上,有的人是定在索取上;有的人定在为解放全人类,有的人则定在为自己的解放……

定向,多么重要啊!它确定人生的方向和目标,是人生实践和成功的灵魂。伟大的方向和目标,激励和推动你进步、成长,成就事业,甚至成为一个历史伟人。

（二）人生，是一个富有深刻哲理的课题。古今中外许多政治家、革命家、思想家、哲学家、科学家……都在探索人生的过程中，留下了许多令人感慨、发人深思、催人奋进的议论、著述和观点。

人生，李清照说："生当作人杰，死亦为鬼雄。"孟子说："生于忧患，死于安乐。"黄宗羲说："大丈夫行事论是非不论利害、论顺逆不论成败、论万世不论一生。"苏东坡说："生、死、穷、达，不易其操。"李大钊则说："人生的目的，在于发展自己的生命，可是也有为发展生命必须牺牲生命的时候。"瞿秋白说：人生，"总想为大家辟一条光明的路"。英国罗素说："我的人生正是：使事业成为喜悦，使喜悦成为事业。"德国爱因斯坦说："人只有献身于社会，才能找出那短暂而有风险的生命的意义。"爱尔兰肖伯纳则说："人生是一支由我们暂时拿着的火炬，我们一定要把它燃得十分光明灿烂，然后交给下一代。"还有人说人生是一只在大海中航行的船；有人说是一条汇合成大江的一条水流；有人说人生是跋山涉水，长途旅行；有人说人生万事如围城，城外的人想冲进去，城内的想跑出来；有人说人生是在群众面前拉小提琴，边拉边学；有人说人生就是人间的喜剧；有人说人生是参加奥林匹克运动会；有人说人生应该如蜡烛一样，从顶燃到底，一直都是光明的……

但是也有人说：人生是一场游戏，人生是一场梦。甚至说：人生是苦海，人生是享乐……

纵观历史，横看世界，人们对于人生的认识是各不相同的。由于历史和现实中的人们，各依自己的社会地位和基础，随着生命的延续而发展自己的人生，缘此而对于人生的体验和概括也就不同，这样便形成了各色各样的人生论。归纳起来有以下十种人生论：一、人生不可知论；二、人生享乐论；三、人生苦难论；四、人生虚度论；五、人生命中注定论；六、人生创造论；七、人生追求论；八、人生奋斗论；九、人生无私地为他人服务论；十、人生为真理而斗争论。

以上十种不同的人生论，大体上可以概括为四类：一类是不可知主义人生论；第二类是个人主义论；第三类是积极向上的人生论；第四类是无私奉献的人生论。

（三）那么什么样的人生观是科学的人生观呢？

我在青年时代，曾多次读过马克思的《青年在选择职业时的考虑》一文；在研究撰写《人生哲学》时，又再次学习这篇文章；年到75周岁，在写这篇文章时，又一次重读，感慨万千。

马克思在《青年在选择职业时的考虑》①一文中写道："在选择职业时，我们应该遵循的主要指针是人类的幸福和我们自身的完美，不应认为，这两种利益是敌对的，互相冲突的，一种利益必须消灭另一种的，人类的天性本来就是这样的。人们只有为同时代人的完美，为他们的幸福而工作，才能使自己也达到完美。"

马克思又说："如果一个人只为自己劳动，他也许能够成为著名学者、大哲人、卓越诗人，然而他永远不能成为完美无疵的伟大人物。""历史承认那些为共同目标劳动因而自己变得高尚的人是伟大人物；经验赞美那些为大多数人带来幸福的人是最幸福的人。宗教本身也教诲我们，人人敬仰的理想人物，就曾为人类牺牲了自己——有谁敢否定这类教诲呢？"

马克思进一步指出："如果我们选择了最能为人类福利而劳动的职业，那么，重担就不能把我们压倒，因为这是为大家而献身。那时我们感到的就不是可怜的，有限的，自私的乐趣。我们的幸福将属于千百万人，我们的事业将默默地，但是永恒发挥作用地存在下去，而面对我们的骨灰，高尚的人们将洒下热泪。"

我反复学习这篇文章，深深感到马克思确实是位全世界最伟大的思想家。他从青少年时代起就确立了科学的人生观，树立了伟大的人生方向和目标。

马克思的文章为树立科学人生观指明了：

第一，科学而伟大的人生的基本标志是：人类幸福和我们自身的完

① 载《马克思恩格斯全集》第40卷，人民出版社1982年版，第7页。

美。这是核心思想。

第二,人类幸福和人自身的完美必须统一起来,而不能将二者对立起来。因为个人只有在社会中实现自己的人生价值,社会又以个人的存在作为自身存在的前提。如果两者对立起来,就不可能实现伟大的人生。

第三,要想实现伟大人生,必须超脱私有意识,因为私有意识是个人社会化程度提高的障碍。只有把自己的利益与社会利益结合在一起,人生才能实现自我完美,而完美的人生也只能以造福于社会来展示自己的存在。

总之,马克思此文已勾勒出了科学化人生论的直观轮廓。马克思把个人与社会融为一体:个人只有通过造福于社会才能使自身完美,而自身完美又是个人不断社会化的结果。这一思想在马克思一生的思想和行为中是贯彻始终的。马克思的思路,开拓发展了人生科学化的新理论领域,指引了科学化人生实践的道路。马克思的伟大人生实践和理念是我们学习的典范。

(四)人生贵在哪里?人生贵在创造人生的价值。那么什么是人生价值呢?理论和实践告诉我们,人的价值和人生价值是两个不同的概念。人的价值是指人类在自然界中的地位和作用。人具有自我意识,能够自觉地、能动地进行创造性劳动,改造着自身和客观世界。因此,在自然界中人具有最高价值。人生价值是指人生的目的、社会行为的价值以及生命的意义,它与人的义务、荣誉、使命、理想等密切联系,是表示一个人与社会关系的范畴,表示一个人在社会实践中对他人、群体和社会具有一定的地位、作用和意义。一个人如果他的实践能满足社会的需要,对他人的利益和社会进步事业作出了积极贡献,这样的人生是有意义和有价值的。那么,社会必然要依据社会的行为准则和道德原则,通过正常的舆论,给予他以肯定的评价。因此,人生价值又可以说是社会对一个人的人生目的和行为的肯定性评价。

就拿我研究的两个历史人物来说,社会和人们赞赏徐霞客的人生目的和他的实践以及贡献，高度评价他是杰出的旅游探险家、地理学家、文学家、伟大的爱国主义者、文化历史名人。他是中国历史上四十位有杰出贡献的科技文化名人之一。他的名著《徐霞客游记》是中华文化的瑰宝，是代表中华文化的20部经典著作之一。

我们党和人民高度评价瞿秋白是中国革命的先驱，伟大的马克思主义者，卓越的无产阶级革命家、理论家和宣传家，中国革命文学事业的重要奠基者之一。因为瞿秋白为传播马克思主义，在中国共产党早期从事理论建设，作出过巨大贡献。瞿秋白又是艰苦探索中国革命道路的优秀先行者，他致力于马克思主义中国化，对毛泽东思想形成作出了重要贡献。瞿秋白学识渊博，多才多艺，学贯中西，融通古今，兼备政治家与文学家的双重素质，具有深厚的理论修养和文学修养，这是罕见的。他为中国革命文学事业的奠基做了大量的、卓有成效的工作，创作了大量优秀作品。瞿秋白是经过五四运动洗礼的那一代中国先进知识分子中的优秀代表，是开风气之先的早期共产党人之一。他以生命和心血，向人们展示出了共产党人这个称号的深刻内涵。

理论和实践告诉我们，人生的价值不在一个人的地位、权力、金钱，更不在"上帝"或"神"那里，而是人自身创造和实现人生价值，对于社会和人类作出的创造和贡献。

（五）实践是评价人生价值的唯一标准。评价一个人的价值，主要以他的贡献大小为尺度，凡是贡献大的人生价值就大，凡是有利于人类生存和发展，有利于国家富强、民族繁荣、人民幸福的都是有价值的。正确评价一个人的人生价值，贵在坚持历史地、辩证地、发展地、科学地评价。必须把他放到当时的历史条件下，当时的社会环境之中，看他对人类社会的发展做出了什么贡献，对人类历史发展起了什么推动作用。我认为要努力做到三个坚持：一、坚持动机和效果的统一，判断一个人，不仅要看他的动机，还要看实践，看效果。二、坚持责任与贡献的统一，判断一个人既要看他是否对社会尽职尽责，又要看他对社会所作的贡献。三、坚持物质与精神贡献的统一，人类社会发展需要两个条件，即物质文明与精神文明。人的创造既创造物质财富,又创造精神财富。精神财富,特别是伟大人物的科学思想、崇高精神和品格,对社会有深远的影响。因此,衡量一个人的价值,既要看他对社会物质方面的贡献,也要注意他对社会的精神和道德方面的贡献。

人的人生价值如何才能实现呢?当今世界正在发生广泛而深刻的变化,当代中国正在发生广泛而深刻的变革。机遇和挑战都前所未有,但机遇大于挑战。每个中国人都肩负着全面建设小康社会,加快推进社会主义现代化,实现中华民族的伟大复兴的崇高使命。这为我们创造和实现自己的人生价值,做一个大有作为的人,提供了极好的机遇。我的体会是:既要树立崇高的价值目标,又要顺应历史发展的潮流;既要在个人努力实践中创造人生价值,又要在集体奋斗中实现人生价值;既要努力培养人生的潜在价值,又要通过社会实践逐步创造和实现人生价值;既要正确地对待索取的满足和利益的要求,又要坚持个人对社会的义务、责任。

(六)一个人要实现人生价值,首先要有正确的人生目的。人生目的就是要明确一个人为什么活着,人生是为了什么?它是一个人的人生起点,又是终点,决定着人生的价值取向和人生态度。因此。人生目的是人生的根本问题,它决定着人生的根本方向、根本态度和人生价值。人生目的是人生观的核心。人生态度是一个人对人生的根本态度,是人生观理论向实际的转化。因此,形成正确的人生目的和人生态度,对于指导一个人的人生实践活动有着重大的作用。

(七)人生之路在哪里?每一个人来到世上,就要学走路,以后独立地走路。人生之路在何方?原来是没有路的,路是人用双脚踩踏出来的。世上有各种各样的路。有的人愿意走平坦的大道,有的人则愿意走荆棘丛生之路。无路难,开路更难。唐僧西天取经,历经九九八十一难,终于取得真经,成就了大业。徐霞客从 20 岁开始一直到 55 岁,凭他一双脚,从北国燕冀到西南边陲,从闽粤之滨到太华之巅,足迹遍及今 19 个省区,几乎旅游探险、科学考察了祖国的所有名山大川。在

50 余年的人生之路中，他不顾风雨冰雪、严寒酷暑，不惜劳累疲困，病痛体衰，不惧路途险阻、绝境危途，不怕神龙精怪、巨蟒猛兽，不畏强徒盗寇，不管断炊绝粮，都矢志不渝，百折不回地走下去，终于走出了一条金光大道，成为中华民族历史上的杰出科技、文化伟人。马克思选择的创新理论之路，是一条艰难曲折的路。他说："在科学上面是没有平坦的大路可走的，只有在崎岖小路的攀登上不畏劳苦的人，有希望到达光辉的顶点。"他们是我永远学习的榜样。他们的崇高精神，激励我选择从事研究之路，就是要用我的智慧和双脚，去走一条不平坦的路，只有走完不平坦之路，才能达到光明大道。路在你前面，需要我们去科学地选择，勇敢地迈步，坚忍不拔地走下去。意大利但丁说得好："走自己的路，让别人说去吧。"我说："认准的路就坚定地走下去，绊到了勇敢地爬起来，再坚持地走下去。"

（八）在人生的征途上，充满着矛盾和艰辛，没有矛盾和艰辛就无所谓人生。人生的职责和使命就是要善于处理各种矛盾，解决各种矛盾，推动社会和历史的前进。在人生的道路上，决非平坦笔直，时而布满荆棘沟壑，时而出现林阴大道；时而阳光灿烂，时而狂风暴雨，时而风雪交加；有风调雨顺，也有天灾人祸；有成功，也有挫折；有光明，也有黑暗……当遇到荆棘沟壑、狂风暴雨、风雪交加、天灾人祸、挫折和黑暗时，朋友，切莫消极，切莫怨天尤人，切莫心灰意冷、悲观厌世，而要做一个强者，应该振奋精神，扼住命运的咽喉，消除无所作为和听天由命的情绪和观点，鼓起生活的勇气，发扬生命不息、搏击不止的精神和坚持坚忍不拔、百折不回的意志，做到身处逆境而不怯懦，面临挫折、困难而奋然向上，用自己的智慧和双手开拓出一条符合时代需要，能充分发挥自己优势的有意义的人生道路来！

人生道路，人生道路，不会折回来。过去，过去，已成为温馨的梦。未来，未来，总会成为现在。现在，现在，一定要牢牢把握在我们手中！

（九）人生如四季。孩童是春天，犹如纯真稚嫩初春绽放的花蕾；青年是夏天，犹如早上八九点钟的太阳；中年是秋天，生命之树缀满丰硕的果实；老年是冬天，沧桑岁月锻炼的凝重干练的松柏。季节需要历经冬的孕育、春的播种和夏的生长，才能迎来秋的丰收。人生也是如此。没有少年时代的孕育，青年时代的奋发向上，刻苦勤学，怎能实现中年时代的成功？又怎能迎来天高云淡的暮年澄光？一年四季既有春的阳光明媚，也有夏的狂风暴雨；既有秋的怡淡高爽，也有冬的冰雪飞飘。人生也是如此，在漫长的人生征途上，既有成功的喜悦，也有失败的泪水；既有春风得意，也有痛苦无奈；既有满腔热情，也有孤独寂寞；……我深切地体会到人生充满酸甜苦辣，喜怒哀乐，这样的人生才显得多姿多彩。只有把握人生的每一个春夏秋冬，把自己的生命融入自然，融入社会，融入人民大众，融入季节，才能心宽体壮，幸福地生活，茁壮地成长，无私地奉献。

新的一年又开始了，让我们用心地倾听，深刻地感悟，尽情地享受生命季节里春的萌发、夏的火热、秋的收获、冬的历练，把生命的价值，艰辛的奋斗和事业的辉煌谱成春曲，写成秋歌，用不懈的求索，执着的追求，百折不挠地去放声高唱这人生四季的赞歌！

（十）人的生命只有一次，或几十年或百余年，人生苦短，如同沧海一粟，转瞬即逝，每一分每一秒都不会重来。一点一滴汇成大海，一分一秒组成人生。有人说，时间是金钱，我说时间就是生命，时间就是进步。时间是无价之宝。没有时间，就会失去一切。德国席勒说："时间的步伐有三种：未来姗姗来迟，现在像箭一般飞逝，过去的永远静立不动。"时间犹如悄无声息的锉刀，锉得你由小变老改面貌。而世上最容易被忽视的、最令人后悔的就是时间。谁失去了时间，就失去了一切。谁荒废了时间，时间就把谁荒废了。时间给勤勉的人留下智慧和力量；给懒惰的人留下懊悔和空虚。一个胆敢浪费时间的人，是根本不懂得生命的可贵和人生价值的人。明代一位有识之士文嘉告诫我们：

"明日复明日，明日何其多！日日待明日，万事成蹉跎。世人皆被明日累，明日无穷老将至。"

"今日复今日，今日何其少！今日又不为，此事何时了？人生百年几今日，努力请从今日始。”

在时间的大钟上，只有两个字——现在。

浪费时间是世界上最大的不幸。丧失现在，等于丧失了所有的时间和生命。少壮不努力，老大徒伤悲。不惜寸阴于今日，必留遗憾于明日。因此，我要再三地呼唤：我们必须学会珍惜，珍惜每一寸光阴，每一个机遇，每一份快乐，每一份相聚。珍惜能使一切变得更加美丽，珍惜使彼此更加沟通，珍惜使我们心情更加平静，眼光更加远大。谁对时间愈珍惜，时间对谁愈慷慨。我们要加倍珍惜生命，珍惜时间，珍惜今天，充分发挥生命的价值，欢笑地享受生命，快乐地生活，自觉地学习，积极地工作，用笑脸去迎接每一个新的开始，就会遇到好运，走向成功，迎来胜利和幸福。

（十一）一个人要立志，要奋斗，要创新，要奉献，就要付出。人有平庸和优秀、智和愚、常人和英雄、竞争者和获胜者、成功者和失败者之分，它们之间的差别在哪里？我想，就在于一份特别的付出。特别的付出是对人的意志的考验，它会使人得到磨炼和不断自我完善。因为，愿意做出特别的付出的人，具有崇高的理想，坚定的信念，充满着希望和力量。一个人能不能特别付出，是区分有教养者与无礼者、慷慨者与自私者、善交友者与孤僻者的试金石。特别付出者贵在只求付出，不求回报；只求奉献，不求索取。

人不仅是社会的人，又是历史的人。每个人降生到世间，总是把前人的精神和物质财富作为自己生存的条件，那么我们每一个人，同样必须给下辈人创造出更多的精神和物质财富，只有这样人类社会才能延续、发展，如果不是这样，社会就要停止不前。“前人栽树，后人乘凉。”我们要为后代人，为社会，为人类做出应该做的贡献。伟大的科学家爱因斯坦说过：“人们努力追求的庸俗目标——财产、虚荣和奢华，从青年时，我就觉得是可鄙的。”他不仅说到，而且努力做到对物质生活和社会地位从来不追求。他去世前，在遗嘱中要求：“不发讣告，不举行葬仪，不建坟墓，不立纪念牌，骨灰撒到不为人们所知的地方。”爱因斯坦不仅为人类作出了杰出的贡献，而且把自己的一切都献给了科学事业，最后连自己的骨灰也回到大自然的怀抱。

只求付出，不求回报，只求奉献，不求索取，是一个人对崇高理想的追求，人生价值的体现。正如一首题为《情愿》[①]的诗中写道：

我是齿轮里的一粒滚珠，千磨万磨撑起坚硬的筋骨；
为了历史车轮不停前进，情愿在滚动中含辛茹苦。
我是电池里的一根炭棒，被锌皮封闭在幽暗深处；
为光明的世界聚集电流，情愿长期地忍受孤独。
我是夜里潜降的一滴清露，使命是催新芽应时绽出；
为了滋润绿色的蓬勃生命，消失了自己仍感到满足！
我是炉膛里烧剩的炭焦，耗尽热能是自己应尽的义务；
还被碾成粉末和沥青粘结，为时代铺一条阳关大路！

（十二）人的一生不是一帆风顺的，有顺境和逆境，有顺利和挫折，有成功和失败，有情绪高涨的时候，也有情绪低落的时候。无数事实告诫我们，对一个有志者来说，逆境可以使人聪明，催人发奋，砺人意志。因为，厄运是学校，逆境是老师，逆境使人学会思考，锻炼人的意志，培养人的品德。“自古雄才多磨难。”人不经忧患、穷困、顿挫、折屈，则心意不安，精神不治，观察事物观不到点子上，寻找规律达不到顶点，处理事情就会草率。古来雄才大略之士，无不陷于逆境，千辛万苦，不辞劳瘁，方能成就伟业。我深切地体会到一个智慧的人，遇横逆而不怒，遭变故而不惊，当非常之谤而不辩，方能任大事，成就伟业。没有逆境，没有忧愁，没有困苦，算什么人生沧桑，算什么英雄好汉。在逆境中，使人磨炼得更坚强，更完美，更理想。逆境使人创造奇异的力量。我们每一个人要直面逆境，迎着逆境而奋进！

---

① 载《文明·青春·奋起》第76页。

同时，我慎重地告诉我的亲朋好友，永远要牢记这个教训：千万不要在顺境时、顺利时、成功时和情绪高涨时，头脑发热，骄傲自满，做出急躁冒进的决策。因为骄傲使人落后和失败，谦虚使人进步和成功。千万不要在逆境中，在受挫折和遇失败时，在情绪低落时候作出武断的决定。因为坚忍不拔，百折不挠，耐心地等待，风雪总会过去，春天还会再来。胜利和成功总将取代困难和挫败。黑暗总会过去，光明就在前头。

（十三）有人认为，人的一生中最渴望的是鲜花、掌声和称赞。而人生实践却告诉我，人最需要的是生命中平静和平静中的淡泊。一个人的欲望，像甘露，总是越喝越渴。在物欲横流的社会里，面对更多的诱惑，你越要保持宁静和淡泊。淡泊是一个人炉火纯青的心境，是一生积极的处世态度。淡泊不是淡漠，不是志向和热望衰退，而是理想、热情、才智深沉不露。古今中外，一切成就事业的人，皆受益于处世的宁静和淡泊。唯宁静淡泊者，志向远大，不受干扰。

淡泊是一种高尚的修养。淡泊者，敢于清贫、寂寞，比之求名于朝，求利于市者，比之念念不忘升官发财者，比之庸庸碌碌者，比之骚动多欲者，要高拔得多，高尚得多，纯洁得多。

淡泊者排除了虚伪、贪婪、妒嫉等恶习，有健康的心理，健全的人格，有真善美的基础。淡泊是一种风度，它标志着一个人走向成熟。淡泊者有宏志而不显，有力量而不露，有才智而不逞，不卑不亢，宠辱不惊。淡泊，不是成就大业的唯一因素，也不是人生的最终目的。它是一种心态，一种心理的调节剂。一个人既能宁静淡泊，又能自强不息，矢志不移，苦行砺志，上下求索，就能刚柔相济，相辅相成，形成强大合力，完善自己的性格和成就伟大的事业。

（十四）人生离不开水。我一生中最爱水，我很想学水。我是生在吴地，在长江边、太湖畔长大的。深深地体会到水乃是生命之源，它在生命的演化中起到了重要的作用。我国的先哲们高度颂扬水的精神，老子说："上善若水，水善利万物而不争，处众人之所恶，故几于道。"意思是说，最美好的品格，高尚的情操，应该像水一样。水滋养着万物，造福万物却与世无争；水总是处于人们所不愿处的地方洁身自好，故达到很高境界，符合自然法则。孔子对水的品德推崇备至，称“水有五德”，因此，“君子遇水必观”。

无锡吴学研究所所长、教授、著名吴学专家高燮初主编的《吴地文化通史》（中国文史出版社 2006 年 1 月出版）中，对吴地水文化作了精辟概括。他说：我们吴地是水的精灵之区，是人间乐土，先发之地。水文化是吴文化的精髓。水之精，稻鱼蚕蔬；水之吴，舟船、陶瓷、冶金、玉石文化；水之花，历史长河中吴地涌现了大批精英，星罗棋布崛起的文化名城，遍布吴地繁荣的城镇；水之发，吴地区域内掀起物质文化发展的高峰。

只要我们冷静思考，认真总结，深刻体会，水充满着丰富而深远的人文精神：1. 无私。“利万物而不争。”2. 谦逊。水总是往低处流，“处众人之所恶”。3. 包容。水是所有生物体的重要组成部分，水能不同程度地溶解万物。4. 灵活。能适应任何外物的侵扰的超强能力。5. 钻劲。水无处不入，渗入万物的深处。6. 坚韧。它既是柔软，但又能穿透最坚硬的东西。柔可克刚，具有坚忍不拔之毅力。7. 和谐团结。涓涓细流，终能汇入于大海，和谐团结之象征。8. 守法。装入容器，不泼不溢，意味着循规矩，守法度。9. 正直。10. 有度。11. 调节。12. 有勇有谋。从高山顶上，直流百丈深渊毫无畏惧，前仆后继，为之勇；不同的水质，培育出各具特色的人和物，为之谋。

人的一生要创造和实现人生价值，就要努力做到和谐、文明。我们不仅要喝水、观水，还要学水。学习水的诸多人文精神，则家庭的兴旺、民族的振兴、国家的富强将不期而至。我愿终生学水！

（十五）知足者乐，仁者寿。一个人只有知足，才能常乐；只有待人仁爱的人，才能长寿。“知足”，语出《老子》的“知足不辱”，即指对物质享受、名利、地位、权力……要知足，不能贪求。知足才不致受屈辱，这里既包含“明哲保身”的思想，也蕴含着抑制非分欲求、保持身心和谐的合理内核。《礼记·学记》则提出知不足,“学然后知不足,知不足,然后能自反也。”意思说一个人,只有通过学习,然后才能了解自己的不足之处,反过来推动自己努力学习。“知不足”是表现一个人在学习上、事业上要奋发、进取。一个懂得人生价值的人,就能做到知足——知不足。

要知足,做到这一点很难。放眼世界,从世界范围来看一看,想一想,就会有新的境界。我身体健康,没有生病,那么我比世界上熬不过本周的100万人幸运。我能安然学习、工作和生活,未被跟踪、绑架、拷打或者暗杀,那么我比全球5亿人自由。我现在的生活,衣食无忧,居有定所,老有所养,还能发挥余热,那么我的生活水平和质量高于全世界75%的人。我现在的工资收入够用了,那么我属于整个地球上8%生活尚优越的人。我现在没有战争的危险、监禁的孤独、严刑的残酷、饥饿的痛苦、缺衣的寒冷,那么我比全世界5亿人幸福。我现在就是面带微笑,喜欢多做事,做好事,帮助人家,支持人家,对所有人有一颗感恩的心。我仍然一如既往,关心国家大事,忧国忧民,从心底里希望中国强盛,民族振兴,家家欢乐,人人幸福……确实,我从心底里感到很幸福,虽年过75,但仍心情舒畅,精神焕发,身体硬朗,满怀信心地步入长寿者的行列!而在学习和研究上,我将一如既往地永远知不足,永远不怠懈,永远刻苦努力,坚持到最后。

在人生征途上,我们不仅要知足知不足,而且还要正确处理“有为”与“无为”,做到“有为有弗为”。“有为”,做人要做有作为的人。《礼记·儒行》说:“爱其死以有待也,养其身以有为也。”它告诫我们,人珍惜自己的生命,是为了等待发挥作用的机会;保养身体,是希望有所作为。这是儒家的积极处世态度。而孟子在《离娄下》中则说:“人有不为也,而后可以有为。”其意是说,做人要时时刻刻把握住自己,有所不为,才能有所为。古哲先贤对“有为”与“无为”有许多精辟的论述。老、庄认为“至为无为”,孔、孟认为“有所不为,而后可以有为。”明朝吕坤补充说:“有所不为,为必成。”这些观点体现了大智慧。

在长期的实践中,我体会到“有为”与“无为”不是对立的,而是互相制约、互相转化的一对矛盾。一个人只有“有所不为”，才能“有所为”，“有所不为”便能“为必成”，“有所不为”是“大有所为”的必要前提。反过来说，如果在人生征途中，不分主次、轻重缓急，什么都亲历亲“为”，势必“无为”又“无成”。因此，对于“有所为”的事，要认真、踏实，理直气壮的去“作为”；而对于“有所不为”的事，要坚持原则，恪守本分，旗帜鲜明地“弗为”。在市场经济的大潮中，变化快、信息多、诱惑多、欲望多、矛盾多、烦恼多，光怪陆离，使你目不暇接。我们要学会有不为，要善于放弃，而不是索取；要专心致志，不要东张西望；要严于律己，不要到处伸手；要立党为公，不要权欲熏心。这不仅需要智慧，还要严格自律以及持久的毅力。

著名女作家冰心的祖父曾集古人名言，作了一副对联，上联是“知足知不足”，下联是“有为有弗为”。这副对联多好啊！我一直把它作为座右铭，一则自勉，二则与亲友共勉！

（十六）人的一生，要走好人生之路，创造和实现人生价值，关键在坚持做人的准则。什么是做人的准则呢？清人沈德潜，是个有心人，他编了一本《古诗源》。其中有一首诗，作者是一个没有名气的人，但诗的内容意境很高。他写道：

春蚕不应老，昼夜常怀丝。何惜微躯尽，缠绵自有时。

作者对人生确有所悟，通过这首诗咏颂了春蚕作茧，不知疲劳，微躯渐尽，在所不惜的精神。春蚕全身都是宝，它把全身的东西都贡献出来。我们要做一个人，做一个高尚的人，能不如春蚕吗？蜡烛也是这样，燃烧自己，照亮别人，我们要做一个纯洁的人，就要有蜡烛的精神。“春蚕到死丝方尽，蜡炬成灰泪始干。”我愿做春蚕，我愿做蜡烛，尤其是年过七十的人，更应当如此。

（十七）忧患意识，是立人之本。忧患意识，对一个国家来说是立国之本，对一个民族来说是常盛不衰的精神动力，对一个人来说则是立人之本，是进步、成长、成就事业之根本。忧患意识体现一个人的长远的历史眼光和深邃的战略眼光；体现一个人能居安思危，防患未然的智慧；体现一个人的强烈社会责任感和使命感。我深感忧患意识是一个人一生中不可缺少的精神意识。越有进步，越有成绩，就越要有忧患意识，居安思危，思则有备，有备无患，科学地认清自己的历史方位，把握优势，清醒地看到前进道路上的问题和困难，决不自满，决不自高自大，决不轻信盲目，坚定不移地向前进，去开辟新的天地。

（十八）探索人生成功之道。经常有学生问我，每个人都希望自己的人生成功，有一个圆满的结果。那么人生成功之道是什么？是不是有规律呢？这是一个很有意义的课题。我联系自己和研究人才学的实际，作了一些探索。每个人的人生成功之路各具特色，是不同的，这是个性。那么在众多人生成功之路中，是否有共同性的经验和体会呢？一个人的人生成功，需要有客观因素和主观因素。客观因素乃时代、环境、机遇、社会和家庭条件等。一个人的成功，离不开这些。而从主观因素来说，我初步概括为五条：一是志，立别人所不愿立的志；二是思，思考别人所不敢思考的问题；三是为，为别人所不为；四是忍，忍别人所不能忍；五是慧，具有别人缺少的智慧。这五条是我的初步探索，不知是否科学，我希望大家一起来思考、总结和概括，一定会找到人生成功之道。

（十九）一个人，千重要，万重要，做人，做一个大写的人，真正的人最重要。古往今来，无数哲人、父母辈和老师，总是这样教导我们。做人就是对人要真实、真情、真挚、真切；对自己要严格、严肃、严密、严谨；对祖国、人民、事业、真理要有一颗“真诚之心”，忠于祖国，忠于人民，忠于事业，忠于真理。这一真、一严、一忠是做人的真谛，是做人的最高境界。对于伟人和对于我这样平凡的人来说是同样重要的。

（二十）党啊党，我想向您表白；人民啊人民，我想向您倾诉：我的人生已度过了七十五个春秋，是尽了智，出了力的。虽然做了大量工作，取得了一些进步和成绩，但是离你们的要求还很远，在人生道路上有不少缺点和失误，我要用我的余生，继续奋斗，挖山不止！我要努力做到无愧于党，无愧于人民，无愧于子孙后代。

让我静静地永远祝愿祖国繁荣昌盛，永远祝福人民生活美满幸福，永远祝福我们的下一代茁壮成长，成为社会主义事业的接班人！

让世界更和谐，让祖国更可爱，让每个人更幸福！

愿滔滔江水永不停息，愿生命之火永不熄灭！

（原载新西兰《先驱报》2006 年 10—12 月）

朱钧侃著作要目

人才学与智慧学研究

《马克思主义人才思想研究论文选辑》(主编),江苏省社会科学院社会学研究所,1984年。

《邓小平人才思想初探》(主编),江苏省教育出版社1996年版,获江苏省哲学社会科学优秀成果三等奖。

《现代人才管理学》,东南大学出版社1986年版,获全国图书金钥匙奖。

《江苏省科技人才断层现状、成因及对策研究》,《江海学刊》1992年第2期,获江苏省科技进步二等奖。

《最新人才学》,江苏人民出版社1991年版。

《当代中国人才问题》(主编),哈尔滨船舶工程学院出版社1992年出版。

《现代人事心理管理学》,江苏教育出版社1989年版,获江苏省哲学社会科学优秀成果三等奖。

《现代企业人才学》(主编),复旦大学出版社1993年版。

《全国智慧学学术研讨会论文集》(主编),四川人民出版社2002年版。

《中华民族智慧和犹太民族智慧的源头探索》,2010年《新西兰联合报》连载。

瞿秋白研究

《瞿秋白》十集大型文献理论片(策划、撰稿),获全国"五个一工程"

奖、全国文献精品奖。

《总想为大家辟一条光明的路——瞿秋白百年大事记述》(主编),南京大学出版社 1999 年版。

《高山仰止——瞿秋白的崇高精神和高贵品质》(主编),南京大学出版社 2001 年版,获江苏省哲学社会科学优秀成果二等奖。

《瞿秋白百周年纪念——全国瞿秋白生平和思想研讨会论文集》(副主编),中央文献出版社 1999 年版。

徐霞客及其《游记》研究

《徐学概论——徐霞客及其〈游记〉研究》(主编),江苏教育出版社 1999 年版,获江苏省哲学社会科学优秀成果三等奖。

《徐霞客评传》,南京大学出版社 2006 年版,系中国思想家评传丛书之一,该丛书获全国出版一等奖。

《新西兰澳大利亚游记》,南京大学出版社 2009 年版。

社会主义精神文明建设与大学生思想品德研究

《社会主义市场经济与精神文明建设》,南京出版社 1994 年版。

《大学生思想品德教程》(主编),江苏人民出版社 1987 年版。

《人生哲理》(主编),南京大学出版社 1989 年版。

《改革潮中的大学生》(主编),江苏人民出版社 1989 年版。

教育与科技研究

《江苏科技进步与经济发展展望》,江苏人民出版社 1991 年版。

《建一流教育,创教育名城》,科技文献出版社 2005 年版。

《小城镇干部必读》,江苏人民出版社 1987 年版。